关系认同结构
理论与实证

高尚涛 等著

THE
STRUCTURE OF
RELATIONSHIP
IDENTITY

THEORY
AND EMPIRICS

上海人民出版社

外交学院中央高校基本科研业务费专项资金资助

目　录

前　言

　　国际关系理论研究曾长期被美国学者主导。例如,三大主流理论体系——现实主义、自由主义和建构主义——主要是由美国学者建立起来的。基于理性主义的很多微观理论,如理性选择理论、集体行动理论、威慑理论、博弈理论等,也主要是由美国学者创立的。但是,自建构主义理论出现之后,美国学者的理论创制似乎进入了一个瓶颈期,很少再有引起较大共鸣的、具有宏大严密逻辑体系的国际关系理论面世。

　　与此同时,美国之外一些国家的国际关系学者,开始纷纷开辟自己的理论渠道。在提出并论证过"国际社会"概念的英国,有学者提出了地区主义和全球主义理论,并努力使其体系化。在综合实力迅速崛起的中国,国际关系学者也不甘落后,纷纷提出自己的理论主张。清华大学的"道义现实主义"、复旦大学的"和合共生"概念一度引起了大量关注。外交学院也开辟了自己的理论创制之路。外交学院的一些研究人员结合美国学者提出的所谓"关系主义",植入了非常不同的中国元素,从核心概念"关系性""关系进程""关系结构"等出发,逐渐发展出一套比较完整的理论体系。

　　关系认同结构理论是中国式关系主义理论发展的一个重要维度。该理论主要研究"关系结构"对个体行为的影响。它从关系理论的关系性国际体系研究出发,提出了"关系认同构成关系结构"的观点,在一定程度上澄清了关系结构建构的微观机制及其作用原理。该观点认为,所有关系世界中的行为体都处于与其他行为体之间的、由关系认同确立起来的**关系认同结构**之中。行为体之间建立起来的这种关系认同结构,决定了行为体的行为选择。行为体依据不同关系认同的亲密程度和强烈程度,决定其对其他行为体的支持力度与合作程度。与此同时,关系认同结构本身也会随着自身结构内相关行为体关注领域的变化而发生变化。利用这一理论,可以很好地分析国家的对外行为和国家之间的相互关系及其变化。

关系认同结构理论的提出，在中国国际关系学界引起了一定的讨论。为了推进对关系认同结构理论的持续研究，高尚涛设计并组织了关于该理论的相对简化的实证研究。该研究的基本思路是，选择一些重要的国际关系案例，考察关系认同结构理论的基本逻辑是否贯彻其中。如果是，就可以大致确认关系认同结构理论有效。如果不是，分析其中的原因，并审察理论本身是否存在问题以及要如何改进。

关系认同结构理论的实证研究，选择的案例包括：2015—2018 年的美以关系、2015 年和 2022 年的俄叙关系、1945—1948 年的美苏关系、2001—2005 年的美埃关系、2015—2018 年的美伊关系、1969—1974 年的美伊关系。研究人员包括高尚涛以及外交学院研究生董天泽、张锐、杨柳青、高飞、李瑛雯和王慧。

第一章由高尚涛完成。本章主要是提出并完善关系认同结构理论的基本框架。基于关系主义研究对"关系"的本质和内涵进行的大量深刻论述，本章认同"关系是一种具有本体属性的友好但密切程度不同的人际联系"的界定，并从"关系理论"的关系性国际体系研究出发，提出了"关系认同构成关系结构"的观点，在一定程度上澄清了关系结构建构的微观机制及其作用原理。该观点认为，所有关系世界中的行为体都处于与其他行为体之间的、由关系认同确立起来的关系认同结构之中。行为体依据不同关系认同的亲密程度和强烈程度，决定其对其他行为体的支持力度与合作程度。但是，关系认同结构本身会随着自身结构内相关行为体关注领域的变化而发生变化。这一"关系认同结构理论"可以分析冷战时期的国际体系结构和特朗普政府与中东国家之间的关系状态与行为方式，具有很好的解释能力。

第二章由董天泽完成。本章主要运用实证研究的方法，对关系认同结构理论的核心假设进行验证。本章选取 2015—2018 年美以关系发展和外交行为作为案例进行研究。通过考察 2015—2018 年美以两国领导人的讲话和政府文件，确定两国在这一时期建立的关系认同结构。基于这一关系认同结构，本章预测了两国在这一时期可能采取的行为，并将预测行为与实际行为进行对比，以确认预测行为与实际行为是否符合。如果相符合，则证明假设成立；如果不相符，则证明假设不成立。本章最终的研究结论是,关系认同结构理论的核心假设与案例事实基本相符。

第三章由张锐完成。本章主要以2015年和2022年的俄叙关系作为研究案例,检验关系认同结构理论是否成立。一方面,本章通过比较2015年和2022年俄叙两国建立起来的关系认同结构在不同领域的不同话题之间存在的差异得出结论:2022年两国建立起来的关系认同结构较2015年更加紧密、牢固,这证明了关系认同结构是一个变量。另一方面,本章根据关系认同结构理论的核心假设,推导出:基于2022年关系认同结构,俄叙两国可能在政治、安全、社会经济、价值观等领域采取的关系行为,并与两国实际的关系行为相对照,发现两国的确在政治领域建立起来定期会晤机制,推动政治解决叙利亚问题,反对使用化武问题污名化叙利亚政府;在安全领域加强军队高层交流,建立情报共享机制,开展联合训练,反对恐怖主义;在社会经济领域加强人道主义合作,反对制裁,帮助流离失所者回返,加强文化教育领域合作和双边经贸合作;在价值观领域捍卫以《联合国宪章》为基础的国际法,共同尊重叙利亚主权和领土完整。这与关系认同结构理论的预测基本一致。由此证明了关系认同结构理论核心假设的可靠性。

第四章由杨柳青完成。本章主要以1945—1948年美苏关系为案例,探究关系认同结构是否真的决定了国家行为。美苏两国决策层的外交文件显示,美苏两国于1945 1948年间在军事安全领域、意识形态领域、政治领域和经济领域建立了负向关系认同结构。通过对比理论预期和实际行为后发现,美国在军事安全领域和意识形态领域的实际行为与理论推测的行为相符,而在政治领域和经济领域的实际行为大致相符,例如在东欧国家的民主进程、重要西欧国家的国内政权、对外援助、经贸关系方面大致一致,但是在联合国问题以及战后安排问题上的谈判上,美国采取了妥协的态度。进一步探究发现,这种与理论推测行为不符的实际行为大致出于以下原因:在妥协问题上,美苏达成了互相交换的条件,以促成双方各自利益的实现,在某一议题上的妥协换取在另一议题上的支持。这种情况主要发生在低关注度的领域,而在高关注度领域美国的国家行为是与理论推测的行为是一致的。

第五章由高飞完成。本章主要采取实证研究的方法,对关系认同结构理论的核心假设,即关系认同结构决定国家行为,进行一定程度的验证。本章的主要研究问题是,国家行为是否是由特定的关系认同结构所决定的。本章选取了 2001—2005 年美国与埃及之间的关系作为案例进行研究。首先,本章从两国发布的官方文件以及领导人在公开场合表态,确认美国与埃及在该时间段存在关系认同结构,并具体分析了不同的关系认同结构。在明晰关系认同结构并确定其认同强烈程度之后,本章根据关系认同结构理论对美埃的关系行为进行预测,然后考察美埃在这一时期的实际行为。研究结论是,关系认同结构理论的核心假设,在本章选取的案例内,大致能够被验证,理论具有解释力。

第六章由李瑛雯完成。本章研究的问题是,国家之间的行为是否由它们之间的关系认同结构决定的。首先,本章对核心概念关系认同结构和关系行为进行了界定,然后对它们进行了从抽象到具象的可操作化处理。用经验案例检验理论假设,本章遵循了三个原则:一是变量明显,二是干扰变量发挥作用尽量小,三是变量存在极大值和极小值。本章选取了 2015—2018 年美伊关系作为研究对象,经验数据确定为美伊双边在四大核心领域-军事安全、政治、经济、意识形态-的领导人声明、讲话、协议中具体的言语和行为,从言语中提取双边关系认同,并根据以上四个维度分析阐述关系认同结构,针对双边构建的关系认同结构预测美伊的关系行为,与美伊实际行为进行对比验证。经过以上检验操作,最终证明,关系认同结构理论的核心假设——关系认同结构决定国家行为——基本上是成立的。

第七章由王慧完成。关系认同结构理论是关系主义的最新研究成果之一,本章意在通过选定的历史案例对该理论的核心假设进行检验。根据案例选择的要求,本章选择尼克松政府时期(1969—1974 年)的美伊关系作为研究案例,即通过将关系认同核心假设进行可操作化处理,一方面分析 1969—1974 年尼克松政府与巴列维政府在安全、政治、经贸等领域形成的正向关系认同结构;另一方面根据核心假设推导出美伊在该时间段的行为,再与两国实际的关系行为进行对比,考察理论推导出的行为与两国之间的实际行为是否一致。本章的研究表明,美伊双方在安全、政治、经贸等领域表现出的交往行为,与两国的关系认同结构所预测的行为基本对应:安全领域合作加深,政治领域合作加大,经贸领域合作加强。

　　本书的研究，从设计到实施，历时两年多，其间经过多次讨论和推敲，排除了很多具体困难，终于按时完成。从整体上看，该研究的成果基本达到了预期的设计要求，能够为关系主义理论研究作出一点点贡献。研究表明，关系认同结构理论提出的关系认同结构，是在国际社会中实实在在存在的，我们可以从各国定义相互关系的官方文件和正式讲话中清晰地发现它们，并从国家之间交往的实际行为中进行确认。并且在关系认同结构和国家的外交行为之间，存在着明确的对应关系。即便在很多情况下，国家的行为被其他因素扭曲，我们也可以把这种扭曲因素寻找出来、还原关系认同结构和行为选择之间的真实联系。

　　但是，由于能力和精力所限，该研究还存在很多不如人意的地方。其一，案例选择还不够精致。本研究定位为基于案例的实证检验，需要对案例选择精益求精，至少做到以下四点：一是所选的案例要包含研究变量且研究变量有较高的活跃度，选择研究变量恰好不存在或不活跃的案例是不符合设计要求的；二是所选的案例要确保主要的干预变量尽量处于不活跃状态，干预变量太活跃或其作用不可抵消是不符合设计要求的；三是所选案例要求研究变量有足够的变化，最好有极大值和极小值，否则不容易判断研究变量的真正作用。但由于能力和条件所限，在实际研究中这三点都没有很好的满足要求。其二，操作化处理有些流于形式。对研究变量进行可操作化处理，是检验类研究的必要步骤，直接关系到检验结果的准确性。研究设计要求必须按照三大步骤严格完成可操作化处理，但在实际研究中做得都不理想，客观的难度和实际研究能力的距离还比较明显。其三，检验过程不够精细。因为内容繁琐，检验环节和步骤较多，该研究在检验过程中存在大而化之的现象。这种问题就连沃尔兹和基欧汉都很难避免，可见其困难之大。其四，干扰变量的处理做得还不够到位。干扰变量对观察结果的扭曲是导致研究失败的重要原因之一，本研究在设计中虽然要求研究人员尽量选择主要干预变量不显著的案例，或者在案例分析中尽量抵消干预变量的影响。但实际做到这一点并不容易。这就导致了实际研究中普遍存在对干预变量处理不到位的情况。这也是我们在此后的研究中需要重点解决的问题之一。

　　尽管存在这样那样的不足,最终研究成果还是出来了,而且基本实现了最初设立的研究目标。感谢所有研究人员的努力和付出。感谢外交学院科研资助项目对该研究成果出版的支持。感谢上海人民出版社同意将该研究成果编辑出版。

高尚涛

2023 年 12 月 15 日于北京

第一章

关系认同结构理论的分析框架

国际关系理论研究的关系主义转向,是学术界近20多年来发生的重要事件之一。[1]帕特里克·杰克逊(Patrick T. Jackson)和丹尼尔·耐克森(Daniel H. Nexon)1999年发表的《关系先于国家:实质、过程与世界政治研究》一文揭开了关系主义国际政治理论研究的序幕。[2]随后,一些学者陆续加入到关系主义国际政治研究之中。

西方学者探讨了西方语境下的关系与关系性内涵,大致勾勒出了关系主义研究的若干路径。[3]中国学者也积极参与关系主义国际政治理论研究,并尽量基于中国文化语境构建不同于西方学者的分析框架。[4]在中外学者的共同努力下,关系主义逐渐形成了以"关系世界"的存在为基本假定、以"关系"为核心概念、以"关系认同"和"关系考量"等关系驱动为基本逻辑、以关系身份和关系行为为基本解释目标的总体分析框架,逐步形成特色鲜明的国际关系理论新范式。

然而,在关系主义研究议程中,仍有一些重要且基本的内容没有得到充分论述。其中一个重要问题是,作为关系主义核心概念的"关系",具有"关系性"的行为体置身其中并被深刻塑造的关系结构和关系网络,是通过什么样的机制建构起来的? 它又是如何发挥作用的? 如果这一重要且基本的问题得不到深入阐述和详细论证,那么关系主义和关系理论的分析框架就会显得模糊不清,其所阐释的问题就缺乏说服力,令人难以信服。因此,有必要对这一问题进行专门研究并作出明确的回答。

基于此,本章希望在系统回顾关系主义相关文献的基础上,在现有关系主义研究成果的启发下,提出一个基于"关系认同"的关系结构分析框架,借此澄清关系结构建构的微观机制及其作用原理。[5]

第一节　理论视域下的"关系"含义研究

关系主义国际政治研究有一个基本共同点,即抛开传统的权力概念,围绕"关系"分析国际政治,强调"关系"的重要性和解释力。例如,"关系理论"以基于关系分析的"关系性",代替传统理论中的"理性",作为理论推演的基本逻辑;处于社会关系中的、被赋予了关系角色和关系身份的个体,通过相对于自己的亲疏远近的关系考量,而不是基于工具主义的理性考虑,来界定自己的身份、角色和利益,确定自己的行为,从而形成了与理性主义理论根本不同的特点。

但是,不同的关系主义研究,对核心概念"关系"一词的理解和界定不一样,从而推演出不同的关系主义分析路径。根据这一区别,我们可以把关系主义研究分为三大类:第一类是将关系视为中性客观的根本事实;第二类是将关系视为一种"友好联系"和衍生事实;第三类是将关系视为一种"友好联系"和根本事实。

一些西方学者倾向将"关系"理解为客观中性的结构化联系和互动过程,行为体被这种客观中性的结构化联系所界定和框定,从而表现出与关系结构相一致的互动行为。借鉴关系社会学进行的关系主义研究就属于这一类。该研究认为,关系论观点与传统的理性主义研究不同,它强调一些潜在的违反直觉的行为:不管"自我"的形式、实质和表达方式如何,"自我"的意图和行为只有在稳定的"社会安排"中才能实现。关系社会学注重过程,并强调实用主义,通过"关系性"的新生维度发展出新的分析方法。[6]这类研究认为,社会安排(social arrangement)作为行为体进行互动和交往的一种结构化布局,不仅为行为体发生行为提供了社会背景,而且还建构了行为体作为行动主体的角色和能力。行为体在行动过程中不试图维护自我身份的内在一致性,而是试图维护其行为所处的社会背景和关系身份的一致性和稳定性。[7]正是这种客观中性的社会关系结构,决定了行为体的行为,解释了国际政治和国际安全的基本形态。

一些关系主义的安全研究也认为关系是中性客观的:社会性的关系先于国家而存在,国家生来就处于特定的关系框架之中。这些研究特别强调过程的重要性,尤其高度重视分析个体如何基于对背景关系的认识和理解,如何通过互动过程,最后造就了安全共同体网络中的关系国家。例如,个体在跟群体的初次遭遇中,个体的"语义社会性"(narrative sociability)不仅界定了个体在随后时间内与该群体其他成员之间的关系,延续了个体的关系角色,而且还确定了个体的关系行为。[8]反过来讲,被安全共同体网络界定的国家会基于对自身关系成员的角色理解而产生自我约束的内在品质。[9]一言以蔽之,是客观的关系结构塑造了"关系自我"。

英国学界的"政府主义者"(the statist)也持有中性关系的观点,但不认为关系具有根本性。他们将"关系"视为一种国家造就的社会和文化资本(social and cultural capital),主张用"连接性"(connectivity)取代传统现实主义理论中的物质力量,作为关键的分析维度,把社会、文化等方面的"连接性"作为一种替代性的权力资源和分析工具。"政府主义者"认为,客观存在的广泛社会资本网络,时时处处地限制并决定着任何置身于其中的行为体之间的相互关系,因而成为理解社会行为和国际政治的关键变量。[10]

在西方学者中,也有一些学者将"关系"视为"友好联系"或"友谊",但他们同时认为这种联系不具有本体属性。例如,贝伦斯科特(F. Berenskotter)将"关系"理解为"友谊"和"亲密关系"。他认为,国家不像现实主义理论所认为的那样,主要关心可能威胁其生存的其他国家,而是主要关注不确定性。对不确定性的这种基础性焦虑,提供了"定义人类状况的基本情绪",使个人和国家产生了寻找"焦虑控制机制"以获得"本体安全"或基本稳定的自我意识。因此,这种"友好联系"不是一种本源性的关系,而是一种基于安全目的的衍生品:国家寻求友谊的主要目的是为了控制自身的焦虑。只有真正的朋友才会拥有共同的道德目标,才可以建立和谐秩序,从而消除焦虑感。因此,贝伦斯科特的"友好关系"不是植根于一种群体成员的认同感,而是一种用于控制自我安全焦虑的工具。[11]

一些具有儒家文化背景的学者也持有类似观点,他们认为关系的内涵主要是情感联系和友好关系,但这种情感关系是由更深刻的焦虑感所催生的,本身没有根本任何解释力。例如,石之瑜认为,中国人和西方人一样，有一种根深蒂固的关系焦虑感，当关系中的积极情绪能够提供个性化的和相互保证的认可时，这种焦虑感就可以平静下来。

但是，具有中国文化特色的关系主义分析，可能不会完全同意上述观点，主要表现在两个方面：一是不同意关系不具有友好内涵的观点；二是不同意关系没有本体属性和没有根本解释力的观点。众所周知，在中国文化中，关系不仅经常特指"友好联系"，而且相信关系是一种具有根本解释力的本体性事实。在此方面，秦亚青提出的关系理论就非常具有代表性。他认为，"关系性"是关系行为体的基本属性，意味着行为体主要从以"我"为中心的友好关系的角度考虑问题和选择行为。"关系性"的基本逻辑是，具有关系性的国家，以其总体关系圈为背景，根据其与特定主体的关系亲密程度和（或）重要性来作出行为选择（而不是根据工具理性作出行为选择）。国家行为体处于同心和叠加的关系圈子的中心，每一圈涟漪都表示某一种程度的亲密关系，但涟漪之间没有明确的边界。[12]赵汀阳也认为，人们按照他者与当事人的价值距离去建构世界图景，价值距离就是他者与当事人的亲疏远近程度。远近关系是指他者与当事人的切身利益的相关程度，亲疏关系是指他者与当事人的心灵的相关程度。远近亲疏关系构造了一个以当事人为中心的向心结构，一切他者都因与当事人的关系密切程度不同而具有不同意义。[13]黄光国也认为，儒家关系主义视域下的关系，以"人情"和"面子"为典型特征和表现形式，营造以自己为中心的友好关系圈子是行为体进行关系互动的基本形式。[14]

秦亚青在其关系理论中提出了关系本体论的假定：国际政治是国家通过关系过程不断建立和重建关系网络（或曰关系结构）并使自身镶嵌其中的关系世界。处于关系网络中的国家，以关系网络所界定的关系角色参与关系互动过程，不断重构自己和他者的关系角色。任何行为体都只能是"关系中的行为体"，行为体不存在先验的预设身份，其身份和角色都是由关系塑造的。关系塑造的身份和角色是行为体理解环境和驱动行为的基础。没有对关系身份的理解，行为体就无法进行利益计算和行为选择。因此，关系和关系性，而不是行为体自身，才是最有解释力的概念。[15]赵汀阳也坚持关系本体论的观点，认为关系具有本体属性：共在先于存在，个体只有在事中与他者形成共存关系，才能确定其存在价值,而选择一种事就是选择一种关系,选择一种关系就是选择一种共在方式。[16]

显然,很多中国学者倾向以儒家文化语境为基础,把具有社会意义的"关系"看作一种友好但密切程度不同的人际联系,看作一种具有根本解释力的本体性事实,这与一些西方学者的论述是完全不同的。清晰认识这种不同,是我们进一步理解关系构成机制的前提。本章将从这种对"关系"的界定和理解出发,即认为具有社会意义的"关系"是一种友好但密切程度不同的具有根本解释力的人际联系,进一步提炼关系的微观构成机制。

第二节　一个关系认同结构分析框架

在关系理论中,秦亚青基于关系是具有本体属性的友好但密切程度不同的人际联系的理解,提出了"主导关系界定国际体系"的观点。他认为,任何国家,生来就会处于一个关系世界和关系过程中,个体通过进入、参与甚至营造关系过程,获得特定的身份和角色,处于特定的关系网络或曰关系结构中,并通过相应的语境和共识对其关系角色及其所处的关系网络或曰关系结构予以确认。[17]这意味着,个体在关系世界和关系过程中获得的关系身份和营造的关系网络,从根本上就是通过关系识别和关系认同确立起来并得以强化的。

关系认同是一个非常重要的概念。所谓关系认同,是指两个或多个行为体之间形成的对它们具有特定关系连接、关系身份和关系角色的认知与认可以及相互认知与认可。借用建构主义的话说,关系认同就是不同行为体,比如你和他之间,就彼此在特定关系领域结成具有一定密切程度的关系连接形成共有知识,从而达到这样一种关系状态:你知道并同意你们之间具有这一关系,他也知道并同意你们之间具有这一关系;你知道他知道并同意你们之间具有这一关系,他也知道你知道并同意你们之间具有这一关系。所以说,关系认同本质上是一种在关系方面的共有知识。

关系认同作为各个行为体就相互之间存在某种关系的共有知识、共同认知与相互认可,是形成、维系和再造它们之间关系网络的基本维度和基本元素,是行为体确立相互关系的核心组件。一个行为体与其他行为体每在一个具体关系领域,如政治领域、安全领域、意识形态领域、价值观领域、经济领域、情感领域、文化领域等,[18]建立一个关系认同,就等于与其他行为体在该领域建立起一个有效的具体关系环节。一个关系认同就是一个有效的关系环节。若干由关系认同确立的关系环节,编织成该行为体与其他行为体共有的关系网络或曰关系结构。因此,关系结构实际上就是一个行为体与其他行为体之间的、通过它们之间的关系认同建立起来的、以该行为体为中心的关系认同结构。

关系认同结构可以分为双边结构和多边结构。一个行为体与另一个行为体由特定关系认同建立起来的关系结构,是双边关系结构。一个行为体与其他多个行为体由特定关系认同确立的关系结构,是多边关系结构。在国际关系中,既存在以美国为中心的、美国与以色列或者美国与沙特阿拉伯建立的双边关系认同结构,也存在以沙特阿拉伯为中心的、沙特阿拉伯与其他海湾国家建立的多边关系认同结构。冷战后的主权国家体系是一个以美国为中心的、包括世界其他所有国家在内的、以主权关系认同为主的多边关系结构。而历史上中国建立的朝贡体系则是一个以中国为中心的、包括中国及其附属国在内的、以等级关系认同为主的多边关系结构。

关系认同结构还可以根据行为体关注的关系领域(即关注领域)的数量和重要性进行分类。一个行为体与其他行为体在某个单一关注领域内建立起的单一维度的关系认同结构,称为单一关系认同结构;一个行为体与其他行为体在它们的多个关注领域内建立的多维度的关系认同结构,称为综合关系认同结构。在一个行为体与其他行为体可能建立起来的众多关系认同结构中,既有相对重要的、主导性的关系认同结构,也有相对次要的、从属性的关系认同结构。行为体在它们的高关注领域,如军事安全领域、意识形态领域、价值观领域等,建立起来的关系认同结构,往往是它们的主导性关系认同结构;行为体在彼此的低关注领域,如国际社会治理领域、国际生态治理领域等,建立起来的关系认同结构,往往是它们的从属性关系认同结构。当然,行为体的主导性关系认同结构和从属性关系认同结构都不是一成不变的,随着行为体之间的关注重点以及相应的高关注领域和低关注领域的变化,它们的主导性关系认同结构和从属性关系认同结构也会随之发生变化。

在一个关系认同结构中,决定行为体之间关系密切程度的要素主要有三个:一是赖以建立关系认同的关系领域受到行为体的关注程度;二是能够建立起来的关系认同的数量;三是行为体对建立起来的关系认同的认同强烈程度。在一个行为体与另一个行为体的关系结构中,行为体对赖以建立关系认同的特定关系领域的关注度越高,彼此之间实际建立起来的关系认同的数量越多,行为体对这些建立起来的关系认同的认同程度越强烈,那么这些行为体之间的关系就会越密切,其相应的关系结构就会越牢固。反之,行为体对赖以建立关系认同的特定关系领域的关注度越低,彼此之间实际建立起来的关系认同的数量越少,行为体对这些建立起来的关系认同的认同程度越微弱,那么这些行为体之间的关系就越松散,其相应的关系结构就越脆弱。例如,美国与以色列的关系之所以比美国与埃及的关系更密切、更牢固,就在于美国与以色列在更多的高关注领域形成了程度更强的多个关系认同。而美国与埃及除了在针对伊朗的战略合作领域和在推进特朗普版巴以和平进程的战术合作领域形成了认同程度比较高的关系认同之外,在其他领域的关系认同不多,而且认同程度也不够强烈。

需要指出的是,如果两个行为体之间根本不存在任何领域的关系认同,即建立不起来任何有效的关系环节,那么它们之间就处于无效关系状态,即不存在有效关系的状态。而无效关系状态可以分为两种具体情况:一是"零关系认同"状态;二是"负关系认同"状态。"零关系认同"是指一个行为体与居于关系认同结构中心的行为体没有形成任何有效的关系认同,但也没有形成任何有影响的"负关系认同",[19]它们之间的关系认同为零。这时候,与居于关系认同结构中心的行为体具有"零关系认同"的行为体,将处于关系认同结构中最外层关系圈之外的"临界点"。从这一"临界点"出发,远离关系认同结构中心一步即进入"负关系认同"的反向区域,而靠近关系认同结构中心一步就可以回归关系认同的正向关系圈区域。处于"零关系认同"和"临界点"的行为体,与居于关系认同结构中心的行为体互为路人,互不关心,但也不互相敌视。在这种情况下，以"零关系认同"所在的"临界点"位置画一条与任一关系圈（同心圆）的切线平行的线，就是"零关系认同基准线"，它是关系认同由正转负的分界点。"负关系认同"是指一个行为体与居于关系认同结构中心的行为体之间的关系认同为负，即它们之间不仅没有形成任何有效的关系认同，反而形成了有显著影响的负向关系认同。形成"负关系认同"的行为体，彼此认可它们之间存在矛盾、互为对手甚至敌人，并在存在矛盾共识的领域互相竞争甚至敌对。在这种情况下，行为体之间的"负关系认同"数量越多、认同越强烈，"负关系认同"所在的领域受到的关注度越高，它们之间的冲突就会越大。

因此，由若干个关系认同支撑和维系的关系结构，直接决定了行为体之间的行为方式。行为体在形成关系认同的领域，不仅会彼此合作，而且还会形成和谐的关系；在形不成关系认同的领域，它们则会彼此漠视、竞争甚至冲突。具体而言，如果不同行为体仅在低关注领域（重视程度低的领域）形成了较多和较强烈的关系认同，那么行为体就会在这些低关注领域处于合作与和平的友好状态，但它们在高关注领域（重视程度高的领域）可能会产生不合作甚至冲突的不友好状态，而且，这种高关注领域的不合作甚至冲突状态可能危及和动摇彼此在低关注领域的关系认同和友好关系。如果不同行为体在高关注领域形成了较多但不够强烈的关系认同，那么行为体可能会在这些高关注领域处于基本合作与和平状态，在低关注领域如果不能形成足够的关系认同，也可能影响彼此的整体友好关系。如果不同行为体在高关注领域形成了数量较多的强烈关系认同，那么行为体之间就会在这些领域处于基本和谐状态，在低关注领域即使形不成足够的关系认同也不至于从根本上动摇彼此的整体友好关系。如果不同行为体在高关注领域和低关注领域均形成了数量较多的强烈关系认同，那么行为体之间就会处于合作与和谐的友好状态。与此相反，如果不同行为体在高关注领域和低关注领域均不能形成有效的关系认同，那么行为体之间就可能处于相互漠视、竞争甚至冲突的关系状态。

从这个意义上，我们可以说，一个行为体与其他行为体由关系认同确立的关系结构，即关系认同结构，决定了该行为体与其他相关行为体的行为方式。或者说，关系认同结构决定行为方式。如果我们把这一解释模式称为关系认同结构理论,那么我们可以把"关系认同结构决定行为方式"这一变量关系机制称为关系认同结构理论的核心假设。

第三节 国际体系的关系认同结构分析

一个行为体与其他行为体通过它们之间的关系认同连接起来的、以该行为体为中心的关系认同结构,不仅存在于人与人之间和组织与组织之间,而且存在于国家与国家之间。一个国家与其他国家通过它们之间的关系认同连接起来的、以该国家为中心的关系认同结构,就是一种关系理论框架下的国际体系结构。

在国际体系中,无论是在全球性国际体系中,还是在地区性国际体系中,每个国家都会建立起和存在于以本国为中心的、与其他国家通过各种关系认同连接起来的综合关系认同结构之中。并且,每个国家还同时具有在某个具体领域,如政治领域、安全领域、意识形态领域、价值观领域、经济领域、情感领域、文化领域等,通过关系认同连接起来的、以本国为中心的单一关系认同结构。不仅如此,每个国家在处于自己主动构建起来的、以本国为中心的关系认同结构中的同时,也会同时处于其他国家建构起来的、以其他国家为中心的多种多样的关系认同结构之中,还会处于这些关系认同结构中代表不同亲疏程度的关系圈(同心圆)之中。

传统西方国际关系理论认为,在全球层面上,以主权国家为基本单位的国际体系结构,本质上就是以美国为中心的(美国主导建立的)、通过美国与世界其他国家在法律地位关系领域的"主权关系认同"连接起来的、一种多边的、单一领域的"主权关系认同结构"。在这一主权关系认同结构中,美国处于关系结构的中心,其他主权国家,如中国、俄罗斯、英国、法国、德国、日本、印度等,都处于一个同心圆之中——这些主权国家距离美国的关系距离,仅从主权认同的角度看是相同的,它们都与美国建立了理论上相同的主权关系认同:美国知道并同意(尽管可能是理论上)其他国家是与自己平等的主权国家,其他国家知道并同意(尽管也可能是理论上)美国是与自己平等的主权国家;美国知道其他国家知道并同意美国是主权国家,其他国家知道美国知道并同意其他国家是主权国家。这一主权关系认同结构一旦形成并处于存续状态,就会不断确认和强化结构内国家"互为主权国家"的关系身份和关系角色,确定它们以主权国家的方式相互对待对方。

在全球层面上,除了存在主权关系认同结构外,还存在其他具体领域的关系认同结构。以美国为例,在军事安全领域,美国通过"安全盟友关系认同"方式,与其他国家建构起了"全球盟友关系认同结构"。在二战结束前的罗斯福政府时期,美国在全球军事安全领域重点关注的是"防范德国纳粹、意大利法西斯和日本军国主义"这一细分领域,基于此,美国与苏联、英国、中国、法国达成了合作维护世界安全的共识,并建立起五个大国共同承担维护世界安全的责任、互为全球安全盟友的关系认同:美国知道并同意中、苏、英、法四国是与自己一起维护世界安全的盟友,中、苏、英、法四国知道并同意美国是与它们一起维护世界安全的盟友;美国知道中、苏、英、法四国知道并同意美国是与它们一起维护世界安全的盟友,中、苏、英、法四国知道美国知道并同意中、苏、英、法四国是与自己一起维护世界安全的盟友。通过这一安全盟友关系认同,美国与中、苏、英、法四国在全球安全领域形成了安全盟友关系认同结构。这一关系认同结构,由于美国及其盟友的重点关注而成为美国及其盟友的主导性关系认同结构,又因为美国处于影响力巨大的超级大国地位,所以美国的主导性关系认同结构也同时成为二战后初期国际体系的主导性关系认同结构。这一关系认同结构形成并存续下来,进一步界定了美国与中、苏、英、法四国互为世界安全盟友的关系角色,并确定了它们相互对待的行为方式:合作对付和管控德国纳粹、意大利法西斯和日本军国主义。

美国与中、苏、英、法四国在全球安全领域的关系认同结构,随着美国及其盟友的重点关注领域及其细分领域的变化而变化。冷战时期,随着德国纳粹、意大利法西斯和日本军国主义的灭亡,美国在全球军事安全领域内重点关注的细分领域,已不再是防范德国纳粹、意大利法西斯和日本军国主义势力"死灰复燃",转而成为防范所谓的"共产主义威胁"。基于此,美国与一些和它具有同样认识和关切的国家,如欧洲的英国、法国、联邦德国等,亚洲的日本、韩国、菲律宾等,通过紧密的沟通与磋商,建立了新的"反共"盟友关系认同,并以此形成了新的盟友关系认同结构。在这一新盟友关系认同结构中，美国处于中心位置，其他国家处于以美国为中心的关系圈（同心圆）之内。由于当时美国防范的重点区域在欧洲，欧洲国家对所谓"安全威胁"和共同防御的感受也更加强烈，因此，美国与英国、法国、联邦德国等欧洲国家的"反共"盟友关系认同也更加强烈。英国、法国、联邦德国等国处于这一盟友关系认同结构的第一关系圈中。亚洲当时是美国的次重点关注区域，美国与日本、韩国、菲律宾等亚洲国家的盟友关系认同的强烈程度自然相对弱一些，因此日本、韩国、菲律宾等处于这一盟友关系认同结构的第二关系圈内。因为影响力巨大的超级大国美国的主导和重点关注，这样一个关系认同结构成为冷战时期国际体系的主导性关系认同结构之一。这样一种盟友关系认同结构，决定了美国派出最大兵力优先保护欧洲盟国的"安全"，派出次要兵力保护亚洲盟国的"安全"。

与美国形成"负关系认同"而背向美国中心的国家同时存在于另一个以苏联为中心的关系认同结构中。由于苏联在影响力方面仅次于美国，因此，这一关系认同结构也是冷战初期国际体系的主导性关系认同结构之一。当时，苏联与东欧国家、中国、朝鲜、古巴、越南等社会主义国家，在它们共同高度关注的意识形态领域和国家安全领域，建立起了程度强烈的关系认同，形成了一个前所未有的社会主义盟友关系认同结构。在这一关系认同结构中，苏联处于中心位置，东欧国家大致处于第一关系圈，中国、朝鲜、古巴、越南等国大致处于第二关系圈。在这些关系圈之外，则是与苏联形成了"负关系认同"的国家，较近的一圈是日本、韩国、菲律宾等，较远的一圈是英国、法国、德国等，最远的一圈是美国。这样一种关系认同结构决定了苏联首先会全力支持和保护东欧国家，其次会支持和保护中国、朝鲜、古巴、越南等国；对于"负关系认同"国家，苏联会一般性地抵制和反对日本、韩国、菲律宾等国，但会最强烈地抵制和反对美国，而对英国、法国、德国等国的反对程度和抵制力度则介于前两者之间。基于上述分析，本章认为，冷战初期形成的这种国际体系结构可以看成以美国为中心的反共盟友关系认同结构和以苏联为中心的社会主义盟友认同关系结构之间的对峙与对抗：以美国为中心的、面向美国但背向苏联的关系圈，与以苏联为中心的、面向苏联但背向美国的关系圈，进行彼此对抗和互相压制。

在国际体系中，除了存在由一国与其他国家在特定关注领域的关系认同连接起来的关系认同结构以外，还存在由所有关注领域的多个关系认同建构起来的综合关系认同结构。我们继续以美国为例来分析这一问题。美国几乎与所有国家都建立了数量或多或少、关注程度或高或低、认同程度或强或弱的不同关系认同，这些形形色色的关系认同连接起来后，就形成了特定的双边关系认同结构。这些以美国为中心的双边关系认同结构组合在一起，就形成了美国与所有其他国家的综合关系认同结构，而不同国家则会因与美国形成关系认同数量的多少、关注领域关注度的高低以及认同程度强弱的不同，而处于这一综合关系认同结构的不同关系圈之中。在地区层面，情况也是如此。在中东地区、西欧地区、东亚地区甚至更加广阔的亚太地区，美国都与地区内的相关国家建立了包括不同关注领域的、关注程度或高或低的、认同程度或强或弱的不同关系认同，这些关系认同将美国和这些地区国家连接成以美国为中心的、其他地区国家位于不同关系圈中的地区性综合关系认同结构。但必须指出的是，无论是全球层面还是地区层面的综合关系认同结构，都决定美国和相关国家的关系身份和关系行为，并随着美国和相关国家共同关注领域的变化而发生变化。

第四节　美国的关系认同结构分析

如前所述，国家之间可以通过不同关注领域的关系认同建立起关系认同结构，而关系认同结构又可以决定该结构内国家的关系行为。在此假设基础上，本章提出了如下观点：关系认同结构，无论是全球性结构还是地区性结构，也不管是单一结构还是综合结构，都会随着关系认同结构内相关国家关注领域的变化而发生变化，从而演变成新的不同的关系认同结构。与此同时，在全球各种不同的关系认同结构中，只有由主要大国围绕它们的重点关注领域建立起来的关系认同结构，才是国际体系的主导性结构。根据实证研究设计，我们需要对这些假设进行检验。但限于篇幅，此处将仅对其核心假设——关系认同结构决定国家的关系行为——进行检验。

本章选取的案例是美国与中东国家的地区性综合关系体系。具体而言,我们选取特朗普政府时期的美国,以及以以色列、沙特阿拉伯、卡塔尔、约旦和伊朗为代表的中东国家,即内塔尼亚胡(Benjamin Netan-yahu)政府时期的以色列、萨勒曼(Salman)父子政府时期的沙特阿拉伯、塔米姆(Tamim bin Hamad Al Thani)政府时期的卡塔尔、阿卜杜拉二世(Abdullah II)政府时期的约旦、哈梅内伊-鲁哈尼(Ali Khamenei-Hassan Rouhani)政府时期的伊朗。[20]如果在美国与这些中东国家的关系实践中,我们可以清晰地分辨出存在理论中评估的关系认同结构,而且可以甄别出与理论评估结果相一致的国家行为,那么就可以证明"关系认同结构决定国家行为方式"这一假设是成立的。

一、美国是否与所选取的中东国家建立了明确的关系认同结构

根据前面的理论分析,从地区性综合关系认同结构的角度看,美国应该与中东国家建立了一个地区性的国际体系结构,这就是一个以美国为中心的、包括美国与中东相关国家的、由美国与这些国家的不同关注领域的关系认同确立起来的、包含象征着亲疏不同的关系圈的关系认同结构。这一关系认同结构的具体形态,如美国与哪些国家分别建立了哪些领域的关系认同、它们对这些建立了关系认同的领域的关注度是高还是低,以及它们对各个关系认同的程度是强还是弱,直接决定了美国与这些国家的关系是否密切、是否牢固,以及相互之间是否合作、是否和平,甚至是否和谐。

(一)美国与以色列

特朗普总统在上任后的第一次中东之行,就访问了以色列的争议首都耶路撒冷,并表达了与以色列建立"不可动摇的牢固关系"的强大意志。特朗普表示,他的政府会推动美国与以色列的关系,尤其是安全伙伴关系,将比以往更加牢固。美国政府也会帮助以色列免受真主党和哈马斯等敌人的攻击,让以色列的孩子们不再需要冲到庇护所躲避导弹的袭击。[21]在2017年联大会议上,特朗普总统明确指出,美国政府在中东地区的优先事项之一就是要强化跟以色列的全面关系。美国副

总统彭斯不仅重申了特朗普的这一承诺，而且还表示美国与以色列站在一起是"美国人民的一贯做法"，因为美国人民一直对犹太人民怀有特殊的感情和钦佩。以色列的事业就是美国的事业，以色列的价值就是美国的价值，以色列的战斗就是美国的战斗。此外，他还声称特朗普与以色列人民的心交织在一起，是美国历史上"最亲以色列"的总统。[22]特朗普和彭斯的这些政策宣示，清晰地表达了美国政府要与以色列建立基于情感关系、价值关系、事业关系、安全利益关系和经贸关系等高关注领域的强烈关系认同的意愿和决心。

对特朗普政府与以色列建立亲密盟友关系的意愿，内塔尼亚胡政府作出了明确而积极的回应。内塔尼亚胡在访问华盛顿时表示，以色列40年来一直寻求建立和维持更加亲密的美以联盟。现在在特朗普总统的领导下，美以联盟变得空前强大，以色列人民看到了特朗普的善意立场……看到了其他人看不到的东西，即美以两国在彼此都高度关注的安全问题上的密切情报合作关系。[23]显然，这是内塔尼亚胡在向特朗普表达衷心的感激和谢意。这意味着，美国的特朗普政府和以色列的内塔尼亚胡政府，已经在彼此高度关注的情感领域、价值领域、事业领域、安全领域等建立起了比较强烈的多重关系认同，并在此基础上形成了综合关系认同结构。这一关系认同结构虽然还不足够完备，[24]但这已是目前美国与中东国家建立的最密切的关系认同结构了，我们可以将其视为美国与中东国家关系结构的第一关系圈。

（二）美国与沙特阿拉伯

特朗普政府高度重视沙特阿拉伯在中东地区的地位和作用，并力求进一步加强两国间的亲密盟友关系。2017年5月，特朗普总统访问沙特阿拉伯，表示美国要与沙特阿拉伯在信任、合作和共同利益的基础上建立富有成效的伙伴关系，而建立这一关系的前提就是双方必须首先对中东地区的安全、稳定和繁荣等共同目标进行认同。对于两国而言，中东地区的安全主要是共同反恐和打击"伊斯兰国"；中东地区的稳定主要是促成美国提出的"巴以和平新方案"、遏制伊朗势力扩张；而中东地区的繁荣主要是美国和沙特阿拉伯之间更大规模的经济合作,包括沙特阿拉伯为美国解决 12 万个就业岗位,美国支持沙特阿拉伯经济改革等。[25] 2017 年 9 月,特朗普总统在联大会议上阐述美国政府的外交政策时再次表示,美国力图修复和强化与中东地区关键盟友的关系,而沙特阿拉伯就是除以色列之外特朗普重点指出的美国在中东地区最重要的盟友目标国。[26]

针对特朗普政府谋求建立密切伙伴关系的强大意愿,沙特阿拉伯国王萨勒曼和王储穆罕默德(Mohammad bin Salman Al Saud)均表示同意并给予积极回应。2017 年 5 月,沙特阿拉伯与美国发布的《共同声明》称,沙特阿拉伯国王重申沙特阿拉伯与美国在信任、合作和共同利益的基础上建立了富有成效的伙伴关系,特朗普总统的访问进一步强化了这一关系。该声明还宣称,美国和沙特阿拉伯将联合打击两国的共同敌人,并共同开辟和平与繁荣之路。[27]

可见,美国和沙特阿拉伯在它们彼此高度关注的安全领域、秩序领域和经济领域,建立了比较强烈的多个关系认同,并通过这些关系认同形成了综合性的关系认同结构。需要指出的是,这一关系认同结构明显弱于美国跟以色列建立的关系认同结构(缺少在情感领域和价值领域的关系认同),但又明显强于美国与其他中东国家的关系认同结构,我们可以将其作为美国在中东建立的第二关系圈。

(三)美国与卡塔尔和约旦

卡塔尔是美国在中东的盟友之一,两国间的盟友关系主要表现在以下几个方面:一是两国在乌代德军事基地开展的军事合作;二是反恐合作;三是贸易合作。此外,特朗普还希望通过化解卡塔尔与沙特阿拉伯之间的矛盾,将卡塔尔纳入美沙反对伊朗的合作阵线中来。对此,卡塔尔埃米尔塔米姆给予了真诚、正面和明确的回应。[28] 这说明,美国和卡塔尔在彼此关注的军事合作领域、反恐安全领域和贸易合作领域都建立起了比较强烈的关系认同,并通过这些关系认同形成了综合关系认同结构。但是,从它们达成合作共识的领域的广度和深度看,这一关系认同结构明显弱于美国跟沙特阿拉伯建立的关系认同结构。

约旦也是美国在中东的盟友之一,特朗普政府希望与约旦建立更加紧密的战略伙伴关系,包括加强打击"伊斯兰国"的安全合作关系、推动"巴以和平新方案"落地和遏制伊朗扩张以及政治解决叙利亚问题等。对此,约旦国王阿卜杜拉二世高度认同并愿意积极配合。[29]这说明,美国和约旦在彼此关注的反恐安全领域和秩序关系领域建立了比较强烈的关系认同,并通过这些关系认同生成了美国和约旦之间的关系认同结构。但是,从它们达成合作共识的领域的广度和深度看,这一关系认同结构也明显弱于美国跟沙特阿拉伯建立的关系认同结构,但跟美国与卡塔尔的关系认同结构十分近似。

上述分析表明,特朗普政府的确与这些中东盟友国家建立了基于关系认同的、以美国为中心的、以美国与以色列关系为第一关系圈、以美国与沙特阿拉伯关系为第二关系圈、以美国与卡塔尔和约旦等国关系为第三关系圈的关系认同结构。需要指出的是,特朗普政府跟伊拉克、阿联酋、科威特、巴林、埃及等阿拉伯国家,也建立了类似的、大约处于第三关系圈的关系认同结构(见图 1.1)。[30]

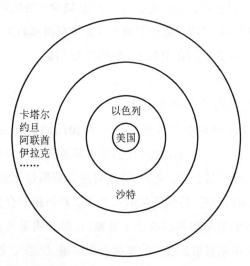

资料来源:作者自制。

图 1.1　以美国为中心的关系认同结构

（四）美国与伊朗

自从伊朗伊斯兰革命胜利以来，伊朗革命政权就与美国水火不容，并把美国视为世界上最大的"撒旦"（魔鬼）。伊朗领导人多次公开宣称，美国和犹太复国主义是中东地区恐怖主义的主要根源。[31]2017年10月13日，白宫公开发表了《特朗普总统对伊朗的新战略》。该文件认定，哈梅内伊在担任伊朗最高领袖28年里，一直以自己的"极端思想"打造伊朗，不仅向外散播旨在暴力瓦解国际秩序和他国稳定的革命意识形态，而且还输出暴力，支持恐怖主义，并把美国作为主要敌人，严重威胁美国利益和中东地区稳定。[32]显然，特朗普政府也把伊朗视为美国的敌人。这意味着，美国与伊朗已经在彼此之间建立起了强烈的"负关系认同"，互相认为对方是对手和敌人。

实际上，伊朗在与美国建立起了强烈"负关系认同"并处于美国建立的关系认同结构中"零关系认同基准线"以外的同时，也建立了自己的关系认同结构。例如，伊朗与黎巴嫩真主党、叙利亚政府、也门胡塞武装等政治势力建立了在什叶派政治伊斯兰主义和共同安全等高关注领域的比较强烈的关系认同。

众所周知，真主党的前身"阿迈勒运动"是由穆萨·萨德尔（Musaal-Sadr）创建，他是伊朗首任最高宗教领袖霍梅尼（Ayatollah Khomeiny）的学生和忠实信徒。萨德尔去世后，"阿迈勒运动"一度出现动摇。伊朗伊斯兰革命卫队随即进入黎巴嫩对阿迈勒运动成员和其他一些什叶派伊斯兰主义者进行培训和武装，进一步统一了什叶派政治伊斯兰主义的意识形态，并在打击以色列、美国和逊尼派势力以维护什叶派伊斯兰利益和安全的共同目标下，推选出九人委员会，在得到霍梅尼的会见和认可后，他们成立了"真主党"组织。从此，真主党一直与伊朗保持密切关系。因此，伊朗和真主党在什叶派政治伊斯兰主义和共同安全这两大关注领域，一直存在着强烈的关系认同。尽管叙利亚政府和也门胡塞武装在政治伊斯兰主义方面与伊朗并不完全一致，但在什叶派政治伊斯兰主义的大框架内具有一定的宗教政治意识形态一致性和关系认同。更重要的是,它们在反对美国和以色列、共同对付逊尼派政治伊斯兰主义的围堵和打击方面拥有共同利益,由此产生出"战友"关系认同,这使它们能够结合成一个比较稳定的关系认同结构。[33]

在上述关系认同基础上,伊朗建立了以自己为中心的、大致以伊朗与真主党关系为第一关系圈、以伊朗与叙利亚政府及胡塞武装组织关系为第二关系圈的关系认同结构(见图1.2)。

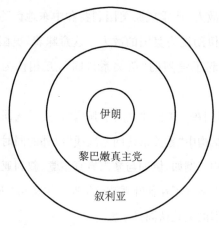

资料来源:作者自制。

图 1.2　以伊朗为中心的关系认同结构

与美国建立了"负关系认同"的伊朗,一方面与处于以自己为中心的关系认同结构中的国家和组织保持友好合作关系,另一方面与背向自己的、以美国为中心的关系认同结构中的国家和组织针锋相对,维持着互相敌对的关系。从另一个角度看,与伊朗建立了"负关系认同"的美国,一方面与处于以自己为中心的关系认同结构中的国家和组织保持友好合作关系,另一方面则与背向自己的、以伊朗为中心的关系认同结构中的国家和组织针锋相对,并维持着相互敌对的关系(见图1.3)。

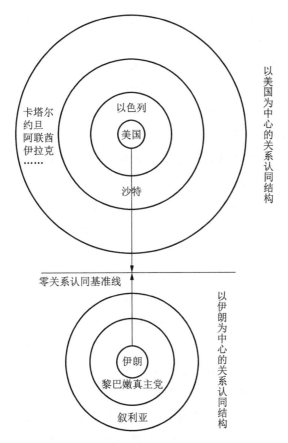

资料来源:作者自制。

图 1.3　两个针锋相对的中东地区关系认同结构

二、在美国的中东关系圈内,特朗普政府对不同国家是否表现出与"关系认同结构决定行为方式"的理论评估结果相一致的行为

特朗普政府在建立关系认同的情感领域、价值领域、事业领域、安全领域和经贸领域,对以色列给予了精心呵护和全力支持,以色列在这些领域里也积极表现出对美国的配合与支持。

在事业领域,特朗普一上台就放松了美国对以色列建立非法定居点的限制,默许以色列在约旦河西岸和东耶路撒冷占领区为犹太移民建立安置点,使得以色列政府得以重启停滞多年的非法定居点建设项目。[34] 2017年5月22日，特朗普总统访问以色列，不仅拜访了以色列首都耶路撒冷，而且还亲自到圣殿山的"哭墙"进行祷告，并决定将美国驻以色列大使馆从特拉维夫迁往耶路撒冷。[35]这表明特朗普政府坚决支持以色列将巴以争议城市耶路撒冷作为首都的要求，坚决支持以色列的宗教信仰和宗教事业，[36]认为"以色列的事业就是我们的事业"，同时高度认可犹太人在巴勒斯坦建国和立国的"正当性"与"合法性"。

在安全领域，特朗普政府对以色列的支持，既有单方面的支持行动，也有互相支持的安全合作。美国对以色列的单方面支持行动，突出体现在美国支持以色列在中东地区保持军事优势，并积极促成有利于以色列的新"巴以和平方案"。特朗普政府帮助以色列建造"铁穹"导弹防御系统保护以色列免受真主党和哈马斯的短程火箭攻击，帮助它使用"大卫吊索"导弹防御系统防范伊朗的远程导弹袭击。[37]特朗普政府与以色列新签署为期十年的《双边军事援助谅解备忘录》承诺，从2019财年到2028财年，美国将每年向以色列提供33亿美元的军事援助。在特朗普政府的关照下，美国"对以色列安全的支持达到了创纪录的水平"。[38]特朗普政府提出的新"巴以和平方案"，也极具匠心。这一方案旨在推动所有阿拉伯国家接受以色列，与以色列实现关系正常化，并确保相互之间的安全。[39]在互相支持方面，两国在合作反恐上，包括打击"伊斯兰国"、打击哈马斯、打击黎巴嫩的真主党武装、打击伊朗驻叙利亚的"圣城旅"等，进行了深度有效的情报合作、信息分享与军事协调。美国退出《伊核协议》、重启对伊朗的严厉制裁，也都体现出特朗普政府与以色列之间的相互支持。

在经贸领域，特朗普政府把美国与以色列的高水平相互支持与合作向前推进了一步。在特朗普上台后的第一年，两国贸易关系在"自由贸易协定"（FTA）基础上进一步得到强化，以色列从美国进口的货物增加到约126亿美元，向美国出口的货物也达到了219亿美元，美国一跃成为以色列最大的单一国家贸易伙伴，以色列也以弹丸之地成为美国第24大贸易伙伴。为了刺激以色列的工业发展和科学研究，特朗普政府与以色列签署了若干个合作项目。为了帮助以色列进一步推进犹太移民事业，美国还每年还向以色列提供"海外美国学校和医院项目"（ASHA）的资助。[40]

特朗普政府在建立关系认同的安全领域、秩序领域和经济领域,为沙特阿拉伯提供了大力支持,但由于在基本政治制度和价值体系上缺乏认同,两国并没有建立起类似美以之间那样的情感关系认同和价值关系认同,美国因而对沙特阿拉伯的单方面支持也相对较少一些,而且主要表现在建立了关系认同的领域里双方进行的相互支持与互利合作上。

在安全领域,特朗普政府给予沙特阿拉伯的支持主要体现在沙特阿拉伯反击伊朗威胁和巩固王室统治等方面。特朗普政府几乎是偏袒性地支持沙特阿拉伯在中东各地,包括在也门、叙利亚、巴林、黎巴嫩甚至在沙特阿拉伯的东部省份,组织逊尼派力量与伊朗支持的什叶派组织进行对抗。特朗普总统上台不久就给沙特阿拉伯国王萨勒曼打电话,表示美国会帮助沙特阿拉伯对抗伊朗,"铲除伊朗破坏地区稳定的活动"。[41]特朗普随后对沙特阿拉伯进行正式访问,与萨勒曼国王一起确立了两国"为了 21 世纪的两国共同利益"的全新战略伙伴关系,决定两国定期进行最高层级的战略磋商会议,共同"遏制伊朗恶意干涉其他国家内政、煽动宗派冲突、支持恐怖主义和武装代理人、竭力破坏该地区国家稳定的行为"。为此,特朗普政府组建了以沙特阿拉伯为骨干的"中东战略联盟",并对沙特阿拉伯的反伊朗行动给予配合与支持。[42]与此同时,特朗普政府还大力支持沙特阿拉伯王室采取的维护其国内统治的措施,并随时帮助其化解执政危机。卡舒吉(Jamal Khashoggi)被害事件发生后,土耳其提供了大量对沙特阿拉伯王储穆罕默德不利的证据,西方主流舆论也剑指沙特阿拉伯王储,美国多名议员也联名要求严厉制裁沙特阿拉伯王室和王储本人,甚至美国中央情报局(CIA)也认为沙特阿拉伯王储应该为卡舒吉被害事件负责。然而,特朗普政府依然我行我素,继续为沙特阿拉伯国王和王储提供大力支持。特朗普表示,卡舒吉之死虽然违反美国主流价值观,但是沙特阿拉伯政府在安全领域与美国始终保持友好合作,并全力配合美国遏制两国共同的危险敌人伊朗。因此,美国不能轻易得罪沙特阿拉伯或把它丢给竞争对手,美国必须要继续与其保持友好合作。[43]不仅如此,特朗普政府还将沙特阿拉伯纳入美国在中东打击"伊斯兰国"等恐怖势力的统一阵线中,并对其参与的反恐行动给予大力支持。

在秩序领域，特朗普政府对沙特阿拉伯采取的支持行动，除了支持沙特阿拉伯在中东地区建立和扩大逊尼派统治并与伊朗进行激烈竞争以外，还包括沙特阿拉伯与以色列开展战略合作共同反对伊朗的行动。如前所述，沙特阿拉伯等国提出了新的"阿拉伯和平倡议"，动员多数逊尼派阿拉伯国家逐渐跟以色列实现关系正常化，并借用以色列的力量阻击伊朗。这一做法得到了特朗普政府的鼓励和支持。

在经济领域，特朗普政府对沙特阿拉伯的支持行动主要体现为美国支持沙特阿拉伯的经济多元化改革，沙特阿拉伯则同意与美国签署双边经济合作协议，对美国进行大量投资并为美国提供大量就业岗位等。

特朗普政府对卡塔尔和约旦的支持行为也与彼此确立的关系认同直接相关，既提供单方面支持，又要求相互支持。

首先，特朗普政府在与卡塔尔建立了关系认同的军事领域、反恐安全领域和贸易领域，为卡塔尔提供了较大的支持。特朗普政府坚持与卡塔尔进行军事合作，并通过维护和扩建在多哈的乌代德军事基地，遏制沙特阿拉伯等国在"海湾危机"期间对卡塔尔进行军事打击的企图，确保卡塔尔的国家安全。在安全领域，卡塔尔与特朗普政府签署了合作协议，全方位展开打击恐怖主义和极端主义的活动，美国则对卡塔尔的反恐行动予以配合与支持，同时还支持它抵制伊朗支持的什叶派势力对卡塔尔的渗透活动和维护卡塔尔周边安全的努力。在经济和贸易领域，卡塔尔与特朗普政府讨论签署贸易协议，为美国选民增加五万个就业岗位；特朗普政府则支持卡塔尔的经济多元化战略，帮助其摆脱对化石能源的过度依赖。[44]

其次，特朗普政府在与约旦建立关系认同的安全领域和秩序领域，对约旦进行了支持和援助。约旦则投桃报李，积极参与到中东反恐事业、解决叙利亚问题的国际行动、新"巴以和平方案"的实施准备、对叙利亚难民和巴勒斯坦难民的安置和救助，以及旨在阻击伊朗的中东战略联盟等诸多美国主导的重要活动之中。约旦参与上述国际行动，既致力于阻止伊朗对约旦的渗透，避免恐怖袭击，防止叙利亚内战再起，切实推进新"巴以和平方案"，也着眼于参与维护美国主导下的中东秩序稳定。在此基础上，特朗普政府还有意通过加强与约旦之间的经贸关系为美国选民获取更多的就业机会。[45]

特朗普政府对伊朗进行坚决遏制和打击,明显与双方确立的"负关系认同"直接相关。

作为全球霸主和地区霸主的美国对伊朗产生"负关系认同",决定了彼此间的敌视和冲突在所难免。特朗普政府在《对伊朗的新战略》里清晰表述了其对付伊朗的主要手法:一是强化美国在中东地区的传统盟友和区域伙伴,将其打造成对抗伊朗颠覆活动的堡垒,恢复中东地区的力量平衡;二是通过一切必要手段阻止伊朗政府尤其是其下属的伊斯兰革命卫队获得活动资金;三是消除伊朗的弹道导弹和其他非对称武器对美国及其盟国的威胁;四是全面阻止伊朗拥有核武器。[46]基于此,特朗普政府积极推动沙特阿拉伯、阿联酋、约旦、卡塔尔、埃及等国组成"中东战略联盟",并与以色列进行战略合作,共同对付伊朗。为了更加有效地遏制伊朗,美国还频频向以色列和海湾国家出售先进的导弹、反导系统和战斗机。特朗普政府公开宣布退出《伊核协议》,对伊朗政府实施严厉制裁,严格限制其石油出口及相关产品的进口。2019年4月8日,特朗普总统又将伊朗伊斯兰革命卫队界定为"恐怖组织",并开始在环伊朗地区部署包括航母战斗群和F-35战斗机联队在内的强大军事力量,以便对伊朗进行全面威慑和压制。[47]当然,伊朗政府对美国的全面围堵和极限压制行为也竭尽所能地进行了抵制和回击。双方之间的对抗不断加剧中东地区局势的动荡。

总体上看,特朗普政府对待上述中东国家的行为的确如同"关系认同结构决定行为方式"的理论所评估的那样:美国基于不同的亲密程度,与中东国家建立了不同的关系认同结构,并在此基础上为它们提供不同程度的支持和援助。首先,对关系认同程度最高的以色列给予最大范围和最大力度的支持;其次,对关系认同程度次高的沙特阿拉伯也给予了较大力度的支持,但支持程度明显不及以色列;再次,对关系认同程度第三级的卡塔尔、约旦等国,特朗普政府的支持力度又不如沙特阿拉伯;最后,对于与美国建立了"负关系认同"的伊朗,特朗普政府则进行了坚决抵制和全面压制。这说明,关系认同结构理论具备了很好的解释力。

第五节　关系认同结构分析框架总结

关系认同结构理论认为,任何行为体,只要存在于关系世界中,它必然处于与其他行为体之间的、由关系认同确立起来的、包含象征着不同亲疏程度的不同关系圈的各种"关系认同结构"之中。其中,行为体以自己为中心构建起来的关系认同结构,表现为以该行为体为同心圆圆心的、由该行为体与其他行为体建立的不同关系认同联结起来的亲密程度不同的一组关系圈。行为体依据不同关系认同的亲密程度和强烈程度,决定向处于不同关系圈内的其他行为体提供不同力度的支持与不同程度的合作。关系认同结构理论不仅在理论层面具有较强的解释力,而且在经验层面也表现出很高的契合度,既可以较好地解释冷战期间的全球性国际体系结构,也可以较好地解释当前美国与其中东国家形成的地区性国际体系结构。

关系认同结构理论提供了一种关系主义的国际体系结构分析新视角。它在假定国际体系本质上是一种由国家之间的各种关系认同编织起来的"关系世界"的基础上,[48]揭示了国际体系中存在的"关系认同结构界定个体的关系角色和关系身份、从而驱动个体行为"的新的变量关系机制。关系认同结构理论并不否认现实主义提出的权力的作用,也不否认自由主义提出的国际机制的作用,因为它是从关系框架和关系认同结构的角度来看待权力和国际机制的。在关系认同结构理论看来,现实主义语境下的权力和自由主义语境下的国际机制,本身不具有任何实际意义,只有将它们置于特定的关系结构之中并体现为特定的关系形态后,才具有实际意义。例如,美国组建的军事力量或国际机制,如果离开特定的关系情境,我们就很难确定它们的真正性质和实际作用。但是,如果将其置于特定的关系情境之中,我们就会发现,美国的军事力量或国际机制,既可能是美以关系认同的推动因素、支持力量、体现方式和建设力量,也可能是美伊(朗)"负关系认同"的强化因素、外在表现和破坏力量。这说明,关系认同结构理论可能比传统理论的观察视角和解释方式更加精确一些。

当然,关系认同结构理论作为关系主义的一个研究方向,仍处于起步阶段,目前仅仅是一种框架性的研究,还有较大的发展空间。例如,关系认同结构的分类还可以进一步细化,关系认同结构与关系行为之间的具体作用机制还可以进一步论证和澄清。

注释

1. 本章的主要内容已在《国际观察》2019 年第 4 期上发表。

2. Patrick T. Jackson and Daniel H. Nexon, "Relations Before States: Substance, Process and the Study of World Politics," *Europian Journal of International Relations*, Vol.5, No.3, 1999, pp.291—332.

3. See: F. Berenskotter, "Friends, There Are No Friends? An Intimate Reframing of the International," *Millenium*, Vol.35, No.3, 2007, pp.647—676; Preston King, "Friendship in Politics," *Critical Review of International, Social and Political Philosophy*, Vol.10, No.1, 2007, pp.125—145; P.E. Digeser, "Public Reason and International Friendship," *Journal of International Political Theory*, Vol.5, No.1, 2009, pp.22—40; Simon Koschut and Andrea Oelsner, *Friendship and International Relations*, Basingstoke: Palgrave Macmillan, 2014, pp.3—34; Astrid H. M. Nordin and Graham M. Smith, "Reintroducing Friendship to International Relations: Relational Ontologies from China to the West," *International Relations of the Asia-Pacific*, Vol.10, 2018, pp.1—28; De Peleeau, Francois, "What Is the Direction of the 'Relational Turn'?" in Christopher Powell and Francois De Pelteau, eds., *Conceptualizing Relational Sociology*, New York: Palgrave Macmillan, 2013, pp.163—185; Powell, Christopher, and Francois De Pelteau, "Introduction," in *Conceptualizing Relational Sociology*. New York: Palgrave Macmillan, 2013, pp.1—12; Emilian Kavalski, "Guanxi or What is the Chinese for Relational Theory of World Politics," *International Relations of the Asia-Pacific*, Vol.18, 2018, pp.397—420, etc.

4. 参见秦亚青:《关系本位与过程建构:将中国理念植入国际关系理论》,《中国社会科学》2009 年第 3 期,第 69—86 页;秦亚青:《关系与过程:中国国际关系理论的文化建构》,上海:上海人民出版社 2012 年版,第 17 页;Yaqing Qin, "A Relational Theory of World Politics," *International Studies Review*, Vol.18, Iss.1, 2016, pp.33—47;赵汀阳:《"天下体系":帝国与世界制度》,《哲学研究》2003 年第 5 期,第 2—33 页;赵汀阳:《共在存在论:人际与心际》,《哲学研究》2009 年第 8 期,第 22—30 页;赵汀阳:《深化启蒙:从方法论的个人主义到方法论的关系主义》,《哲学研究》2011 年第 1 期,第 90—93 页;黄光国:《儒家关系主义》,北京:北京大学出版社 2006 年版,第 3—30 页;苏长和:《关系理论的学术议程》,《世界经济与政治》2016 年第 10 期,第 29—38 页;高尚涛:《关系主义与中国学派》,《世界经济与政治》2010 年第 8 期,第 116—138 页;Chih-yu Shih, "Relations and Balances: Self-Restraint and Democratic Governability Under Confucianism," *Pacific Focus*, Vol.29, No.3, 2014, pp.351—372; Chin-Yu Shih, "Affirmative Balance of the Singapore-Taiwan Relationship: A Bilateral Perspective on the Relational Turn in International Relations," *International Studies Review*, Vol.18, No.4, 2016, pp.681—701;魏玲:《关系平衡、东盟中心与地区秩序演进》,《世界经济与政治》2017 年第 7 期,第 38—63 页;曹德军:《关系性契约与中美信任维持》,《世界经济与政治》2015 年第 9 期,第 82—

103 页；刘毅：《关系取向、礼物交换与对外援助的类型学》，《世界经济与政治》2014 年第
12 期，第 71—94 页。

5. 本章旨在提出一个关系主义的结构分析框架，即首先从理论上论述关系世界中存
在一种关系结构——关系认同结构，关系认同结构与（置身结构之中的）个体的行为之间
存在特定的逻辑关系（理论框架）。然后，通过经验数据确认，经验世界中存在真实的关
系认同结构与个体行为之间存在理论框架所评估的行为（实证分析）。本章主要从结构
分析角度来重点讨论结构与行为之间的关系机制。为了说明问题，本章在讨论关系结构
时，也会简要介绍关系认同的产生及其形成关系结构的背景知识。但是，本章不是进程
分析，不会详细讨论个体互动如何建立关系结构的关系机制，这是进程理论重点讨论的
内容。

6. Christopher Powell and Francois De Pelteau, "Introduction," in *Conceptualizing
Relational Sociology*. New York: Palgrave Macmillan, 2013, pp.1—12.

7. Simon Frankel Pratt. "A Relational View of Ontological Security in International
Relations," *International Studies Quarterly*, Vol.61, Iss.1, 2017, pp.78—85.

8. Iver B. Neumann, "Entry into International Society Reconceptualized: The Case
of Russia," *Review of International Studies*, Vol.37, Iss.2, 2011, pp.463—484.

9. Emanuel Adler, "The Spread of Security Communities: Communities of Practice,
Self-Restraint, and NATO's Post—Cold War Transformation," *European Journal of
International Relations*, Vol.14, No.2, 2008, pp.195—230.

10. Emilie Hafner-Burton, Miles Kahler and Alexander H. Montgomery, "Network
Analysis for International Relations." *International Organization*, Vol.63, No.3, 2009,
pp.559—592.

11. F. Berenskotter, "Friends, There Are No Friends? An Intimate Reframing of
the International," *Millenium*, Vol.35, No.3, 2007, pp.647—676.

12. Yaqing Qin, "A Relational Theory of World Politics," *International Studies Review*, Vol.18, 2016, pp.33—47.

13. 参见高尚涛：《关系主义与中国学派》，《世界经济与政治》2010 年第 8 期，第
116—138 页。转引自赵汀阳《共在存在论：人际与心际》，《哲学研究》2009 年第 8 期，第
22—30 页。

14. 参见黄光国：《儒家关系主义》，北京：北京大学出版社 2006 年版，第 3—30 页。

15. Yaqing Qin, "A Relational Theory of World Politics," *International Studies Review*, Vol.18, 2016, pp.33—47.

16. 赵汀阳：《共在存在论：人际与心际》，《哲学研究》2009 年第 8 期，第 26 页。

17. Yaqing Qin, "A Relational Theory of World Politics," *International Studies Review*, Vol.18, 2016, pp.33—47.

18. 关系领域是指行为体之间可能或已经建立起特定关系连接或关系认同的情况。

19. "负关系认同"是指行为体就它们在某个关注领域存在某个或某些矛盾形成了共
有知识。

20. 在沙特阿拉伯，目前尽管是萨勒曼国王在执政，但他授予了自己的儿子穆罕默德
王储很大的决策权和执行权，所以我们将沙特阿拉伯政府称为萨勒曼父子政府。当前在
伊朗，国家的实际最高权力掌握在最高宗教领袖哈梅内伊手中，政府首脑鲁哈尼总统也
有较大的决策权和执行权，所以我们将伊朗政府称为哈梅内伊-鲁哈尼政府。

21. White House News, "Remarks by President Trump at the Israel Museum,"

Washington D. C., https://www.whitehouse.gov/briefings-statements/remarks-president-trump-israel-museum/,登录时间:2019 年 4 月 20 日。

22. White House News, "Remarks by Vice President Pence at the AIPAC Policy Conference," Washington D. C., https://www.whitehouse.gov/briefings-statements/remarks-vice-president-pence-aipac-policy-conference/,登录时间:2018 年 3 月 5 日。

23. White House News, "Remarks by President Trump and Prime Minister Netanyahu of Israel Before Bilateral Meeting," https://www.whitehouse.gov/briefings-statements/remarks-president-trump-prime-minister-netanyahu-israel-bilateral-meeting-2/,登录时间:2018 年 3 月 5 日。

24. 一个完备的关系认同结构,意味着行为体在所有的高关注的和低关注的关系领域,都确立了强烈的关系认同。美国和以色列的关系,尚未达到这一标准。

25. White House News, "Readout of President Donald J. Trump's Call with Crown Prince Mohamed bin Salman of Saudi Arabia," https://www.whitehouse.gov/briefings-statements/readout-president-donald-j-trumps-call-crown-prince-mohamed-bin-salman-saudi-arabia/,登录时间:2017 年 1 月 21 日。

26. White House News, "President Donald J. Trump at the United Nations General Assembly: Outlining an America First Foreign Policy," https://www.whitehouse.gov/briefings-statements/president-donald-j-trump-united-nations-general-assembly-outlining-america-first-foreign-policy/,登录时间:2017 年 9 月 20 日。

27. White House News, "Joint Statement Between the Kingdom of Saudi Arabia and the United States of America," https://www.whitehouse.gov/briefings-statements/joint-statement-kingdom-saudi-arabia-united-states-america/,登录时间:2017 年 5 月 23 日。

28. White House News, "Remarks by President Trump and Emir Tamim bin Hamad Al Thani Before Bilateral Meeting," https://www.whitehouse.gov/briefings-statements/remarks-president-trump-emir-tamim-bin-hamad-al-thani-bilateral-meeting/,登录时间:2017 年 9 月 17 日。

29. White House News, "Remarks by President Trump and His Majesty King Abdullah II bin Al-Hussein of the Hashemite Kingdom of Jordan Before Bilateral Meeting," https://www.whitehouse.gov/briefings-statements/remarks-president-trump-majesty-king-abdullah-ii-bin-al-hussein-hashemite-kingdom-jordan-bilateral-meeting/,登录时间:2018 年 1 月 25 日。

30. 因为研究设计的原因,中东大国土耳其也没有纳入本章的分析范围之内,但这不意味着美国没有和土耳其建立相对重要的关系认同结构。另外,美国和伊朗没有建立起关系认同结构,因而仅作为美国的打击对象而提及。

31. News of Ministry of Foreign Affairs, Islamic Republic of IRAN, "President at Mehrabad Airport before leaving for Sochi," http://en.mfa.ir/index.aspx?fkeyid=&siteid=3&pageid=36409&newsview=557848,登录时间:2019 年 2 月 14 日。

32. White House News, "President Donald J. Trump's New Strategy on Iran," https://www.whitehouse.gov/briefings-statements/president-donald-j-trumps-new-strategy-iran/,登录时间:2017 年 10 月 13 日。

33. Marc R. De Vore, "Exploring the Iran-Hezbollah Relationship: A Case Study of how State Sponsorship Affects Terrorist Group Decision-Making," *Perspectives on Ter-*

rorism.Vol.6, Iss. 4—5, 2012, p.91; Primoz Manfreda, "Why Iran Supports the Syrian Regime," *Thought Co*, https://www. thoughtco. com/why-iran-supports-the-syrian-regime-2353082,登录时间:2019 年 1 月 13 日。

34. Xinhua News, "Israel to limit settlement construction to satisfy Trump," http://www.xinhuanet.com//english/2017-03/31/c_136175278.htm,登录时间:2017 年 3 月 31 日。

35. 2017 年 6 月 1 日,特朗普政府为了促使巴勒斯坦接受美国政府草拟的明显偏祖以色列的"新巴以和平方案",曾声明"短暂推迟"迁馆时间。但声明同时指出,短暂推迟迁馆时间绝不意味着改变了迁馆决定。迁馆只是时间问题,而非是否问题。参见 White House News, "Statement on the American Embassy in Israel," https://www. whitehouse. gov/briefings-statements/statement-american-embassy-israel/,登录时间:2017 年 6 月 1 日。

36. White House News, "President Trump Arrives in Israel," https://www.whitehouse.gov/articles/president-trump-arrives-israel/,登录时间:2017 年 5 月 22 日。

37. White House News, "Remarks by President Trump at the Israel Museum," Washington D. C., https://www. whitehouse. gov/briefings-statements/remarks-president-trump-israel-museum/,登录时间:2017 年 5 月 23 日。

38. White House News, "Remarks by Vice President Pence at an Israel Independence Day Commemoration Event," https://www. whitehouse. gov/briefings-statements/remarks-vice-president-pence-israel-independence-day-commemoration-event/, 登录时间:2017 年 5 月 2 日。

39. White House News, "Remarks by President Trump and His Majesty King Abdullah II of Jordan in Joint Press Conference," https://www.whitehouse.gov/briefings-statements/remarks-president-trump-majesty-king-abdullah-ii-jordan-joint-press-conference/,登录时间:2017 年 4 月 5 日。

40. Jim Zanotti, "Israel: Background and U.S. Relations," Congressional Research Service, July 31, 2018, pp.18—22, https://fas.org/sgp/crs/mideast/RL33476.pdf,登录时间:2019 年 4 月 21 日。

41. White House News, "Readout of the President's Call with King Salman bin Abd Al-Aziz Al Saud of Saudi Arabia," https://www. whitehouse. gov/briefings-statements/readout-presidents-call-king-salman-bin-abd-al-aziz-al-saud-saudi-arabia/,登录时间:2017 年 1 月 29 日。

42. White House News, "Joint Statement Between the Kingdom of Saudi Arabia and the United States of America," https://www.whitehouse.gov/briefings-statements/joint-statement-kingdom-saudi-arabia-united-states-america/,登录时间:2017 年 3 月 31 日。

43. White House News, "Statement from President Donald J. Trump on Standing with Saudi Arabia," https://www.whitehouse.gov/briefings-statements/statement-president-donald-j-trump-standing-saudi-arabia/,登录时间:2018 年 11 月 20 日。

44. White House News, "Readout of President Donald J. Trump's Meeting with Amir Tamim Bin Hamad Al Thani," https://www. whitehouse. gov/briefings-statements/readout-president-donald-j-trumps-meeting-amir-tamim-bin-hamad-al-thani/,登录时间:2017 年 4 月 10 日。

45. White House News，"President Donald J. Trump is Strengthening Bilateral Relations with Jordan," https://www. whitehouse. gov/briefings-statements/president-donald-j-trump-strengthening-bilateral-relations-jordan/,登录时间：2018 年 6 月 26 日。

46. White House News，"President Donald J. Trump's New Strategy on Iran," https:// www. whitehouse. gov/briefings-statements/president-donald-j-trumps-new-strategy-iran/,登录时间：2017 年 10 月 13 日。

47. Hunter Walker，"Trump Takes 'Unprecedented' Action Against Iran," Yahoo News，https://news.yahoo.com/trump-takes-unprecedented-action-against-iran-165738982.html,登录时间：2019 年 4 月 18 日。

48. 区别于现实主义假定的国家围绕权力进行竞争与冲突的世界,也不同于自由主义所谓的国家围绕国际机制相互依赖与合作的世界。

第二章

美以关系认同结构的实证研究

在中国国际关系学发展的过程中,学者们发现具有中国特色的国际关系原创理论的缺失是学科发展道路上的一个重要问题。当前国内多数研究成果都是基于西方的理论框架而产生的。原创性理论的缺失意味着中国国际关系学的发展只能依附于西方,这是不可接受的。此外,随着国际形势的变化,西方国际关系理论越来越无法解决中国所面临的一系列问题。在这些因素的推动下,中国学术界建立国际关系理论"中国学派"的呼声越来越高,很多中国学者从各个角度参与到中国学派的构建中,关系主义是中国学派体系内一个重要分支。国内学者充分挖掘"关系"这一具有中国特色的理论内核,并在此基础上从各个角度构建具有中国特色的关系主义理论框架。

关系认同结构理论是关系主义的一个重要发展方向,但是,该理论尚缺乏比较系统的实证研究。为此,本章尝试从实证研究的角度,对关系认同结构理论的核心假设和论证逻辑进行检验,期望对关系主义理论研究贡献微薄之力。

第一节　美以关系认同研究导论

本章的研究内容主要是对关系认同结构理论的核心假设和叙事逻辑进行经验验证。根据关系认同结构理论的核心假设:国家之间具有的某种关系,本质上是因为国家之间建立起了一个关系认同结构;国家之间建立起什么样的认同结构,就会对应着什么样的关系行为。本章将选取关系认同结构与国家行为两个变量,将研究集中在"国家间建立的关系认同结构是否决定国家间的关系行为"这一问题上。

本章的研究具有一定的积极意义。首先,弥补了当前学术界对于关系认同结构理论在理论检验环节上的缺失,增强了该理论的解释能力,促进了关系认同结构理论的进一步发展和完善。其次,在案例选取上,本章选取 2015—2018 年美国和以色列两国之间的关系和行为进行研究分析,不仅能够帮助读者更加清晰地认识这一时期美以关系的发展脉络,增强读者对于当代美国中东政策的了解,也可以为当前学术界研究美以关系提供了一种新的视角。

本章将首先对"关系认同结构"和"国家行为"这两个核心概念进行可操作化处理,将关系认同结构理论的核心概念还原为可以从经验事实中提取的材料。对于"自变量"关系认同结构的可操作化,本章将从两国发表的官方文件以及两国领导人的正式讲话和非正式场合的讲话和谈话中进行考察。通过对两国官方文件以及双方领导人讲话内容的解读,本章提炼出两国可能在军事安全、政治、经济和价值观等领域所建立的两国关系方面的共有知识即确立双方建立的关系认同,并最终确定两国建立了一个什么样的关系认同结构。判断两国关系认同是否建立的标志则是两国官方文件以及领导人讲话中对于双方在所提及领域是朋友或是敌人的表述。需要强调的是,关系认同是指不同行为体之间在相关领域形成的具有一定关系程度的共有知识,所以只有两国都在这一领域对于双方是朋友还是敌人进行表述并互相认可才能确定双方在这一领域建立了关系认同。对于"因变量"国家行为的可操作化,本章将考察国家在现实中的行动。这种行为可以分为友好行为、敌对行为和中立行为。友好行为包括:在交往国境内建立军事基地、出售先进武器、军事装备合作研制、提供军事援助、情报共享、联合军事行动、高层互访、对交往国的重大行动或事业提供实际支持、对与交往国存在矛盾的国家进行打击压制或推动双方和解、扩大双方经济合作、加强双方在科学教育和工业领域的合作等;中立行动包括对交往国的重大事业或重大行动保持中立或沉默;敌对行为则包括:对交往国进行经济制裁、实行经济封锁、废除已签订的协议、对交往国行为进行谴责、与交往国断交、否认交往国政府的合法性、军事威慑、对交往国领导人等重要人物进行暗杀、对交往国进行军事打击、宣战等。

接下来是选择案例。本章将选择 2015—2018 年这一时间段美以关系和双方行为进行考察。具体而言,本章将通过分析2015—2018年美以两国官方政策文件以及双方领导人正式和非正式讲话,考察双方在哪些领域中的哪些维度建立起了什么样的关系认同,并最终建立起了什么样的关系认同结构。然后,本章将根据得出的关系认同结构,按照关系认同结构理论的假设,评估美以两国在这一时期会采取什么样的行为。最后,本章将考察评估行为与实际行为是否一致。

本章的预期成果有两个方面:一致或不一致。如果实证研究结果与关系认同结构理论的核心假设相一致,则可以证明关系认同结构理论的正确性;如果研究结果与关系认同结构理论的核心假设不一致,本章将进一步探究理论与实际不符的深层原因,探究是其他因素发挥了作用,还是关系认同结构理论本身需要改进。

第二节　关系认同结构理论的操作化

关系认同结构理论将关系认同作为理论的核心概念,强调国际体系结构本质上是行为体之间由关系认同所构建的一个结构。在关系认同结构中,行为体根据其与其他行为体建立起的关系认同结构而采取行动。然而,当行为体之间所关注的领域发生变化时,它们所建立的关系认同结构也随之发生改变。

一、关系认同结构的概念分析

在关系认同结构理论中,“关系认同”和“关系认同结构”是两个需要明晰的核心概念。关系主义认为,国际体系是由关系组成的体系,任何国家自建立伊始就处于这一由关系组成的国际体系中。在关系中的行为体并不具有绝对的身份,而是取决于特定的关系网络。而且,处在关系中的行为体通过相应的共有知识对其所获得的关系身份和所处的关系结构进行确认。[1]关系认同结构理论从中提炼出“关系认同”这一核心概念,认为行为体是通过关系认同确认并强化其在参与关系过程中所获得的关系角色和所塑造的关系结构。关系认同本质上就是行为体之间形成的对它们具有特定关系连接、关系身份和关系角色的认知与认可以及相互认知与认可。[2]从建构主义的视角来看,关系认同就是行为体之间在某一关系领域所形成的与关系有关的具有一定程度的共有知识。

在"关系认同"概念基础上,关系认同结构理论强调,关系结构是由关系认同所建立起来的。作为行为体在某一具体关系领域所形成的共有知识,关系认同是行为体形成、维系和再造它们所在的关系网络的基本单元或关系节点,也是行为体建立它们关系的核心要素。当一个行为体与另一个行为体在某一关系领域,如军事安全领域,形成了一个关系认同,就可以说它们在这一关系领域形成了一个有效的关系节点。最终,多个关系认同所确立的多个关系节点共同形成了这一行为体与其他行为体所共有的关系网络。而这一共有的关系网络,就是关系认同结构。也就是说,行为体之间的关系结构实际上就是通过它们之间的关系认同建立起来的、以该行为体为中心的关系认同结构。[3]这一结构形式充分借鉴了费孝通对于中国关系的描述。[4]关系认同结构理论指出,在国际体系中关系认同结构就是行为体建立的以自身为中心的向心结构,每一层同心圆就代表这一层关系。处在中心的行为体与处在这一结构中的其他行为体之间的关系密切程度则体现在二者之间的距离上。距离越近,代表着双方的关系就越紧密;距离越远,代表着双方的关系就越松散。

二、关系认同结构的类型

关于关系认同结构的类型,关系认同结构理论从三个角度进行区分:一是结构中的行为体个数,二是行为体建立关系认同领域的数量,三是建立关系认同的领域对于行为体的重要性程度。

从行为体个数看,关系认同结构可以分为双边和多边关系认同结构。所谓双边关系认同结构,是指两个行为体在特定关系认同下所建立的关系结构。这种关系认同结构常常出现在两个国家之间。例如,在中东地区,沙特阿拉伯王国(简称沙特)与阿拉伯联合酋长国(简称阿联酋)建立的关系认同结构,就是一种双边关系结构。而两个以上行为体在特定关系认同下建立起来的关系认同结构,就是多边关系认同结构。这种关系认同结构大多出现在地区与国际体系之中。美国在中东想要建立的中东战略联盟，就是美国与沙特、卡塔尔等国建立的以美国为中心的在军事安全领域的多边关系结构。

从行为体建立关系认同领域的数量上看，关系认同结构可以分为单一关系认同结构和综合关系认同结构。当若干个行为体只在某一单一关系领域内形成单一维度的关系认同结构，那么这种关系认同结构就可以被称为单一关系认同结构。当若干个国家行为体在多个关系领域内形成了多维度的关系认同结构，那么这一结构就可以被定义为多领域多维度的综合性关系认同结构。例如，美国与以色列就建立起了分别以美国为中心和以以色列为中心的包含军事安全领域、政治领域、经济领域等多领域的综合关系认同结构。

在行为体与其他行为体建立的多个关系认同结构中，根据对行为体的重要性和行为体的关注程度可以分为主导性关系认同结构和从属性或曰非主导性的关系认同结构。在一般情况下，行为体关注度较高的领域往往是国际政治中的高政治领域，如军事领域、安全领域等。在这些领域中，行为体之间往往建立起主导性的关系认同结构。而行为体之间不太重视的领域往往是国际政治中的低政治领域，如文化领域。在这些领域中，行为体建立的往往是非主导性的关系认同结构。但是，行为体所建立的主导性关系认同结构和非主导性关系认同结构并非永不变化的。随着行为体对于关系领域关注程度的变化，部分关注领域对于行为体的重要性也会发生变化，在这些关注领域建立的关系认同结构的重要性也会发生变化。经济领域就是一个典型的例子。随着冷战的结束和经济全球化的不断发展，各个国家在与其他国家的交往中越来越注重经济交往。因此，国家间在经济领域建立关系认同结构就由原来的从属性关系认同结构变为主导性关系认同结构。

三、三个变量和一个核心假设

关系认同结构理论认为，在行为体与其他行为体所建立的关系认同结构中，有三个变量会直接影响行为体之间的关系紧密程度：行为体对形成关系认同的关系领域的关注度；行为体之间所建立的关系认同的数量;行为体对于已经形成的关系认同的认同程度。[5]这三个变量与行为体之间的关系密切程度是呈正相关关系:在一个关系认同结构中,当行为体对形成关系认同的关系领域关注程度很高、在这些领域形成了数量众多的关系认同,同时对这些已经形成的关系认同具有较强的认同度时,我们就可以说它们之间的关系紧密。并且,当行为体对关注领域关注度越高,建立的关系认同数量越多,对关系认同的认同度越高,行为体之间的关系就越紧密。相反,在关系认同结构中,如果行为体对于它们形成关系认同的领域并不是很关注,且在这些领域形成了数量不多的关系认同,同时对于它们之间已经形成的关系认同的认同度并不强烈,那么我们就可以说它们之间的关系较为松散。并且,当行为体对关注领域关注度越低,建立的关系认同数量越少,对关系认同的认同度越低,行为体之间的关系就越疏远。

当行为体与其他行为体在各关系领域均没有建立任何关系认同时,就意味着行为体之间的关系状态是非有效关系状态,也被称为无效关系状态。将非有效关系状态进一步划分,则会出现两种情况:零关系认同状态和负关系认同状态。[6]所谓零关系认同,就是行为体与处在关系认同结构中心位置的行为体之间在任何领域均没有建立任何有效的在双方关系方面的共有知识。这时候行为体之间既不友好也不敌视,而是互视对方为陌生人或曰无关人。行为体的关系位置,也处在与它零关系认同行为体所建立的关系认同结构的最外沿关系圈外的"临界点"上。在临界点上,行为体向关系认同结构中心方向退一步便进入了负关系认同状态。所谓负关系认同,就是行为体之间形成了彼此在关系领域内存在矛盾和冲突的共有知识,彼此之间的关系也成为了竞争对手甚至是敌人。当行为体之间对关注领域关注度越高,建立的负关系认同数量越多,对负关系认同的认同度越高,行为体之间的矛盾也就越多,关系也就越紧张。

在明确"关系认同""关系认同结构"概念并阐明了影响关系认同结构的三个变量的基础上,关系认同结构理论认为,行为体之间的关系本质上是由行为体之间建立的关系认同结构所决定的。行为体之间建立了什么样的关系认同结构,就决定了它们会采取什么样的相互行为。在形成关系认同并建立关系认同结构的领域,行为体之间的关系是友好与和谐的状态,它们的行为也是友好合作的行为;在没有形成关系认同的领域,行为体之间的关系就是陌生人的关系,行为体之间也不会采取任何有意识的行为;在行为体形成负关系认同并建立负关系认同结构的领域,行为体之间关系是矛盾和冲突的关系,彼此间的行为也是敌对的行为。"关系认同结构决定关系行为"是关系认同结构理论的核心假设。

四、2015—2018 年美以关系案例

本章选取美国和以色列两国的关系与行为作为研究案例,具体选取 2015—2018 年这一时间段进行研究。选择 2015—2018 年美以关系符合实证研究案例选择的三个条件:研究变量明显、干扰变量尽量不发挥作用、案例中存在研究变量的极值,具体说明如下。

1. 内塔尼亚胡于 2015 年成功连任并组建新一届以色列政府。在组建新政府后,内塔尼亚胡便前往美国,就以色列新政府与美国在各个领域的关系进行磋商。2017 年特朗普就任美国总统后,美以双方同样就两国在各个方面的关系进行频繁磋商。不仅如此,双方在不同场合正式表述了两国的特殊友好关系。这说明,两国在 2015—2018 年期间存在强烈的关系认同,因而可能存在由关系认同编织起来的关系认同结构。并且,对于美以关系来说,最大的影响变量之一,就是美国国内犹太主义社团的影响。犹太利益集团始终对美国政治施加影响以确保美国与以色列的关系在大方向上保持不变。这一因素自 1948 年以色列建国以来就一直存在于美国国内并且始终发挥大致相同方向的作用。这为美以之间存在关系认同结构提供了一个重要动力。

2. 影响美国与以色列关系的干预变量,主要包括反对以色列的阿拉伯国家,以及与以色列关系很糟的伊朗及其盟友。但是到了特朗普上台前后,绝大多数阿拉伯国家已经开始跟以色列进行战略合作,其鼓动美国与以色列疏远的动力非常薄弱,不足以撼动美国的亲以色列政治力量,可以大致忽略。尤其在特朗普执政时期,美国大力推进与以色列的友好关系和合作关系,大力打击以色列的反对派伊朗及其盟友。

3. 在 2015—2018 年这一纵向时间段内,美国和以色列所建立的关系认同结构,存在明显的变量变化。在 2015—2016 年,奥巴马总统执政,他为了推行与伊朗的谈判政策,相对疏远了以色列,但也通过额外的军事援助进行安抚。这一时期,美以之间的关系认同相对而言要弱一些。到了特朗普执政时期,特朗普非常激进地提升了美国与以色列关系,并得到了以色列的积极呼应,两国的关系认同强度显著提升,甚至达到了一个历史新高度。通过这种变化,我们就可以更好地分析关系认同结构与两国外交行为的联动关系。

由此可以看出,2015—2018 年的美以关系符合实证研究案例选择的三个标准,可以帮助本章进行有意义的分析和研究。

五、理论概念向经验层面的还原

可操作化是实证研究的重要一步,也是利用现实案例对理论假设进行经验验证的重要前提。本章将对自变量"关系认同结构"和因变量"国家行为"进行可操作化处理。

所谓关系认同结构,比较通俗地讲,就是由关系认同编织起来的共有关系网络。因此,要想确定行为体之间建立了什么样的关系认同结构,就要确定行为体在哪些领域建立起了什么样的关系认同。在现实世界中,美以两国领导人在哪些领域建立起什么样的关系认同,既包含在两国领导人的正式和非正式讲话之中,如内塔尼亚胡在亲以色列组织美以公共事务委员会(以下简称 AIPAC)会议上的正式讲话、2018 年 9 月特朗普内塔尼亚胡回答记者问的讲话;也包含在两国政府的官方文件中,如美国国会法案报告、以色列官方文件等。通过对领导人讲话的解读和文件的考察,可以提炼出美以两国在军事安全、政治、经济和价值观等领域所建立的对双方在这一领域关系的正式埋解。在确定两国所建立的关系认同的态度和倾向时,我们可以通过两国在语言和文字中所使用的词汇进行判断。当美以两国在讲话和文件中阐述两国在某一领域的关系时都使用了诸如"盟友(ally)、联盟(alliance)、朋友(friends)"等明确表明两国是朋友或盟友的词语,或者诸如"承诺(promise)、支持(stand with)、共同努力(work together)、共同(one voice)"等非明确表明两国是朋友或盟友的词语时，可以证明美以双方在某一领域建立了正向的关系认同，两国在这一领域是朋友或盟友的关系。如果美以两国在讲话或文件中阐述两国在某一领域的关系时都使用了诸如"不同意（disagree）、摩擦（friction）、分歧（disagreement）、反对（opposition）"等明确表达两国是敌人或对手等词语时，则可以证明两国在这一领域确立了负向关系认同，双方在这一领域是敌人或者对手的关系。如果美以双方在讲话或者文件中完全没有提及对方，或者虽然提及了对方，但在阐述两国在某一领域的关系时既没有使用表达两国是朋友或者盟友的词语，也没有使用表达两国是敌人或对手的标志词，那么就可以说两国在这一领域处于零关系认同状态，两国在这一领域的关系则是无关紧要的陌生人的关系。

所谓国家行为，就是行为体在与其他行为体交往过程中所采取一系列行为的统称。在现实世界中，美国与以色列所采取的具体的相互行为，理论上可以细分为三类：一是相互支持与配合的友好行为，二是相互对抗的敌对行为，三是相互无视的冷漠行为。

美以两国相互支持和配合的友好行为包括：美国为以色列导弹防御系统提供资金和技术上的支持、双方联合开展反导防御演习、美国帮助以色列对现有军事装备进行升级改造、向以色列出售 F-35 第五代战斗机并帮助其进行升级改造、扰乱叙利亚局势减轻对以色列的压力、双方联合对伊朗极限施压、联合反对联合国教科文组织和联合国人权理事会对以色列的谴责、将美国驻以色列使馆迁往耶路撒冷、加强增强双边贸易额、以色列利用其水资源技术缓解美国干旱问题、美以共同打击哈马斯武装和黎巴嫩真主党武装等。

美以双方相互对抗的敌对行为包括：以色列领导人在美国国会以及在其他公开领域发表反对或阻挠美国中东政策的讲话、采取包括军事打击等实际行动破坏美国的政策、美国无视以色列的诉求和反对坚定推行其某一政策等行为。

美以相互无视的冷漠行为，[7] 包括美国无视以色列采取的任何行为或对以色列的行为不发表任何评论，以色列同样无视美国采取的任何行为或对美国采取的任何行为不发表任何评论，等等。

第三节　2015—2018 年美以关系认同结构

本节将考察 2015—2018 年美以两国在各个领域和各个维度建立的关系认同,并确定两国在这一时期建立了什么样的关系认同结构。由于这一时间段横跨奥巴马和特朗普两位总统的任期,因此本节将对 2015—2016 年奥巴马时期的美以关系认同结构和 2017—2018 年特朗普任期内的美以关系认同结构分别进行考察,确定在这两个时间段内美以分别建立了什么样的关系认同结构。

一、奥巴马时期的关系认同结构(2015—2016 年)

本节通过对 2015—2016 年美以官方文件和官方讲话进行考察和分析,可以发现美国和以色列在军事安全领域、政治领域和经济领域建立了关系认同,并在此基础上建立了一个包含这些领域的综合性关系认同结构。

(一)军事安全领域的关系认同

军事安全领域一直以来是美以两国都十分重视的高政治领域。在奥巴马任期内的 2015 年至 2016 年间,美国和以色列针对这一领域都作出了重要的正式表述。

1. 保卫以色列安全

保卫以色列国家安全一直是美以两国十分关心的议题。2015—2016 年期间,美以两国政府多次在文件和讲话中强调两国将在保卫以色列国家安全这一议题上进行合作,双方也在这一议题上建立了紧密的关系认同。

先看美国方面的表述。自从以色列国成立以来,美国政府就多次发表声明,表示将保卫以色列的国家安全。这一政策在奥巴马时期得到了延续。2015 年 3 月,美国国家安全顾问苏珊·赖斯(Susan E. Rice)在美国的亲以色列组织 AIPAC 大会上明确表示,美以两国在保卫以色列国家安全的议题上具有紧密的联系,奥巴马总统作出了以色列的安全"神圣不可侵犯"的承诺，并致力于确保以色列永远不会孤军奋战。这就是两国之间的安全合作比以往任何时候都更加强大的原因。奥巴马总统和内塔尼亚胡总理都称两国在安全领域的合作是史无前例的，两国将通过新的国防技术和世界上最先进的军事装备，来保持以色列能够加强自身的防卫能力。[8]2015 年 11 月 9 日，美国总统奥巴马与以色列总理内塔尼亚胡进行会晤，奥巴马表示保卫以色列的国家安全是美国外交政策的首要任务之一。美国提供的军事援助是美国对以色列国安全义务的重要组成部分，因为以色列是美国最亲密的盟友之一。[9]同年的 12 月 5 日，奥巴马在与以色列总统里夫林会晤时表示，美国对以色列的安全承诺是美国外交政策最重要的原则之一，这是民主党和共和党的共识。奥巴马表示对两国拥有的前所未有的军事和情报合作以及美国为以色列的防御提供的持续支持感到非常自豪。[10]2016 年 3 月，美国时任副总统拜登访问以色列并表示，美国坚定地支持以色列的自卫权利。[11]世界上……需要一个叫做以色列的独立犹太国家，美国承诺"这个伟大的国家"能够安全。美国与以色列的伙伴关系是多方面的，但其核心是安全伙伴关系。[12]

再看以色列方面的表述。2015 年 3 月，内塔尼亚胡在 AIPAC 年会上明确表达了对美国支持以色列国家安全的感谢。内塔尼亚胡表示，以色列非常感谢奥巴马总统在安全合作等方面为以色列所做的一切。民主党和共和党与国会两党的朋友共同努力，加强美以两国之间的联盟，为以色列提供了慷慨的军事援助和导弹防御开支。美国支持以色列在战争中自卫。共同努力使以色列更加强大，使美以联盟更加强大。[13]2015 年 11 月 9 日，内塔尼亚胡总理在访问美国并与奥巴马总统会晤时，感谢奥巴马总统对以色列安全的进一步承诺。没有美国的慷慨支持，以色列无法承担如此巨大的防务压力。以色列人民感谢美国在加强以色列安全方面的努力，感谢你们现在正在从事的工作：如何加强以色列的安全，如何保持以色列的军事优势，以便以色列能独自防御任何威胁。[14]内塔尼亚胡还在 2016 年的 AIPAC 年会上表示，美国慷慨地向以色列提供了我们自卫所需的许多工具，这是美以大联盟的一部分。以色列对此深表赞赏，也深切感谢国会两党对以色列的强烈支持，以及美国人民对以色列的强烈、压倒性的支持。[15]

通过美以双方领导人的这些正式讲话，我们可以看出，美以两国领导人多次在公开场合表达并确认了两国在军事安全领域中"保卫以色列国家安全"这一议题上是朋友和盟友的关系，而且多次使用"史无前例""更加强大""伟大"等修饰词，表达出他们对这一盟友关系的强烈认同程度。因此可以说，美以两国在保卫以色列国家安全这一议题上存在着紧密的关系认同。

2. 伊朗核问题

伊朗核问题是美以双方在军事安全领域中一个十分关心的议题。美以双方针对如何解决伊核问题多次进行协商并发表讲话，而双方争论的焦点就在于是否要与伊朗达成《联合行动计划》。

先看美国方面的表述。奥巴马政府破天荒地提出用谈判的方式解决伊核问题，并因此与以色列产生了较大分歧。在 2015 年 3 月的 AIPAC 年会上，美国国家安全顾问赖斯表示，通过《联合行动计划》，美国已经成功地制止了伊朗的核计划，伊朗比一年前距离拥有核武器更远了，这使得世界更安全，其中包括以色列……美国正在努力达成一个好的、长期的、全面的协议，以阻止伊朗获得核武器。[16] 2015 年 4 月 2 日，奥巴马总统在一项声明中表示，美国与伊朗已经达成了框架协议，这一协议长达 20 年或更长时间，将切断伊朗发展核武器的所有途径。事实上，有些限制是永久性的。伊朗作为《核不扩散条约》的成员，永远不被允许发展核武器。[17] 奥巴马明确承认，以色列总理在是否应该和平解决伊朗问题上，和美国政府存在不同观点。但事实上，如果内塔尼亚胡总理也在寻找最有效地阻止伊朗获得核武器的方法，那么这份协议就是最好的选择。2015 年 8 月 5 日，奥巴马发表了关于《伊核协议》的讲话，他表示，《伊核协议》是一项永久禁止伊朗获得核武器的详细安排，因为它切断了伊朗获得核弹的所有途径，实现了最关键的安全目标之一。这是不可替代的最佳选择，是有史以来谈判达成的最强有力的不扩散协议。[18] 对以色列的不同意见，奥巴马表示，以色列政府反对这项协议，是因为它是我们的盟友和朋友。当以色列政府反对某事时，美国人民会注意到，但没有人可以责怪它。我们不怀疑内塔尼亚胡总理的真诚，但他的确错了。因为这份协议真正符合美国和以色列的利益。[19] 2015 年 11 月 9 日，美以两国领导人在白宫会晤，奥巴马再次明确指出美以双方在伊朗核问题上的分歧与共识。奥巴马表示，两国还有机会讨论《伊核协议》的执行情况。内塔尼亚胡总理和我在这个狭隘的问题上存在强烈分歧，但我们在不允许伊朗拥有核武器的必要性上没有分歧。[20]

再看以色列方面的表述。在伊核问题上，以色列坚决反对以协议方式阻止伊朗发展核武器，认为协议不仅无法保证伊朗彻底放弃发展核武器的意图，而且还会因解除制裁而大大增加伊朗在中东地区的经济实力，严重威胁以色列的国家安全。在 2015 年 3 月举行的 AIPAC 年会上，内塔尼亚胡公开表示，如果伊朗发展核武器，它将有办法消灭以色列，正如它发誓要做的那样。作为以色列总理，他有道义上的义务在面对这些危险时大声疾呼，同时还要有时间避免它们。他表示，以色列和美国都同意，伊朗不应该拥有核武器，但是，两国在阻止伊朗发展这些武器的最佳方法上存在分歧。[21] 2015 年 3 月 3 日，内塔尼亚胡在美国国会发表演讲时表示，美国与伊朗达成的协议是一笔糟糕的交易，将危及以色列的安全。[22] 一个月后，以色列官方发表了内塔尼亚胡与奥巴马的通话记录。在通话中，内塔尼亚胡强烈反对美国与伊朗的框架协议，认为这将使伊朗的核计划合法化，提振伊朗经济，增加伊朗在整个中东及其他地区的"侵略和恐怖活动"。[23] 这是以色列官网首次明确使用"反对"一词表达美以双方在解决伊核问题上的分歧。2015 年 4 月 3 日，内塔尼亚胡在会见美国参议员罗伯·波特曼时再次表示，本着以色列和美国之间的友谊精神欢迎你们的到来，但这不意味着我们没有意见分歧。在悬而未决的伊朗协议问题上，我们有不同的看法。伊朗协议的目标不应该只是达成任何协议，而是应该挡住伊朗获得核弹的去路……因此，以色列认为需要一个不同的协议，一个更好的协议。[24]

通过美以两国官方文件和领导人的讲话可以看出，美以双方在是否接受《伊核协议》问题上存在着严重的分歧。美国总统奥巴马多次公开强调《伊核协议》对于阻止伊朗发展核武器和推动世界和平方面的重大贡献；而以色列总理内塔尼亚胡则多次强调当前的协议不仅无法阻止伊朗获得核武器，还会大大增强伊朗的经济和军事实力，将给中东和整个世界带来"灾难"。在讲话中，美以两国领导人均使用分歧（disagree）、反对（opposition）、摩擦（friction）等标志性词语，表明双方在这一议题上的不同意见和不同看法。因此,我们可以确定,美以两国在如何解决伊核问题这一议题上建立的是负关系认同。此外,在表达分歧时两国领导人均运用强烈(strong;strongly)这一修饰词去修饰分歧(disagree)、反对(opposition)等词语。这表明了美以两国对这一负关系认同的认同程度较强。

(二)政治领域的关系认同

政治领域同样是美以双方十分关注的一个重要领域。在2015—2016年期间,美以双方针对政治领域中支持以色列事业和推动巴以和平进程这两个议题上进行了深入的探讨。

1.美国支持以色列事业

支持以色列事业是美国历届政府与以色列在政治领域建立的一个十分重要的关系认同。在奥巴马时期,美以双方继承了这一关系认同。两国领导人多次发表讲话确认这一点。

先看美国方面的表述。在2015年的AIPAC年会上,赖斯表示,在联合国打击对以色列的可耻偏见时,以色列没有比美国更好的朋友了……当一个民主国家的合法性在联合国成员国中一次又一次地受到攻击时,这是丑陋的,我们必须与之作斗争。本着兄弟情谊的精神,我们克服了如此多的考验。美国将永远与我们的以色列朋友和盟国站在一起。[25] 2016年3月9日,美国副总统拜登在访问以色列时表示,世界永远不需要怀疑美利坚合众国对以色列的支持。美国知道以色列也支持我们……美国和以色列之间的关系不仅仅是两个政府的关系。这是人与人之间的纽带,是由几代人建立的联系,一种永远无法打破的纽带。[26] 同年的9月21日,内塔尼亚胡与奥巴马在纽约进行会面。奥巴马再次重申了美以关系的紧密性。他表示,美以联盟是基于共同的价值观和家庭纽带。美国承认以色列是我们最重要的盟友之一。[27]

再看以色列方面的表述。以色列政府积极进行回应并反复确认美国领导人表述的美以盟友关系。2015年3月2日,以色列总理内塔尼亚胡在AIPAC年会上表示,美以联盟得以不断强大的原因,是它得到了美国两党的支持。美以联盟根植于共同传承,秉持共同价值观,共享命运,非常健全……在未来,这一联盟将变得越来越强大。[28]同年3月30日,内塔尼亚胡在美国国会表示,民主党人和共和党人,年复一年,十年又十年地支持以色列,与以色列站在一起;以色列和美国之间非凡的联盟一直凌驾于政治之上。它必须始终凌驾于政治之上。因为美国和以色列有着共同的命运,珍视自由并居住在提供希望的应许之地。同年8月11日,以色列总统里夫林在会见美国共和党国会议员代表团时表示,美以关系是建立在共同价值观和共同愿景的坚实基础上的强大战略联盟,以色列感谢美国对以色列的支持。[29]2016年3月,内塔尼亚胡表示,以色列没有比美国更好的伙伴,这种伙伴关系是一种以共同价值观为基础的伙伴关系。当美以共同努力时,美国和以色列将会更加强大。里夫林总统也表示,以色列人民与美国人民的友谊是牢固和真诚的。正是这种友谊使我们在合作和伙伴关系中面对挑战并展望未来。[30]2016年9月,内塔尼亚胡在纽约再次表示,美以联盟是基于共同价值观、共同利益和共同命运牢不可破的纽带。以色列没有比美利坚合众国更好的朋友,美国没有比以色列更好的朋友。[31]

从对美以两国政府间对话的梳理中可以看出,美以双方领导人在2015—2016年间,多次互相表达美以联盟的存在与牢不可破。美国反复强调以色列是美国最重要的盟友之一,将毫无保留的支持以色列事业,与以色列共同反对世界反犹主义。以色列政府则同样强调美以联盟的重要性和紧密性,称美以联盟是建立在共同价值观之上的非凡的联盟。这说明美以双方存在着在支持以色列事业议题上的关系认同。同时,两国领导人在表达时多次使用非凡的、牢固、真诚、最重要、牢不可破等修饰性词语,以表达两国对于两国联盟以及美国支持以色列议题上的重视程度,可以说两国在这一议题上建立了紧密的关系认同。

2. 推动巴以和平进程

巴以冲突一直是影响中东和平稳定的重要因素。美国历任政府也将解决巴以冲突作为其中东政策的重要议题。以色列也希望彻底解决巴以问题。在奥巴马时期,美以两国就推动巴以和平进程问题深入交换了意见。

先看美国方面的表述。2015年11月9日,奥巴马在白宫会见内塔尼亚胡时表示,美国将与以色列共同讨论如何缓解巴以矛盾、推动中东和平进程:"我还将同总理讨论关于我们如何能够降低以色列人和巴勒斯坦人之间的紧张关系、我们如何能够回到和平道路上以及我们如何能够确保通过政治进程满足巴勒斯坦人的合法愿望的想法。"[32] 12月9日,奥巴马再次表示,美国愿意同以色列继续努力,美国将与以色列共同讨论如何缓解巴勒斯坦人与以色列人之间的紧张关系。[33] 2016年3月9日,拜登在以色列表示,美国将与以色列共同商讨减少极端主义和为以色列人和巴勒斯坦人创造更大经济机会的想法,因为归根结底,两个民族的国家和平仍然是这里的所有人民通往繁荣未来的最可靠途径,这就是两国解决方案。[34] 27日,美国国务卿克里在与内塔尼亚胡会面时表示,美以双方可以尝试改变方向并找到一种积极的方式来影响每个人的生活——以色列人、巴勒斯坦人、邻国人民——并走向一个更加稳定与和平的未来。[35]

再看以色列方面的表述。2015年11月,内塔尼亚胡在与奥巴马会面时表示,以色列永远不会放弃对和平的希望,仍然致力于两个民族的两个国家的和平愿景:一个承认犹太国家的非军事化的巴勒斯坦国。以色列愿意与任何真正希望与以色列实现和平的邻国和平相处。以色列期待与美国讨论能够加强稳定和走向和平的切实方法。[36] 同年12月,以色列总统里夫林在和平会议上发表讲话时反复强调,巴以和平与合作对于双方是有益的,这一代人的使命是在阿拉伯人和犹太人之间建立信任。[37] 2016年9月,内塔尼亚胡在联合国大会发表讲话时强调,以色列仍然不会放弃和平的希望。以色列致力于基于两个国家为两个民族的和平远景提供机会,阿拉伯世界今天的变化为促进这一和平提供了一个独特的机会。[38]

在2015—2016年间,美以双方多次在会面和讲话中表达了致力于推动巴以和解与中东和平的意愿。美国领导人多次表示将致力于缓和以色列与巴勒斯坦人的紧张关系,推动巴勒斯坦与以色列的全面和解。以色列方面则同样表示不会放弃和平的希望,将与美国共同努力推动巴以全面和解。在两国领导人反复强调中,美以双方在政治领域中的推进中东和平进程方面建立了正向关系认同。但是,双方在表态中并没有使用非凡的、强烈的、最好等修饰词以表达两国关系认同紧密程度,而是仅仅使用机会(hope)、机会(opportunity)、讨论(discuss)等表达采取尝试性行动的词语。因此可以看出,两国事实上对于实现巴以和解和中东和平前景持悲观态度。美以两国对于双方在政治领域建立的推动中东和平进程的关系认同的认同程度并不强烈。

(三)经济领域的关系认同

奥巴马时期,经济领域方面的合作同样是美以双方关注的一个议题。但是在2015—2016年期间,两国政府并没有花大量篇幅对两国经济领域的合作进行强调,而是在部分讲话中零星提及。

先看美国方面的表述。2016年6月6日,美国国家安全顾问赖斯就美以经济合作问题发表讲话时表示,当以色列的对手试图在经济上孤立和抵制以色列时,美国将联合以色列对反以势力进行坚决打击;美国将进一步加强同以色列的经济联系。[39] 6月16日,时任美国副国务卿布林肯在会见内塔尼亚胡时表示,当前存在发展美以经济的伟大机会。以色列的科学技术能够改善两国经济状况并进一步发展。11月,美国驻以色列大使丹·夏皮罗(Dan Shapiro)在以色列-美国商会的年会上表示,美以贸易额已经高达490亿美元,两国经济联系在过去的31年中增长了5倍;以色列和美国已经共同达到了这些新的高度,美以双方将确保双方贸易在未来继续攀升,美以双方面临着共同挑战和共同的机遇,双方可以改善未来。[40]

再看以色列方面的表述。2016年6月,内塔尼亚胡在与布林肯会面时表示,以色列愿意继续与美国发展贸易关系。内塔尼亚胡称,美国和以色列可以在技术和贸易问题上继续合作……美国和以色列都拥有强劲的经济,双方的合作将会惠及我们两国人民。[41] 在11月举行的以色列-美国商会年会上,以色列商会主席奥夫拉·施特劳斯(Ofra Strauss)表示,以色列和美国之间的经济关系是整个战略联盟的基础……与以色列的贸易对于美国市场是极其重要的。我们不仅拥有共同的价值观,而且我们一起真正改变了世界。[42]

通过对2015—2016年美以两国政府文件和讲话的解读,可以看出美以两国虽然在经济领域的表述并不多,但是双方却在表述中反复相互确认两国在经济领域是朋友和盟友的关系。因此,可以确认两国在经济领域建立了正向关系认同。然而,两国政府对于两国经济领域关系的表述篇幅并不长,并且在表述中两国官员也没有使用一些表示两国关系紧密的修饰词加以强调。因此可以判定,美以两国在经济领域建立了正向的关系认同,但两国对此领域的重视程度不高,所以它们在经济领域的关系并不紧密,其关系认同的认同程度也不是非常强烈。

综上所述,我们通过对 2015—2016 年美以两国官方文件和官方正式讲话的考察,看出美以两国在这一时期,建立了一个基于军事安全领域、政治领域和经济领域的关系认同结构。两国在军事安全领域和政治领域建立了较为紧密的关系认同,而在经济领域建立的关系认同,其认同程度并不紧密。在关系认同结构中,美以双方在政治领域中的伊朗核问题这一议题上存在严重的分歧,因而建立了明显的负向关系认同。尽管美以两国在伊朗核问题上建立的关系认同是负向的,但整体上两国建立的关系认同结构,却是压倒性的正向认同结构。

二、特朗普时期的关系认同结构(2017—2018 年)

在这一部分,我们通过对 2017 年和 2018 年美以两国政府文件和领导人正式或非正式讲话的考察,发现这一时期美以两国在军事安全领域、政治领域、经济领域和价值观领域建立起了多维度的关系认同,而且基于各个领域的关系认同建立了一个综合性的关系认同结构。

(一) 军事安全领域的关系认同

军事安全领域是美以两国十分关注的重要领域。美以两国领导人继续在多次讲话中对两国在这一领域中多个议题的关系进行了详细论述。

1. 保卫以色列国家安全

特朗普入主白宫以后,保卫以色列国家安全仍然是美以两国在军事安全领域的一个十分关注的议题,也可以说是美以双方在军事安全领域谈论的首要议题。因此,2017—2018 年期间,美以两国领导人就这一问题多次会面并进行磋商。

先看美国方面的表述。2017 年 2 月,特朗普总统在与内塔尼亚胡总理会面时,就保障以色列国家安全这一议题向以色列作出了坚定承诺。特朗普表示,当前以色列面临的国家安全威胁是巨大的……美国将加强对以色列的安全援助以确保美国的盟友以色列能够应对来自其他国家的威胁,从而确保美以两国继续发展壮大。[43] 在 2017 年度 AIPAC 年会中,美国副总统彭斯代表特朗普总统再次承诺保卫以色列国家安全。彭斯表示,以色列的安全防卫对于美国来说是永远不可商量的,现在不行,永远不行。美国将会与以色列站在一起,共同对付美以共同的敌人。[44] 2018 年 9 月,特朗普在与内塔尼亚胡答记者问时再次表示,他将与内塔尼亚胡谈论美以军事与防御的问题,美国非常称赞以色列在防御方面所做的事情。他将让世界知道美国与以色列完全站在一起。[45] 11 月,美国副总统彭斯在第五届以色列-美国理事会全国会议上表示,美国为以色列提供前所未有的国家安全保障,美国将确保以色列拥有足够的自卫资源和工具。特朗普总统承诺,永远与以色列站在一起,反对那些试图摧毁它的人。[46]

通过对美国领导人对话的考察,可以看出美国坚定地表达出保卫以色列国家安全的强烈意愿,并且多次在讲话中提及美国将在安全防卫方面与以色列站在一起,说明两国在这一议题中是盟友和朋友关系。

以色列方面的表述。针对美国提出的保卫以色列国家安全的意愿,以色列则积极进行回应。2017 年 5 月,以色列总理内塔尼亚胡在接待特朗普总统来访,就美国承诺维护以色列国家安全向特朗普表示"特别感谢"。内塔尼亚胡强调,随着美以共同努力,两国之间的联盟将变得更加强大。[47] 以色列总统里夫林在与特朗普会面时,表示以色列感谢特朗普协助以色列承担该国面临的安全负担并坚定不移地支持以色列的安全。[48] 2018 年 9 月,内塔尼亚胡访问美国时,极力称赞美国对以色列国家安全的有力捍卫,相信以色列在需要时将会得到特朗普总统和美利坚合众国的支持。[49]

可以看出,美以双方在多次讲话中反复确认两国在保卫以色列安全这一议题上的朋友和盟友关系,说明两国在这一议题上建立了密切的正向关系认同。同时,两国领导人在讲话中多次使用诸如强大、非常等表达两国在这一议题上关系认同强烈程度的修饰词。因此可以看出，美以两国在军事安全领域中保卫以色列国家安全这一议题上建立了紧密的正向关系认同。

2. 遏制伊朗

特朗普政府和内塔尼亚胡政府都将伊朗视为中东地区和世界的重大安全威胁。双方也从多个领域表达出对伊朗威胁的担忧。美以两国从各个具体的角度表达出对伊朗的遏制，这些具体的表述可以统归到遏制伊朗的议题中。

先看美国方面的表述。特朗普上台后，一直将伊朗视为对以色列和中东地区的重大威胁，在讲话中多次表达与以色列共同遏制伊朗的意愿。2017 年 2 月，在与以色列总理内塔尼亚胡会面时，特朗普表示，伊朗对于以色列国家安全的威胁是巨大的，美国已着手对伊朗实施新的制裁并将采取更多的措施来永远防止伊朗发展核武器。[50] 美国副总统彭斯在 AIPAC 年会上也表示，伊朗正在想方设法为以色列制造混乱，致力于将以色列人赶到海中……伊朗向叙利亚、黎巴嫩的亲伊朗武装提供武器，威胁以色列和世界的安全。美国绝不允许伊朗破坏以色列的安全……阻止伊朗发展核武器是美国对以色列的坚定承诺。[51] 2017 年 5 月，特朗普就伊朗问题再次与以色列首脑进行磋商。特朗普表示，美国和以色列可以共同宣布，伊朗必须立即停止对亲伊朗民兵的资助和训练，美以必须抓住机会共同面对威胁该地区并造成如此多暴力和苦难的伊朗政权。[52] 23 日，特朗普再次向以色列承诺，将坚决遏制伊朗拥有核武器，美国与以色列的安全伙伴关系比以往任何时候都更加强大。[53] 2018 年 1 月，美国副总统彭斯在以色列国会发表讲话，声称《伊核协议》是"一场灾难"，美利坚合众国将不再承认这项考虑不周的协议。美国向所有以色列人民郑重承诺，美国永远不允许伊朗获得核武器。[54]

再看以色列方面的表述。以色列对美国所表达的共同遏制伊朗的意愿积极进行回应。2017 年 2 月，内塔尼亚胡公开表示，以色列将与美国站在一起，共同应对来自伊朗的威胁。[55] 3 月，内塔尼亚胡在 AIPAC 年会上表示，以色列将与美国肩并肩站在一起，战胜"黑暗"。为了两国的共同安全，将确保打败"好战的伊斯兰势力"，阻止伊朗发展核武器是美以永远的政策。[56] 2017 年 5 月，内塔尼亚胡在特朗普访问期间多次表达与美国合作共同遏制伊朗的意愿。22日,内塔尼亚胡表示他本人期待与美国密切合作,相信美以可以共同击退伊朗在该地区的"侵略行径"和"恐怖行为",可以挫败"伊朗肆无忌惮地成为核武器国家的野心"。[57]23日,内塔尼亚胡在以色列博物馆表示,美以可以一起击败"试图摧毁文明世界的激进伊斯兰势力",可以而且必须一起战胜"恐怖势力"。[58]

在2017—2018年的讲话中,美以两国领导人都多次表达了"遏制伊朗"的强烈意愿,并且在讲话中双方都承认两国在这一议题上是朋友和盟友的关系。两国领导人也在讲话中都多次使用如共同、肩并肩等表示两国关系紧密的修饰性词汇,因此可以说,美以两国在军事安全领域中的遏制伊朗领域,建立了紧密的正向关系认同。

(二)政治领域的关系认同

在特朗普政府期间,政治领域继续是美以两国十分关注的重要领域,美以两国也在讲话和政府文件中使用较大篇幅对两国在政治领域所关注的话题进行表述。相比于军事安全领域,美以两国对于双方在政治领域关系的表述更为明显。两国在政治领域所谈及的话题也更为多样。通过考察,可以看出两国所谈及的话题主要涉及推动中东和平进程、反对国际组织对以色列的苛责、对以色列和犹太人事业的支持。

1. 推动中东和平进程

推动中东和平进程同样是美以两国十分关注的重要议题。双方都希望推动巴以矛盾的顺利解决以及消除阿拉伯国家对于以色列的敌视,进而推动中东实现持久全面和平。因此,两国领导人在讲话中多次提及这一议题。

先看美国方面的表述。2017年2月,特朗普在与内塔尼亚胡的首次会面中表达了推进中东和平进程的强烈意愿。特朗普强调,本届美国政府所致力于的一个重要目标,就是推动以色列与美国在中东的盟友合作以及巴以达成和平协议。同时,特朗普表示美国将与以色列一起,共同合作,推动一项伟大的和平协议。[59]5月,在美以联合声明中,特朗普强调以色列与阿拉伯国家和解将为整个地区带来更大的安全,为美国带来更大的安全,给世界带来更大的繁荣;美国愿意随时准备尽其所能提供援助,美以深厚而持久的友谊只会随着在未来共同努力而变得更加深厚和强大。[60] 在随后的讲话中,特朗普再次重申了推动中东和平的意愿,表示美以巴三方都致力于争取和平和实现和平,他本人也将帮助以色列人和巴勒斯坦人达成和平协定。9 月,特朗普在与内塔尼亚胡的会面中再次就中东和平进程问题进行磋商。特朗普表示,尽管巴以和平协议困难重重,但是美以都认为这是有机会实现的。[61]

再看以色列方面的表述。以色列是中东和平进程的直接参与方。如果能够实现以色列与巴勒斯坦和中东其他国家的全面和解,以色列无疑是最大的受益者。因此,以色列领导人在讲话中也多次提及中东和平进程的问题。2017 年内塔尼亚胡在与特朗普会面时,对特朗普推动中东和平进程的意愿进行积极回应,称这次和平进程对以色列来说是一次难得的机会,因为"以色列有生以来第一次,该地区的阿拉伯国家没有将以色列视为敌人,而是视为盟友"。同时,内塔尼亚胡积极强调美国在中东和平进程上的领导作用,表示相信在特朗普总统的领导下,中东地区的变化为加强安全和促进和平创造了前所未有的机会。希望两国领导人一起抓住这一时刻,一起加强安全,一起寻求新的和平途径,一起把以色列和美国之间非凡的联盟推向更高的高度。[62] 5 月,内塔尼亚胡称以色列已经将和平的手伸向包括巴勒斯坦人在内的所有邻国,以色列相信可以推进其与阿拉伯邻国以及巴勒斯坦人之间的持久和平。内塔尼亚胡称当前和平进程的发展都是"美国和特朗普领导的结果"。[63] 2018 年,内塔尼亚胡在接待美国副总统彭斯访问期间,表示在推进中东和平问题上,没有比美国领导人更好的朋友了。以色列将与所有推动中东和平进程的美国人合作,努力成一项历史性协议,为巴以两国人民创造更美好的未来。[64]

在 2017—2018 年两国领导人的讲话中,美国领导人反复强调美国与以色列在推进中东和平进程的合作关系,而以色列则同样多次承认美以两国在推进中东和平进程方面是朋友的关系。并且以色列多次强调美国在推进中东和平进程的领导地位:正是在美国的领导下,中东和平才有可能实现。通过美以两国领导人反复确定两国的合作和朋友关系,可以确定两国在推进中东和平进程这一议题上建立了正向关系认同。

2. 反对国际组织对以色列的苛责

国际组织对以色列的态度是美以两国关注的一个重点话题。针对国际组织对以色列的苛责，美以两国领导人在讲话中多次表明双方在这一议题上的关系。

先看美国方面的表述。2017 年 2 月，特朗普在首次会见内塔尼亚胡时，公开表达了要在国际社会支持以色列的立场。特朗普批评各种国际组织对以色列的批评和抵制是非常不公平的。他表示要在联合国和各种国际组织中鲜明地支持以色列，因为美以两国具有牢不可破的关系，两国是珍贵的盟友，共同珍视人类生命的价值。[65] 9 月，特朗普与内塔尼亚胡进行会晤，继续表示美国将继续在国际社会中坚定不移的支持以色列，反对联合国对以色列的"不公正对待"。[66] 美国副总统彭斯同样多次在公开场合向以色列承诺，美国将在国际社会坚定不移地支持以色列。在 2017 年的 AIPAC 大会上，彭斯将联合国比喻为"苛责以色列的国际论坛"，表示美国绝不允许其他国家从事针对以色列的不公正的单方面行动，美国将不再允许联合国被当作对以色列进行有效打击的论坛。[67] 在 2018 年举行的美以理事会年会上，彭斯再次表达了美国反对国际组织对以色列的苛责，他认为当前国际组织已经成为"反犹主义的大舞台"，强调美国绝不允许联合国成为谩骂以色列的论坛。[68]

再看以色列方面的表述。以色列在对美国的感谢中多次表达两国在这一议题上的紧密关系认同。2017 年 2 月，内塔尼亚胡在与特朗普会面时，就特朗普在国际组织中支持以色列的意愿表达感谢。他说，美以两国的联盟非常强大，而在特朗普总统的领导下，相信美以联盟将更加强大。内塔尼亚胡表示感谢美国在国际社会上坦率地呼吁，确保以色列在国际论坛上得到公平对待。[69] 3 月，内塔尼亚胡表示，以色列人民深切感谢美国总统、国会和美国人民的慷慨支持，以色列相信美以联盟在未来几年中将变得更加强大。在 2018 年期间，反对国际组织苛责以色列同样是美以双方在政治领域十分关注的一个议题，双方领导人也就在国际组织中反对反犹主义深入交换意见。3 月，内塔尼亚胡表示，以色列人民看到特朗普总统在联合国组织内对以色列的宏伟捍卫和，这一切都是美以"深厚友谊"的结果。内塔尼亚胡感谢特朗普总统对以色列的友谊。[70] 9 月,内塔尼亚胡称赞美国对以色列的支持,认为没有人像特朗普总统一样支持以色列,以色列感谢美国在联合国对以色列表现出的非凡支持。[71]

通过对上述美国领导人讲话的考察,可以看出美国承认在反对国际组织苛责以色列这一议题上两国是朋友和盟友的关系。而通过对2017—2018 年以色列领导人讲话文本的考察,也可以看出以色列同样认同美以两国在国际组织中支持以色列这一议题上是朋友或盟友的关系。这说明美以两国在这一议题上存在着明确的正向关系认同。与此同时,在反对国际组织苛责以色列这一议题上,美以双方领导人在讲话中反复使用"盟友""朋友""联盟"等标志性词语表达两国在这一议题上是朋友或盟友的关系,并且使用非常强大、慷慨地支持等修饰性词语强调两国盟友和朋友的关系的坚定程度。因此可以说,两国在反对国际组织苛责以色列这一议题上建立了认同程度相当紧密的正向关系认同。

3. 对以色列和犹太事业的支持

先看美国方面的表述。在特朗普担任总统期间,美以关系最突出的一个特点就是美国对以色列的全面支持。美国领导人在多次讲话中也表达出对以色列和犹太事业的全力支持。在 2017 年 2 月美以领导人的会面中,特朗普将以色列称为"世界面对压迫时坚韧不拔的象征",表示他与美国人民绝不会忘记犹太人所遭受的苦难;犹太人在暴力面前的开放民主、在困难面前的成功是鼓舞人心的。[72] 在 3 月的 AIPAC年会中,美国副总统彭斯表示以色列盟友的事业就是美国的事业,以色列的价值观就是美国的价值观,以色列的斗争就是美国的斗争,美国和以色列之间的联盟非常强大。[73] 5 月,特朗普在访问以色列期间,称以色列是世界上最伟大的文明之一,是一个强大、坚韧、坚定和繁荣的国家,他本人对犹太人的成就感到敬畏。特朗普承诺,美国与以色列的友谊是持久的,并且是永远持久的。美国和以色列不仅仅是长期的朋友,更是伟大的盟友和伙伴。[74] 在以色列国家博物馆期间,特朗普表示美国将永远与以色列站在一起,美国人民热爱以色列、尊重以色列,美国将与珍视的盟友以色列同在。[75]

再看以色列方面的表述。以色列领导人积极回应美国领导人的友好表述,完全认同美国在支持以色列发展所起到的重要作用和美国总统对美以联盟的认定。2017 年 2 月,内塔尼亚胡在回应特朗普总统的讲话时表示,以色列珍视与美国的友谊,以色列没有比美国更好的盟友,美国没有比以色列更好的盟友。[76] 3 月,以色列总理内塔尼亚胡在 AIPAC 大会上积极强调美国在以色列建国和发展中所起到的重要作用,称没有美利坚合众国的坚定支持,以色列就不会成为今天的国家。以色列感谢美国与以色列站在一起,感谢美国为以色列挺身而出。[77] 5 月,内塔尼亚胡在以色列博物馆表示,以色列从来没有、也永远不会有比美国更好的朋友,这种友谊反映在美国人民对以色列的压倒性支持。内塔尼亚胡感谢特朗普对以色列的坚定友谊,认为这种友谊得到了美以两国人民的深刻赞扬。[78]

可以看出,2017 年期间美国领导人在讲话中反复强调美以之间紧密的联盟关系以及美国对以色列和犹太事业的鼎力支持。以色列也多次表达其对美国支持以色列事业的感谢,并多次使用"朋友""盟友"等词语,强调两国在这一议题上的盟友和朋友关系。在讲话内容上,两国领导人多次使用"伟大的""持久的""坚定的"等修饰词语,表达两国对于支持以色列和犹太事业这一议题上的强烈认同感。因此,美以两国不仅在支持以色列和犹太事业这一议题上建立了正向关系认同,并且对于所建立的关系认同具有强烈的认同感。

(三)经济领域的关系认同

与美以双方在军事安全领域和政治领域对于双方关系的大篇幅表述相比,两国在经济领域对双方关系的表述并不多。

先看美国方面的表述。美国在美以两国经贸领域关系上的描述虽然篇幅较少,但通过美国领导人讲话以及美国政府宣布的两国领导人对话可以看出,美国认同两国在经贸领域是朋友和盟友的关系。2017 年 2 月,特朗普与内塔尼亚胡就美以合作问题进行磋商。特朗普称当前美以关系充满活力是双方紧密的经济和社会联系的重要表现。特朗普表示将在未来几个月成立联合工作组,继续改善双方在包括贸易和技术在内的多领域的双边关系。[79] 2017 年 5 月,特朗普在与以色列总统里夫林会面时着重强调,美国和以色列可以通过加强贸易和商业纽带,为两国人民带来安全和更大的繁荣。两国已经共同做了很多生意。因为两国有一个坚实的基础,可以建立一个对两国都有利的更密切的贸易关系。[80]2018年期间,美国领导人再次就两国经贸领域是朋友的关系进行了表述,尽管说得非常简略,只是在讲话中一笔带过。1月彭斯访问以色列时称,双方450亿元的贸易额增加了两国的贸易联系。[81]3月,特朗普表示美以双方在贸易领域联系非常紧密。[82]

可以看出,美国对美以两国在经贸领域的关系定位是清晰的,积极承认两国的经济朋友和盟友关系。

再看以色列方面的表述。2017年2月,以色列总理内塔尼亚胡在与特朗普会面时表达了加强美以经贸联系的意愿,表示以色列期待着与美国在安全、技术、网络和贸易等领域进行合作,大大升级两国的联盟。[83]5月,内塔尼亚胡再次称美国和以色列之间存在着无数安全、经济和学术合资企业……这些企业为两国带来了切实和共同的利益。[84]

通过对美以两国领导人的讲话和政府文件的解读,可以看出美以双方尽管对两国经贸领域的描述不多,但都明显承认两国在经贸领域是朋友和盟友的关系。因此可以确认,两国在经贸领域确立了正向关系认同。

(四)价值观领域的关系认同

对于美以两国来说,价值观领域是一个非常重要的关系领域。美以双方均将自身视为世界或者地区的民主与自由的"领头羊",并强调双方联盟建立的基础之一就是双方对于自由、人权和民主的认同。因此,两国对于中东地区其他国家所谓"侵犯人权"的行为以及该地区的"恐怖主义"行为极度关注。双方多次以保卫生存权、民主、自由为口号对所谓的"恐怖主义"行径进行抨击。双方也在共同的抨击中建立了稳固的关系认同。

1. 西方价值观领域

民主自由等西方价值观被美以双方领导人认为是两国建立联盟的重要基石。美以两国领导人在讲话中多次强调两国在民主、自由、尊重人权方面的共同点。

先看美国方面的表述。2017 年 2 月,特朗普总统在内塔尼亚胡总理访美期间,深刻表述了双方在共同价值观领域的高度认同。特朗普表示,美国和以色列是两个珍视全人类生命价值的国家……建立在两国共同价值观基础上的伙伴关系推动了人类自由、尊严与和平的事业。[85] 5 月,特朗普在耶路撒冷表示,美以两国对自由的热爱以及对人类尊严的共同信念,是保障美以关系牢不可破友谊的坚强纽带。美国时任副总统彭斯同样在多个场合强调美以两国在价值观领域的相似性。2017 年 3 月,彭斯表示自由是两国政府和人民走在一起的基石,没有自由的纽带两国人民就不会走在一起。[86] 2018 年 1 月,彭斯在访问以色列时称对自由和共同价值的坚定承诺是美以两国强大纽带的基石。[87] 通过对美国领导人讲话和文本的考察,可以看出美国将民主自由等价值观视为美以联盟的重要纽带之一。通过对民主自由在两国联盟中重要性的反复强调,美国事实上承认了美以双方在价值观领域中对民主自由的认同这一维度上是盟友的关系。

再看以色列方面的表述。同样将自由、平等、民主等一系列西方价值观视为自身价值观的以色列,对于美国在对民主自由追求方面两国关系的表述则进行了积极的回应。2017 年 2 月,以色列总理内塔尼亚胡称,美以两国的联盟是建立在共同价值观和共同利益的深厚纽带之上的。[88] 在美以事务委员会年会上,内塔尼亚胡表示同样的价值观、开放的社会、对法治的尊重以及珍视的自由将美国人和以色列人紧密团结在一起。[89] 5 月,内塔尼亚胡在会见特朗普总统时着重强调两国历史的共性:对自由民主的追求。内塔尼亚胡表示,美国的故事是自由战胜恐惧,光明战胜黑暗;以色列的故事是难以想象的恐怖、困难的历史和建立一个民主国家的故事:民主自由是两国共同的追求。[90] 通过对以色列领导人讲话的考察,可以看出以色列同样将民主自由价值观视为两国联盟的重要基础。在反复强调自由民主价值观对于两国联盟的重要性中,以色列同样承认两国在对民主自由等价值观认同方面是朋友的关系。

2017—2018 年期间,美以两国领导人都承认双方在自由民主等价值观领域是朋友或盟友的关系。并且在一国领导人强调双方在这一维度上是朋友或盟友的关系时,另一方并没有表示异议并且同样强调两国在自由民主价值观维度上是朋友或盟友的关系。因此可以确认,两国已在价值观领域建立了正向关系认同。

2.反对恐怖主义

美以两国都将自己视为世界和地区民主自由的标杆,因此对于中东地区的恐怖主义十分关注。美以两国领导人在讲话中也是运用了大量的篇幅对恐怖主义进行谴责。

先看美国方面的表述。特朗普在就任美国总统后,立刻表达了与以色列共同反对恐怖主义的意愿。特朗普表示,美以两国将永远谴责恐怖主义行为,和平要求各国维护人类生命的尊严。同时,特朗普表示,两国将共同打击那些不珍惜人的生命的人。在打击恐怖主义中,美国与以色列站在一起。[91]5月特朗普称中东蔓延的恐怖主义已对两国人民的安全产生了"共同威胁"。这种威胁使得美以两国走在一起消灭恐怖分子和"邪恶意识形态"。特朗普表示,美国将支持以色列捍卫两国共同的价值观,从而使得美以双方能共同战胜恐怖主义。[92]美国副总统彭斯则同样强调美以两国在反对恐怖主义和打击蔑视价值观敌人方面的共同意愿。彭斯表示,美国将作为以色列的朋友、盟友与以色列站在一起,共同对抗威胁人民和珍视价值的敌人。[93]在对美国领导人讲话的考察中,可以看出美国反复强调两国都在反对恐怖主义方面秉持相同的态度。同时,美国领导人在讲话中也反复强调在打击恐怖主义方面"美国与以色列站在一起"。可以看出美国承认美以两国在打击恐怖主义这一议题上是盟友的关系。

再看以色列方面的表述。针对打击恐怖主义这一议题,以色列同样表达出了相同的意愿,并且在表达中也多次强调美以共同行动的重要性。2017年2月,内塔尼亚胡在与特朗普的会晤中表示两国决心共同打击恐怖主义。内塔尼亚胡强调,恐怖主义已经对两国的价值观产生了严重的威胁,在打击恐怖主义的这项伟大任务中,以色列与美国站在一起。[94]5月,在特朗普访问以色列期间,以色列领导人同样多次表达了两国共同打击恐怖主义的意愿。以色列总统里夫林在讲话中表示,自由、对生命的尊重等价值观的红线是无法逾越的。任何"违反使我们成为人类的最基本价值观的人必须付出代价"。[95]内塔尼亚胡同样强调,恐怖分子是失败者,美以两国"必须团结起来打败他"。并且内塔尼亚胡特强调,美国认同他所提出的两国共同打击恐怖主义行动的意愿:"知道你同意我的观点,我们的工作是确保他们继续失败。我们将打败他们。[96]"通过对美以两国领导人讲话的考察,可以看出美以双方在讲话中通过反复强调"美以两国站在一起"以承认双方在反对恐怖主义议题上是朋友和盟友关系。并且两国领导人在讲话中,两国都知道双方承认两国在这一维度是朋友和盟友的关系。因此可以说,两国在打击恐怖主义这一维度上建立了正向关系认同。

总之,在 2017—2018 年间,美以双方领导人在军事安全领域、政治领域、经济领域和价值观领域建立了关系认同。两国所建立的关系认同既包含对一国的支持的问题,也包含两国共同关心的重大问题;既包含具体的事件,也涉及一些抽象的价值观。基于已经形成的关系认同,两国最终建立起了一个多领域多维度的综合性关系认同结构。同时,两国领导人在讲话表态中,也反复使用表示"朋友"或"盟友"关系紧密的修饰词,以强调两国在某一领域或某一具体问题上关系的紧密性。因此,美以双方对于两国在各个领域建立的关系认同的认同度非常强烈。美以两国所形成的关系认同结构也非常的紧密。

三、判定关系认同的紧密程度

根据对 2015—2018 年美以两国领导人讲话和官方文件的考察,本节将尝试总结确定两国在某一领域或议题上建立关系认同的标志词以及表示两国关系紧密程度的词汇,以补充关系认同结构理论对于两国关系认同建立标志的判定以及行为体对已经建立起来的关系认同的认同程度探讨的缺失。

根据关系认同结构可操作化的表述,确定行为体在某一领域或某一议题建立关系认同的标志,就是两国对于双方在某一领域或某一议题上是盟友或朋友关系的表述。但是,通过对 2015—2018 年美以两国领导人讲话和政府文件的考察,发现两国只是在某些领域或某些议题上直接使用"盟友""朋友"等标志性词语以表现两国在这一领域的朋友或盟友的关系,而在另一些领域或议题上,两国则使用一些如"合作"等一些非标志词来表达出两国是盟友和朋友的关系。因此本节将根据美以两国领导人的讲话,汇总关系认同建立的标志性词语和非标志性词语。

表2.1 关系认同结构建立标志词汇总表

正向关系 认同标志词	盟友(ally)、联盟(alliance)、朋友(friend)、纽带(bond)、友谊(friendship)
正向关系 认同非标志词	承诺(promise)、支持(stand behind)、共同努力(work together)、站在一起(stand with)、共同的命运(common destiny)、我们(we)、共同(one voice)、站在一起(stand together)、共同(together)
负向关系 认同标志词	不同意(don't agree disagree)、摩擦(friction)、分歧(disagreement)、分歧(disagree on)、反对(opposition)、意见分歧(have differences of view)、不同的看法(view things differently)

资料来源:作者自制。

关系认同结构理论针对关系认同结构是否紧密提出了三个考虑变量。其中之一便是两国对于已经建立起来的关系认同的认同强烈程度。[97]通过对美以两国领导人讲话的考察,本书认为,判定两国对于已经建立起来的关系认同的认可程度的标志之一,就是两国领导人在讲话中对于双方在某一关系领域或某一议题上关系亲疏修饰词的使用。如果两国在陈述双方在某一领域或某一议题上的关系时使用了相当多的表示两国关系紧密程度的修饰词,就可以判定两国对于建立的关系认同的认同感很强烈;如果两国在陈述双方在某一领域或某一议题上的关系时使用了很少或者没有使用表示两国关系紧密程度的修饰词,就可以判定两国虽然建立了关系认同,但是两国对于所建立的关系认同的认同程度并不紧密。本节将根据2015—2018年美以两国领导人的讲话,对表示国家行为体对建立的关系认同的认可程度的高频修饰词进行汇总。

表2.2 关系认同的认同程度词词汇汇总表

对关系认同的认同 强烈的高频修饰词	亲密的(closest)、坚定的(firmly)、伟大的、强烈的、牢固的(strong)、压倒性的(overwhelming)、强烈的(strongly)、永远的(always)、无法打破的(unbroken)、非凡的(remarkable)、真诚的(sincere)、非常的(very much)、珍贵的(cherished)

资料来源:作者自制。

第四节　关系认同下的国家行为

本节将对 2015—2018 年美以两国的相关行为进行梳理与总结,考察两国所采取的国家行为是否与关系认同结构相吻合。本节第一部分是根据 2015—2016 年美以建立的关系认同结构对两国在这一时期的行为进行评估;第二部分是根据 2017—2018 年美以建立的关系认同结构对两国在这一时期的行为进行评估;第三部分是对 2015—2016 年美以两国的实际行为进行考察,并与评估的行为进行对比;第四部分是对 2017—2018 年美以两国的实际行为进行考察,并与评估的行为进行对比;第五部分则是对相关领域评估行为与实际行为不符的原因进行分析。

一、美以行为评估

关系认同结构理论认为,关系认同结构决定国家的行为方式:行为体之间建立了什么样的关系认同结构,就会对应着采取什么样的行为。上文已经通过对 2015—2018 年美以两国领导人讲话以及官方文本的分析,确定了两国在军事安全领域、政治领域、经济领域和价值观领域都建立较为强烈的关系认同,并形成了相应的关系认同结构。接下来将根据美以两国所建立的关系认同结构,从理论上评估两国在军事安全领域、政治领域、经济领域和价值观领域的具体行为。

(一)2015—2016 年美以行为评估

根据奥巴马时期美以双方在军事安全领域、政治领域和经济领域建立的各种关系认同,本节对 2015—2016 年美以两国的行为进行评估。

1.军事安全领域

在 2015—2016 年期间,美以两国在军事安全领域中的保卫以色列国家安全这一维度上建立了紧密的正向关系认同;而在伊朗核问题上,双方则建立了较为强烈的负向关系认同。因此,本节评估,美以两国将会加强在提升以色列安全防御能力上的合作,但是在伊朗核问题上采取明显的相互对抗行为。

（1）保卫以色列国家安全

自 1948 建国以来，以色列就面临来自内部和外部的严重的安全威胁。在以色列国土内部，巴勒斯坦人民一直没有放弃推翻以色列、收复巴勒斯坦领土的诉求。而哈马斯武装更是将消灭以色列和解放巴勒斯坦视为组织的最高目标。哈马斯武装一直被视为以色列国家安全的一个重要威胁。哈马斯组织认为，巴勒斯坦的所有领土是穆斯林的土地，以色列在穆斯林的土地上建国是对阿拉伯国家的殖民统治。在 1988 年颁布的《哈马斯宪章》中，哈马斯强调犹太复国主义不仅剥夺了巴勒斯坦人民的权利，而且还将所有阿拉伯国家视为敌人，称以色列"是邪恶的存在"，解决巴以问题的唯一手段就是针对以色列发动"圣战"。[98] 在以色列外部，以伊朗为代表的穆斯林国家仍然主张使用武力消灭以色列。伊朗多次强调"要将以色列从地图上抹去"。为此，伊朗积极发展中近程导弹以便能够对以色列进行打击。内部和外部的威胁使得以色列面临着严峻的防空压力，不得不加强对防空反导武器的研发力度。而作为拥有完整防空反导体系的美国则可能会向以色列提供相关的资金和技术支持。

此外，为了自身的绝对安全，以色列必须保证自身对于周边穆斯林国家在军事上的绝对优势。但是，由于人口原因，以色列无法保持大规模的军事力量。以色列只能通过在武器装备上对邻国保持优势从而获得军事优势，同时还要具备在必要时对以伊朗为代表的强硬反以色列势力发动先发制人打击的能力。因此，美国很可能在军事装备方面与以色列进行紧密合作，为以色列提供包括第五代战斗机在内的最先进的军事装备以增强以色列对周边国家尤其是以伊朗为首的伊斯兰势力的威慑作用。同时，美国还可能会为以色列提供相应的资金以保证以色列正常的军事开支。

（2）伊朗核问题

在 2015—2016 年期间，奥巴马政府主张通过以协议的方式允许伊朗和平利用核能，从而达到阻止伊朗发展核武器的目的；以色列内塔尼亚胡政府则对此表示强烈反对，认为伊朗将会以协议为掩护，继续发展核武器。双方在解决伊朗核问题上存在着强烈的负向关系认同。基于这一负向关系认同，以色列可能会采取包括公开发表演讲、说服美国国会等一系列方式积极阻止美国推进《伊核协议》的生效。而奥巴马政府则会不顾以色列方面的强烈反对，积极推进《联合全面行动计划》（the Joint Comprehensive Plan of Action）。双方在这一时期可能会多次发表针锋相对的讲话。

2. 政治领域

在奥巴马时期，美以两国在支持以色列事业以及巴以和平进程两方面建立了正向关系认同。本节评估双方将会在这一时期在支持以色列和推进中东和平进程两方面加强合作。

（1）支持以色列事业

首先，以联合国为首的国际组织一直以来是反对以色列和支持巴勒斯坦的主阵地。自2015年以来，联合国人权理事会多次提出以色列侵犯巴勒斯坦人的议案，向以色列施压；同时，联合国大会积极提出指责以色列和支持巴勒斯坦斗争的提案。这极大损害了以色列的国际形象。因此，基于对以色列事业的支持，美国很可能与以色列在这些反对以色列的提案上投出反对票以保持相同的立场。

其次，每逢以色列建国日或者犹太新年等以色列和犹太重大节日，美国领导人可能会出席并发表讲话祝贺以展现美国对以色列和犹太事业的鼎力支持。而作为回应，以色列领导人则同样可能会在美国的重要节日发表讲话进行庆祝。

（2）推动巴以和平进程

冷战结束以来，美国历届政府都积极推动阿以问题的全面解决。根据奥巴马政府和内塔尼亚胡政府建立的关系认同，可以看出两国在这一时期同样持有相同的意愿。双方也将合作，共同推进实现永久和平。

多年来，巴勒斯坦人民一直渴望能够建立独立的巴勒斯坦国。美国历任总统也在积极推进两国方案的实现。因此美国可能会多次与巴以领导人会面并积极进行磋商；同时巴以两国领导人可能也会进行尝试性接触，采取积极对话的方式解决双方分歧，缓和双方矛盾。

3. 经济领域

在2015—2016年期间，美以两国只是笼统地提出两国将加强在经贸领域的合作并建立相应的关系认同。基于美以两国的实际情况，本节评估双方将会在以下几个具体方面进行合作。

首先，双方在贸易往来方面将会加强合作。自1985年美以签署自贸协定以来，双方之间的贸易额一直就在稳步增长。在奥巴马时期，基于两国在经贸领域建立的正向关系认同，双方会继续增加双边贸易往来，两国之间的双边进出口额也会更加平衡。

其次，美以双方可能会在科技领域进行相应的合作。以色列自然条件十分恶劣，其领土面积的60%属于干旱地区。沙漠面积占陆地总面积的60%，而剩余的40%的土地则沙漠化极为严重。基于生存需要，以色列在大力发展海水淡化、水资源循环和现代农业以满足本民族生存需要。因此，以色列在水资源和现代农业领域拥有较强的科技水平；此外，基于应对外来威胁的需要，以色列多年来一直致力于加强在国防和军事领域的技术研究，并积极发展本国工业。因此，以色列在计算机以及信息通信科技领域较为发达。[99]而相关技术可能也正是美国所需要的。在2015—2016年期间，美以双方可能会基于水资源、现代农业、计算机以及信息通信等领域展开科技交流与合作。

最后，双方可能会加强粮食进出口方面的合作。由于地理环境等方面的影响，以色列在商品方面并不能实现自给自足。这一点在农产品方面体现得最为明显。根据联合国粮农组织的数据，2015年和2016年以色列谷物产量分别为32万吨和26万吨。

表2.3　2015—2016年以色列谷物产量

领域	地区代码	地区	要素代码	要素	项目代码	项目	年限	产量
农作物和畜产品	105	以色列	5510	产品	F1717	谷物总计	2015	321 746.39
农作物和畜产品	105	以色列	5510	产品	F1717	谷物总计	2016	262 284.33

资料来源：联合国粮食及农业组织。

世界粮食安全标准线为人均400公斤。根据以色列中央统计局的数据，2015年12月与2016年12月以色列人口分别为846万和862万人。通过计算得出在两年时间中以色列粮食缺口额分别为306.4万吨和 318.8 万吨。可以看出，以色列存在巨大的粮食缺口，而美国则是粮食出口大国。本节推断，美以两国会加强在农产品进出口方面的合作。

（二）2017—2018 年美以行为评估

通过对 2017—2018 年美以两国领导人讲话的分析，可以确定两国在军事安全领域、政治领域、经济领域和价值观领域都建立具有强烈认同感的关系认同，并形成了紧密的关系认同结构。根据关系认同结构理论，本节将根据 2017—2018 年美以两国所建立的关系认同结构评估两国在军事安全领域、政治领域、经济领域和价值观领域的具体行为。

1. 军事安全领域

在军事安全领域，美以两国在保卫以色列国家安全和遏制伊朗两个方面建立了紧密的正向关系认同。本节评估美以双方将在上述两个方面加强合作。

（1）保卫以色列国家安全

在 2017—2018 年期间，在美以看来，以色列依然面临严峻的外部安全威胁。首先，哈马斯一直将以色列视为殖民者。尽管哈马斯在 2017 年 5 月颁布的《一般性原则和政策文件》中删除了部分针对犹太人的偏激性话语，但是仍然强调通过抵抗和"圣战"解放巴勒斯坦是巴勒斯坦人的"合法权利和荣誉"。[100] 在发动袭击的方式上，哈马斯仍然选择简易火箭弹对以色列进行打击。与以色列在戈兰高地具有争议的叙利亚也积极强调通过武力收回对戈兰高地的控制权。

基于以上分析，可以看出，以色列在保卫国家安全尤其是抵御火箭弹和导弹袭击方面存在巨大的压力。根据关系认同结构理论，本节评估美以双方在这一时期会采取以下行为。首先，美以双方将会在防空反导反面进行合作。由于以色列面临着来自哈马斯火箭弹和伊朗中程导弹的双重威胁，以色列拥有的"铁穹"进程反导系统已经无法满足以色列的防空需要。因此，美国军事科技公司将会积极参与到以色列防空导弹的研究中，帮助以色列建立起远、中、近三重立体防空系统。其次,美国将可能会继续向以色列提供先进武器或帮助其进行升级改造现有装备以实现对周边阿拉伯国家的装备优势。同时由于以色列面临巨大的安全压力,不得不将大量的财政资金用于国防开支。但是,以色列的经济体量并不能承受住如此高昂的军费开支。因此,美国可能会为以色列在国防开支上提供大量的资金支持。最后,针对叙利亚对以色列形成的巨大压力,美国可能采取两方面的行动。第一,继续搅乱叙利亚局势,推动叙利亚内战向僵持化和长期化发展则是美以可能采取的下一步行动。美国和以色列可能会采取空袭等方式,打击叙利亚政府军的部队或者军事设施,抵消巴沙尔政府所获得的军事优势,避免叙利亚内战的结束。第二,由于戈兰高地对以色列的国家安全十分重要,美国很可能通过将戈兰高地的主权划归以色列。如果美国采取这一行动,那么这不仅解除了以色列北部的安全威胁,而且以色列还能够通过戈兰高地对叙利亚首都大马士革产生威慑。

(2) 遏制伊朗

自 1979 年伊朗伊斯兰革命爆发以来,伊朗政府在公开场合就一直秉持着反美反以的强硬立场。伊朗政府多次表示要"使犹太和美国分子灭绝",并将反美反以作为本国的"政治正确"。此外,伊朗长期以来一直提升自身在中东地区的影响力,努力谋求中东地区的大国地位。[101]为此,伊朗一方面积极发展自身的弹道导弹技术以提升自身军事实力;另一方面则通过积极扶持胡塞武装、黎巴嫩真主党、伊拉克什叶派民兵组织等作为自己的代理人,积极对外输出伊斯兰革命,建立自身所设想的"什叶派之弧"。

基于伊朗的战略构想和行为,本节认为,美以两国将会在以下方面采取行动。首先在政治上,美以两国将会在公开场合大肆抨击伊朗政权并将其定义为所谓的"恐怖主义"政权,从而否认伊朗政府的合法性;其次在外交上,美以两国可能会不断压缩伊朗的外交活动空间。美国可能会积极推动阿拉伯盟友与以色列和解与合作,在中东地区组建针对伊朗的阿拉伯国家联盟。在军事上,美以两国将会想方设法地遏制伊朗核技术的发展。为了阻止伊朗拥有核武器,特朗普可能会退出奥巴马时期所达成的《联合全面行动计划》(《伊核协议》),并重启对伊朗的全面制裁。

2. 政治领域

（1）反对国际组织对以色列的指责

随着阿拉伯国家力量的不断增长，国际组织已经成为阿以斗争的新场所。2011年，巴勒斯坦正式成为联合国教科文组织会员国。此后，巴以双方在联合国教科文组织的框架下展开了一系列斗争。同时，联合国人权理事会也不时对以色列进行发难。该理事会多次指责以色列侵犯巴勒斯坦人的人权，并不时提出针对以色列的提案。[102]基于美以两国在这一具体议题上建立的关系认同，美国很可能会在国际组织中对谴责以色列的提案投出反对票。如果不能阻止国际组织对以色列的谴责，美以双方很可能会以退出相关国际组织的方式表达抗议。

（2）中东和平进程

冷战结束以来，美国历届政府都积极推动阿以问题的全面解决。根据特朗普与以色列建立的关系认同上可以看出，美以同样持有相同的意愿。具体来说阿以矛盾可以分为两个方面：一方面是巴勒斯坦与以色列的矛盾，另一方面是其他阿拉伯国家与以色列之间的矛盾。因此，特朗普的行动很可能会集中于这两个领域。

多年来，巴勒斯坦一直渴望建立以耶路撒冷为首都的巴勒斯坦国。这也是巴勒斯坦最核心的要求，历任美国总统也积极推进两国方案的实现。因此，本节推测，特朗普可能会继续采取两国方案，通过利益诱惑或极限施压的方式推动巴勒斯坦和平建国，一劳永逸地解决的巴以矛盾。而以色列则可能积极与巴勒斯坦主席阿巴斯进行会谈，就重要问题进行商讨，以推进巴勒斯坦与以色列的和平相处。但是，基于美以两国之间建立的支持以色列和犹太事业的关系认同以及耶路撒冷对于以色列的特殊意义，美国不会将耶路撒冷的归属给予巴勒斯坦。

推动周边阿拉伯国家与以色列的全面和解则可能是特朗普在中东和平进程中所采取的另一项行动。第四次中东战争结束以来，多数阿拉伯国家在事实上放弃了以武力消灭以色列的意愿。但是，阿拉伯国家并没有对以色列国进行承认，也没有与以色列建立外交关系。阿以双方事实上处于一种不战不和的僵持状态。这一状态对于积极建立针对伊朗的包围圈的美国来说十分不利，同时也使得以色列一直处于一种不利的周边环境。因此，本节猜测，特朗普可能会积极与阿拉伯国家领导人进行协调,推动阿以双方的全面和解,建立外交关系。同时,以色列也会积极参与其中,积极与阿拉伯国家领导人进行接触,向阿拉伯国家提供部分援助,缓和与阿拉伯国家的关系,改善以色列的周边环境。

(3) 对以色列和犹太事业的支持

自从特朗普就任总统后,美国就表现出强烈的亲以色列倾向。美国领导人在讲话中也表达了美国对以色列的全力支持,两国也在这一具体议题上建立了关系认同。本节评估,美国可能会在以下几个方面对以色列表示支持。

首先,美国很可能对以色列扩建定居点的行为表示公开支持或默许。犹太定居点一直是巴以问题的一个重要"症结"。通过不断在约旦河西岸扩建定居点,以色列不断蚕食巴勒斯坦的领土。而为了避免巴以矛盾的激化导致中东局势朝着复杂化的方向发展,美国总统大多对以色列扩建定居点的行为持反对的态度。由于特朗普在支持以色列和犹太人事业方面与以色列建立了认同感强烈的正向关系认同,本节评估,特朗普将会一改奥巴马时期美国批评以色列的态度,默许甚至是公开支持以色列扩建定居点。

其次,美国可能会将部分争议地区的主权划归以色列。由于历史和宗教原因,以色列与部分阿拉伯国家在部分地区存在主权和控制权的纠纷,其中对耶路撒冷争夺尤为突出。耶路撒冷被称为"三教圣城",犹太人和穆斯林都认为耶路撒冷对于本民族具有重要的意义。犹太教将耶路撒冷视为自身宗教的发源地,是犹太教最神圣的地方。此外,耶路撒冷还保存着犹太国第二圣殿护墙的遗址——西墙,即现在的"哭墙"。犹太人将西墙视为他们重要的心灵寄托,是他们经过两千年流亡生活为获得救赎而祈祷和向往的地方。[103]因此,基于历史和宗教原因,以色列绝不会放弃对耶路撒冷的主权。穆斯林同样将耶路撒冷视为伊斯兰教的圣地。耶路撒冷被伊斯兰教认为是先知穆罕默德"夜行登霄"之处,是仅次于麦加和麦地那的"第三圣地"。同时,耶路撒冷的圣殿山上还有阿克萨清真寺等伊斯兰教的重要宗教遗产。一直以来,阿以双方为耶路撒冷的主权问题争论不休,互不让步。为了避免阿以矛盾的激化,历任美国总统都坚持将美国驻以色列大使馆保留在特拉维夫。特朗普上台后,基于其与以色列在支持以色列和犹太事业上建立的正向关系认同,可能一改之前的政策,将美国驻以大使馆迁往耶路撒冷。

最后,美国领导人可能会采取一些具体的行为以展现美国对以色列和犹太事业的敬畏和支持。具体而言,美国领导人可能会出席一些具有明显犹太特色的节日或宗教活动,并在活动中发表支持以色列和犹太事业的讲话。此外,美国领导人也可能会对以色列圣地进行参观以展现美国领导人对以色列事业的支持。作为回应,以色列领导人很可能也会出席或庆祝一些具有美国特色的节日或活动以感谢美国对以色列的支持。

在经济领域,美以两国仅仅笼统地强调两国在经贸领域的建立了关系认同,但并没有明确两国在哪些具体的议题上建立了关系认同。因此,本节基于以色列面临的实际情况,认为美以两国可能会基于以前两国在经贸领域建立的关系认同继续加强在经贸和科技方面进行合作。同时,由于地理环境等方面的影响,以色列在商品方面并不能实现自给自足。这一点在农产品方面体现得最为明显。根据联合国粮农组织的数据,2017—2018 年以色列谷物产量分别为 15 万吨和 17 万吨。

表 2.4　2017—2018 年以色列谷物产量

领域	地区代码	地区	要素代码	要素	项目代码	项目	年限	产量
农作物和畜产品	105	以色列	5510	产品	F1717	谷物总计	2017	173 798
农作物和畜产品	105	以色列	5510	产品	F1717	谷物总计	2017	150 693

资料来源:联合国粮食及农业组织。

世界粮食安全标准线为人均 400 公斤。根据以色列中央统计局的数据,2017 年 12 月与 2018 年 12 月以色列人口分别为 880 万和 896 万人。[104]通过计算得出在两年时间中以色列粮食缺口额分别为 335 万吨和 343 万吨。可以看出,以色列存在巨大的粮食缺口,而美国则是粮食出口大国。本节推断,美以两国会加强经贸尤其是粮食领域的进出口合作。

3. 价值观领域

美以两国在认同民主自由价值观和反对恐怖主义两个具体议题建

立强烈的正向关系认同。因此,本节认为,两国在这一领域的具体行动应集中在反对恐怖主义这一议题上。

对于美以来说,两国公认的恐怖分子是巴勒斯坦哈马斯武装和伊朗所支持的黎巴嫩真主党。因此,两国将围绕针对哈马斯武装和黎巴嫩真主党采取反恐行动。对于以色列境内的哈马斯武装,以色列很可能会进行坚决打击,以达到彻底消灭其境内的破坏势力,而美国则会采取包括提供武器弹药以及国际声援等方式积极支持以色列对哈马斯武装的打击。而对于伊朗支持的黎巴嫩真主党武装,美以两国则可能会采取联合行动,发起对黎巴嫩真主党的联合空中打击。

二、美以行为考察

本节将重点对 2015—2018 年美以两国在军事安全领域、政治领域、经济领域和价值观领域所采取的行动进行考察。第一部分将考察2015—2016 年奥巴马时期美以两国的实际行为,第二部分则考察2017—2018 年特朗普时期的美以实际行为。

(一) 2015—2016 年美以实际行为

2015—2016 年期间,美以两国合作与对抗行为主要集中在军事安全领域、政治领域和经济领域。

1. 军事安全领域

(1) 保卫以色列国家安全

2015—2016 年期间,奥巴马政府多次表示要加强以色列自身的防御能力。美以两国也这一时期就加强以色列国家安全方面开展了一系列的合作。

a. 加强以色列导弹防御体系

由于以色列一直面临着来自哈马斯和伊朗的导弹威胁,防空反导体系的建设一直是以色列国防力量发展的重点,同时也是美以双方在军事安全领域合作的重点。许多美以学者认为防空反导领域的合作是美国与以色列战略关系的重要组成部分。美国在对以导弹防御领域的援助中逐渐形成了美国资金支持、技术双边共享的合作模式。[105] 奥巴马时期，美国继续加强了在反导系统上对以色列的支持。

自 2013 年起，美国每年为以色列提供 31 亿美元的资金支持，重点用于帮助以色列完善反导系统。在 2015—2016 年期间，美国更是增加了对以色列导弹防御系统的援助。根据美国 CRS 报告，2015 年美国为以色列导弹防御体系的研发和采购共提供 6.198 亿美元。其中箭-2：5 600 万美元；箭-3：7 400 万美元；大卫投石索：1 亿 3 700 万美元；铁穹：3 亿 50 000 万美元。2016 年美国为以色列导弹防御体系提供 4.875 亿美元。其中箭-2：6 500 万美元；箭-3：8 950 万美元；大卫投石索：2 亿 8 600 万美元；铁穹：5 500 万美元。

表 2.5　2015—2016 年美国对以导弹防御拨款

单位：百万美元

财年	箭-2	箭-3（高空）	大卫投石索（短程）	铁穹	总计
2015 年	56.201	74.707	137.934	350.972	619.814
2016 年	56.519	89.550	286.526	55.000	487.595

资料来源：CRS Report：U.S. Foreign Aid to Israel。

同时，2016 年 6 月 16 日，美国公布了 2017 年《美国国防授权法案》。该法案明确说明 2017 年美国对以色列导弹防御系统的援助内容。该法案规定美国将提供 6 200 万美元以帮助以色列采购"铁穹"短程防御系统；提供 6 700 万美元用于帮助以色列改进"箭"型防空反导系统的远程、地面和空中探测系统；提供 1.2 亿美元用于生产和采购美以联合生产的"箭-3"高空反导系统零部件；提供 1.5 亿美元用于采购美以两国联合生产的"大卫投石索"短程防空导弹零部件。[106]

在为以色列提供反倒资金支持的基础上，美国国防部积极与以色列国防部进行合作，开展年度防空反导演练以提升以色列军队的防空反导能力。2016 年 2 月 21 日，美以两国开展代号为"杜松眼镜蛇"的弹道导弹防御演习。其演习目的旨在提高以色列应对导弹袭击时的可操作性与反应能力。美国派出超过 1 700 名军人、雇员和承包商以保障此次演习的顺利进行。同时，在演习中，美以两国还将开展以色列可能面临的挑战的计算机模拟场景培训。[107]

b. 武器装备的改造与升级

空军建设也是美以在军事安全领域合作的重点。在奥巴马时期，美国大大加强了对以色列空军建设的支持，以确保以色列空军能够在中东地区形成压倒性优势。2015—2016 年期间，美国涉以军售合同高达 44 项。飞机升级与改造的合同有 18 项，超过 2015—2016 年间对以军售合同的 40%。这些合同涉及发动机、软件、弹药等针对以色列的个性化改造。其中最为引人注目的便是 2015 年价值 18 亿 7 900 万美元的联合直接攻击弹药的军售合同以及 2016 年价值 3 亿美元的 8 架黑鹰直升机防御升级项目合同。[108]

除了对现有空军武器装备的升级与改造，美国还积极向以色列提供最新式的空军装备。2016 年 12 月，首批两架 F-35I 战斗机在以色列内瓦蒂姆空军基地降落，以色列从此进入五代机时代。以色列不仅成为世界上首个接收 F-35 战斗机的海外国家，也成为中东地区唯一拥有五代机的国家。F-35 的列装大大提升了以色列空军对周边阿拉伯国家尤其是伊朗和叙利亚等敌对什叶派国家的威慑能力，极大地提升了以色列保卫国家安全的能力。美国国防部长阿什·卡特称"这象征着美国对以色列安全的承诺"。[109] 同时，在出售给以色列的 F-35 战斗机中，美国特地为其安装了以色列制造的 C4（指挥、控制、通信、计算机）系统，使之能够使用以色列生产的各种弹药。而这种个性化改装也是美国其他盟友所不具备的资格。可以看出，美国在军事装备方面对以色列的鼎力支持。

c. 资金援助

在装备与技术支持的基础上，美国还积极向以色列提供资金援助，以缓解因军事支出过高所造成的沉重的财政压力。2016 年 9 月 14 日，美以两国代表在华盛顿签署新的安全援助谅解备忘录。协议规定，2019 财年至 2028 财年美国将向以色列提供总价值高达 380 亿美元的军事援助，其中包括 330 亿美元的外国军事融资（FMF）资金和 50 亿美元的导弹防御援助承诺。在谅解备忘录规定的年限期间，这笔资金将以每年 33 亿外国融资资金和 5 亿美元的导弹防御援助资金的方式提供给以色列。[110] 新的安全谅解备忘录也是美国历史上最大一笔军事援助承诺。以色列总理内塔尼亚胡称新的安全谅解备忘录是"以色列和

71

美国之间的关系牢固而坚定的见证"。[111]

可以看出，在2015—2016年期间，奥巴马政府大大加强了与以色列在军事领域的合作，为以色列保卫自身国家安全提供了强有力的支持。这种支持不止仅限于某一方面，而是包含技术、装备和资金的全方位支持。在美国的支持下，以色列的军事力量在这一时期得到了快速的发展。

（2）伊朗核问题

在奥巴马时期，美以两国就是否执行《伊核协议》产生巨大的分歧。奥巴马政府主张积极推行《伊核协议》，以一纸协议的方式一劳永逸的限制伊朗发展核武器。而以色列则认为该项协议只是一个幌子，其真实目的是在《伊核协议》的掩护下大力发展核武器。因此，以色列并不赞同执行《伊核协议》。两国也在这一时期采取了一系列针锋相对的行动。

在《联合全面行动计划》达成之前，以色列就采取行动，试图阻止美国继续推进该计划的继续实施。2015年3月3日，以色列总理内塔尼亚胡就前往美国国会发表演讲。内塔尼亚胡希望取得美国国会的支持，从而让美国国会向奥巴马政府施压，使其放弃继续推进《联合全面行动计划》。在讲话中，内塔尼亚胡称"一个拥有核武器的伊朗和中东将会给美以和世界人民造成可怕的后果"。[112] 4月13日，以色列关于《伊核协议》的声明。内塔尼亚胡在声明中，将其称为是一项"糟糕的协议"。内塔尼亚胡表示，《伊核协议》的结果就是使伊朗拥有用核武器武装自己的能力，也使它继续在中东和世界各地进行恐怖主义和侵略。[113]

2015年7月14日，伊朗与六国外长就伊朗核问题达成一致，签署伊《联合全面行动计划》。根据《联合全面行动计划》的规定，伊朗承诺拆除三分之二的离心机，国际社会也将随即解除对伊朗关于核武器方面的制裁。奥巴马将协议称为"迈向更安全、更有希望的世界的过程的一个新的篇章"。[114]而在当天，以色列内阁一致否决了该协议，并决定以色列不受该协议的约束。同时，以色列总理内塔尼亚胡立刻发表声明，称对伊朗制裁的解除将助长伊朗在全世界的恐怖主义和它在该地区的侵略以及摧毁以色列的能力，以色列将不会接受这项协议。[115]

在《联合全面行动计划》达成后,以色列依然积极在国际社会上进行活动,企图阻止美国与国际社会执行该协议。7 月 20 日,内塔尼亚胡称《联合全面行动计划》将会使伊朗获得更多的资金用于在中东和世界开展侵略行动,而联合国安理会却批准了这样一个决定。[116]

10 月 1 日,内塔尼亚胡在联合国大会上发表讲话。内塔尼亚胡表示:"世界面临的最大危险是激进的伊斯兰教与核武器的结合……伊朗不只是以色列的威胁。除了伊朗在中东的侵略和在世界各地的恐怖活动外,伊朗还在制造洲际弹道导弹。这些正在建造的那些洲际弹道导弹,不是为我们准备的,而是为你们准备的。"[117]尽管以色列一再发表声明强调《伊核协议》带来的严重后果,但也无力阻止其继续推进。奥巴马政府依然坚持继续推进该协议的顺利实施。2016 年 1 月 16 日,国际原子能机构核实伊朗已经完成了伊朗协议下的必要步骤,《联合全面行动计划》正式开始实施。奥巴马称"这项协议将使世界更加安全"。[118]

2. 政治领域

政治领域同样是美以两国十分关注的一个领域。在奥巴马时期,两国在政治领域采取了一系列行动,涉及美国支持以色列事业以及巴以和平进程。

(1) 支持以色列事业

支持以色列和犹太事业是美国历届政府所采取的一贯政策。同样,奥巴马政府也不例外。在 2015—2016 年间奥巴马政府也采取了系列行动支持以色列。

a. 反对国际组织的指责

近年来,巴解组织积极在国际社会进行活动,2015—2016 年期间在联合国等国际组织联合多个发展中国家提出反对以色列或对以色列不利的提案向以色列发难。这使得以色列在国际上的形象遭受了严重打击。而在这一时期奥巴马政府积极采取行动支持以色列。

为了调查加沙事件冲突中是否存在违反国际人道主义法和人权标准的行为,联合国人权理事会于 2014 年 7 月成立调查组。但是调查组在成立之初就将矛头直指以色列。因此,美以相互配合,共同反对人权理事会对以色列的责难。美国采取不配合的行动方式表达对联合国人权理事会偏袒巴勒斯坦的不满。2015 年 3 月,美国新闻秘书乔什·欧内斯特(Josh Earnest)称美国将拒绝参加联合国人权理事会对于加沙冲突的讨论，因为美国对人权理事会针对以色列的片面决议感到不安。乔什·欧内斯特表示美国拒绝参加展现了美以之间的牢固关系。[119]以色列则同样积极采取行动。面对调查结果，以色列一方面将其称为"出于政治动机和充满偏见"报告，另一方面则发布以色列的调查简报以表达对调查结果真实性的怀疑。

此外，巴勒斯坦联合其他发展中国家，多次在联合国向以色列发难。2015—2016年期间，联合国大会表决了包括《巴勒斯坦人民自治提案》《以色列在包括东耶路撒冷在内的被占领巴勒斯坦领土上影响巴勒斯坦人民人权的做法提案》《包括东耶路撒冷在内的被占领巴勒斯坦领土上的巴勒斯坦人民和被占领叙利亚戈兰的阿拉伯人民对其自然资源的永久主权提案》在内的多次针对以色列和声援巴勒斯坦的提案。美国则积极与以色列进行协调，在表决中投反对票以反对联合国大会对以色列的指责。

b. 支持以色列的具体行为

为了进一步支持以色列，美国不惜与国际社会主流价值观相悖。2015年2月，美国纽约法院判处巴勒斯坦权力机构首先赔偿第二次因提法达受害者6.54亿美元。在判决中，美国纽约法院使用"terror victims"形容受害者。这表明美国并不认为第二次因提法达的行为是正义的行为，而是恐怖主义行为。以色列外交部长阿维格多·利伯曼随即表示称赞，称判决结果是以色列在道义上的胜利。[120]

在反对国际组织对以色列指责的同时，美国领导人在以色列和犹太的重要节日期间第一时间发表讲话并向其送上祝福。2015—2016年期间，美国总统和副总统分别在以色列独立日、犹太光明节、美国犹太裔传统月等重要节日发表讲话。在节日致辞中，美国领导人也是毫无保留地表达了对以色列的赞誉以及美以友谊牢固。在2015年的光明节庆祝活动中，奥巴马称马加比人"证明了自由可以战胜暴政；希望可以战胜绝望；光明可以战胜黑暗"。[121]在以色列独立日庆祝活动上，副总统拜登称以色列人民创造了奇迹，他们建立了地球上最具创新性的社会之一；他们保卫了自己的家园，成为整个地区最强大的国家。同时拜登承诺："只要美利坚合众国在那里，以色列就永远不会孤单。"

　　为了表达对美国支持的感谢,以色列领导人则同样出席美国的重要节日并发表赞扬美以关系的讲话。2016 年 6 月 30 日,以色列总理内塔尼亚胡出席美国大使馆独立日招待会并发表演讲。在讲话中内塔尼亚胡称两国是建立在崇高的理想、浪漫的理想、美丽的理想、永恒的理想之上,以色列与美国肩并肩,风雨同舟。

　　c. 推进中东和平进程

　　巴以冲突一直是中东地区不稳定的重要因素,同时也是美国实现其中东利益的重大阻碍。因此,美国历届政府积极与以色列协调,共同推进中东和平进程。但是在 2015—2016 年间,美以两国不仅没有采取相关缓和紧张的行动,反而加深了三方之间的隔阂。

　　自 2015 年起,以色列总理内塔尼亚胡就多次对巴勒斯坦权力机构进行抨击,并将无法实现和平的责任归咎于巴勒斯坦。4 月,针对巴勒斯坦权力机构加入国际刑事法院一事,以色列总理内塔尼亚胡进行了猛烈的抨击。内塔尼亚胡称巴勒斯坦权力机构政府与哈马斯建立了伙伴关系,而哈马斯是一个凶残的恐怖组织,犯下类似于伊斯兰国的战争罪行;巴勒斯坦的行为表明巴勒斯坦人拒绝与以色列进行和平谈判。[122]9 月 30 日,针对巴勒斯坦权力机构主席阿巴斯称巴勒斯坦人绝对不会允许以色列分割耶路撒冷老城圣地的言论,塔尼亚胡表示阿巴斯的言论是具有欺骗性的,其真实目的是给中东地区造成混乱;巴勒斯坦的行为是其不打算达成和平协议的最好证明。[123]

　　在对巴勒斯坦权力机构进行抨击的同时,以色列也积极采取军事行动,对加沙地带的哈马斯武装进行打击。以色列对加沙地带的袭击也造成巴勒斯坦平民的伤亡。根据耶路撒冷邮报 2015 年 10 月 10 日的报道,10 月 9 日,以色列国防军与巴勒斯坦平民发生冲突,造成两名 13 岁和 15 岁的巴勒斯坦青少年被枪杀,同时两人在事件中受伤。[124]

　　而这一时期,美国也没有采取有效措施以促进巴以和平。尽管美国于 2015 年 8 月邀请以色列总理内塔尼亚胡与巴勒斯坦权力机构主席阿巴斯在华盛顿举行直接会谈。但是此次会谈中双方态度强硬,没有达成任何有利于巴以和平的协议。2016 年 12 月 28 日,联合国安理会通过 2334 号决议严厉谴责以色列扩大定居点。而美国在这次表决中没有使用否决权,而是使用弃权票以促使决议通过。美国国务卿克里表示，美国不能凭良心阻碍联合国通过一项决议；两国解决方案是实现以色列人和巴勒斯坦人之间公正持久和平的唯一途径。[125] 而内塔尼亚胡则表示，国务卿没有看到勒斯坦人拒绝以色列和支持恐怖主义这一简单事实是一种耻辱。[126] 至此，美以两国在推动中东和平进程这一议题上矛盾更加深刻。

3. 经济领域

作为中东地区和世界的经济强国，美以双方的经济具有很强的互补性。2014 年，美国国会通过了《2014 年美国-以色列战略伙伴关系法案》，要求总统强化与以色列在能源、水、农业、贸易和国防方面的合作。在法案的规定下，2015 年至 2016 年期间美以两国在经贸、科技等领域进行了深入的合作。

首先，美以不断加深两国经贸联系。2015 年，美国对以色列商品进出口额总量为 381 亿美元。其中，美国对以色列商品出口额为 136 亿美元，对以色列的相应进口额为 245 亿美元。以色列也成为美国第 23 大货物出口市场。[127] 美国对以色列的服务出口额估计为 48 亿美元，美国的进口额为 61 亿美元。同时，美国在这一时期也加大了对以色列高科技产业的直接投资。据统计，2015 年以色列的外国直接投资为 103 亿美元，比 2014 年增长 6.1%。其直接投资领域多为制造业、信息业以及科学和技术服务业。[128] 2016 年美国对以色列的商品出口额为 132 亿美元，比前一年下降 2.5%（3.42 亿美元）。美国从以色列的相应进口额为 222 亿美元，下降 9.3%。尽管贸易总额较 2015 年有所下降，但是两国贸易逆差从 2015 年的 109 亿美元下降至 90 亿美元，同比减少 17.6%。这意味着两国之间的进出口贸易更加平衡，同时也促进双边贸易的健康发展。同时，在 2016 年 2 月举行的美国-以色列联合委员会会议上，美以双方就增加双边贸易和投资的潜在合作进行探讨。会议期间美国和以色列注意到在解决与双边贸易有关的一些具体标准和海关障碍方面取得的进展，并同意就继续解决这些问题展开对话。

在商品贸易中，农产品贸易则是美以两国合作的重点。由于以色列恶劣的地理环境，其农产品需要从美国进口。为此，两国于 1996 年缔结了《农产品贸易某些方面协定》（ATAP）。根据协议，美国食品和农产品进入以色列可以获得无限制免税准入、免税关税配额（TRQ）或优惠关税,其优惠程度比以色列最惠国税率低 10%。[129] 2015 年 12 月,美以同意将 ATAP 协议延长至 2016 年 12 月 31 日,同时继续进行新的 ATAP 协议的谈判以实现两国最大限度地实现贸易自由化。

其次,美国与以色列还加强了高科技领域的双边合作。2015—2016 年期间,两国的合作主要集中于水资源领域和计算机网络领域。

2015 年,美国正式启动以色列-加州绿色技术合作伙伴关系。该合作项目旨在利用以色列领先的水资源技术缓解加州地区所面临的持续的干旱危机。在这种伙伴关系下,以色列 IDE 技术公司于 2015 年 12 月在圣迭戈建成卡尔斯巴德海水淡化厂,以满足 30 万加州居民的用水需求。2016 年 6 月 21 日,以色列国家网络局与美国国家安全局签署《网络防御合作协议》。该协议旨在加强美以之间的网络安全合作,共同应对网络威胁。以色列也成为首批加入美国国土安全部自动指标共享计划的国家之一。[130]

美以两国政府则同样积极采取行动,促进两国经济领域合作的不断加深。美国国会在这一时期积极立法,以法律的形式保障美以在经济和科技领域的合作。2016 年 4 月 21 日,美国国会通过了《承认美国-以色列经济关系的重要性并鼓励新的合作领域的决议》。该项决议再次申明美国-以色列经济伙伴关系为两国带来了巨大的有形和无形利益。同时要求总统规范和扩大与以色列的现有经济对话论坛,促进公共和私营部门的参与和投资,并积极与以色列达成包括在能源、水、农业、医学、神经技术和网络安全领域的协议。[131] 而以色列领导人则积极与美国科技公司主管进行会面,推动美国公司扩大对以色列的投资。2016 年 1 月 21 日,以色列总理内塔尼亚胡在达沃斯经济论坛上与卡巴斯基创始人尤金·卡巴斯基、优步联合创始人兼首席执行官特拉维斯·卡兰尼克以及惠普首席执行官梅格·惠特曼进行会面。在会面中,内塔尼亚胡鼓励美国公司前往以色列进行投资与合作,并保证以色列将向美国公司提供独一无二的机会。

（二）2017—2018 年美以实际行为

2017—2018 年美以两国行动主要集中在军事安全领域、政治领域、经济领域和价值观领域。

1. 军事安全领域的行为

(1) 保卫以色列国家安全

在特朗普就任后,美国就多次表示要履行保卫以色列安全的承诺。美国国防部长詹姆斯·马蒂斯在访问以色列时表示"美国将致力于以色列的防御以支持以色列内部和外部安全"。[132]2017—2018 年间,美以两国在这一具体议题上展开前所未有的大规模合作。

首先,美以两国在这一议题上的合作最直接的体现是美国在军事装备上对以色列的大力支持。根据美国国防部的数据,2017—2018 年国防部合同数量为 485 个,其中涉及对以色列军售的合同数量多达 47 条,约占两年国防部合同数量总和的十分之一。美国对以色列的军售不仅在数量上十分大,而且在种类上十分丰富。在合同中,军售的内容不仅包含爱国者导弹等大型军事装备,还包含步枪子弹等军队日常装备。其次,美国国会也授权国防部为以色列军事能力的发展提供资金支持。通过对国防部合同以及国会法案的考察,可以看出美以两国在防空反导系统以及战机升级改造两方面合作最为密切。

a. 防空反导系统

美国是以色列反体系发展最有力的支持者和合作伙伴。在早期,以色列主要是通过引进美国的防空导弹以提升自己的防空反导能力。自 1991 年以色列引进美国"爱国者"导弹防御系统,该系统一直是以色列防空体系的重要组成部分。多年来,美国多次帮助以色列升级"爱国者"系统以应对来自周边国家的威胁。特朗普上台后,美国在"捍卫以色列安全"的口号下更是加大了对以色列"爱国者"导弹升级和改造的支持。2017—2018 年期间美国对以的军售合同中,涉及对以色列"爱国者"导弹的升级与改造的合同多达 9 个。合同的内容包括系统雷达升级改造、电子装置的升级以及导弹的评估、测试和维修工作。[133]升级后的"爱国者"防御系统大大提升了以色列的防空反导能力,从而使以色列能够更好地应对可能来自伊朗的导弹威胁。

除了对以色列"爱国者"导弹防御系统进行升级改造,美国还积极与以色列进行合作,为以色列打造完善的国土防空体系提供支持。2018 年 2 月 19 日,以色列航空航天公司与以色列空军对"箭-3"导弹进行测试,美国导弹防御局作为导弹的共同开发者参与了此次测试。在导弹防御局的技术支持下,导弹测试取得成功,达到预期目的。[134]

同时,考虑到以色列可能在反导系统研发与装备上存在资金不足的困境,美国国会为其提供了大量的资金支持。2017 年 8 月 1 日,2018 年《美国安全拨款法》共拨款 7.058 亿美元用于以色列反导系统的研发与采购工作。其中 9 200 万美元用于援助以色列政府以补充"铁穹"导弹;2.21 亿美元用于短程弹道导弹防御体系的研究、开发和采购;2.873 亿美元用于"箭-3"导弹的开发、测试、改进与采购计划。[135] 2017 年 12 月 12 日,美国国会通过了《2018 财年国防授权法案》。该法案明确提出,2018 年美以两国将在导弹防御体系的研发和生产进行密切合作。在 2018 财年美国导弹防御局的拨款资金中,共有 3.32 亿美元将被用于支持以色列政府导弹防御计划的研究和采购工作。其中 9 200 万美元将被用于援助以色列政府采购美国生产的"埃米尔"拦截器。该拦截器是"铁穹"导弹的重要组成部分;1.2 亿将被用于援助以色列政府采购美以联合生产的"大卫投石索"导弹零部件;1.2 亿美元将被用于援助以色列政府采购"箭-3"导弹。[136]据统计,2017 财年和 2018 财年间,美国向以色列导弹防御系统提供了超过 13 亿美元的援助。

表 2.6　2017—2018 年美国对以导弹防御拨款

单位:百万美元

财年	箭-2	箭-3 (高空)	大卫投石索 (短程)	铁穹	总计
2017 年	67.331	204.893	266.511	62.000	600.735
2018 年	82.300	310.000	221.500	92.000	705.800

资料来源:CRS Report:U.S. Foreign Aid to Israel。

此外,美国国防部与以色列国防部积极进行合作,通过军事演习等方式帮助以色列提升自身的导弹防御能力。2018 年 3 月 9 日,美国与以色列举行 2018 年度"杜松眼镜蛇"大规模军事演习。此次演习是自2001 年"杜松眼镜蛇"演习举行以来在以色列境内最大规模的军事演习。弹道导弹防御是此次演习的重点内容。在演习期间,美国"爱国者"导弹防御系统与以色列"箭-3""大卫投石索"和"铁穹"导弹系统开展联合演练,以测试以色列对导弹和火箭弹威胁的应对能力。在演习结束后,美国反导部队则继续停留在以色列并与以军展开更多反导联合演练。[137]

可以看出,2017—2018 年间,在导弹防御体系的建设方面,美国对以色列提供了前所未有的帮助。

b. 飞机采购与改装

空军建设同样是以色列国防体系建设的重点。作为以色列的重要盟友,美国在以色列空军建设上提供了前所未有的帮助。特朗普就任总统后,美国对以色列空军建设的支持则体现得更为明显。2016 年 12 月,美国向以色列交付了首批两架 F-35 战斗机。特朗普上台后,美国在 2017—2018 年间继续保障在定期内按时向以色列交付 F-35 战斗机,加之美国拒绝向中东其他国家出售此款战机,以色列在这一时期不仅成为世界第二大 F-35 装备国,还成为中东地区唯一一个装备第五代隐身战斗机的国家。F-35 战机确保了以色列对于周边阿拉伯国家的空中优势,保障了以色列的国家安全。以色列则将美制 F-35 战机称为"Adir(强大的)",以展现 F-35 战机强大的攻击能力以及美以联盟的紧密程度。

为了增强以色列保卫国家安全的能力,美国与以色列多次进行合作,帮助以色列对 F-35 战机进行升级与改造。其中,美国特别允许对以色列版 F-35 战机进行特别改装以兼容以色列国产电子设备和武器。2018 年 2 月 2 日,国防部与洛克希德·马丁公司签署了高达 1 亿 4 790 万美元的合同。合同规定洛马公司采购以色列特有的武器认证、改装套件和电子战分析,以支持 F-35I 战机以色列系统的开发和改造并最终使战机达到 3F＋的能力。[138]这意味着以色列装备的 F-35 战机将能够兼容以色列国产导弹和对地武器,并且能够加挂以色列国产电子战吊舱。这也意味着美国将暂时推迟本国 F-35 战机的升级和部署,优先帮助以色列装备具有完全实战能力的 F-35 3F＋机队,更加明显地体现出美国对于以色列国家安全的支持与保障。

c. 搅乱叙利亚局势

国内持续的战乱使得巴沙尔政权无暇顾及与以色列在戈兰高地的

纷争。但是,随着 2015 年俄罗斯介入叙利亚内战,战争的天平逐渐向叙利亚政府军倾斜。随着战争局势的明朗,巴沙尔政权开始重新回到对戈兰高地的争夺之中。2017—2018 年期间,叙利亚多次有意或无意向戈兰高地发射炮弹。尽管炮弹并未造成任何人员伤亡且多数落在无人区,但是这一行为表明了巴沙尔政权夺回戈兰高地的决心。叙以两国在缓冲区多次发生冲突与交火。此外,伊朗出于自身的战略考量,同样对巴沙尔政权提供了大量的支持。伊朗通过提供武器弹药和派遣战争代理人等方式力保巴沙尔什叶派政权的稳固。同时,伊朗还积极在叙利亚建设基地,力图将其打造为对抗以色列的前沿阵地。

首先,美以两国在戈兰高地问题上相互配合以巩固以色列对戈兰高地的实际控制权。戈兰高地对于以色列北部的安全具有重要意义。因此,面对巴沙尔政府的不断袭扰,以色列加大了其在戈兰高地的军事存在。2018 年 7 月 1 日,以色列国防部宣布向戈兰高地部署装甲部队和炮兵部队,以巩固以色列对戈兰高地的实际控制权。[139] 而在政治上,美以两国则通力合作,抵制国际社会要求以色列归还戈兰高地的呼声。2017—2018 年间,联合国大会共提出 8 个要求以色列将戈兰高地主权归还叙利亚的提案。[140] 而美国和以色列在这一问题上不顾国际社会的主流声音,在 8 次提案中均投出反对票。美国驻联合国大使海莉称"戈兰高地的提案是联合国对以色列的偏见,美国将改变过去坚持的立场,投出反对票"。至此,在美国的配合下,以色列加强了在军事上和政治上对戈兰高地的双重控制。

其次,美以两国多次对叙利亚政府军进行空中打击以削弱巴沙尔政府取得的军事优势,推动叙利亚内战的长期化。2017—2018 年期间,美国多次对叙利亚进行空袭。尽管美国多次声明空袭的目的是打击"伊斯兰国"和消除化学武器对叙利亚平民的威胁,但是事实上,美国则是假借"反恐"和"清除化武"之名,将矛头多次指向叙利亚政府军。在两年的空袭中,美国袭击的目标不仅包括机场、弹药库、防空系统、雷达站等重要军事设施,还包叙利亚政府军的部分哨所和军事基地。以色列领导人则对美国空袭进行赞扬,总统里夫林声称"美国的所作所为是整个自由世界的榜样,是支持结束叙利亚暴行所需的必要一步"。[141] 同时,以色列则同样以"保卫国家安全"的名义对包括军事基地、飞机场等叙利亚政府军的重要军事设施展开空袭。据统计，仅 2018 年以色列就向叙利亚投放了大概 2 000 枚导弹。[142]

在美国和以色列的空中打击下，叙利亚反对派获得了喘息的空间，而叙利亚政府军的进攻势头则大大减弱。叙利亚整体则再次陷入了无休止的内战之中。

（2）遏制伊朗

近年来，伊朗不断扩张，努力扩大自身在中东地区的影响力，力图成为中东地区性大国。特朗普第一次上台后，美以双方通力合作，采取了一系列单独或者联合行动对伊朗进行"极限施压"。

a. 冲击伊朗政权的合法性

2017—2018 年期间，美以两国领导人通过各种方式不断对伊朗现任政权进行抨击，企图推翻现任伊朗政府的合法性。

首先，美以两国对伊朗现任政权进行污名化处理。2017—2018 年期间，美以两国领导人多次在公开场合使用"流氓国家""伊斯兰极端政权"等形容词对伊朗现任政府进行抨击，称伊朗是中东地区和平与安全的"重大威胁"。特朗普在联合国大会上表示："伊朗政府在民主的幌子背后掩盖了腐败的独裁政权。它（伊朗现任政府）把一个拥有丰富历史和文化的富裕国家变成了一个经济枯竭的流氓国家。其石油利润不是用来改善伊朗人生活，而是用来资助真主党和其他恐怖分子。这些恐怖分子杀害无辜的穆斯林并袭击他们和平的阿拉伯和以色列邻国。"[143]彭斯则在联合国安理会上表示，世界上支持恐怖主义的国家（伊朗）破坏了中东地区的稳定，公然威胁主权国家的安全。以色列总理内塔尼亚胡对特朗普的抨击进行积极回应。内塔尼亚胡称"特朗普总统谈到了世界面临的巨大危险的真相，并发出了强有力的呼吁，要求我们面对这些危险，以确保人类的未来"。并且在联大会议上，内塔尼亚胡同样对伊朗政权进行猛烈抨击："伊朗正在中东进行征服运动，伊朗正在发展导弹以威胁整个世界。从里海到地中海，从德黑兰到塔尔图斯，伊朗的帷幕正在中东地区落下。伊朗将暴政和恐怖的帷幕散布在伊拉克、叙利亚、黎巴嫩和其他地方，并承诺熄灭以色列的光芒。"[144]同时，美国政府多次出台法案，将伊朗政府描绘为一个独裁、践踏人权和实行种族屠杀的残暴政府。2017 年 7 月 26 日，国会通过 H.Res.317 法案。该法案强调伊朗肆意扣押在伊的合法美国公民和合法居民并要求伊朗政府释放包括王夕越在内的美国人。[145] 12 月 21 日，美国通过 S. Res. 139 法案，谴责伊朗对其境内巴哈伊少数民族进行迫害。要求伊朗政府立即释放五名被监禁的巴哈伊领袖、七名被监禁的巴哈伊教育家以及所有其他仅因宗教信仰而被关押的囚犯并对侵犯人权的伊朗个人实施制裁。[146]

其次，美以两国积极支持和声援伊朗国内的游行示威活动，企图推动伊朗爆发"颜色革命"，颠覆现任政府，进而建立一个亲美国和以色列的新政府。2017 年 12 月 28 日，伊朗国内多地爆发了反政府游行示威。在事件发生后，美以两国立即对伊朗人民群众进行声援。12 月 29 日至 31 日，特朗普多次在推特上表达了对伊朗人民的支持并于 2018 年 1 月 10 日发表声明，声称伊朗的抗议者有权利表达其对政府的不满；呼吁伊朗政府立即释放伊朗的所有政治犯，包括最近镇压的受害者。[147] 以色列总理内塔尼亚胡则发表声明对伊朗人民的反政府游行进行声援："伊朗人民应该得到更好的待遇。勇敢的伊朗人涌上街头。他们寻求自由；他们寻求正义；他们寻求几十年来被剥夺的基本自由。这个政权拼命地试图在我们之间播下仇恨的种子。但他们不会成功。当这个政权最终垮台时——总有一天它会垮台——伊朗人和以色列人将再次成为好朋友。我祝愿伊朗人民在追求自由的崇高事业中取得成功。"

b. 退出《伊核协议》

退出《伊核协议》是美国对伊进行施压的重要一步。2015 年，奥巴马政府与伊朗达成了《联合全面行动计划》，即《伊核协议》。协议规定，在国际原子能机构确认伊朗核设施被用于和平性质后，国际社会将解除对伊朗的经济制裁和金融制裁。尽管《伊核协议》得到国际社会的广泛称赞，但引起美国盟友和美国社会的诸多不满。特朗普上台后，批评《伊核协议》是"美国有史以来签署的最糟糕和最片面的协议之一"。[148] 特朗普认为，《伊核协议》不仅没有阻止伊朗继续发展核武器的意图，反而使伊朗获得大量的资金用于发展军事实力以及资助什叶派武装。退出协议，对伊朗实行更加严厉的制裁便是特朗普中东战略的一项重要内容。以色列总理内塔尼亚胡则同样对《伊核协议》进行了抨击，声称这项协议是"令人震惊的历史性错误,以色列将不接受这项与伊朗达成的协议约束。因为这项协议对于我们所有人的安全都将是不利的"。因此,美以两国在退出《伊核协议》的问题上通力合作,推动美国退出《伊核协议》合理化。

首先,美以两国在国际上不断强调伊朗利用《伊核协议》发展核武器以及对世界的威胁,引起世界的恐慌,占领退出协议的道德制高点。在 2017 年 2 月 18 日的慕尼黑安全会议上,彭斯强调发展核武器的流氓国家正在危机整个世界的安全;激进的伊斯兰恐怖主义一直盯着西方文明的毁灭。[149]在第 72 届联大会议上,特朗普表示:"我们不能让一个杀人不眨眼的政权在制造危险导弹的同时继续这些破坏稳定的活动,如果它为最终建设核计划提供掩护,我们就无法遵守协议。"特朗普还强调伊朗多次违反《伊核协议》,利用协议作为掩护积极发展核力量。他表示:"伊朗政权多次违反该协议。它们(核设施)超过了 130 吨重水的限制。伊朗政权在其先进离心机的运行方面也未能达到期望。伊朗政权还恐吓国际检查员不要使用协议要求的全面检查权限。"[150]以色列总理内塔尼亚胡则同样在国际社会上强调《伊核协议》的不足和伊朗发展核武器的企图。内塔尼亚胡在联合国大会上表示,协议不仅没有阻止伊朗制造核弹的道路,届时伊朗还将可以自由地进行工业规模的铀浓缩,将其置于大规模核武器库的门槛上……数百枚核武器落入一个庞大的伊朗伊斯兰帝国手中是危险的。

其次,美以两国相互配合。以色列在美国退出协议的每一步程序中都积极造势,及时对美国的决定进行回应,为美国退出协议获得国际社会的认可提供舆论和实质上的支持。2017 年 10 月,特朗普在其对伊朗的战略中表示,协议是美国进行过的最糟糕和最片面的交易。同时他还表示美国将与盟国进行合作对协议进行修改。如果不能达到目的,美国将会退出《伊核协议》。在美国对伊朗战略发布后,以色列总理内塔尼亚胡立即通过讲话表达了对特朗普总统的支持。在讲话中,内塔尼亚胡表示特朗普总统"刚刚创造了一个机会来解决这个糟糕的交易,遏制伊朗的侵略并对抗其对恐怖主义的犯罪支持"。为了加速美国退出《伊核协议》的进程,以色列于 2018 年 4 月 30 日向世界公开展示了所谓伊朗发展核武器的"确凿证据",内容包括 55 000 份文件、核武器模拟组件照片、内爆系统组件和五个核试验潜在场地等照片。内塔尼亚胡明确表示这些资料已与美国共享。[151]2018 年 5 月 8 日,特朗普宣布根据以色列的情报所提供的令人信服的细节,伊朗违背《伊核协议》的承诺,密谋发展核武器。为了阻止伊朗拥有核武器,美国将退出《伊核协议》。在特朗普宣布退出协议后,内塔尼亚胡立刻进行了声援,表达了对美国退出《伊核协议》的大力支持。在讲话中内塔尼亚胡表示以色列完全支持特朗普总统今天拒绝与德黑兰恐怖主义政权达成灾难性核协议的大胆决定……以色列感谢特朗普总统的勇敢领导。他致力于对抗德黑兰的恐怖主义政权,以及承诺确保伊朗永远不会获得核武器。[152]

2. 政治领域的行为

(1) 反对国际组织对以色列的指责

近年来,联合国大会等国际组织就多次提出或者通过反对以色列或者对以色列不利的法案。这使得以色列在国际上的形象遭受了严重打击。基于美以两国所建立的关系认同,特朗普上台伊始就一改奥巴马政府的立场,明确表达了美国在国际组织中支持以色列的强硬立场。2017—2018 年期间美以两国相互协调,共同反对国际组织对以色列的指责。

a. 反对联合国人权理事会

自 2016 年起,联合国人权理事会就多次通过了谴责和制裁以色列的决议。而美国则是与以色列共同反对国际组织对以色列的指责。

2017 年 3 月,联合国人权理事会就以色列侵犯巴勒斯坦和戈兰高地阿拉伯人人权问题进行讨论。在会议讨论之前,美国国务院就发表声明反对联合国人权理事会议程中"巴勒斯坦和其他被占阿拉伯领土的人权状况"条款的存在,声称该机构长期以来对以色列抱有偏见……这一项目的继续存在将是对安理会信誉最大的威胁之一。[153]在决议通过后,美国和以色列立刻联合发表声明。以色列总理内塔尼亚胡称,由于联合国人权理事会通过对以色列的敌视政策,以色列对联合国的付款减少 200 万美元。资金则将被用于在国际社会中支持以色列的发展中国家。[154]美国则强调在人权理事会支持以色列是美国的首要考虑。美国将与以色列等伙伴积极合作,积极为以色列辩护并避免其受不公对待。同时，美国国务院积极发表支持以色列的调查报告，改变国际社会在人权问题上对以色列的态度。2017年，美国国务院发表人口贩运问题报告。报告强调以色列积极打击加沙地带和西奈半岛的人口贩运活动，并为受害者提供各种即时和长期的护理和康复服务，保障受害者人权。[155]

美国希望能够利用其所谓的"国际人权标杆"的称呼以及理事国的双重身份向人权理事会进行施压，使其放弃在人权问题上对以色列的不断苛责。但是，联合国人权理事会权却依然不断通过反对和谴责以色列的决议。2018年3月，联合国人权理事会表决通过了包括东耶路撒冷在内的被占领巴勒斯坦领土上所有违反国际法的行为追究责任和伸张正义的决议；5月，第二十八届特别会议再次通过了以色列侵犯戈兰高地阿拉伯人人权的决议并支持巴勒斯坦人民的自决权。鉴于联合国人权理事会多次对以色列的苛责，美国决定退出联合国人权理事会以表达对以色列的坚定支持。2018年6月19日，美国宣布退出联合国人权理事会，并声称人权理事会对以色列的抨击是"虚伪"的行径。人权理事会已经沦为侵犯人权者的保护者和政治偏见的粪坑。[156]在美国宣布退出联合国人权理事会后，以色列政府第一时间感谢美国对以色列的强力支持。内塔尼亚胡表示："多年来，联合国人权理事会已经被证明是一个有偏见、充满敌意、反对以色列的组织，已经背叛了其保护人权的光荣使命。以色列欢迎美国的决定；以色列感谢特朗普总统、蓬佩奥国务卿和黑利大使勇敢地决定以反对所谓联合国人权理事会的虚伪和谎言。"

b. 反对联合国教科文组织

自2017年起，联合国教科文组织通过了一系列针对以色列的决议。3月，教科文组织出台了《巴勒斯坦被占领》文件，强调由于以色列等原因加沙地带的历史遗迹脆弱性不断增加。5月联合国教科文组织执行局通过决议，否认了犹太人与圣殿山的历史联系并谴责以色列在加沙的行为。

而影响最大的便是《希伯伦决定》。7月，联合国教科文组织针对巴勒斯坦提出的将希伯伦哈利勒老城（Hebron/Al-Khalil Old Town）列为世界文化遗产问题进行讨论。希伯伦哈利勒老城是犹太教中仅次于耶路撒冷的第二圣城。根据圣经的记载,城中的麦比拉洞是埋葬以色列祖先亚伯拉罕和雅各的墓穴,因此也被犹太教视为圣地。7 日,联合国教科文组织通过决议,将希伯伦族长之穴登记为巴勒斯坦的濒危世界文化遗产。[157]这意味着抹杀了犹太人与希伯伦之间的历史渊源。在决议通过后,以色列当天发表声明称"这对教科文组织来说是一个耻辱的徽章,它一次又一次地选择站在谎言的一边"。而美国则同样采取行动反对联合国教科文组织对以色列的偏见。美国国务院于 10 月 12 日发表声明宣布退出联合国教科文组织以反对联合国教科文组织的指责。在声明中,美国称"对教科文组织持续的反以色列偏见表示担忧"。

(2) 支持以色列和犹太事业

除了反对国际组织对以色列的指责,2017—2018 年期间,美国还采取了包括承认耶路撒冷属于以色列、支持以色列建立定居点等一系列支持以色列和犹太事业的具体行为。

a. 将美国驻以色列大使馆迁往耶路撒冷

宣布将美国驻以色列大使馆迁往耶路撒冷可以说是最能体现特朗普时期美国对以色列事业支持的行为。耶路撒冷主权一直是以色列与巴勒斯坦乃至阿拉伯国家之间的一个重要的矛盾冲突点。尽管美国国会自 1995 年起就多次通过法案要求将美国驻以色列大使馆迁至耶路撒冷,但是出于平衡阿以关系和避免矛盾激化的考量,美国历任政府都签署了豁免声明,推迟搬迁大使馆活动。[158]特朗普第一次上台后,美国一改历届政府所采取的"耶路撒冷平衡"政策,将大使馆迁往耶路撒冷。

上任伊始,特朗普就多次表达出将大使馆迁往耶路撒冷的意愿。在被记者问及此事时,特朗普表示:"我很想看到这种情况发生。我们正在非常非常强烈地期待它的发生。同时我们非常谨慎地考虑它——相信我,我们一起看事情如何发生。"2017 年 12 月 6 日,特朗普发布总统公告,正式承认耶路撒冷为以色列永久的首都,并在切实可行的情况下尽快将美国驻以色列大使馆迁往耶路撒冷。[159]以色列总理内塔尼亚胡则在第一时间发表声明称非常感谢总统勇敢而公正地决定承认耶路撒冷为以色列首都……总统的决定是迈向和平的重要一步,因为没有一个和平不包括耶路撒冷作为以色列国的首都。美国的行为则引发了国际社会的强烈谴责。21 日,联合国大会紧急召开会议,并对耶路撒冷最终地位提案进行表决，美国则坚决投出反对票以支持以色列。2018 年 5 月 14 日，美国正式完成大使馆搬迁工作。美国驻以色列大使馆正式投入使用。

b. 支持以色列建立新的定居点

在建设定居点方面，美国同样放宽了对以色列的限制，纵容以色列不断侵蚀阿拉伯人的领土。2017 年 1 月，以色列宣布在包括东耶路撒冷和约旦河西岸在内的地区新建 6 000 套房屋。以色列的行为引起了国际社会的强烈不满。当被问及是否会要求以色列停止建立定居点时，特朗普只是模糊的表示"希望以色列能够表现出更大的灵活性"。[160]

尽管特朗普政府在表面上对于犹太定居点问题持模糊的中立态度，但事实上一直采取实际行动支持以色列犹太定居点的建设。在 2017—2018 年的两年时间里，联合国大会针对以色列在占领区建立定居点问题一共提出了 6 次提案，谴责以色列在包括耶路撒冷和约旦河西岸在内的阿拉伯领土上建立定居点并驱离当地阿拉伯居民，国际社会对于以色列的行为不予承认。而美国则多次投反对票以支持以色列建立定居点的行为。并且在这一时间段，美国并没采取任何如谴责或批评等任何实质性措施阻止以色列建立定居点，而是秉持着所谓"公平"的原则采取中立的立场，没有采取任何行动。但事实上，以色列的实力远超巴勒斯坦等阿拉伯国家。"中立"的立场事实上就是对以色列最好的支持。

c. 支持以色列和犹太事业的具体行为

除了退出国际组织、将大使馆迁往耶路撒冷等重大支持行为，美国领导人在 2017—2018 年期间还采取了一系列具体的行为表达对以色列和犹太事业的支持。2017 年 5 月，特朗普开启了其上任后的首次中东之行。特朗普将中东之行的第二站便定在了以色列，从而成为第一个首次中东之行就访问以色列的美国总统。访问以色列期间，特朗普瞻仰耶路撒冷的西墙，成为第一位访问西墙的美国在任总统。在瞻仰西墙期间，特朗普头戴犹太教特色装饰基帕帽(Kippah)以展现对犹太教的敬畏。他声称"这种经历无法用语言形容。这将为我留下永恒的印象"。此外，特朗普亲手种下一棵杏树，并在旁边的纪念碑上写道："为耶路撒冷的和平祷告，愿他们爱你而繁荣昌盛。平安在你们的城墙里,繁荣在你们的宫殿里。"[161]

对于以色列和犹太人的重大节日,美国领导人同样积极发表讲话对以色列和犹太人致以节日的祝福。根据白宫官网的数据,2017—2018 年间,美国总统和副总统对于以色列和犹太人的节日共发表了多达 11 次的祝福讲话,其中不仅包括圣日、光明节、犹太新年等具有浓厚犹太特色的民族或宗教节日,还包括联合国投票建立以色列日、以色列独立日等以色列国家节日。在节日致辞中,美国领导人也多次表达了对犹太事业的敬畏以及对以色列的坚定支持。在光明节活动上的致辞中,特朗普总统表示:"纵观历史,我们看到,没有黑暗能够战胜犹太信仰的光明,任何邪恶都不能战胜犹太人民牢不可破的精神。千真万确。本届政府将永远声援我们的犹太兄弟姐妹,我们将永远坚定地与我们珍视的朋友和伙伴以色列国站在一起。"联合国投票建立以色列日的讲话中,副总统彭斯充分表达了他对以色列重生的敬畏之情。彭斯说道:"以色列诞生于犹太先驱者的汗水和牺牲。他们冒着一切危险夺回他们心爱的土地,用那些广为人知的话来说,'一只手拿着犁,另一只手拿着步枪'。无论他们面临什么挑战,或者他们所忍受的诽谤,犹太人总是坚持不懈。因为即使在黑暗中,他们信仰、力量和希望的光明也闪耀着光芒。"[162]

为了表达对美国的感谢以及美以之间紧密的盟友关系,以色列领导人则同样在美国独立日等重要的节日上送上对美国的祝福。2017年 7 月 3 日,以色列总理内塔尼亚胡出席美国驻以大使馆的独立日庆祝活动。在活动中,内塔尼亚胡表示"美国价值观的胜利是自由的胜利,独立的胜利,希望的胜利。今天,我们重新致力于胜利——战胜野蛮,战胜恐怖,战胜暴政"。[163]

(3) 推动中东和平进程

特朗普时期美国中东政策的一项重要内容就是推动中东和平进程。以色列也希望通过中东和平进程的推进改善以色列的周边环境。美以双方单独或联合采取了一系列行动,共同推进巴勒斯坦-以色列矛盾和逊尼派阿拉伯国家-以色列矛盾的缓和。

在解决巴以矛盾方面,美国和以色列采取了"胡萝卜加大棒"的政策:美以双方一方面积极与巴勒斯坦权力机构和阿拉伯国家领导人进行接触，推动巴勒斯坦地区经济合作与发展。另一方面美以两国对巴勒斯坦领导机构进行施压，逼迫其领导人回到谈判的轨道上来。

上台伊始，特朗普政府就积极与巴勒斯坦机构领导人进行接触。2017年3月至9月期间，特朗普及其高级顾问库什纳与巴勒斯坦权力机构主席阿巴斯总共进行了高达四次会面。在会面期间，特朗普与阿巴斯就巴以达成和平协议问题充分交换意见。两位领导人观点在交流中逐渐达成一致，即巴以双方有必要达成一个全面结束冲突的协议。阿巴斯表示，这给了我们保证和信心，即我们正处于巴勒斯坦人和以色列人之间真正和平的边缘。[164]同时，特朗普还与逊尼派阿拉伯国家领导人积极协商，共同推动巴以矛盾的化解。在与沙特国王萨拉曼、埃及总统塞西等重要阿拉伯国家领导人的会面中，特朗普将巴以问题作为一个重要的会谈议题进行讨论。阿拉伯领导人则向特朗普承诺，将为巴以全面和平创造一个有利的和平环境。以色列领导人则同样开始对巴勒斯坦主席阿巴斯的善意进行回应。2017年7月14日，内塔尼亚胡与阿巴斯进行通话。这也是特朗普上任后巴以双方领导人进行的首次通话。在通话中，阿巴斯强烈谴责对于圣殿山的恐怖袭击，并表示反对一切形势暴力事件。内塔尼亚胡则表示在不改变现状的情况下，以色列将坚决维护圣殿山的安全。尽管两国领导人只是对关于圣殿山恐怖袭击问题进行讨论，但是这可以看作巴以之间缓和紧张关系的开始。

在与巴勒斯坦领导人进行接触的同时，美以两国还在巴勒斯坦地区进行投资和基础设施的建设，促进加沙地区经济的发展。发展经济是减少恐怖袭击、推进和平进程的一剂良药。就任美国总统后，特朗普就多次表示要加大对巴勒斯坦的投资并推动巴勒斯坦地区经济的发展。在与阿巴斯的会谈中，特朗普表示其个人将致力于改善巴勒斯坦人民可获得的经济机会，以此作为创造有利于实现和平的气氛的手段。随后，特朗普政府便公布了改善巴勒斯坦和以色列人们生活的愿景。在愿景中，美国计划通过向区域和全球市场开放西岸和加沙来减少对巴勒斯坦经济增长的限制，同时加强设施建设并改善巴勒斯坦地区的教育和医疗水平，加强劳动力发展计划，最终达到释放巴勒斯坦经济潜力的目的。为了能够实现这一目标，美国计划采取措施改善巴勒斯坦与埃及、以色列和约旦的合作，减少贸易壁垒，推动区域发展和一体化目标的实现。[165]

以色列则同样积极与巴勒斯坦进行接触，并促进双方在基础资源和基础设施方面达成部分协议。2017年7月10日，巴以双方就以色列负责通过西岸城市杰宁郊外一个新建的电力分配站向巴勒斯坦权力机构传输电力一事达成协议；7月13日巴以双方就红海水资源问题达成"红海协议"。根据协议，以色列政府每年向巴勒斯坦权力机构分配3 200万立方米的水资源（西岸2 200万立方米，加沙地带1 000万立方米）。这两项协议不仅仅是巴以双方基础能源合作的开始，更是被美以巴三方视为和平进程的重要一步。美国国务院发文称："这是说明双方有能力共同达成互惠结果的另外一个标志。"巴以双方均表示"水务是和解的一种方式，这将有利于繁荣合作"。[166]

在与巴勒斯坦权力机构进行接触与合作的同时，美以双方还不断对巴勒斯坦当局进行施压，要求当局承认并放弃对以色列的恐怖袭击，坚决回到谈判的轨道上来。2017—2018年间，美国多次出台法案，对巴勒斯坦权力机构进行施压。2018年9月10日，美国国务卿蒂勒森便以巴勒斯坦要求海牙国际刑事法院调查以色列战争罪是针对以色列的敌对行为为理由，要求巴解组织关闭其在华盛顿的办公室。[167]而事实上特朗普可以通过证明巴勒斯坦正在与以色列进行有意义的会谈以终止办事处的关闭。因此，特朗普的行为实质上就是对巴勒斯坦当局进行施压，逼迫巴勒斯坦放弃除谈判外的一切道路。为了逼迫巴勒斯坦权力机构放弃针对以色列的武装袭击，美国国会于12月5日通过了《泰勒福斯法案》。法案以停止提供援助资金为威胁条件，要求巴勒斯坦当局停止对恐怖分子进行补贴。

以色列则不断发表巴勒斯坦当局支持恐怖主义的言论，并将破坏中东和平进程的责任归咎于巴方。在2017年6月18日的内阁讲话中，内塔尼亚胡称："阿巴斯领导的法塔赫不仅没有谴责周五发生的恐怖袭击，反而谴责被杀害的以色列边防战士并称赞凶手是英雄。该权力机构现在将向凶手家属支付经济赔偿。"2017年1月15日，针对阿巴斯发表所谓的以色列已经终止《奥斯陆协议》，内塔尼亚胡称，阿巴斯的讲话反映了多年来一直努力强调的简单事实：我们和巴勒斯坦人之间冲突的根源是他们坚定不移地拒绝承认犹太国家。以色列领导人的言论事实上可以看作是对巴解组织的一种施压。通过不断向国际社会强调巴解组织支持恐怖主义，以色列给巴勒斯坦当局造成了极大的国际社会压力，从而迫使巴当局放弃对以色列的袭击并回到谈判的轨道上来。

3. 经济领域的行为

2017—2018 年间，美国开始在经贸和科技领域加大与以色列的合作，而以色列则同样积极扩大与美国的贸易往来。美以两国将双边经贸合作与科技合作推向了一个新的高度。

（1）经贸合作

在自由贸易协定的框架下，2017 年美以两国在各个领域的经贸都取得了长足的发展，双边贸易合作也不断加深。根据美国贸易代表处的数据，2017 年以色列成为美国第 24 大贸易伙伴国，美以货物贸易总额为 345 亿美元。其中，美国对以色列的商品出口为 126 亿美元，比 1985 年（自由贸易协定前）增长了 456％；对以色列进口的商品总额为 219 亿美元。[168]而两国在服务领域的合作尤为紧密，2017 年两国在贸易领域的进出口额高达 133 亿美元。此外，为了推动贸易往来，2017 年美以两国同意采用新的审批程序，使出口商在根据 FTA 对个别产品申请免税时更容易获得批准。

2018 年美以两国经贸合作继续加深。根据以色列中央统计局的数据，2018 年美以两国进出口贸易总额（不包括钻石）高达 343 亿新锡克尔。其中，以色列对美国的货物出口占货物出口总额的 27.1％；对美国进口的货物占货物进口总额的 12.6％。两国贸易逆差（不包括钻石）也从 2017 年的 143 亿新锡克尔降低到 51 亿新锡克尔。这也是自 2003 年以来与美国的最低贸易顺差。[169]

此外，基于以色列农作物无法自给的现实，美以双方保持了在农产品方面的紧密合作。2017 年 7 月 27 日，美国与以色列就延长 2004 年签订的农产品贸易协定问题达成一致。根据《延长协定》，以色列将维持《04 年农产品协定》附件 B 和 C 所列农产品免税进口到以色列；美国将维持《04 年农产品协定》附件 D 所列产品免税进口到美国。[170]

（2）科技合作

在加强商贸领域合作的同时，美以两国还在水资源、网络安全、航空航天等高科技领域进行合作。2017 年 7 月 17 日,美国国会通过《实现水和能源可持续性技术法案》。该项法案要求美国与以色列加强对话,并成立美国-以色列水合作工作组,以便帮助以色列:(1)改善水资源的利用;(2)应对水资源的短缺;(3)使管道和其他基础设施现代化;(4)在滴灌、水循环和脱盐等方面实现发展。[171] 2017 年 9 月 18 日,美国国会通过了《美国-以色列空间合作法》,法案要求美国国家航空航天局与以色列航天局之间继续加强合作。美国国家航空航天局局长应继续与以色列航天局合作,在共同关心的领域确定合作并开展和平的科学和空间探索。同时美国应采取一切适当措施保护美国的敏感信息、知识产权、商业秘密和经济利益。[172]

4. 价值观领域的行为

2017—2018 年间,美以两国在打击恐怖主义方面也是相互配合、密切合作。对于美国和以色列来说,两国共同观念中所谓的恐怖分子事实上就是哈马斯武装以及当前盘踞在叙利亚地区的真主党等伊朗支持的什叶派武装。因此,两国在打击恐怖主义上的合作行动也主要是针对哈马斯武装以及真主党。

自 1997 年将哈马斯武装认定为恐怖组织后,美以两国就共同合作对该组织进行联合绞杀。特朗普上台后,美以双方便加大了打击哈马斯武装的合作力度。

2017 年起,以色列加大了对哈马斯武装的打击力度。以色列内阁表示"绝对不会与以哈马斯为基地的巴勒斯坦政府进行谈判,因为哈马斯是一个旨在摧毁以色列的恐怖组织"。通过对耶路撒冷邮报的统计,2017 年间,以色列共发动了超过 16 次针对哈马斯武装的袭击,袭击目标包括哈马斯哨所、纵火风筝起飞点等军事目标。2017 年 12 月 4 日至 18 日,以色列在短短两周时间内对哈马斯的 40 个目标展开密集袭击。2018 年,以色列更是对哈马斯武装进行了高强度的袭击。2018 年整年以色列对哈马斯武装进行了超过 50 次打击,是 2017 年袭击次数的三倍多。以色列袭击目标也不再仅仅是哈马斯武装哨所,而是扩大到军事基地、地下隧道、无人机仓库等重要军事目标。同时,为了能够彻底摧毁哈马斯武装,以色列对哈马斯总部进行空袭并围捕哈马斯高层领导人。2017 年 12 月 13 日,以色列国防军逮捕了哈马斯高级领导人哈桑·优素福（Hassan Yousef）。[173]

在这一时期，为了支持以色列打击哈马斯武装，美国采取了一系列措施配合以色列的打击行动。首先，美国在国际社会中积极活动，强调以色列打击哈马斯武装的正义性与合法性。2018 年 6 月 13 日，美国驻联合国大使黑莉在联大会议上提出了谴责哈马斯袭击以色列的决议案并发表讲话称哈马斯挑起了暴力起义，并阻碍了向巴勒斯坦人民提供人道主义援助；哈马斯的暴力行径正在推动以色列从事越来越重要的自卫行动[174]。7 月 15 日，美国参议员特德·克鲁兹发表声明强烈谴责哈马斯的恐怖主义行动并支持以色列打击哈马斯的行动。在声明中，克鲁兹称："哈马斯恐怖组织的火箭弹使得成千上万以色列平民不得不躲在防空洞中。以色列有进行自卫的权利。美国将继续与以色列盟友肩并肩地站在一起，确保他们拥有保卫自己所需的东西，共同应对来自恐怖主义的威胁。"同时，美国国会则出台《制裁使用平民作为盾牌法》，向国际社会揭露哈马斯武装利用巴勒斯坦平民当作人体盾牌的卑劣行径。法案称哈马斯使用平民作为避免遭受打击的掩护，这是严重违反国际法的恐怖主义行径。美国将坚决谴责哈马斯的恐怖主义行为，并对其进行制裁。[175]

除了在国际上对以色列进行声援，美国还积极为以色列提供弹药，确保以色列能够持续打击加沙地区的哈马斯武装。2018 年 9 月 12日，美国国会通过了《2018 年美国-以色列安全援助授权法案》。该法案授权总统与以色列进行评估，必要时可以向以色列提供美国战备存储的精确制导弹药以支持以色列与哈马斯武装的持续对抗。[176]

2017—2018 年间，美以在打击黎巴嫩真主党的行动中同样进行了紧密的合作。

首先，美以两国在这一时期加大了对真主党武装的打击力度。自 2017 年起，美以两国对真主党的空袭力度明显增加。2017 年间，以色列多次对叙利亚境内的真主党人员和设施进行空袭，摧毁叙利亚境内的真主党哨所、武器库和车辆等军事设施。据统计，2017 年以色列对黎巴嫩真主党的打击力度是 2006 年的 4 到 5 倍。[177]2018 年，以色列更是加强了打击的针对性，将真主党领导人作为重点打击目标。2018 年12 月 26 日，以色列对停留在大马士革的真主党高级代表团进行空袭，造成多名真主党领导人受伤。[178]美国则借助打击"伊斯兰国"恐怖主义组织的借口,多次对隐藏在叙利亚境内的真主党武装进行空袭以配合以色列的打击行动,阻止其在叙利亚境内扩张。[179]

其次,为了配合以色列的打击行动以达到彻底消灭真主党武装的目的,美国对真主党武装进行全方位的物质与经济封锁。2018 年 10 月,美国众议院通过了《2018 年真主党国际融资预防修正案》。该法案要求总统对向黎巴嫩真主党提供重大财政、物质和技术支持的个人或实体进行制裁并实施严厉的财产封锁。[180]

可以看出,2017—2018 年间,美以两国在打击恐怖主义方面进行了紧密的合作。

三、评估行为与实际行为对比

本节将 2015—2018 年基于美国与以色列建立的关系认同结构所作出的行为评估与这一时期两国的实际行为进行对比,考察评估行为与实际行为是否相符,以进一步验证关系认同结构理论的假设是否正确。如果评估行为与实际行为相符,则可以证明关系认同结构理论的核心假设成立;如果不符,本节将进一步探索原因,并根据结果判断关系认同结构理论的核心假设是否成立。

(一)2015—2016 年美以评估行为与实际行为对比

根据 2015—2016 年美以建立的关系认同结构,本节评估两国在军事安全领域、政治领域和经济领域的行为。

在军事安全领域,美以两国在保卫以色列国家安全这一议题上建立了正向关系认同,而在解决伊朗核问题上建立了负向关系认同。本节评估,在保卫以色列国家安全上,美以两国将会通力合作。美国将会为以色列在反导系统建设上提供技术和资金支持,同时对以色列现有装备进行升级改造。在解决伊朗核问题上,本节评估美以两国见会采取对抗行为:以色列则会多次发表讲话阻止《伊核协议》的执行,而奥巴马政府将会坚持推进《伊核协议》的生效。在现实中,奥巴马政府确实为以色列在反导技术上提供支持,同时也积极推动以色列现有装备的升级和改造;在解决伊朗核问题上,美以两国也确实在相互博弈。以色列总理内塔尼亚胡不断发表讲话阻止《伊核协议》的执行,美国则不断推进该协议的顺利实施。因此可以判断在军事安全领域评估行为与实际行为相符。

在政治领域,美以两国在支持以色列事业和推进中东和平进程两个议题上建立了正向的关系认同,本节评估两国也将会在这两个议题上开展合作行为。具体来说,在支持以色列事业方面,美国将会在国际社会上积极采取行动,反对以联合国为首的国际组织不断指责以色列。同时,对于以色列和犹太民族的重大节日典礼,美国领导人也会积极参加并送上祝福,而以色列领导人作为回应,则同样会参加美国的重大节日并发表讲话。在推进中东和平进程的议题上,美国很可能会积极促进巴以全面和解,同时巴以两方领导人也将积极接触并开展对话,推动矛盾缓和。通过对实际行为的考察,可以看出在支持以色列事业上,美以两国的实际行为与评估行为是相符的。美国在针对以色列的提案上投出反对票以支持以色列。每逢以色列和犹太民族的重大节日,美国领导人都发表了有益于两国关系发展的讲话。而在美国的重大节日典礼上,以色列领导人则同样发表展现两国关系紧密性的讲话。但是在推进中东和平进程这一议题上,美以两国的行为却并不相符。在这一时期,巴以双方仅开展一次直接对话,并且没有达成任何进展。取而代之的便是相互指责与武装对抗。这一时期以色列总理内塔尼亚胡多次发表指责巴勒斯坦权力机构的讲话,而巴勒斯坦权力机构主席阿巴斯则同样发表具有煽动性的言论以加剧两国关系的紧张。而美国不仅没有推动两国关系的缓和,反而在相关重要问题上表示沉默并在政治上打击以色列,从而给中东和平进程蒙上一层阴影。因此,在政治领域,支持以色列事业议题上评估行为与实际行为相符,而推进中东和平进程上评估行为不仅与实际行为不符,而且与实际行为相反。

在经济领域,美以两国建立了正向关系认同。本节基于正向关系认同评估两国将会在经济领域采取合作行为。具体来说,美以两国将会推进双方双边贸易的发展,两国的进出口贸易额也会更加平衡。同时美以两国也会加强农产品贸易以及科技领域的合作。在现实中,美以两国在经贸领域一直是稳步发展,以色列在美国进出口贸易中的地位也在不断上升。在农产品贸易领域,两国也加强了双边合作,在同意原有 ATAP 协议延期一年的基础上,两国就更加便捷与自由贸易程度更高的 ATAP 协议展开谈判。同时美以两国加强了双方在网络安全以及水资源技术上的合作。因此在经济领域,评估行为与实际行为相符。

(二) 2017—2018 年评估行为与实际行为对比

根据 2017—2018 年美以建立的关系认同结构,本节评估了两国在军事安全领域、政治领域、经济领域和价值观领域的行为。

在军事安全领域,两国在保卫以色列国家安全和遏制伊朗议题上建立了正向关系认同。基于这种关系认同,本节评估两国将会在这两个议题上采取合作行为。具体来说,在保卫以色列国家安全方面,美国继续为以色列的导弹防御体系提供资金和技术支持,为以色列建立远、中、近三重防御体系。同时,美国将继续向以色列提供先进武器或帮助其进行升级改造现有装备以实现对周边阿拉伯国家的装备优势。除了对以色列军事力量提升的支持,美国也会通过扰乱叙利亚局势以达到缓解以色列外部的安全压力。在遏制伊朗领域,美以两国也将会通力合作。政治上,美以两国将会在公开场合大肆抨击伊朗现任政权,否认伊朗当前政府的合法性;在外交上,美以两国可能会不断压缩伊朗的外交活动空间。美国可能会积极推动阿拉伯盟友与以色列合作,在中东地区组建针对伊朗的阿拉伯国家联盟。在军事上,美以两国将会想方设法遏制伊朗核技术的发展。为了阻止伊朗拥有核武器,特朗普可能会采取退出奥巴马时期所达成的《伊核协议》,并重申对伊朗进行制裁。通过对实际行为的考察,可以看出在保卫以色列安全领域,美国为以色列提供了有力的支持,不仅在防空反导领域提供了资金技术支持,还积极为以色列升级 F-35 战斗机以提升其装备水平。同时,美国积极扰乱叙利亚军事。不仅承认戈兰高地的主权属于以色列,还借助反恐的名义袭击叙利亚的军事设施,极大地打击了叙利亚的军事实力。在遏制伊朗的问题上,两国也是通力合作。但是美以两国在这一时期只采取了抨击伊朗政权和退出《伊核协议》。在外交领域的压缩外交空间方面美以两国却并没有采取行动。因此，在保卫以色列安全的议题上评估行为与实际行为相符；但是在遏制伊朗的议题上评估行为与实际行为却并不完全符合。

在政治领域，两国在反对国际组织对以色列苛责、支持以色列和犹太事业以及推进中东和平进程领域建立了正向关系认同。本节评估两国将在这些议题上开展合作行为。在反对国际组织苛责上，本节评估美国将会采取包括投反对票、退出国际组织等方式支持以色列。在支持以色列事业上，本节评估美国将会承认耶路撒冷首都、支持以色列建立新的定居点以及一些具体方式表达对以色列的支持。而以色列也会采取包括出席美国重大节日等方式表达对美国的感谢。在推进中东和平进程上，美以将会通力合作共同推进以色列与巴勒斯坦以及逊尼派阿拉伯国家的和解。在现实中，美国采取了包括退出联合国教科文组织联合国人权理事会等方式支持以色列。同时，美国也默许以色列建立新的定居点，承认耶路撒冷为以色列的首都。在以色列和犹太民族的重大节日上，美国领导人积极发表讲话。以色列领导人则出席美国重大节日的庆祝活动。但是在推动中东和平进程方面，两国只是在推进巴以和解方面积极采取行动。在推进以色列与逊尼派阿拉伯国家和解方面，美以两国却并没有行动。因此，在反对国际组织对以色列苛责与支持以色列和犹太事业方面，评估行为与实际行为相符。但是在推进中东和平进程方面，评估行为与实际行为并不完全相符。

在经济方面，美以两国在经济领域建立起了正向的关系认同。基于这种正向关系认同，本节评估双方将会在两国在经贸、农产品以及科技领域加强合作。在现实中，美以两国在这一时期继续推进双边贸易的稳步发展。同时，两国于 2017 年 7 月就农产品贸易问题达成一致，美国农产品可以免税进入以色列。在加强商贸领域合作的同时，美以两国还在网络安全等高科技领域进行合作。美国国会多次通过法案要求总统加强与以色列在水资源、网络等领域的合作。因此，在经济领域，评估行为与实际行为相符。

在价值观领域，两国在坚持西方价值观与反对恐怖主义方面建立了正向关系认同。基于这种正向关系认同。本节评估两国将会合作打击被定义为恐怖组织的哈马斯武装和黎巴嫩真主党。具体来说，对于以色列境内的哈马斯武装,以色列很可能会进行坚决打击,以达到彻底消灭境内的破坏势力;而美国则会采取包括提供武器弹药以及国际声援等方式积极支持以色列对哈马斯武装的打击。而对于伊朗支持的黎巴嫩真主党武装,美以两国则可能会采取联合行动,发起对黎巴嫩真主党的联合空中打击。通过对实际行为的考察,可以看出美以两国在打击哈马斯武装和黎巴嫩真主党方面密切合作。在打击哈马斯武装方面,以色列不仅对哈马斯武装的据点进行打击,同时也对哈马斯领导人进行抓捕。而美国不仅在国际社会上积极声援以色列以展现以色列打击哈马斯武装的合法性,还为以色列提供弹药以支持以色列打击哈马斯武装。在打击真主党方面,美国与以色列共同对盘踞在叙利亚的黎巴嫩真主党武装发动袭击。同时,美国国会通过立法对真主党武装进行严厉的封锁与制裁。因此,在价值观领域,预测行为与实际行为相符。

四、对比结果的原因分析

通过对评估行为与实际行为的对比,可以发现在2015—2016年期间在推进中东和平进程议题上评估行为与实际行为不符。2017—2018年间,在军事安全领域遏制伊朗议题上评估行为与实际行为不完全相符;在政治领域推进中东和平进程议题上评估行为与实际行为不完全相符。本节将对评估行为与实际行为不符合的原因进行探究。

(一)2015—2016年:推进中东和平进程

通过对2015—2016年美以两国领导人讲话的考察,可以看出两国在政治领域中的推进中东和平进程这一议题上建立了正向关系认同。但是基于关系认同所评估的行为与实际行为并不相符。

通过对美以两国领导人讲话进一步考察,可以发现在这一时期美以两国主张实现和解的方式并不一样。2015年6月9日,内塔尼亚胡在荷兹利亚会议上表示,建立一个承认犹太国家的非军事化巴勒斯坦国。这些是以色列和巴勒斯坦人之间持久和平的基础,也是巴以谈判的先决条件。[18]10月3日,内塔尼亚胡在接受CNN采访时表示,以色列认为正确的和解方案是建立一个承认犹太国家的非军事化的巴勒斯坦国。[182] 也就是说，以色列要求巴勒斯坦权力机构彻底放弃军事武装，承认以色列国家并保证永远不对以色列发动袭击。只有在实现这些要求的基础上，以色列才愿意继续与巴勒斯坦进行谈判。而这对于巴勒斯坦当局来说是无法接受的。基于以色列袭击加沙地带以及不断扩张定居点的记忆，巴勒斯坦当局不会放弃武装。一旦放弃武装，就意味着巴勒斯坦当局将失去对抗以色列的力量。一旦以色列改变立场，巴勒斯坦将面临亡国的命运。

而在 2016 年 10 月 5 日的新闻发布会上，美国新闻发言人乔什·欧内斯特就表示美国支持两国解决方案，而以色列在占领土地上扩建定居点的行为破坏了巴以两国解决方案的目标，以色列的行为只会使得两国方案变得更加遥不可及。[183] 12 月 23 日，美国国家安全副顾问本·罗兹表示，美国政府一贯支持通过联合国安理会解决以色列-巴勒斯坦问题或更广泛的阿拉伯-以色列问题；美国两党长期以来反对以色列扩建定居点的政策。[184]

可以看出，美国主张巴勒斯坦和以色列双方停止一切加剧双边关系紧张的行为，并且主张在联合国两国方案的基础上展开公正的谈判。对于以色列提出的先决条件以及以色列肆意扩建定居点的行为，美国则表现出强烈的反对情绪。

因此，可以看出美以尽管在实现中东和平的目标上建立了正向的关系认同，但是在如何实现巴以和解以及中东和平的方式上却产生强烈的分歧。两国在实现中东和平的方式上建立了强烈的负向关系认同。因此，基于这种负向关系认同，两国必然会采取一系列对抗行为。并且在中东和平进程这一议题上，相比于实现和平的目标，如何为自身获取最大利益的实现方式对于两国来说更重要。实现中东和平的方式这一议题上建立的关系认同是主导性关系认同，实现中东和平的目标这一议题上的关系认同则是从属性的关系认同。在主导性关系认同的影响下，从属性关系认同必然会受到影响。这也就证明了为什么在2016 年下半年，美以两国在实现中东和平进程这一议题上的矛盾不断加深。

（二）2017—2018 年：遏制伊朗

基于美以在遏制伊朗领域建立的关系认同,本节评估两国在政治、军事和外交领域采取行动,共同遏制伊朗。在实际行为中两国只在政治和军事领域采取了行动,而在外交领域却并没有采取行动。但是,2017—2018 年间建立的关系认同不仅仅是这一时期的关系认同,更是特朗普执政时期与以色列建立的关系认同。因此,将时间线延长至整个特朗普执政时期,可以发现,自 2018 年下半年开始,特朗普就积极促进以色列与逊尼派阿拉伯国家接触,共同讨论和应对来自伊朗的威胁。根据以色列国土报的报道,2018 年 10 月 10 日,以色列驻美大使罗恩·德默(Ron Dermer)与阿联酋驻美大使约瑟夫·奥泰巴(Yousef al Otaiba)在晚会餐桌进行会面,共同讨论伊朗问题。[185] 2019 年 7 月 19 日,根据半岛电视台的报道,以色列总理内塔尼亚胡与巴林外长举行秘密会晤,就伊朗威胁问题展开协商。[186] 在此基础上,美国致力于组建包含以色列和阿拉伯盟友的军事联盟,共同遏制伊朗。对于美国组建军事联盟的想法,以色列则十分赞同,并积极加入美国组建的军事联盟。2019 年 7 月,美国倡议与中东国家组建"海湾护航联盟"以应对伊朗航行安全的威胁。在倡议发出后,以色列第一时间表示支持,并宣布加入"海湾护航联盟"。随后,沙特、巴林等中东国家宣布加入。至此,包含美以以及美国阿拉伯盟国在内的对伊包围圈初步形成,大大压缩了伊朗的外交空间。因此,可以说明,在遏制伊朗的关系认同下,美以事实上在外交方面积极采取了包围伊朗、压缩伊朗外交空间的行为。关系认同与行为相对应。

（三）2017—2018 年：中东和平进程

根据美以在推进中东和平进程领域建立的关系认同,本节评估美以两国将会在推动以色列与巴勒斯坦和解以及以色列与阿拉伯国家和解方面采取行动。但是,两国只在推进巴以和平进程中采取行动。在推进与逊尼派阿拉伯国家和解方面,美以似乎并没有采取行动。在将时间线延长至整个特朗普执政期间后,可以发现 2020 年 9 月到 12 月期间,在美国的主持下,以色列分别于阿联酋、巴林、摩洛哥、苏丹签署和平协议，并且实现关系正常化。通过进一步考察，可以发现在美国的推动下，以色列与巴林、阿联酋、沙特等国大使在 2017—2020 年期间不断接触。2017 年 5 月，以色列时报称当年 3 月以色列总理内塔尼亚胡与巴林驻美大使谢赫·阿卜杜拉·本·拉希德·本·阿卜杜拉·阿勒哈利法（Sheikh Abdullah bin Rashed bin Abdullah Al Khalifa）、阿联酋大使约瑟夫·奥泰巴（Yousef al-Otaiba）以及美国国务院政策规划主管布莱恩·胡克（Brian Hook）进行会面。[187] 2018 年 10 月 11 日，以色列国土报称以色列驻美大使罗恩·德默（Ron Dermer）与阿联酋驻美大使约瑟夫·奥泰巴（Yousef al Otaiba）在晚会餐桌进行会面，共同讨论伊朗问题。[188] 2019 年 7 月 19 日，根据半岛电视台的报道，以色列总理内塔尼亚胡与巴林外长举行秘密会晤，就伊朗威胁问题展开协商。[189]但是，这些会面多数为秘密进行，美以两国政府也并没有公开承认。会谈内容也没有公之于众。基于以色列与部分阿拉伯国家正常化的结果以及多次秘密会面，本节判断美以两国在 2017—2018 年间确实相互协调、密切合作，共同采取了一系列推进以色列与逊尼派阿拉伯国家和解的行动。但是处于避免刺激巴勒斯坦当局等多重因素的考虑，这些行动多为秘密行动，并没有公开强调。因此，在推进中东和平进程的关系认同下，美以在事实上存在着基于与逊尼派阿拉伯国家和解的行为。在 2017—2018 年美以推进中东和平的领域，关系认同与实际行为相符。

通过对评估行为与实际行为不相符领域原因的探究，可以发现相应的关系认同结构必然会产生相应的国家行为。而与评估行为不相符的实际行为背后也必然存在着相应的关系认同结构作为支撑。因此，可以证明关系认同结构理论的核心假设与实际相符。

第五节　美以关系实证研究结论

本章选取了 2015—2018 年美以领导人讲话和政府文件以及美以实际行为作为案例，对关系认同结构理论的核心假设"关系认同结构决定国家行为"展开研究。本章将研究案例分为两个时期：2015—2016 年奥巴马时期和 2017—2018 年特朗普时期。选择这两个时期的案例是因为其符合实证研究的案例选择标准:研究变量明显、干扰变量尽量不发挥作用、案例中存在研究变量的极值。

根据对美以领导人讲话和政府文件的考察,2015—2016 年间,两国形成了基于军事安全领域、政治领域和经济领域的关系认同结构;2017—2018 年间,两国形成了基于军事安全领域、政治领域、经济领域与价值观领域的关系认同结构。根据建立起来的关系认同结构,本章评估了两国在相应领域可能采取的行为。随后,本章考察了美以两国分别在 2015—2016 年间以及 2017—2018 年间在相应领域采取的实际行为。在将评估行为与实际行为进行对比后发现,2015—2016 年间在推进中东和平进程领域、2017—2018 年间遏制伊朗领域与推进中东和平进程领域存在评估行为与实际行为不相符的情况。进一步探究发现,实际行为与评估行为不相符的原因有以下三个方面:(1)存在更为重要的主导性关系认同;(2)行动需要更长的时间跨度;(3)行动的特殊性导致行动需要保密。因此,以上三个领域内的关系认同与行为符合关系认同结构理论的核心假设。

通过对 2015—2018 年美以关系认同结构与实际行为系统的考察,发现在这一时期相应的关系认同结构必然对应着相应的行为,而相应的实际行为背后必然存在着相应的关系认同结构作为支撑。因此,关系认同结构理论的核心假设:国家间建立的关系认同结构决定国家间的关系行为,与实证研究验证结果相符。关系认同结构理论的核心假设成立。

本章在研究过程中还存在着很多不足需要进一步完善。首先,在资料收集方面,本章的研究资料样本不够丰富。本章所研究的案例涉及美国和以色列,但是本章所选取的研究资料多以英语和汉语为主。由于缺乏对希伯来语的了解,本章无法获得有关以色列的原始资料。这也使得本章研究不够殷实。其次,本章对于关系认同结构理论的三个变量的研究还不够透彻。在研究过程中,本章仅探讨了两国对于已经建立起来的关系认同的认同强烈程度,但是对于认同强烈程度判断标准的衡量却不够完善,仅仅是从语言表述方面进行衡量。同时,对于通过行为体对形成关系认同的关系领域的关注度强弱和行为体之间所建立的关系认同的数量多少判断行为体之间关系密切程度,本章也缺乏相应的研究。最后，作为关系主义的最新理论成果之一，关系认同结构理论目前仅仅形成了一个理论框架，其许多方面仍然值得深入研究。当前本章仅仅是对关系认同结构理论的核心假设进行验证，将来还可以对关系认同结构理论进行更加深入的研究。

注释

1. Yaqing Qin, "A Relational Theory of World Politics," *International Studies Review*, *XVIII* (March 2016), pp.33—47.

2. 高尚涛：《关系认同：结构与行为》，《国际观察》2019 年第 4 期，第 98 页。

3. 高尚涛：《关系认同：结构与行为》，第 98—99 页。

4. 费孝通认为在中国关系中，每个行为体都会组成一个以自身为中心的同心圆，同心圆之间则是靠关系进行连接。详见《乡土中国》，北京：北京出版社 2004 年版，第 29—40 页。

5. 高尚涛：《关系认同：结构与行为》，第 99 页。

6. 高尚涛：《关系认同：结构与行为》，第 100 页。

7. 需要明确的是，有时候沉默或中立可能是对交往国的支持；有时也可能是表示对交往国的反对。因此，要根据实际情况进行判断。

8. The White House, Remarks As Prepared for Delivery at AIPAC Annual Meeting by National Security Advisor Susan E. Rice, March 02, 2015, https://obamawhitehouse. archives. gov/the-press-office/2015/03/02/remarks-prepared-delivery-aipac-annual-meeting-national-security-advisor.登录时间：2022 年 12 月 21 日。

9. The White House, Remarks by President Obama and Prime Minister Netanyahu of Israel Before Bilateral Meeting, November 09, 2015, https://obamawhitehouse. archives.gov/the-press-office/2015/11/09/remarks-president-obama-and-prime-minister-netanyahu-israel-bilateral.登录时间：2022 年 12 月 21 日。

10. The White House, Remarks by President Obama and President Rivlin of Israel Before Bilateral Meeting, December 09, 2015, https://obamawhitehouse. archives. gov/the-press-office/2015/12/09/remarks-president-obama-and-president-rivlin-israel-bilateral-meeting.登录时间：2022 年 12 月 21 日。

11. The Embassy of Israel to the United States, PM Netanyahu Meets with US Vice President Joe Biden, March 09, 2016, https://embassies.gov.il/washington/NewsAndEvents/Pages/PM-Netanyahu-meet-with-US-Vice-President-Joe-Biden-9-Mar-2016. aspx. 登录时间：2022 年 12 月 21 日。

12. The Embassy of Israel to the United States, President Rivlin meets with US Vice President Biden, March 09, 2016, https://embassies.gov.il/washington/NewsAndEvents/Pages/President-Rivlin-meets-with-US-Vice-President-Biden-9-Mar-2016. aspx. 登录时间：2022 年 12 月 21 日。

13. The Embassy of Israel to the United States, PM Netanyahu's speech at the AIPAC Policy Conference, March 02, 2015, https://embassies. gov. il/washington/NewsAndEvents/Pages/PM-Netanyahu's-speech-at-the-AIPAC-Policy-Conference-2-March-2015.aspx.登录时间：2022 年 12 月 21 日。

14. The Embassy of Israel to the United States, PM Netanyahu Meets with US President

Obama at the White House, November 09, 2015, https://embassies.gov.il/washington/NewsAndEvents/Pages/Statements-by-US-President-Obama-and-PM-Netanyahu-at-the-White-House-9-November-2015.aspx.登录时间:2022 年 12 月 21 日。

15. The Embassy of Israel to the United States, PM Netanyahu Addresses the 2016 AIPAC Policy Conference, March 22, 2016, https://embassies.gov.il/washington/NewsAndEvents/Pages/PM-Netanyahu-addresses-the-2016-AIPAC-Policy-Conference-22-March-2016.aspx.登录时间:2022 年 12 月 21 日。

16. The White House, Remarks As Prepared for Delivery at AIPAC Annual Meeting by National Security Advisor Susan E. Rice, March 02, 2015, https://obamawhitehouse.archives.gov/the-press-office/2015/03/02/remarks-prepared-delivery-aipac-annual-meeting-national-security-advisor.登录时间:2022 年 12 月 21 日。

17. The White House, Statement by the President on the Framework to Prevent Iran from Obtaining a Nuclear Weapon, April 02, 2015, https://obamawhitehouse.archives.gov/the-press-office/2015/04/02/statement-president-framework-prevent-iran-obtaining-nuclear-weapon.登录时间:2022 年 12 月 22 日。

18. The White House, Remarks by the President on the Iran Nuclear Deal, August 05, 2015, https://obamawhitehouse.archives.gov/the-press-office/2015/08/05/remarks-president-iran-nuclear-deal.登录时间:2022 年 12 月 22 日。

19. The White House, Remarks by the President on the Iran Nuclear Deal, August 05, 2015, https://obamawhitehouse.archives.gov/the-press-office/2015/08/05/remarks-president-iran-nuclear-deal.登录时间:2022 年 12 月 22 日。

20. The Embassy of Israel to the United States, PM Netanyahu Meets with US President Obama at the White House, November 09, 2015, https://embassies.gov.il/washington/NewsAndEvents/Pages/Statements-by-US-President-Obama-and-PM-Netanyahu-at-the-White-House-9-November-2015.aspx.登录时间:2022 年 12 月 22 日。

21. The Embassy of Israel to the United States, PM Netanyahu's Speech at the AIPAC Policy Conference, March 02, 2015, https://embassies.gov.il/washington/NewsAndEvents/Pages/PM-Netanyahu's-speech-at-the-AIPAC-Policy-Conference-2-March-2015.aspx.登录时间:2022 年 12 月 22 日。

22. The Embassy of Israel to the United States, PM Netanyahu's Speech to Congress, March 03, 2015, https://embassies.gov.il/washington/NewsAndEvents/Pages/PM-speech-to-congress.aspx.登录时间:2022 年 12 月 22 日。

23. The Embassy of Israel to the United States, Iran: PM Netanyahu Speaks with President Obama, April 02, 2015, https://embassies.gov.il/washington/NewsAndEvents/Pages/Iran-PM-Netanyahu-speaks-with-President-Obama-2-Apr-2015.aspx.登录时间:2022 年 12 月 22 日。

24. The Embassy of Israel to the United States, PM Netanyahu Meets with US Sen. Rob Portman, April 03, 2015, https://embassies.gov.il/washington/NewsAndEvents/Pages/PM-Netanyahu-meets-with-US-Sen—Rob-Portman-3-April-2015.aspx.登录时间:2022 年 12 月 22 日。

25. The White House, Remarks As Prepared for Delivery at AIPAC Annual Meeting by National Security Advisor Susan E. Rice, March 02, 2015, https://obamawhitehouse.archives.gov/the-press-office/2015/03/02/remarks-prepared-delivery-aipac-annual-meeting-national-security-advisor.登录时间:2022 年 12 月 22 日。

26. The Embassy of Israel to the United States, PM Netanyahu Meets with US Vice

President Joe Biden, March 09, 2016, https://embassies.gov.il/washington/NewsAndEvents/Pages/PM-Netanyahu-meet-with-US-Vice-President-Joe-Biden-9-Mar-2016.aspx.登录时间：2022 年 12 月 22 日。

27. The Embassy of Israel to the United States, Statements of US President Obama and PM Netanyahu on the Sidelines of the UN General Assembly, September 21, 2016, https://embassies.gov.il/washington/NewsAndEvents/Pages/Statements-of-US-President-Obama-and-PM-Netanyahu-21-September-2016.aspx.登录时间：2022 年 12 月 22 日。

28. The Embassy of Israel to the United States, PM Netanyahu's Speech at the AIPAC Policy Conference, March 02, 2015, https://embassies.gov.il/washington/NewsAndEvents/Pages/PM-Netanyahu's-speech-at-the-AIPAC-Policy-Conference-2-March-2015.aspx.登录时间：2022 年 12 月 22 日。

29. The Embassy of Israel to the United States, President Rivlin Meets delegation of Republican members of Congress, August 11, 2015, https://embassies.gov.il/washington/NewsAndEvents/Pages/President-Rivlin-meets-delegation-of-Republican-members-of-Congress-11-August-2015.aspx.登录时间：2022 年 12 月 22 日。

30. The Embassy of Israel to the United States, PM Netanyahu Meets with US Vice President Joe Biden, March 02, 2015, https://embassies.gov.il/washington/NewsAndEvents/Pages/PM-Netanyahu-meet-with-US-Vice-President-Joe-Biden-9-Mar-2016.aspx.登录时间：2022 年 12 月 22 日。

31. The Embassy of Israel to the United States, Statements of US President Obama and PM Netanyahu on the Sidelines of the UN General Assembly, September 21, 2016, https://embassies.gov.il/washington/NewsAndEvents/Pages/Statements-of-US-President-Obama-and-PM-Netanyahu-21-September-2016.aspx.登录时间：2022 年 12 月 25 日。

32. The White House, Remarks by President Obama and Prime Minister Netanyahu of Israel Before Bilateral Meeting, November 09, 2015, https://obamawhitehouse.archives.gov/the-press-office/2015/11/09/remarks-president-obama-and-prime-minister-netanyahu-israel-bilateral.登录时间：2022 年 12 月 25 日。

33. The Embassy of Israel to the United States, President Rivlin Meets US President Obama in the White House, December 10, 2015, https://embassies.gov.il/washington/NewsAndEvents/Pages/President-Rivlin-meets-US-President-Obama-in-the-White-House-10-December-2015.aspx.登录时间：2022 年 12 月 26 日。

34. The Embassy of Israel to the United States, President Rivlin Meets with US Vice President Biden, March 09, 2016, https://embassies.gov.il/washington/NewsAndEvents/Pages/President-Rivlin-meets-with-US-Vice-President-Biden-9-Mar-2016.aspx.登录时间：2022 年 12 月 26 日。

35. The Embassy of Israel to the United States, PM Netanyahu Meets with US Secretary of State Kerry in Rome, June 27, 2016, https://embassies.gov.il/washington/NewsAndEvents/Pages/PM-Netanyahu-meets-with-US-Secretary-of-State-Kerry-in-Rome-27-June-2016.aspx.登录时间：2022 年 12 月 26 日。

36. The White House, Remarks by President Obama and Prime Minister Netanyahu of Israel Before Bilateral Meeting, November 09, 2015, https://obamawhitehouse.archives.gov/the-press-office/2015/11/09/remarks-president-obama-and-prime-minister-netanyahu-israel-bilateral.登录时间：2022 年 12 月 26 日。

37. The Embassy of Israel to the United States, President Rivlin Addresses Ha'aretz

Israel Conference on Peace, November 12, 2015, https://embassies.gov.il/washington/NewsAndEvents/Pages/President-Rivlin-addresses-Ha％E2％80％99aretz-Israel-Conference-on-Peace-12-November-2015.aspx.登录时间：2022 年 12 月 26 日。

38. The Embassy of Israel to the United States, PM Netanyahu Addresses the United Nations General Assembly, September 22, 2016, https://embassies.gov.il/washington/NewsAndEvents/Pages/PM-Netanyahu-addresses-the-United-Nations-General-Assembly-22-September-2016.aspx.登录时间：2022 年 12 月 28 日。

39. The White House, Remarks by National Security Advisor Susan Rice at the American Jewish Committee Global Forum, June 06, 2016, https://obamawhitehouse.archives.gov/the-press-office/2016/06/06/remarks-national-security-advisor-susan-rice-american-jewish-committee.登录时间：2022 年 12 月 28 日。

40. The Embassy of Israel to the United States, President Rivlin Addresses Israel-America Chamber of Commerce on the eve of the US Presidential Election, November 07, 2016, https://embassies.gov.il/washington/NewsAndEvents/Pages/President-Rivlin-addresses-Israel-America-Chamber-of-Commerce-7-November-2016.aspx.登录时间：2022 年 12 月 28 日。

41. The Embassy of Israel to the United States, PM Netanyahu Meets with US Deputy Secretary of State Blinken, June 16, 2016, https://embassies.gov.il/washington/NewsAndEvents/Pages/PM-Netanyahu-meets-with-US-Deputy-Secretary-of-State-Blinken-16-June-2016.aspx.登录时间：2022 年 12 月 28 日。

42. The Embassy of Israel to the United States, President Rivlin Addresses Israel-America Chamber of Commerce on the eve of the US Presidential Election, November 07, 2016, https://embassies.gov.il/washington/NewsAndEvents/Pages/President-Rivlin-addresses-Israel-America-Chamber-of-Commerce-7-November-2016.aspx.登录时间：2022 年 12 月 28 日。

43. The White House, Remarks by President Trump and Prime Minister Netanyahu of Israel in Joint Press Conference, February 15, 2017, https://trumpwhitehouse.archives.gov/briefings-statements/remarks-president-trump-prime-minister-netanyahu-israel-joint-press-conference/.登录时间：2022 年 12 月 28 日。

44. AIPAC, The Vice President of the United States Mike Pence Delivers Remarks at the 2017 AIPAC Policy Conference, March 27, 2017, https://www.youtube.com/watch?v=FqVSaHnACaA&list=PLGrpphaV_cl0zde5QAvUwSKm9SV80l98P&index=44.登录时间：2022 年 12 月 28 日。

45. The White House, Remarks by President Trump and Prime Minister Netanyahu of Israel Before Bilateral Meeting, September 26, 2018, https://trumpwhitehouse.archives.gov/briefings-statements/remarks-president-trump-prime-minister-netanyahu-israel-bilateral-meeting-3/.登录时间：2022 年 12 月 30 日。

46. The White House, Remarks by Vice President Pence at the 5th Israeli-American Council National Conference, November 30, 2018, https://trumpwhitehouse.archives.gov/briefings-statements/remarks-vice-president-pence-5 th-israeli-american-council-national-conference/.登录时间：2022 年 12 月 30 日。

47. The Embassy of Israel to the United States, Statements by PM Netanyahu and US President Trump, May 22, 2017, https://embassies.gov.il/washington/NewsAndEvents/Pages/Statements-by-PM-Netanyahu-and-US-President-Donald-Trump.aspx.登录时间：2022 年 12 月 30 日。

48. The Embassy of Israel to the United States, President Rivlin Welcomes President Trump, May 22, 2017, https://embassies.gov.il/washington/NewsAndEvents/Pages/President-Rivlin-welcomes-President-Trump-to-Jerusalem.aspx.登录时间：2022 年 12 月 30 日。

49. The White House, Remarks by President Trump and Prime Minister Netanyahu of Israel Before Bilateral Meeting, September 26, 2018, https://trumpwhitehouse.archives.gov/briefings-statements/remarks-president-trump-prime-minister-netanyahu-israel-bilateral-meeting-3/.登录时间：2022 年 12 月 30 日。

50. The White House, Remarks by President Trump and Prime Minister Netanyahu of Israel in Joint Press Conference, February 15, 2017, https://trumpwhitehouse.archives.gov/briefings-statements/remarks-president-trump-prime-minister-netanyahu-israel-joint-press-conference/.登录时间：2022 年 12 月 30 日。

51. AIPAC, The Vice President of the United States Mike Pence Delivers Remarks at the 2017 AIPAC Policy Conference, March 27, 2017, https://www.youtube.com/watch?v=FqVSaHnACaA&list=PLGrpphaV_cl0zde5QAvUwSKm9SV80l98P&index=44.登录时间：2022 年 12 月 30 日。

52. The Embassy of Israel to the United States, President Rivlin Welcomes President Trump, May 22, 2017, https://embassies.gov.il/washington/NewsAndEvents/Pages/President-Rivlin-welcomes-President-Trump-to-Jerusalem.aspx.登录时间：2023 年 1 月 4 日。

53. The White House, Remarks by President Trump at the Israel Museum, May 23, 2017, https://trumpwhitehouse.archives.gov/briefings-statements/remarks-president-trump-israel-museum/.登录时间：2023 年 1 月 4 日。

54. The Embassy of Israel to the United States, US Vice President Pence Addresses the Knesset, January 22, 2018, https://www.gov.il/en/Departments/news/us-vice-president-pence-addresses-the-knesset-22-january-2018.登录时间：2023 年 1 月 4 日。

55. The White House, Remarks by President Trump and Prime Minister Netanyahu of Israel in Joint Press Conference, February 15, 2017, https://trumpwhitehouse.archives.gov/briefings-statements/remarks-president-trump-prime-minister-netanyahu-israel-joint-press-conference/.登录时间：2023 年 1 月 4 日。

56. The Embassy of Israel to the United States, PM Netanyahu Addresses the AIPAC Policy Conference, March 27, 2017, https://embassies.gov.il/washington/NewsAndEvents/Pages/PM-Netanyahu-addresses-the-AIPAC-Policy-Conference-27-March-2017.aspx.登录时间：2023 年 1 月 4 日。

57. The Embassy of Israel to the United States, Statements by PM Netanyahu and US President Trump, May 22, 2017, https://embassies.gov.il/washington/NewsAndEvents/Pages/Statements-by-PM-Netanyahu-and-US-President-Donald-Trump.aspx.登录时间：2023 年 1 月 4 日。

58. The Embassy of Israel to the United States, PM Netanyahu's Remarks at the Israel Museum, May 23, 2017, https://embassies.gov.il/washington/NewsAndEvents/Pages/PM-Netanyahu's-remarks-at-the-Israel-Museum.aspx.登录时间：2023 年 1 月 4 日。

59. The White House, Remarks by President Trump and Prime Minister Netanyahu of Israel in Joint Press Conference, February 15, 2017, https://trumpwhitehouse.archives.gov/briefings-statements/remarks-president-trump-prime-minister-netanyahu-israel-

joint-press-conference/.登录时间:2023 年 1 月 6 日。

60. The Embassy of Israel to the United States, Statements by PM Netanyahu and US President Trump, May 22, 2017, https://embassies. gov. il/washington/NewsAnd-Events/Pages/Statements-by-PM-Netanyahu-and-US-President-Donald-Trump. aspx.登录时间:2023 年 1 月 6 日。

61. The White House, President Trump Meets with Prime Minister Netanyahu of Israel, September 18, 2017, https://trumpwhitehouse. archives. gov/articles/president-trump-meets-prime-minister-netanyahu-israel-2/.登录时间:2023 年 1 月 6 日。

62. The White House, Remarks by President Trump and Prime Minister Netanyahu of Israel in Joint Press Conference, February 15, 2017, https://trumpwhitehouse. archives.gov/briefings-statements/remarks-president-trump-prime-minister-netanyahu-israel-joint-press-conference/.登录时间:2023 年 1 月 6 日。

63. The Embassy of Israel to the United States, PM Netanyahu Welcomes US President Trump, May 22, 2017, https://embassies.gov.il/washington/NewsAndEvents/Pages/PM-Netanyahu-welcomes-US-President-Trump-at-BGI-Airport.aspx.登录时间:2023 年 1 月 6 日。

64. The White House, Remarks by Vice President Mike Pence and Prime Minister Benjamin Netanyahu of Israel in Joint Press Statements, January 22, 2018, https://trumpwhitehouse. archives. gov/briefings-statements/remarks-vice-president-mike-pence-prime-minister-benjamin-netanyahu-israel-joint-press-statements/.登录时间:2023 年 1 月 8 日。

65. The White House, Remarks by President Trump and Prime Minister Netanyahu of Israel in Joint Press Conference, February 15, 2017, https://trumpwhitehouse. archives.gov/briefings-statements/remarks-president-trump-prime-minister-netanyahu-israel-joint-press-conference/.登录时间:2023 年 1 月 4 日。

66. The White House, Readout of President Donald J. Trump's Meeting with Prime Minister Benjamin Netanyahu of Israel, September 18, 2017, https://trumpwhitehouse. archives.gov/briefings-statements/readout-president-donald-j-trumps-meeting-prime-minister-benjamin-netanyahu-israel/.登录时间:2023 年 1 月 4 日。

67. AIPAC, The Vice President of the United States Mike Pence Delivers Remarks at the 2017 AIPAC Policy Conference, March 27, 2017, https://www. youtube. com/watch?v=FqVSaHnACaA&list=PLGrpphaV_cl0zde5QAvUwSKm9SV80l98P&index=44.登录时间:2023 年 1 月 4 日。

68. The White House, Remarks by Vice President Pence at the 5th Israeli-American Council National Conference, November 30, 2018, https://trumpwhitehouse. archives. gov/briefings-statements/remarks-vice-president-pence-5 th-israeli-american-council-national-conference/.登录时间:2023 年 1 月 4 日。

69. The White House, Remarks by President Trump and Prime Minister Netanyahu of Israel in Joint Press Conference, February 15, 2017, https://trumpwhitehouse. archives.gov/briefings-statements/remarks-president-trump-prime-minister-netanyahu-israel-joint-press-conference/.登录时间:2023 年 1 月 4 日。

70. The White House, Remarks by President Trump and Prime Minister Netanyahu of Israel Before Bilateral Meeting, March 5, 2018, https://trumpwhitehouse. archives.gov/briefings-statements/remarks-president-trump-prime-minister-netanyahu-israel-bilateral-meeting-2/.登录时间:2023 年 1 月 6 日。

71. The White House, Remarks by President Trump and Prime Minister Netanyahu of Israel Before Bilateral Meeting, September 26, 2018, https://trumpwhitehouse. archives.gov/briefings-statements/remarks-president-trump-prime-minister-netanyahu-israel-bilateral-meeting-3/.登录时间：2023 年 1 月 6 日。

72. The White House, Remarks by President Trump and Prime Minister Netanyahu of Israel in Joint Press Conference, February 15, 2017, https://trumpwhitehouse. archives.gov/briefings-statements/remarks-president-trump-prime-minister-netanyahu-israel-joint-press-conference/.登录时间：2023 年 1 月 8 日。

73. AIPAC, The Vice President of the United States Mike Pence Delivers Remarks at the 2017 AIPAC Policy Conference, March 27, 2017, https://www. youtube. com/watch?v=FqVSaHnACaA&list=PLGrpphaV_cl0zde5QAvUwSKm9SV80l98P&index=44.登录时间：2023 年 1 月 9 日。

74. The Embassy of Israel to the United States, President Rivlin Welcomes President Trump, May 22, 2017, https://embassies. gov. il/washington/NewsAndEvents/Pages/President-Rivlin-welcomes-President-Trump-to-Jerusalem.aspx.登录时间：2023 年 1 月 9 日。

75. The White House, Remarks by President Trump at the Israel Museum, May 23, 2017, https://trumpwhitehouse. archives. gov/briefings-statements/remarks-president-trump-israel-museum/.登录时间：2023 年 1 月 9 日。

76. The White House, Remarks by President Trump and Prime Minister Netanyahu of Israel in Joint Press Conference, February 15, 2017, https://trumpwhitehouse. archives.gov/briefings-statements/remarks-president-trump-prime-minister-netanyahu-israel-joint-press-conference/.登录时间：2023 年 1 月 10 日。

77. The Embassy of Israel to the United States, PM Netanyahu Addresses the AIPAC Policy Conference, March 27, 2017, https://embassies.gov.il/washington/NewsAndEvents/Pages/PM-Netanyahu-addresses-the-AIPAC-Policy-Conference-27-March-2017.aspx.登录时间：2023 年 1 月 10 日。

78. The Embassy of Israel to the United States, PM Netanyahu's Remarks at the Israel Museum, May 23, 2017, https://embassies. gov. il/washington/NewsAndEvents/Pages/PM-Netanyahu's-remarks-at-the-Israel-Museum. aspx. 登录时间：2023 年 1 月 10 日。

79. The White House, Remarks by President Trump and Prime Minister Netanyahu of Israel in Joint Press Conference, February 15, 2017, https://trumpwhitehouse. archives.gov/briefings-statements/remarks-president-trump-prime-minister-netanyahu-israel-joint-press-conference/.登录时间：2023 年 1 月 10 日。

80. The Embassy of Israel to the United States, President Rivlin Welcomes President Trump, May 22, 2017, https://embassies. gov. il/washington/NewsAndEvents/Pages/President-Rivlin-welcomes-President-Trump-to-Jerusalem.aspx.登录时间：2023 年 1 月 10 日。

81. The Embassy of Israel to the United States, President Rivlin Meets with US Vice President Pence, January 23, 2018, https://embassies. gov. il/washington/NewsAndEvents/Pages/President-Rivlin-meets-with-US-Vice-President-Pence-23-January-2018.aspx.登录时间：2023 年 1 月 10 日。

82. The White House, Remarks by President Trump and Prime Minister Netanyahu of Israel Before Bilateral Meeting, March 5, 2018, https://trumpwhitehouse.

archives.gov/briefings-statements/remarks-president-trump-prime-minister-netanyahu-israel-bilateral-meeting-2/.登录时间：2023 年 1 月 10 日。

83. The White House, Joint Readout of Meeting Between President Donald J. Trump and Israeli Prime Minister Benjamin Netanyahu, February 15, 2017, https://trumpwhitehouse.archives.gov/briefings-statements/joint-readout-meeting-president-donald-j-trump-israeli-prime-minister-benjamin-netanyahu/.登录时间：2023 年 1 月 10 日。

84. The Embassy of Israel to the United States, Israel Welcomes US President Donald Trump, May 22, 2017, https://embassies.gov.il/washington/NewsAndEvents/Pages/Israel-welcomes-US-President-Donald-Trump.aspx.登录时间：2023 年 1 月 11 日。

85. The White House, Remarks by President Trump and Prime Minister Netanyahu of Israel in Joint Press Conference, February 15, 2017, https://trumpwhitehouse.archives.gov/briefings-statements/remarks-president-trump-prime-minister-netanyahu-israel-joint-press-conference/.登录时间：2023 年 1 月 11 日。

86. AIPAC, The Vice President of the United States Mike Pence Delivers Remarks at the 2017 AIPAC Policy Conference, March 27, 2017, https://www.youtube.com/watch?v=FqVSaHnACaA&list=PLGrpphaV_cl0zde5QAvUwSKm9SV80l98P&index=44.登录时间：2023 年 1 月 11 日。

87. The Embassy of Israel to the United States, President Rivlin Meets with US Vice President Pence, January 23, 2018, https://embassies.gov.il/washington/NewsAndEvents/Pages/President-Rivlin-meets-with-US-Vice-President-Pence-23-January-2018.aspx.登录时间：2023 年 1 月 11 日。

88. The White House, Remarks by President Trump and Prime Minister Netanyahu of Israel in Joint Press Conference, February 15, 2017, https://trumpwhitehouse.archives.gov/briefings-statements/remarks-president-trump-prime-minister-netanyahu-israel-joint-press-conference/.登录时间：2023 年 1 月 11 日。

89. The Embassy of Israel to the United States, PM Netanyahu Addresses the AIPAC Policy Conference, March 27, 2017, https://embassies.gov.il/washington/NewsAndEvents/Pages/PM-Netanyahu-addresses-the-AIPAC-Policy-Conference-27-March-2017.aspx.登录时间：2023 年 1 月 12 日。

90. The Embassy of Israel to the United States, PM Netanyahu's Remarks at the Israel Museum, May 23, 2017, https://embassies.gov.il/washington/NewsAndEvents/Pages/PM-Netanyahu's-remarks-at-the-Israel-Museum.aspx.登录时间：2023 年 1 月 12 日。

91. The White House, Remarks by President Trump and Prime Minister Netanyahu of Israel in Joint Press Conference, February 15, 2017, https://trumpwhitehouse.archives.gov/briefings-statements/remarks-president-trump-prime-minister-netanyahu-israel-joint-press-conference/.登录时间：2023 年 1 月 12 日。

92. The White House, Remarks by President Trump at the Israel Museum, May 23, 2017, https://trumpwhitehouse.archives.gov/briefings-statements/remarks-president-trump-israel-museum/.登录时间：2023 年 1 月 12 日。

93. AIPAC, The Vice President of the United States Mike Pence Delivers Remarks at the 2017 AIPAC Policy Conference, March 27, 2017, https://www.youtube.com/watch?v=FqVSaHnACaA&list=PLGrpphaV_cl0zde5QAvUwSKm9SV80l98P&index=44.登录时间：2023 年 1 月 13 日。

94. The White House, Remarks by President Trump and Prime Minister Netanyahu

of Israel in Joint Press Conference, February 15, 2017, https://trumpwhitehouse. archives. gov/briefings-statements/remarks-president-trump-prime-minister-netanyahu-israel-joint-press-conference/.登录时间:2023 年 1 月 13 日。

95. The Embassy of Israel to the United States, President Rivlin Welcomes President Trump, May 22, 2017, https：//embassies. gov. il/washington/NewsAndEvents/Pages/President-Rivlin-welcomes-President-Trump-to-Jerusalem.aspx. 登录时间：2023 年 1 月 13 日。

96. The Embassy of Israel to the United States, PM Netanyahu's Remarks at Yad Vashem, May 23, 2017, https://embassies.gov.il/washington/NewsAndEvents/Pages/PM-Netanyahu's-remarks-at-Yad-Vashem.aspx.登录时间:2023 年 1 月 13 日。

97. 高尚涛:《关系认同:结构与行为》,第 99 页。

98. "Charter of the Islamic Resistance Movement (Hamas) of Palestine, " *Journal of Palestine Studies*, Summer, 1993, pp.122—134.

99. 王煜:《以色列高科技发达的原因探析》,西北大学 2018 年硕士论文,第 11 页。

100. 赵星华:《哈马斯意识形态的变迁:以官方文件为视角》,《阿拉伯世界研究》2018 年第 3 期,第 112 页。

101. 范鸿达:《美国特朗普政府极限施压伊朗:内涵、动因及影响》,《西亚非洲》2019 年第 5 期,第 9 页。

102. 杨双梅:《制度地位、"退出外交"与美国的国际制度选择》,《外交评论》2020 年第 4 期,第 114 页。

103. 潘凤东:《巴以耶路撒冷主权归属问题探析》,《国际论坛》2000 年第 5 期,第 32 页。

104. Central Bureau of Statistics, Population-Statistical Abstract of Israel 2017-No.68, September 19, 2019, https://www.cbs.gov.il/en/publications/pages/2019/population-statistical-abstract-of-israel-2019-no-70.aspx.登录时间:2023 年 1 月 18 日。

105. Jeremy M. Sharp, *CRS Report：U.S. Foreign Aid to Israel*, February 18, 2022, p.20.

106. U. S. Congress, *H. R.* 5293：*Department of Defense Appropriations Act, 2017*, June 20, 2016, p.86.

107. U. S. Department of Defense, U. S. Israel Begin Weeklong Ballistic Missile Defense Exercise, Feb. 22, 2016, https://www.defense.gov/News/News-Stories/Article/Article/670890/us-israel-begin-weeklong-ballistic-missile-defense-exercise/. 登录时间:2023 年 1 月 20 日。

108. Jeremy M. Sharp, *CRS Report：U.S. Foreign Aid to Israel*, February 18, 2022, p.19.

109. U. S. Department of Defense, Remarks at F-35I Arrival Ceremony, December 12, 2016, https://www.defense.gov/News/Speeches/Speech/Article/1027936/remarks-at-f-35i-arrival-ceremony/.登录时间:2023 年 1 月 20 日。

110. The White House, FACT SHEET：Memorandum of Understanding Reached with Israel, September 14, 2016, https://obamawhitehouse.archives.gov/the-press-office/2016/09/14/fact-sheet-memorandum-understanding-reached-israel.登录时间:2023 年 1 月 20 日。

111. The Embassy of Israel to the United States, Statement by PM Netanyahu on the New Security Memorandum of Understanding between Israel and the United States, September 14, 2016, https://embassies. gov. il/washington/NewsAndEvents/Pages/

Statement-by-PM-Netanyahu-on-the-new-security-Memorandum-of-Understanding-between-Israel-and-the-United-States-14-September.aspx.登录时间：2023 年 1 月 20 日。

112. The Embassy of Israel to the United States，PM Netanyahu's Speech to Congress，March 03，2015，https：//embassies.gov.il/washington/NewsAndEvents/Pages/PM-speech-to-congress.aspx.登录时间：2023 年 1 月 20 日。

113. The Embassy of Israel to the United States，Iran：Statements by PM Netanyahu，April 13，2015，https：//embas sies.gov.il/washington/NewsAndEvents/Pages/Iran-Statement-by-PM-Netanyahu-12-Apr-2015.aspx.登录时间：2023 年 1 月 20 日。

114. The White House，Statement by the President on Iran，July 14，2015，https：//obamawhitehouse.archives.gov/the-press-office/2015/07/14/statement-president-iran.登录时间：2023 年 1 月 20 日。

115. The Embassy of Israel to the United States，Statement by PM Netanyahu，July 14，2015，https：//embassies.gov.il/washington/NewsAndEvents/Pages/Statement-by-PM-Netanyahu-14-July-2015.aspx.登录时间：2023 年 1 月 20 日。

116. The Embassy of Israel to the United States，PM Netanyahu on UNSC Endorsement of Iranian Accord，July 20，2015，https：//embassies.gov.il/washington/NewsAndEvents/Pages/PM-Netanyahu-on-UNSC-endorsement-of-Iranian-accord-20-July-2015.aspx.登录时间：2023 年 1 月 20 日。

117. The Embassy of Israel to the United States，PM Netanyahu Addresses the UN General Assembly，October 01，2015，https：//embassies.gov.il/washington/NewsAndEvents/Pages/PM-Netanyahu-addresses-the-UN-General-Assembly-1-Oct-2015.aspx.登录时间：2023 年 1 月 20 日。

118. The White House，Statement by the President on Iran，January 17，2016，https：//obamawhitehouse.archives.gov/the-press-office/2016/01/17/statement-president-iran.登录时间：2023 年 1 月 20 日。

119. The White House，Press Briefing by Press Secretary Josh Earnest，March 23，2015，https：//obamawhitehouse.archives.gov/the-press-office/2015/03/23/press-briefing-press-secretary-josh-earnest-3232015.登录时间：2023 年 1 月 20 日。

120. The Embassy of Israel to the United States，FM Liberman on the US Court Decision，February 23，2015，https：//embassies.gov.il/washington/NewsAndEvents/Pages/FM-Liberman-on-the-US-court-decision-23-Feb-2015.aspx.登录时间：2023 年 1 月 20 日。

121. The White House，Remarks by President Obama and President Reuven Rivlin of Israel at Afternoon Hanukkah Reception，December 09，2015，https：//obamawhitehouse.archives.gov/the-press-office/2015/12/09/remarks-president-obama-and-president-reuven-rivlin-israel-afternoon.登录时间：2023 年 1 月 20 日。

122. The Embassy of Israel to the United States，Palestinian Authority Joins the ICC-Israel's Response，April 1，2015，https：//embassies.gov.il/washington/NewsAndEvents/Pages/Palestinian-Authority-joins-the-ICC-Israel-response-1-Apr-2015.aspx.

123. The Embassy of Israel to the United States，Response of PM Netanyahu's Office to Abu Mazen's Speech，September 30，2015，https：//embassies.gov.il/washington/NewsAndEvents/Pages/Response-PM-Netanyahu-Office-to-Abu-Mazen-speech-30-Sep-2015.aspx.登录时间：2023 年 1 月 20 日。

124. The Jerusalem Post，Report：Two killed，Two wounded in Gaza Clashes with the IDF，October 10，2015，https：//www.jpost.com/breaking-news/report-one-killed-

three-wounded-in-gaza-clashes-with-the-idf-421509.登录时间:2023 年 1 月 20 日。

125. U. S. Department of State, Remarks on Middle East Peace, December 28, 2016, https://2009-2017.state.gov/secretary/remarks/2016/12/266119.htm.登录时间:2023 年 1 月 22 日。

126. The Embassy of Israel to the United States, PM Netanyahu's Statement in Response to US Secretary of State Kerry's Speech, December 28, 2016, https://embassies.gov.il/washington/NewsAndEvents/Pages/PM-Netanyahu's-statement-in-response-to-US-Secretary-of-State-Kerry's-speech-28-December-2016.aspx.登录时间:2023 年 1 月 22 日。

127. Michael B. G. Froman, 2016 Trade Policy Agenda and 2015 Annual Report of the President of the United States on the Trade Agreements Program, 2016, p.119.

128. Office of the United States Trade Representative, 2017 National Estimate Report on Foreign Trade Barriers, 2017, p.239.

129. U. S. Department of State, The 2016 National Trade Estimate Report, 2016, p.233.

130. The Embassy of Israel to the United States, Israel and the US sign Operative Cyber Defense Cooperation Agreement, June 21, 2016, https://embassies.gov.il/washington/NewsAndEvents/Pages/Israel-and-the-US-sign-operative-cyber-defense-cooperation-agreement-21-June-2016.aspx.登录时间:2023 年 1 月 22 日。

131. U. S. Congress, S. Res. 383-A Resolution Recognizing the Importance of the United States-Israel Economic Relationship and Encouraging New Areas of Cooperation, March 01, 2016, https://www.congress.gov/bill/114th-congress/senate-resolution/383/text?s=2&r=2&q=%7B%22search%22%3A%22Israel%22%7D.登录时间:2023 年 1 月 22 日。

132. The Embassy of Israel to the United States, President Rivlin Meets US Secretary of Defense James Mattis, April 21, 2017, https://embassies.gov.il/washington/NewsAndEvents/Pages/President-Rivlin-meets-US-Secretary-of-Defense-James-Mattis-21-April-2017.aspx.登录时间:2023 年 1 月 22 日。

133. U. S. Department of Defense, Contracts For Nov. 16, 2017, November 16, 2017, https://www.defense.gov/News/Contracts/Contract/Article/1374724/.登录时间:2023 年 1 月 22 日。

134. U. S. Missile Defense Agency, IMDO and MDA Successfully Complete A Flight Test of the Arrow 3 Missile Defense System, February 19, 2018, https://mda.mil/news/18news0002.html.登录时间:2023 年 1 月 22 日。

135. U. S. Congress, H. R. 2240-U. S.-Israel Joint Missile Defense Act, July 31, 2017, pp.89—90.

136. U. S. Congress, H.R.2810-National Defense Authorization Act for Fiscal Year 2018, December 12, 2017, p.496.

137. U. S. Department of Defense, Ballistic Missile Defense Remains Focal Point of Juniper Cobra 2018, March 9, 2018, https://www.defense.gov/News/News-Stories/Article/Article/1462306/ballistic-missile-defense-remains-focal-point-of-juniper-cobra-2018/.登录时间:2023 年 1 月 23 日。

138. U. S. Department of Defense, Contracts For Feb. 2, 2018, February 2, 2018, https://www.defense.gov/News/Contracts/Contract/Article/1431640/.登录时间:2023 年 1 月 23 日。

139. The Jerusalem Post, IDF Beefs up Troops on Golan Heights Near Syria, July 1, 2018, https://www.jpost.com/Israel-News/IDF-beefs-up-troops-on-Golan-Heights-near-Syria-561258.登录时间:2023 年 1 月 23 日。

140. United Nations Digital Library, https://digitallibrary.un.org/search? ln ＝ en&cc＝Voting＋Data&p＝Golan&f＝&action_search＝Search&rm＝&ln＝en&sf＝ &so＝d&rg＝50&c＝Voting＋Data&c＝&of＝hb&fti＝0&fti＝0.登录时间:2023 年 1 月 23 日。

141. The Embassy of Israel to the United States, President Rivlin's Comments on the US Strike in Syria, April 7, 2017, https://embassies.gov.il/washington/NewsAndEvents/Pages/President-Rivlin-comments-on-the-US-strike-in-Syria-7-April-2017.aspx.登录时间:2023 年 1 月 23 日。

142. Iran Goldenberg, Nicholas A. Heras, Kaleigh Thomas, and Jennie Matuschak, "Countering Iran in the Gray Zone: What the United States Should Learn from Israel's Operations in Syria," CNAS, 2020, pp.7—8.转引自汪波:《"以色列优先"与特朗普中东政策的内在逻辑》2021 年第 3 期,第 19 页。

143. The White House, President Trump Addresses the 72nd United Nations General Assembly, September 20, 2017, https://trumpwhitehouse.archives.gov/articles/president-trump-addresses-72nd-united-nations-general-assem bly/.登录时间:2023 年 1 月 23 日。

144. The Embassy of Israel to the United States, PM Netanyahu Addresses the United Nations General Assembly, https://embassies.gov.il/washington/NewsAndEvents/Pages/PM-Netanyahu-addresses-the-United-Nations-General-Assembly-19-September-2017.aspx.登录时间:2023 年 1 月 25 日。

145. U. S. Congress, H. Res. 317-Calling for the Unconditional Release of United States Citizens and Legal Permanent Resident Aliens Being Held for Political Purposes by the Government of Iran, July 26, 2017.

146. U. S. Congress, S.Res.139-A Resolution Condemning the Government of Iran's State-Sponsored Persecution of Its Baha'i Minority and Its Continued Violation of the International Covenants on Human Rights, December 21, 2017.

147. The White House, Statement by the Press Secretary on Iran Protests, January 10, 2018, https://trumpwhitehouse.archives.gov/briefings-statements/statement-press-secretary-iran-protests/.登录时间:2023 年 1 月 25 日。

148. The White House, President Trump Addresses the 72nd United Nations General Assembly, September 20, 2017, https://trumpwhitehouse.archives.gov/briefings-statements/remarks-president-trump-72nd-session-united-nations-general-assembly/. 登录时间:2023 年 1 月 25 日。

149. The White House, Remarks by the Vice President at the Munich Security Conference, February 18, 2017, https://trumpwhitehouse.archives.gov/briefings-statements/remarks-vice-president-munich-security-conference/.登录时间:2023 年 1 月 25 日。

150. The White House, Remarks by President Trump on Iran Strategy, October 13, 2017, https://trumpwhitehouse.archives.gov/briefings-statements/remarks-president-trump-iran-strategy/.登录时间:2023 年 1 月 25 日。

151. The Embassy of Israel to the United States, PM Netanyahu Presents Conclusive Proof of Iranian Secret Nuclear Weapons Program, April 30, 2018, https://embassies.gov.il/washington/NewsAndEvents/Pages/PM-Netanyahu-presents-conclusive-proof-

of-Iranian-secret-nuclear-weapons-program-30-April-2018.aspx.登录时间:2023 年 1 月 25 日。

152. The Embassy of Israel to the United States, PM Netanyahu's Statement Following President Trump's Statement Regarding US Withdrawal from Iran Nuclear Deal, May 8, 2018, https://embassies.gov.il/washington/NewsAndEvents/Pages/Statement-by-PM-Netanyahu-8-May-2018.aspx.登录时间:2023 年 1 月 25 日。

153. U. S. Department of State, Opposition to UN Human Rights Council Agenda Item Seven, March 20, 2017, https://2017-2021.state.gov/opposition-to-un-human-rights-council-agenda-item-seven/index.html.登录时间:2023 年 1 月 25 日。

154. The Embassy of Israel to the United States, Israel Reduces Payments to UN Due to Obsessive Discrimination, March 29, 2017, https://embassies.gov.il/washington/NewsAndEvents/Pages/Israel-reduces-payments-to-UN-due-to-obsessive-discrimination-29-March-2017.aspx.登录时间:2023 年 1 月 25 日。

155. U. S. Department of State, 2017 Trafficking in Persons Report: Israel, 2017, https://www.state.gov/reports/2017-trafficking-in-persons-report/israel/. 登录时间: 2023 年 1 月 25 日。

156. U. S. Department of State, Remarks on the UN Human Rights Council, June 19, 2018, https://2017-2021.state.gov/remarks-on-the-un-human-rights-council/index.html.登录时间:2023 年 1 月 25 日。

157. United Nations Educational, Scientific and Cultural Organization, Decisions adopted during the 41st session of the World Heritage Committee, July 12, 2017, p.178.

158. 韩召颖:《特朗普政府的中东政策探析》,《当代美国评论》2018 年第 2 期,第 84 页。

159. The White House, Presidential Proclamation Recognizing Jerusalem as the Capital of the State of Israel and Relocating the United States Embassy to Israel to Jerusalem, December 6, 2017, https://trumpwhitehouse.archives.gov/presidential-actions/presidential-proclamation-recognizing-jerusalem-capital-state-israel-relocating-united-states-embassy-israel-jerusalem/.登录时间:2023 年 1 月 28 日。

160. The White House, Remarks by President Trump and Prime Minister Netanyahu of Israel in Joint Press Conference, February 15, 2017, https://trumpwhitehouse.archives.gov/briefings-statements/remarks-president-trump-prime-minister-netanyahu-israel-joint-press-conference/.登录时间:2023 年 1 月 28 日。

161. The Embassy of Israel to the United States, President Rivlin Welcomes President Trump, May 22, 2017, https://embassies.gov.il/washington/NewsAndEvents/Pages/President-Rivlin-welcomes-President-Trump-to-Jerusalem.aspx.登录时间:2023 年 1 月 28 日。

162. The White House, Remarks by the Vice President Commemorating U. N. Vote Establishing Israel, November 28, 2017, https://trumpwhitehouse.archives.gov/briefings-statements/remarks-vice-president-commemorating-u-n-vote-establishing-israel/. 登录时间:2023 年 1 月 28 日。

163. The Embassy of Israel to the United States, PM Netanyahu Attends Fourth of July Celebration, July 03, 2017, https://embassies.gov.il/washington/NewsAndEvents/Pages/PM-Netanyahu-attends-Fourth-of-July-celebration-at-the-US-Ambassador%E2%80%99s-residence.aspx.登录时间:2023 年 1 月 29 日。

164. The White House, Readout of President Donald J. Trump's Call with President Mahmoud Abbas of the Palestinian Authority, March 10, 2017, https://trumpwhite-

house. archives. gov/briefings-statements/readout-president-donald-j-trumps-call-president-mahmoud-abbas-palestinian-authority/.登录时间：2023 年 1 月 29 日。

165. The White House, Peace to Prosperity：A Vision to Improve the Lives of the Palestinian and Israeli People, 2017, https：//trumpwhitehouse.archives.gov/peacetoprosperity/.登录时间：2023 年 1 月 29 日。

166. The White House, Donald J. Trump Administration Welcomes Israeli-Palestinian Deal to Implement the Red-Dead Water Agreement, July 13, 2017, https：//trumpwhitehouse. archives. gov/briefings-statements/donald-j-trump-administration-welcomes-israeli-palestinian-deal-implement-red-dead-water-agreement/.登录时间：2023 年 1 月 29 日。

167. U. S. Department of State, Closure of the PLO Office in Washington, September 10, 2018, https：//2017-2021.state.gov/closure-of-the-plo-office-in-washington/index.html.登录时间：2023 年 1 月 29 日。

168. Office of the United States Trade Representative, Israel Free Trade Agreement, 2017, https：//ustr.gov/trade-agreements/free-trade-agreements/israel-fta.

169. Central Bureau of Statistics, Israel's Foreign Trade in Goods by Country-2018, January 24, 2019, p.3.

170. U. S. Department of State, Agreements Between the United States of America and Israel Extending Agreement of July 27, 2004, November 8, 2018, p.6.

171. U. S. Congress, H.R.3275-Water and Energy Sustainability through Technology Act, July 17, 2017.

172. U. S. Congress, H.R.1159-United States and Israel Space Cooperation Act, December 21, 2017.

173. The Jerusalem Post, Senior Hamas leader Hassan Yousef Arrested in West Bank raids, December 13, 2017, https：//www. jpost. com/Breaking-News/Senior-Hamas-leader-Hassan-Yousef-arrested-in-West-Bank-raids-517889.登录时间：2023 年 1 月 29 日。

174. The Jerusalem Post, In A First, Haley proposes U.N. General Assembly Vote to Condemn Hamas, June 13, 2018, https：//www.jpost.com/Arab-Israeli-Conflict/In-a-first-Haley-proposes-UN-General-Assembly-vote-to-condemn-Hamas-559814.登录时间：2023 年 1 月 29 日。

175. U. S. Congress, H. R. 3342-Sanctioning the Use of Civilians as Defenseless Shields Act, December 21, 2018, pp.1—4.

176. U. S. Congress, S.2497-United States-Israel Security Assistance Authorization Act of 2018, September 12, 2018.

177. The Jerusalem Post, "IAF chief：Israel has 4-5 Times the Power to Strike Hezbollah than in 2006," June 21, 2017, https：//www.jpost.com/Breaking-News/IAF-chief-Israel-has-4-5-times-the-power-to-strike-Hezbollah-than-in-2006-497488.登录时间：2023 年 1 月 30 日。

178. The Jerusalem Post, Senior Hezbollah Leaders Injured in Israeli Airstrike in Syria's Damascus, December 26, 2018, https：//www.jpost.com/Breaking-News/Senior-Hezbollah-leaders-injured-in-Israeli-airstrike-in-Syrias-Damascus-575460.登录时间：2023 年 1 月 30 日。

179. The Jerusalem Post, 7 Hezbollah Members Killed in American Attack on base in Syria, October 2, 2017, https：//www.jpost.com/Breaking-News/7-Hezbollah-members-

killed-in-American-attack-on-base-in-Syria-506513.登录时间:2023 年 1 月 30 日。

180. U. S. Congress, S. 1595-Hizballah International Financing Prevention Amendments Act of 2018, October 25, 2018, pp. 1—15.

181. The Embassy of Israel to the United States, "PM Netanyahu addresses the Herzliya Conference," June 09, 2015, https://embassies.gov.il/washington/NewsAndEvents/Pages/PM-Netanyahu-addresses-the-Herzliya-Conference-9-Jun-2015.aspx.

182. The Embassy of Israel to the United States, "PM Netanyahu on CNN: Palestinian Incitement and Terrorism," October 03, 2015, https://embassies.gov.il/washington/NewsAndEvents/Pages/PM-Netanyahu-on-CNN-Palestinian-incitement-and-terrorism-3-Oct-2015.aspx.

183. The White House, "Press Briefing by Press Secretary Josh Earnest, 10/5/2016," October 05, 2016, https://obamawhitehouse.archives.gov/the-press-office/2016/10/05/press-briefing-press-secretary-josh-earnest-1052016.

184. The White House, On-the-Record Press Call on the U.N. Security Council Resolution on Israeli Settlement Activity, December 23, 2016, https://obamawhitehouse.archives.gov/the-press-office/2016/12/23/record-press-call-un-security-council-resolution-israeli-settlement.登录时间:2023 年 2 月 2 日。

185. Haaretz, Israel's U.S. Envoy Shares Dinner Table with UAE Counterpart in Rare Sign of Warming Ties, October 11, 2018, https://www.haaretz.com/israel-news/2018-10-11/ty-article/. premium/israels-u-s-envoy-shares-table-with-uae-counterpart-in-sign-of-warming-ties/0000017f-e5fb-df2c-a1ff-fffb81880000.登录时间:2023 年 2 月 2 日。

186. Aljazeera, Iisrael Bahrain Foreign Ministers Hold First Public Meeting in U.S., July 19, 2019, https://www.aljazeera.com/news/2019/7/19/israel-bahrain-foreign-ministers-hold-first-public-meeting-in-us.登录时间:2023 年 2 月 2 日。

187. The Time of Israel, Dinner Diplomacy Revealed: Netanyahu's Genial Encounter with UAE, Bahrain Envoys, May 12, 2018, https://www.timesofisrael.com/dinner-diplomacy-netanyahus-unusual-encounter-with-uae-envoy/.登录时间:2023 年 2 月 2 日。

188. Haaretz, Israel's U.S. Envoy Shares Dinner Table with UAE Counterpart in Rare Sign of Warming Ties, October 11, 2018, https://www.haaretz.com/israel-news/2018-10-11/ty-article/premium/israels-u-s-envoy-shares-table-with-uae-counterpart-in-sign-of-warming-ties/0000017f-e5fb-df2c-a1ff-fffb81880000.登录时间:2023 年 2 月 2 日。

189. Aljazeera, Israel Bahrain Foreign Ministers Hold First Public Meeting in U.S., July 19, 2019, https://www.aljazeera.com/news/2019/7/19/israel-bahrain-foreign-ministers-hold-first-public-meeting-in-us.登录时间:2023 年 2 月 2 日。

第三章

俄叙关系的认同结构与行为分析

关系认同结构理论的核心假设是,关系认同结构决定行为方式。[1]为检验这一假设的可靠性,本章提出了如下问题:国家之间的关系行为是由它们之间的关系认同结构决定的吗?本章选取 2015 年和 2022 年的俄叙关系作为研究案例,通过论证 2015 年和 2022 年的俄叙关系认同结构是否决定当年的俄叙关系行为,来检验关系认同结构理论的核心假设,并试图在这个过程中完善关系认同结构理论。

本章从俄罗斯和叙利亚两国各自的立场上分析双边关系,丰富了既有的俄叙双边关系研究。除此之外,大部分俄叙关系的既有研究主要集中在探讨诸如地缘政治、经济利益等物质性因素在影响对外决策过程中发挥的作用,特别是在俄罗斯介入叙利亚危机的动因分析中,物质性因素的分析占据了主导地位。但国家首先是处于关系网络之中的,而不是作为个体而存在的。所以本章试图通过"阿拉伯之春"后俄叙关系这一研究案例,来分析验证关系主义理论的最新成果之一——关系认同结构理论。这样既能够探究"关系"要素在国际行为中发挥的作用,也能够充实和完善关系认同结构理论的实证研究。

第一节 关系认同结构理论检验方案

关系认同结构理论从"关系性是一种结构化的存在"[2]这一结构主义观点出发,提出其核心假设:关系认同结构决定行为方式。[3]对于这一核心假设,除了理论提出者本人进行的个案分析外,缺乏系统全面的实证研究支持。所以本章计划设计一个研究方案，对这一核心假设进行检验。

一、案例选择与说明

本章选取 2015 年俄叙两国建立起来的关系认同结构和 2022 年两国建立起来的关系认同结构及其对应的关系行为进行考察，关系主体是俄罗斯政府和叙利亚政府。这一时期，叙利亚国内政治局势较为复杂，除巴沙尔政府外，叙利亚境内还存在反对派政府、叙北部库尔德自治政府以及恐怖主义组织等政治势力，它们在叙利亚境内都建立了有效统治。但是，只有巴沙尔政府是国际社会大部分国家承认的叙利亚合法政府，且其逐渐恢复了在国内大部分地区的统治。为了使研究过程更加简洁，本章以巴沙尔政府来代表叙利亚政府。而俄罗斯国内局势稳定，普京政府在本国长期执政，政策连续性较强，所以我们在提到俄罗斯政府时就是指普京政府。也就是说，本章以巴沙尔政府和普京政府作为关系认同结构和关系行为的研究对象。我们选择 2015 年和 2022 年这两个时间点进行考察，有着多方面的考量。自 2010 年中东地区爆发"阿拉伯之春"后，叙利亚内部冲突不断，反对派在接受外部势力的支持后建立武装部队，与政府军分庭抗礼，同时宗教极端主义势力迅速壮大。在这两股势力的冲击下，叙利亚巴沙尔政权步步后退，叙利亚国内局势引得国际社会高度关注。而这一时期的俄叙关系也非常具有典型性，俄叙政府间关系不断升温，两国官方的表述与对外行为日渐亲密。2015 年是两国关系的一个里程碑，在这一时期，两国领导人就俄叙在各个领域的关系多次发表讲话，并采取了一系列例如俄空天军出兵叙利亚等重大行动。从中我们可以看出，在选定的案例中关系认同结构与关系行为这两个研究变量表现非常明显，且这两个研究变量均处于两国交往历史中的高位。

而 2015 年至 2022 年间，俄叙两国之间的关系处于不断加深的过程中，2022 年两国的关系认同结构与关系行为不再局限于 2015 年政治、安全、价值观等领域的特定话题之中，两国在以上领域中形成共有知识的话题有所增加，这表明 2022 年俄叙两国的关系认同结构强于

2015 年的关系认同结构，证明了关系认同结构是一个变化的量，而 2022 年俄叙两国的关系认同结构与关系行为又是两国双边关系的顶峰。

当然，为检验关系认同结构理论还需减少干预变量的影响。通常来说，学界认为影响两国关系行为的因素主要分布在国际体系、国内形势、领导人等三个层面的要素上，但这些因素主要作用于两国形成的关系认同结构上，并体现在两国领导人对于共同话题及彼此关系的表述及两国政府颁布的政策文件等之上，再进一步作用于两国关系行为之上，这就导致其对关系行为的直接影响作用比较薄弱。与此同时，我们在研究过程中，尽量选择没有重大变量干预的时点和事项上，以尽可能地取得比较准确的研究数据，得出相对可靠的研究结论。

二、可操作化处理

对抽象概念进行分析，首先要对其进行可操作化处理，将其转化为经验层面可以操作的事实材料。由于"关系认同结构"和"关系行为"这两个核心变量属于抽象概念，因此需要对它们进行可操作化处理。对于"关系认同结构"来说，首先需要明确这个概念的抽象定义，关系认同结构理论认为，关系认同结构就是行为体以自己为中心，与其他行为体形成的多个关系认同的组合。因此它的组成部分应当是"关系认同"。这种"关系认同"指的是各个行为体就相互之间存在某种关系的共有知识、共同认知与相互认可。[4] 为了找寻最大类的可衡量指标，"关系认同"可以根据建立的不同的关系领域划分为不同的关系认同，诸如在安全领域建立的安全关系认同，在政治领域建立的政治关系认同，在社会经济领域建立的社会经济关系认同等等。为了寻找每个关系领域中不同的话题，行为体之间在各个不同话题中建立的共有知识组成了行为体在该关系领域建立的关系认同。最后，对行为体之间在不同领域中不同话题建立的共有知识做进一步的具体化操作，可以从俄罗斯和叙利亚两国政府中的外交部、国防部、商务部等官网网站寻找对彼此关系的看法，即有关关系的表述。这些表述可以从国家领导人（包括两国总统、总理及各部部长等)的发言、政府间签订的条约及颁布的政策等经验材料中寻找。例如,若两国领导人在发言或采访中对重要的政治事务形成共识,特别是在 2015 年叙利亚巴沙尔政权摇摇欲坠之际,两国能够就保卫巴沙尔政权、推动叙利亚问题和平解决方面达成一致,那么就意味着两国在政治领域建立起了正向关系认同;如若两国领导人都表示彼此是对方的重要盟友,并且在打击恐怖主义和加强军事合作等方面达成一致意见,那么就意味着两国在安全领域建立了正向关系认同;若两国领导人都表示要加强两国之间的经贸合作,推动两国商品、服务进入对方市场,加大双边投资力度,加强人道主义合作,那么就意味着两国在社会经济领域建立了正向关系认同;若两国领导人都表示要维护以《联合国宪章》为基础的国际法,反对美国为首的西方国家的霸权,那么这表示双方在价值观领域建立了正向关系认同。诸如此类。

对于"关系行为"来说,首先根据定义,它是行为体在关系背景下作出的双边或多边行为,它更强调行为体之间的互动。其次,"关系行为"是由代表国家的政府机构作出的对外行为,其标志性特征在"行为"上。在本章中指代的对象是俄罗斯和叙利亚政府的官方行为。最后,为"行为"找寻可衡量指标。由于"行为"作为一种比较容易探寻的经验事实,其可衡量指标可以通过行为体的对外行为诸如高层互访、经贸往来、军事合作、人员交流、在国际场合上相互支持、通过互利合作解决分歧等具体行为加以考察。例如,若俄罗斯和叙利亚两国建立高层互访和联系沟通机制,在有关政治问题特别是叙利亚问题和乌克兰问题上采取协调统一立场,那么就可以说明两国在政治领域采取了合作行为;若两军高层来往密切、建立情报共享机制且开展联合培训和演习行动,共同打击恐怖主义分子,增加军售武器的数量和种类,即证明了两国在安全领域采取了合作行为;若两国加强人道主义和文化教育领域合作,开展双边经贸对话,增加双边贸易额和投资额,那么就印证了两国在社会经济领域采取了合作行为;若两国采取行动捍卫以《联合国宪章》为基础的国际法,共同维护国家主权和领土完整,反对西方霸权,那么就印证了两国在价值观领域采取了合作行为。

第二节　俄叙两国建立的关系认同结构

俄罗斯和叙利亚是一对传统盟友。早在冷战时期,两国便建立了友好关系。叙利亚在接受苏联援助中成为反美阵营中的一员。苏联解体以后,两国关系进入了短暂的冷淡期,而后逐步恢复,并在"阿拉伯之春"爆发后不断加强。2015 年,叙利亚内部局势动荡,叙利亚反对派、外国势力、恐怖组织轮番登场。巴沙尔政权摇摇欲坠,促使俄叙两国不断走近。此刻两国关注的各领域话题主要集中叙利亚方面。而 2022 年,俄罗斯对乌克兰发动"特别军事行动"后,国际社会对俄罗斯的孤立和制裁接踵而至,俄罗斯迫切需要得到叙利亚的支持。这一时期,两国关注的各领域话题则集中在两国共同关心的方面。不同时期的两国关系认同结构是不同的,而 2015 年俄叙两国建立起来的关系认同结构与2022 年两国建立起来的关系认同结构也是不同的。本节将通过比较2015 年和 2022 年俄叙两国在政治、安全、社会经济和价值观四个领域关注话题及表述的不同,来证明这两个时期两国关系认同结构之间的差异。

一、2015 年俄叙关系认同结构分析

2015 年俄叙两国在政治、安全、社会经济、国际秩序观等领域建立起了关系认同,并以此编织成关系认同结构。在政治领域,两国在对叙利亚现政权的态度、叙利亚问题的解决方式等话题上建立了关系认同;在安全领域,两国在叙利亚境内的恐怖主义问题、俄叙军事合作等话题上建立了关系认同;在社会经济领域,两国在双边经贸合作、人道主义合作、宗教联系等话题上建立了关系认同;在国际秩序观领域,两国在维护以《联合国宪章》为核心的国际法、维护国际秩序等话题上建立了关系认同。

(一)政治领域的关系认同

2015 年,俄叙两国在双方均高度关注的政治领域建立起了程度强

烈的关系认同,这种关系认同聚焦在两个话题之上:一是对叙利亚现政权的态度,二是叙利亚问题的解决方式。俄叙两国政府对政治领域的这两个话题有着共同的认识,下文将对两国在这两个话题建立起来的关系认同逐一进行分析。

1. 捍卫叙利亚现政权

"阿拉伯之春"爆发后,叙利亚内部局势动荡,巴沙尔政府领导的政府军与反对派武装及恐怖组织冲突不断。以美国为首的西方国家和沙特阿拉伯、阿联酋等海湾国家敌视巴沙尔政府,认为当前叙利亚的局势与巴沙尔的执政有着根本关系,要求巴沙尔下台重新进行民主选举,试图在联合国框架内通过决议。海湾国家也希望把巴沙尔政府剔除出阿拉伯联盟。基于此,俄叙两国在捍卫巴沙尔政权这一话题上形成了共有知识。

叙利亚方面,叙利亚领导人强调自身统治的合法性。巴沙尔总统认为叙利亚现政权有着较为深厚的民意支持。他认为叙利亚人民和舆论的支持使他在危机中稳坐四年;叙利亚现政权的合法性来自人民。而面对西方国家特别是美国提出的"巴沙尔政府的存在是叙利亚危机的元凶"的论断,叙利亚领导人则进行了反击。他们认为叙利亚发生的事情,诸如国内政治冲突的爆发、恐怖主义的兴起等,与巴沙尔总统无关,也与总统在这个职位上的存在无关,而应归结为卡塔尔、沙特阿拉伯、土耳其等国家对"恐怖主义"的支持,以及美英等国家对反政府势力的纵容。而对于某些国家提出的巴沙尔·阿萨德必须下台的要求,巴沙尔总统以叙利亚是一个主权国家进行回击,表示叙利亚内部事务由人民决定,叙利亚总统也应由人民来决定。

在俄罗斯方面,俄罗斯政府对叙利亚领导人的表述作出了明确和积极的支持。普京总统表示仍然支持叙利亚、叙利亚领导人和叙利亚人民,[5]并打算坚决捍卫叙利亚。[6]俄罗斯同样认为叙利亚现政权代表了叙利亚社会中的大部分民意,否则早已被人民推翻。[7]面对以美国为首的西方国家提出的叙利亚总统巴沙尔必须下台的要求,俄罗斯政府也坚决地予以回击。普京在俄罗斯年度新闻发布会上表示,俄罗斯不会对叙利亚的总统人选指手画脚,选择的权利应当属于叙利亚人民。[8]同时,俄罗斯政府为改善叙利亚政府在国际社会上的形象,积极宣传叙利亚政府是消除叙利亚化学武器的可靠伙伴,[9]并将巴沙尔政府领导的政府军视为打击叙境内"恐怖组织"的主要力量。[10]

2. 叙利亚内战的解决方式

在叙利亚内战的解决方式上,各国意见不一。以美国为首的西方国家,屡屡试图通过干涉叙利亚问题的国际决议,特别是在2013年叙利亚发生所谓的"化武问题"时。但是,俄罗斯、伊朗等国家坚决反对外来干涉,要求促进叙利亚政府与反对派和解,并通过政治方式解决叙利亚问题。它们还提出了通过政治方式解决叙利亚问题的进程,包括在瑞士举行的日内瓦进程和在哈萨克斯坦举行的阿斯塔纳进程,俄叙两国更偏好后者。因此,俄叙两国就政治解决叙利亚内战问题形成了共有知识。

在叙利亚方面,叙利亚政府表示叙利亚问题应当由叙利亚人民自己来解决,反对外来干涉。对于由俄罗斯推动的政治解决进程,叙利亚领导人积极地表示支持。他们将举行政治对话的俄罗斯视为一片友好的土地,并把俄罗斯会议当作与叙反对派沟通交流的重要机会。此外,对于叙利亚面临的优先事项,叙利亚领导人认为打击"恐怖主义"仍然是当前的第一要务,在消灭"恐怖主义"后再就解决叙利亚问题达成政治协议。

作为叙利亚关于这一话题的合作伙伴,俄罗斯政府对于叙利亚政府关于解决叙利亚问题的方式表示肯定。俄罗斯政府认为,叙利亚问题必须由叙利亚人民自己做主,[11]通过开展对话加以解决,[12]并最终形成解决方案。[13]2015年11月9日,俄罗斯总统中东问题特别代表米哈伊尔·博格丹诺夫表示:"俄罗斯一贯主张由叙利亚人根据2012年6月30日《日内瓦公报》的原则自行解决冲突,其基本原则是需要通过无条件的包容性全国对话形成叙利亚各方的相互同意。"[14]对于解决叙利亚问题的先后顺序,俄罗斯政府则支持叙利亚政府的观点,即将打击恐怖主义放在政治解决叙利亚问题之前。[15]

总的来看,俄罗斯政府和叙利亚政府,在"对叙利亚现政权的态度""叙利亚内战问题的解决方式"这两个话题下,形成了政治领域中紧密的伙伴关系,并对这种伙伴关系形成了共有知识,即两国已经在政治领域建立了认同程度非常强烈的关系认同。

(二)安全领域的关系认同

2015 年,俄叙两国在与政治领域关注程度同样高的安全领域,也建立起了关系认同。通过对两国领导人在各种场合中的表述进行归纳,可以将其划分为双方共同关注的两个话题:一是叙利亚境内的"恐怖主义"问题,二是俄罗斯与叙利亚的军事合作问题。下文将对俄叙两国在这两个话题建立起来的关系认同进行分析。

1. 叙利亚境内的"恐怖主义"问题

2011 年叙利亚陷入内战后,巴沙尔政权和反对派武装冲突不断,给叙利亚境内"恐怖主义"组织的壮大提供了可乘之机。伊拉克和黎凡特伊斯兰国(简称"伊斯兰国")和努斯拉阵线(后改名为征服沙姆阵线)等恐怖主义组织,在包括叙利亚在内的中东地区发展壮大。其宣传伊斯兰极端主义思想、采取宗教压迫政策、破坏历史文化遗迹等的行为,给当地人民带来灾难。俄罗斯和叙利亚均有打击叙利亚境内这些"恐怖主义"组织的意愿,两国在打击"恐怖主义"这一话题形成了共有知识。

在这一话题中,叙利亚巴沙尔总统认为,叙利亚境内的"恐怖主义"组织的兴起,一方面源于沙特提供的资金支持和瓦哈比教派对伊斯兰教的改造,另一方面则是 2011 年以来叙利亚国内的混乱局面,为"恐怖主义"的滋生提供了肥沃的土壤。同时,叙利亚领导人认为,"恐怖主义"给叙利亚、俄罗斯乃至全世界带来了威胁;两国在打击"恐怖主义"方面拥有共同利益,这也是双方进行对话的前提条件。对于美国领导的"国际联盟"在叙利亚境内推行的反恐政策,叙利亚领导人指责其大搞双重标准,将削弱叙利亚政府作为其主要目的,而不尽全力打击"伊斯兰国"等恐怖组织,最终导致"伊斯兰国"势力愈加壮大。相反,在俄罗斯总统普京提出组建反恐国际阵线后,叙利亚政府积极响应,将俄罗斯视为打击"恐怖主义"的朋友和战略盟友。巴沙尔认为,两国以及两国军队之间的互动,是深度的战略合作。2015 年 9 月 30 日,普京总统正式宣布俄军将在叙采取军事行动,叙利亚领导人立即表示,俄罗斯的军事行动是符合国际法的,是应叙利亚政府的邀请、与叙利亚军队的协调下进行的。另外,巴沙尔政府积极肯定俄军在叙利亚取得的战果,认为俄军在打击"恐怖主义"方面,与美国领导的国际联盟形成鲜明对比。巴沙尔表示,在俄军的帮助下,叙利亚军队在战场上取得重大进展,叙利亚局势出现了好转,俄罗斯的军事行动得到了叙利亚人民的支持。

在俄罗斯方面,俄罗斯政府对于叙利亚关于叙境内恐怖主义问题的表述表示赞同。作为"恐怖主义"的受害者,俄罗斯非常担心中东地区的"恐怖主义"会扩散到俄罗斯境内。[16]并且,俄罗斯对叙利亚人民遭受的苦难感同身受。[17]对于"恐怖主义"组织在叙利亚发展壮大的原因,俄罗斯同意叙利亚政府的看法,认为是一些国家在中东和北非实施的政治工程破坏了该地区国家的安全机制,导致国内出现混乱并最终导致了"恐怖主义"的壮大。[18]同时,一些国家采取的纵容政策,也是"恐怖主义"泛滥的重要原因。[19]与叙利亚政府立场一致,俄罗斯政府也对以美国为首的西方国家的反恐政策提出了批评,认为美国领导的国际联盟,未经叙利亚政府或联合国安理会同意就在叙利亚境内开展军事行动,是不符合国际法的。[20]并且,俄罗斯质疑国际联盟在打击"恐怖主义"方面的有效性,[21]反对在反恐领域实施双重标准。对于叙利亚政府在打击叙境内"恐怖主义"的行动,俄罗斯政府表示,叙利亚的政府军是打击该地区"恐怖主义"最有效的军事力量[22],俄罗斯将向叙利亚提供军事和政治援助来提高其应对"恐怖主义"威胁的能力,并将叙利亚等国家视为"圣战"传播路径上的"关键前哨"。

2. 俄叙两国的军事合作

除叙利亚境内的"恐怖主义"问题,安全领域的重要话题还包含两国在军事方面的合作问题。俄叙两国的军事合作由来已久,1954 年叙利亚就成为了第二个接受苏联军援的阿拉伯国家。此后两国的军事合作更加紧密,直至苏联后期戈尔巴乔夫推行"新思维"政策,削减了对叙的军事援助。[23]普京上台以后,特别是 2011 年叙利亚陷入内乱后,俄叙两国在军事方面的合作又不断加深,并在 2015 年 9 月 30 日俄罗斯宣布出兵叙利亚之际达到高潮。两国在军事合作这一话题上就两国关系形成了共有知识。

在叙利亚方面,叙利亚领导人高度肯定叙俄两国在军事合作领域已经建立了约六十年的伙伴关系,认为当前两国的军事合作关系总体保持稳定。叙利亚巴沙尔总统积极支持俄罗斯在东地中海和叙利亚塔尔图斯港的军事存在，认为这有助于恢复冷战后失衡的世界秩序，有利于该地区和整个世界的稳定。巴沙尔甚至认为如果没有俄罗斯的存在，叙利亚国家或政权可能会崩溃。此外，俄罗斯出兵打击叙利亚境内恐怖组织的行为也得到了叙利亚政府的肯定。

作为叙利亚在安全领域的盟友，俄罗斯也认为两国存在的军事合作关系由来已久。俄罗斯认为两国在这方面没有秘密，是可以公开的。[24]俄罗斯政府认为向叙利亚提供军事援助以及根据两国签订的军事合同交付武器装备是为了应对"恐怖主义"威胁，[25]保持叙利亚军队在打击恐怖分子过程中的必要战斗力，是符合国际法的。[26]至于俄罗斯决定出兵叙利亚，俄罗斯政府认为这主要是为了维护这个国家的国家机构和保护平民，与"恐怖主义"作斗争。[27]

总的来看，俄罗斯政府和叙利亚政府在"叙境内恐怖主义问题""俄叙军事合作"这两个话题下，形成了安全领域中紧密的伙伴关系，并对这种伙伴关系形成了共有知识，即两国已在安全领域建立了认同程度非常强烈的关系认同。

（三）社会经济领域的关系认同

2015年，俄叙两国在关注程度较为强烈的社会经济领域建立起了关系认同，通过对两国领导人在有关社会经济领域中的表述进行梳理，可以将该领域的话题分为三部分：一是俄叙两国的经贸合作，二是对叙利亚的人道主义援助，三是宗教联系。下面将对俄叙两国在这三个话题中建立的关系认同进行分析。

1. 双边经贸合作

俄叙两国的经贸合作开始较早，苏联时期两国就签署了经贸合作协议。苏联向叙利亚提供了大量的基础设施和技术援助，帮助叙利亚建设铁路、水电站等项目。苏联解体后，两国的经贸联系趋于停滞。普京上台后，俄罗斯开始重新致力于恢复与叙利亚之间建立起来的各种关系。2011年以来，叙利亚国内逐渐陷入内战之中，加之"恐怖主义"组织的壮大，叙利亚巴沙尔政府控制的地盘越来越小，国内财政捉襟见肘。加之叙利亚面临以美国为首的西方国家的经济制裁，叙利亚对俄罗斯的经贸依赖程度越来越强烈,在这一背景下,两国就彼此之间的经贸关系形成了新的认同。

在叙利亚方面,叙利亚领导人将俄罗斯视为战后重建的朋友,欢迎俄罗斯公司在叙利亚战后重建中发挥主要作用。叙利亚将优先考虑俄罗斯公司在叙利亚有关国家重建和石油生产方面的经济项目并希望将两国的经济合作水平提升到两国之间的政治合作水平。此外,叙利亚领导人还希望能够加强与俄罗斯在双边贸易中的合作以扩大叙利亚商品的销售市场。

作为叙利亚在经贸领域的重要伙伴,俄罗斯政府也非常支持发展两国之间的经贸合作,针对叙利亚国内面临的政治混乱和恐怖主义威胁,俄罗斯政府表示将继续帮助叙利亚人民解决叙利亚国内的社会经济问题,并向其提供必要的经济援助。[28]在条件允许的情况下,俄罗斯将恢复与叙利亚政府已达成的经济合作项目。

2. 加强人道主义合作

自从 2011 年叙利亚国内掀起反对叙利亚现政府的抗议示威运动,叙利亚国内逐渐陷入了政治动乱之中。加之"伊斯兰国"等恐怖主义组织的壮大,叙利亚政府的有效统治能力被严重削弱,叙利亚国民的基本生活需要得不到保障。在叙利亚危难之际,俄罗斯的人道主义援助送达叙利亚境内,犹如雪中送炭。于是,两国在加强人道主义合作这一纬度上形成了认同。

在叙利亚方面,叙利亚领导人高度肯定俄罗斯向叙利亚提供的人道主义援助,并感谢俄罗斯领导人在危机时期为支持叙利亚政治和经济所作的一切努力。叙利亚领导人认为相比较其他国家对叙利亚的援助,俄罗斯的援助是第一位的。叙利亚将俄罗斯视为叙利亚人民的朋友。[29]

作为叙利亚的重要伙伴,俄罗斯就援助叙利亚也进行了表态。俄罗斯领导人认为所有叙利亚人的权利,不论其种族或宗教如何,都必须得到保护和保障。国际社会必须确保向(叙利亚国内)有需要的人提供人道主义援助,必须继续和增加对难民和国内流离失所者的援助。[30]

3. 宗教联系

尽管俄罗斯和叙利亚国内大部分人民分别信仰东正教和伊斯兰

教,但其实两国的宗教联系非常密切。早在伊斯兰教诞生之前,叙利亚的土地上就生活着众多基督教徒。随着东西教会的分裂,有些教徒跟随君士坦丁堡东正教会同天主教会决裂,从此信奉东正教并一直延续至今,并与当前国内主流信奉东正教的俄罗斯联系颇深。而俄罗斯幅员辽阔,其境内也有着众多信仰伊斯兰教的民众,与位于伊斯兰教发源地中东的叙利亚也有着较多的联系。两国在彼此存在密切的宗教联系这一纬度上形成了共有知识。

在叙利亚方面,叙利亚巴沙尔总统表示非常尊重俄罗斯东正教的主教基里尔的立场,认为在叙利亚国内只有基督徒和穆斯林的共同存在才能创造稳定和温和的环境。巴沙尔谴责针对基督徒的恐怖主义活动,并表示将采取措施保护叙利亚境内的基督徒。

在俄罗斯方面,俄罗斯领导人将基督教和伊斯兰教视为俄罗斯与中东国家共同的历史组成,认为各种族和宗教间应当和谐相处。[31]俄罗斯强烈谴责恐怖分子针对叙利亚基督徒的暴力事件,声明对基督徒的支持,并表示将采取措施制止恐怖主义行径。[32]

两国均肯定基督教和伊斯兰教是本国不可分割的一部分,均谴责发生在叙利亚境内的针对基督徒的恐怖主义袭击,两国对彼此是基督教和伊斯兰教的共同捍卫者、守护者形成了共有知识。

总的来看,俄罗斯政府和叙利亚政府在"俄叙两国的经贸合作""对叙利亚的人道主义援助"和"宗教联系"这三个纬度上形成了紧密的伙伴关系,并对这种伙伴关系形成了共有知识,即两国已经在社会经济领域建立了认同程度相对强烈的关系认同。

(四)国际秩序观领域的关系认同

在国际秩序观领域,俄罗斯和叙利亚两国均对国际秩序有着相同的看法。两国不仅认为自己是国际秩序的积极参与者、维护者,而且认为对方也是国际秩序的积极参与者、维护者。因此两国就彼此是维护国际秩序的伙伴这一关系形成共有知识,建立了关系认同。

在叙利亚方面,叙利亚政府一方面认为以美国为首的西方国家不遵守以《联合国宪章》为核心的国际法,另一方面认为当前维护主权国家安全的国际秩序已经失效,联合国安理会没有起到维护世界秩序的作用。叙利亚政府对俄罗斯有关世界秩序的观点颇多肯定,认为俄罗斯政府有原则、有道德,尊重国际法和国家主权,理解各国人民的意愿,积极采取行动防止安理会变成威胁各国人民的工具和侵略各国的平台,并且在过去60多年的联盟历史中,俄罗斯从未强加给叙利亚任何东西。对于俄罗斯在叙境内打击"恐怖主义"的行为,叙利亚政府也给予了极大的肯定。巴沙尔表示,俄罗斯征求叙利亚政府同意并在行动过程中与叙利亚政府保持沟通,这被认为是打击"恐怖主义"的合法方式,是符合国际法的。

作为叙利亚政府表述中的国际秩序的参与者、维护者,俄罗斯政府也对美国及其盟友的做法提出批评,认为美国将自己的意愿、方法和价值观强加给国际社会中的其他参与者,系统性地违反《联合国宪章》的基本原则,推行双重标准,对主权国家进行干涉,[33] 严重破坏了国际秩序。俄罗斯仍然肯定以联合国为核心的国际秩序,并认为《联合国宪章》依然是当前国际法和国际体系的基石。但对于美国等国家对安理会的操纵,俄罗斯也认为这可能会使安理会背离其设计初衷。[34] 在具体事件上,俄罗斯政府认为叙利亚积极配合并执行联合国安理会和禁止化学武器组织的决议,[35] 并将叙利亚政府视为尊重国际法的伙伴和国际秩序的捍卫者。

由此可见,俄罗斯政府和叙利亚政府在国际秩序观领域中就维护国际秩序、反对美国霸权建立了紧密的伙伴关系,并对这种伙伴关系形成了共有知识,即两国已经在国际秩序观领域建立了认同程度相当强烈的关系认同。

综上,2015年俄罗斯和叙利亚两国分别在政治领域、安全领域、社会经济领域和国际秩序观领域建立起了关系认同,并形成了关系认同结构。

第三节　2022年俄叙两国建立起来的关系认同结构

2022年俄叙两国在政治、安全、社会经济、国际秩序观等领域建立起了较 2015 年更加强烈的关系认同结构。两国关系达到前所未有的紧密程度。在政治领域，两国在对叙利亚问题的看法、叙利亚重返阿拉伯世界、叙利亚化学武器问题等话题上建立了关系认同；在安全领域，两国在俄罗斯开展对乌克兰特别军事行动和美、以、土等国家在叙境内的军事存在、叙境内恐怖主义等话题建立了关系认同；在社会经济领域，两国在人道主义合作、叙利亚流离失所者回返、文化教育和经贸领域合作等话题上建立了关系认同；在国际秩序观领域，两国在反对美国霸权、维护国际秩序等话题上建立了关系认同。两国领导人确认当前的两国友好关系具有战略性、历史性、稳定性，强调两国关系是建立在相互尊重和共同利益的基础之上并决心在各个领域向前发展。

一、政治领域的关系认同

与 2015 年俄叙两国在政治领域建立起来的关系认同不同，两国在政治领域关注的话题除原先已有的对叙利亚现政权的态度及叙利亚问题的解决方式外，又增加了叙利亚重返阿拉伯世界、叙利亚化武问题这两个话题。下面将对两国在这几个话题建立起来的关系认同逐一进行分析。

（一）对叙利亚问题的看法

随着时间的推移以及叙利亚问题的发展，恐怖主义在叙利亚境内的势力也在不断减弱。巴沙尔政权重新在叙利亚站稳了脚跟。叙利亚问题基本回归到巴沙尔政权与反对派之间的矛盾与分歧。而俄罗斯政府与叙利亚政府也就解决叙利亚问题形成了共有知识。

在叙利亚方面，叙利亚政府强调要尊重叙利亚的主权独立和领土完整，反对外来干涉，强调政治解决叙利亚问题及推进阿斯塔纳进程的重要性，重申叙利亚问题应当由叙利亚人民自己来决定。

对此，俄罗斯方面表示赞同。俄罗斯政府表示支持巴沙尔政权在叙利亚境内的合法统治，[36]尊重叙利亚的主权、独立和领土完整，尊重叙利亚人完全按照联合国安理会第 2254 号决议独立决定自己未来的权利。[37]俄罗斯政府支持叙利亚人民在阿斯塔纳模式的框架内，进一步促进叙利亚政治解决。[38] 俄罗斯认为除了由叙利亚人领导、联合国支持、不受外国干涉和人为期限限制的政治进程之外，叙利亚的未来没有其他选择。[39]

（二）叙利亚重返阿拉伯世界

自 2011 年叙利亚内部冲突爆发后，叙利亚在阿拉伯国家联盟的会员资格被暂停，并遭到了大部分阿拉伯国家的孤立。由于叙利亚问题久拖不决，叙利亚和俄罗斯政府逐渐认识到叙利亚问题的最终解决离不开阿拉伯国家的支持，并对叙利亚应改善与阿拉伯国家的关系，重新融入阿拉伯世界形成了共有知识。

在叙利亚方面，叙利亚领导人强调了改善叙利亚与阿拉伯世界关系的重要性。叙利亚领导人指出叙利亚是阿拉伯联合行动不可或缺的一部分，并对当前叙利亚重返阿拉伯舞台发挥重要作用的迹象感到满意。[40] 巴沙尔重申了叙利亚对促进阿拉伯联合行动的热情，并表达了对阿拉伯国家统一解决它们之间问题的期待。

对此，俄罗斯政府也表示支持，认为叙利亚应该回到阿拉伯国家联盟。如果叙利亚恢复对阿拉伯联盟的参与，叙利亚议程上的各种问题——无论是政治问题还是社会经济问题——都将有助于找到更有效的解决方案。[41]

（三）叙利亚化学武器问题

2013 年，叙利亚政府被以美国为首的西方国家指控在与反对派武装战争过程中使用化学武器，从而引起了国际社会的关注。但这一指控却遭到了叙利亚和俄罗斯政府的否认。随后，叙利亚政府积极配合消除化学武器的行动，于当年成了禁止化学武器组织成员国，并于第二年在国际社会的监督下开始了销毁化学武器的工作。但是西方国家对叙利亚政府指控仍在继续，叙利亚的化武问题成为联合国安理会老生常谈的话题，对于此叙利亚和俄罗斯表示强烈反对。

叙利亚政府表示叙利亚仍与禁止化学武器组织充分合作，履行了《禁止化学武器公约》义务，"在创纪录的时间内"销毁其化学武器库存和生产设施；[42]而某些西方国家操纵《禁止化学武器公约》并将其政治化，以针对拒绝向其投降的政府，这体现了西方国家的双重标准。叙利亚政府强调联合国安理会对于叙利亚化学武器的问责必须基于专业、客观的调查。[43]

对此，俄罗斯政府表示赞同。俄罗斯政府认为，叙利亚认真遵守《禁止化学武器公约》，积极参与禁止化学武器组织的行动，并继续履行其义务。[44]而禁止化学武器组织关于叙利亚的报告长期以来建立在对该国"有罪推定"的基础上。它已经沦为西方国家惩罚不合时宜者的工具，[45]这种行为应及时得到纠正。

由此可见，俄罗斯和叙利亚政府在政治领域中"对叙利亚问题的看法""叙利亚重返阿拉伯世界"和"叙利亚化学武器问题"这三个话题上达成了一致意见，建立了紧密的伙伴关系，并对这种伙伴关系形成了共有知识。两国形成了较2015年程度更加强烈的政治领域关系认同。

二、安全领域的关系认同

2015年9月，俄罗斯宣布出兵叙利亚打击叙境内"恐怖主义"组织，从而掀起了俄罗斯与叙利亚在安全领域合作的小高潮。两国在打击"恐怖主义"、开展军事合作等话题上形成了共有知识。但在这种共有知识基础之上形成的关系认同中，两国关系并不对等。俄罗斯处于主动位置，叙利亚则略显被动。而2022年2月，俄罗斯开展对乌克兰的特别军事行动后，叙利亚在国际舞台上频频支持俄罗斯的行动使其成为俄罗斯在世界上为数不多的"铁杆盟友"。同时两国政府在安全领域内诸如反对美国、以色列和土耳其等国家在叙利亚的非法军事存在等其他新的话题上也形成了共有知识。这使得2022年俄叙两国在安全领域形成的关系认同更加紧密。

（一）俄罗斯开展对乌克兰特别军事行动

2022年2月，俄乌冲突不断升级，俄罗斯总统普京签署命令，承认乌克兰东部地区的"顿涅茨克人民共和国"和"卢甘茨克人民共和国"。之后，俄罗斯军队进驻上述地区并向基辅发动进攻。冲突发生后，俄罗斯在国际社会上面临着西方国家的孤立。但叙利亚政府表示理解俄罗斯的行为,表示愿与俄罗斯站在一起,并在国际舞台上声援俄罗斯。

叙利亚政府认为俄罗斯的军事行动的根源是美国及其盟国支持北约东扩并资助乌克兰的"纳粹主义"。它们意图对世界施加霸权。这威胁到了全球稳定和俄罗斯的国家安全。因此,俄罗斯的行动是"完全正义"的,是在捍卫《联合国宪章》以及被压迫和被殖民的人民和全人类的权利。叙利亚毫不犹豫地表示支持俄罗斯的特别军事行动,以捍卫友好的俄罗斯联邦保护其安全、独立、稳定和领土完整的权利。

对此,俄罗斯政府对叙利亚的支持表示感谢。2022 年 8 月 23 日,俄罗斯外长拉夫罗夫在与叙利亚外交与侨务部长会谈后表示:"我们感谢叙利亚朋友对乌克兰及其周边地区正在发生的事情的全面理解,感谢合作伙伴重申支持俄罗斯实现既定目标。"他高度赞赏叙利亚领导层支持俄罗斯特种军事行动的原则立场以及俄罗斯为维护公正的世界秩序所做的努力。[46]

(二) 美、以、土等国家在叙境内的军事存在

土耳其与叙利亚北部接壤,由于两国交界处的库尔德人奉行分离主义,土耳其军队在叙利亚内战爆发后趁乱侵占叙利亚北部领土,试图隔绝叙利亚库尔德人与土耳其库尔德人的联系。美国出于打击叙利亚境内"恐怖主义"组织的名义,组建"国际联盟",将美军与其盟友军队部署于叙利亚境内。以色列与叙利亚领土矛盾由来已久,早在 1967 年第三次中东战争以色列就占领了属于叙利亚领土的戈兰高地。此后两国冲突不断,以色列空军还经常侵入叙利亚领空轰炸叙利亚政府军及其地面目标。叙利亚、俄罗斯对上述三国在叙境内的非法军事存在表示强烈反对,要求其撤离叙利亚,反对其在叙利亚的军事行动。

叙利亚政府认为土耳其军事占领的存在是对叙利亚北部的最大威胁。它扶植恐怖组织及其代言人,并在其占领的地区实施土耳其化政策。这种行为违反了《联合国宪章》,等同于战争罪和危害人类罪。叙利亚政府要求土耳其政权应停止对叙利亚的敌对行动。对于以色列,叙利亚政府认为其占领叙利亚领土并多次袭击叙利亚领土违反了联合

国安理会的决议,是"国家恐怖主义"。这些行为威胁了世界和平与安全,造成了叙利亚平民的伤亡和财产损失,严重影响了联合国开展人道主义工作。叙利亚申明,它将行使其合法权利,以一切必要手段保卫其土地和人民,并确保追究以色列占领当局对这些罪行的责任。对美国为首的西方国家,叙利亚政府认为它们在叙利亚的领土上践行殖民主义并实行各种意义上的政治和经济剥削。叙利亚政府还强调叙利亚人遭受的苦难与美英法等西方国家密切相关。

对于叙利亚的表态,俄罗斯政府表示支持。俄罗斯政府表示只有无条件尊重叙利亚主权和领土完整,恢复大马士革对该国所有地区的控制,并从叙利亚撤出非法部署的外国军事特遣队,才能最终消除国际恐怖主义在叙利亚领土上的存在,确保叙利亚及其周边地区的稳定与安全。[47]此外,俄罗斯还对以色列多次侵入叙利亚领空发动袭击的行为表示强烈谴责,要求其停止武装挑衅;[48]反对土耳其对叙利亚开展的军事入侵行动;[49]认为以美国为首的所谓"国际联盟"部队在叙利亚的存在没有法律依据,[50]要求美国等国家结束在叙利亚的军事存在。

(三)叙利亚境内"恐怖主义"

自从 2015 年 9 月俄罗斯宣布出兵叙利亚打击叙境内"恐怖主义"组织后,俄叙两国在反恐领域合作颇深,取得丰硕成果。盘踞在叙利亚境内的"伊斯兰国"等恐怖主义组织实力锐减。叙利亚政府重新夺回叙利亚领土的大部分控制权,两国在打击叙"恐怖主义"方面形成共有知识。

在叙利亚方面,叙利亚领导人表示在过去几年中,俄罗斯在叙利亚反恐战争中一直站在叙利亚一边,对俄罗斯支持叙利亚人民打击恐怖主义所作的努力表示赞赏。同时,叙利亚政府强调反恐战争的胜利和叙利亚大部分地区恢复安全于稳定离不开俄叙两国之间在各领域的合作。[51]

俄罗斯政府表示,两国在反恐斗争中团结一致。俄罗斯在反恐斗争中对叙利亚的支持有助于稳定局势,加强两国在国防和军事技术领域的合作。俄罗斯将继续向叙利亚提供各种形式的支持,帮助叙利亚打击恐怖主义,维护其主权、独立、统一和领土完整。

总之,俄罗斯和叙利亚政府在安全领域中就"俄罗斯开展对乌克兰特别军事行动""美、以、土等国在叙军事存在"和"叙境内恐怖主义"这三个话题上达成了一致意见,建立了共有知识,形成了关系认同。由于2022年两国在安全领域的关系认同更加强调的是双方之间的互动,因此两国形成了较2015年程度更加强烈的安全领域关系认同。

三、社会经济领域的关系认同

2015年,俄叙两国在社会经济领域关注点主要集中在人道主义合作和双边经贸合作等话题上。但随着叙利亚局势的逐渐稳定,2022年俄叙两国在社会经济领域关注的共同话题扩展到反对西方国家制裁、帮助流离失所者回返以及加强两国在文化教育领域的合作。俄叙两国在这些领域形成了共有知识,建立起了关系认同。

(一) 人道主义合作

2011年叙利亚内部冲突爆发后,叙利亚国内经济凋敝,民不聊生,经济发展停滞,亟须国际社会的人道主义援助。但以美国为首的西方国家对叙利亚采取单方面制裁,导致叙利亚人民无法获得充足的粮食、药品等生活必需品。这阻碍了叙利亚经济恢复重建,延长了危机时间。对此,俄叙两国呼吁国际社会加强对叙人道主义援助,反对西方国家制裁。

叙利亚政府表示,其反对西方国家为追求政治目标而将人道主义援助政治化的行为,强调中立和独立的人道主义工作原则的重要性,并表示西方国家不应阻挠安理会第2642号决议规定的叙利亚早期恢复项目的实施以及捐助国在该领域义务的履行。对于制裁,叙利亚政府认为,西方国家对叙利亚实施的单方面胁迫措施,影响叙利亚公民获取他们生活中最基本的必需品,是不道德的,是违反国际法的。

对此,俄罗斯政府表示支持,俄罗斯政府高度赞赏叙利亚在恢复稳定和实现可持续发展的道路上为减轻公民苦难所做的努力,强调俄罗斯继续向叙利亚提供一切可能的援助,在各个领域实施一系列项目,以重建叙利亚经济并改善那里的生活条件。俄罗斯政府还呼吁国际社会

贯彻实施联合国安理会通过的 2585 号、2642 号决议，向叙利亚提供人
道主义援助以及经济重建所需的支持。[52]同时，俄罗斯反对西方国家将
援助问题政治化，谴责了西方国家对叙利亚的制裁，认为这是非法的和
不人道的，认为叙利亚人道主义局势的恶化是美国和欧盟破坏性单边
制裁的直接结果。[53]

（二）叙利亚流离失所者回返

自叙利亚内部冲突爆发以来，大批叙利亚人民流离失所。据联合
国难民署统计，截至 2022 年 11 月，叙利亚的境内流离失所者达 670 万
人，流落到世界各地的叙利亚难民达 660 万。[54]由于国际社会对"伊斯
兰国"等恐怖主义组织的打击以及叙利亚政府与反对派进入政治解决
叙利亚问题的轨道，叙利亚局势逐渐稳定。这使得叙利亚的流离失所
者返回家园成为可能，而叙利亚政府与俄罗斯政府也就促进流离失所
者回返达成了一致。

叙利亚政府表示，要确保境内外所有流离失所的叙利亚人安全和
自愿地返回国家，这是叙利亚政府基于宪法和国际合法性的责任和义
务。同时要尊重流离失所者的公民权、财产权及返回家园的权利，使他
们有尊严地按照国际法自愿地返回家乡。叙利亚政府还强调，流离失
所者的返回建立在彻底消除"恐怖主义"，所有外国军队撤出叙利亚领
土，恢复各地区、城市和村庄的安全与稳定的基础之上。

俄罗斯政府对此表示支持，表示要继续积极努力，促进叙利亚难民
和国内流离失所者返回其永久居住地的进程，[55]敦促各国按照联合国
第 2254 号决议尊重难民返回的权利，并打算为叙利亚难民返回家园提
供便利。[56]

（三）文化教育领域合作

由于俄叙两国在国际社会上都被以美国为首的西方国家所孤立，
境况相似的两国在文化教育领域的合作走得更近。叙利亚人民更向往
俄罗斯丰厚的教育资源和文化底蕴，俄罗斯政府也乐意向叙利亚采取
推广俄语的使用、吸引叙利亚留学生等扩展影响力的做法。两国在加

强文化教育领域合作达成了一致意见。

叙利亚政府认为,俄罗斯的教育在传统上被认为是享有盛誉的,[57]指出了两国在文化和教育领域采取联合行动的重要性。巴沙尔认为俄叙两国开展的联合反恐战争将有助于两国人民在文化和社会方面进一步的融合,而过去几十年两国已经建立了以联合家庭为基础的基层融合。[58]

俄罗斯政府也表示,愿意与叙利亚在文化教育领域加大合作力度,致力于与叙利亚同行在科学和高等教育领域开展系统性合作,欢迎更多的叙利亚留学生来俄罗斯学习,[59]并表示愿意根据叙利亚方面具体要求,为其国民经济和社会领域等重点领域培训专家。[60]

(四)双边经贸合作

由于都受到以美国为首的西方国家制裁,俄罗斯与叙利亚成为了重要的经贸伙伴。随着叙利亚政府军在叙利亚战场局势的好转,发展经济、重建国家成为了叙利亚政府当务之急。与此同时,俄罗斯政府也愿意加强与叙利亚之间的双边经贸合作。

叙利亚政府表示,欢迎俄罗斯在战后重建中发挥重要作用,支持加强两国之间的经贸合作,扩大叙利亚商品出口与俄罗斯商品进口,增加双边贸易额。俄罗斯政府表示,两国在经贸领域的合作仍在继续,并显现出稳步向前的势头。俄罗斯经济运营商将继续实施重大经济和基础设施项目。这些项目将在叙利亚恢复全面和平生活和经济稳定方面发挥着至关重要的作用,[61]助力叙利亚经济重建。俄罗斯政府还表达了在两国政府间贸易、经济、科学和技术合作委员会框架内进一步开展合作的意愿。[62]

由此可见,2022年俄罗斯和叙利亚政府在"人道主义合作""叙利亚流离失所者回返""文化教育领域合作"和"双边经贸合作"等社会经济领域的话题中形成了共有知识,建立关系认同。

四、国际秩序观领域的关系认同

在国际秩序观领域,两国在对当前国际秩序的认识、彼此在世界舞台上的角色和作用等话题上的共有知识基本延续了 2015 年两国在价值观领域建立起来的关系认同。俄叙两国都认为当前的国际秩序由以美国为首的西方国家所主导。这些国家强加自己的意志，推行霸权，而自己是《联合国宪章》及国际法的维护者。

叙利亚政府认为，当前的世界是由以美国为首的西方国家所主宰。这些国家虚伪而傲慢，无视人类自由和独立意志。它们威胁着各国的安全与稳定，使用一切手段来实施其政治议程，试图将其霸权强加给世界。而俄罗斯在国际舞台上发挥着重要且有效的作用。俄罗斯捍卫国际法，反对西方国家奉行的一些不道德政策。[63] 俄罗斯出兵乌克兰是对历史的纠正，是对苏联解体后失去的世界平衡的恢复。俄罗斯不仅捍卫自己，而且捍卫世界以及正义和人道的原则，以制止不法分子寻求的混乱。[64] 叙利亚政府认为当前需要建立一个新的多极世界秩序，在这个秩序中每个人都在《联合国宪章》的原则和目标的保护下工作。

俄罗斯与叙利亚政府一样，都认为应当尊重《联合国宪章》的宗旨和原则，不干涉别国内政，确保各国主权平等。俄罗斯政府知悉叙利亚政府支持俄罗斯在尊重国际法背景下保护其合法利益的一贯路线，[65] 也对叙利亚政府积极配合销毁化学武器的行为表示赞赏，[66] 对反对美国霸权、建立新的多极秩序表示支持。

因此，2022 年俄叙两国在国际秩序观领域就维护以《联合国宪章》为基础的国际法，反对西方霸权等话题建立了关系认同。

综上，2022 年俄罗斯和叙利亚两国分别在政治领域、安全领域、社会经济领域和国际秩序观领域建立起了关系认同，并形成了关系认同结构。

第四节 2015 年和 2022 年俄叙关系认同结构比较

通过以上的分析梳理，两国在政治、安全、社会经济、国际秩序观领域的特定话题上形成了共有知识，在这些领域建立起了关系认同，这些关系认同编织成网络，构成了俄罗斯和叙利亚之间的双边关系认同结构。通过比较 2022 年俄叙两国建立起来的关系认同结构与 2015 年两国建立起来的关系认同结构，发现两国在特定领域中形成共有知识的话题有所增加，例如在政治领域，增加了叙利亚化武问题、重返阿拉伯世界等话题；在安全领域，增加了美、以、土等国在叙军事存在、俄对乌发动特别军事行动等话题；在社会经济领域，增加了反对制裁、加强人道主义援助、促进难民回返、加强文化教育领域合作等话题。

而俄叙两国政府关注话题的增加，主要来源于国际和国内局势变化的现实需要。以俄罗斯为例，2022 年 2 月俄罗斯对乌克兰发动特别军事行动，遭致大部分国家的反对。因此在安全领域迫切需要盟友的支持和声援。而叙利亚的国内局势逐渐稳定，经济重建、发展生产成为重中之重，同时恢复与阿拉伯国家的关系也提上了日程，因此也需要在政治、社会经济等领域得到帮助。而俄叙两国现实情况的需要，无疑增加了两国对以上领域的关注程度。两国政府对于新话题的一致看法以及就彼此关系形成的共有知识也使得两国原有的关系认同更加强烈。根据关系认同结构理论，在一个关系认同结构中，行为体之间的关系紧密程度取决于建立关系认同的领域受行为体关注的程度、行为体对关系认同的认同强烈程度、建立关系认同的数量。因此，与 2015 年俄叙两国建立起来的关系认同相比，2022 年两国建立的关系认同结构更为丰满，两国关系更加紧密。

这也印证了关系认同结构不是一个静态的概念，而是一个变量，从而为下一节验证关系认同结构理论的核心观点——关系认同结构决定关系行为，创造了条件，避免了对关系认同结构理论产生先入为主的想法。因为，如若 2022 年的关系认同结构是一个定量，就无法确定 2022 年的关系行为是由当年的关系认同结构决定的。只有验证关系认同结构是一个变量，每年都在变化，才能确保检验的科学性、准确性。

同时，应当注意到 2022 年俄叙两国在政治领域实现互信、在安全领域相互配合、在社会经济领域加强合作、在国际秩序观领域形成共有知识。这种关系认同结构比 2015 年两国建立的更为牢固，甚至可以说是自苏联解体以来俄叙两国建立的最为紧密的关系认同结构，这也在一定程度上使检验过程呈现得更加明显。

第五节　俄叙关系认同结构下的行为考察

为验证关系认同结构理论，本节需假设关系认同结构理论的核心观点为真,然后根据"关系认同结构决定关系行为"推导出俄叙两国在 2022 年关系认同结构下可能采取的关系行为,再与两国实际采取的关系行为相对照。如果实际的关系行为与推导出的关系行为差距较小,那么关系认同结构理论的核心观点确实为真,如果差距较大,则说明关系认同结构理论还存有一定问题,需要进行进一步完善。下文将根据第三和第四节总结出来的俄叙关系认同结构推导出两国可能会做出的行为。

一、关系行为的推导

根据关系认同结构理论,关系认同结构决定关系行为,2022 年俄叙两国可能在安全、政治、社会经济、国际秩序观领域作出以下行为。

在政治领域,由于两国建立了强烈的关系认同,将彼此视为自己的政治盟友,在很多话题上形成了共有知识,因此两国可能会在政治领域内采取符合关系认同的行为。俄叙两国会完善政府之间的会晤机制、加强彼此之间交流、畅通表达渠道,使两国政府意志能够得到及时、准确的传达。例如两国领导人(包括两国总统及外长等政府官员)可能会举行会晤或通电话,表达对不同话题的看法。同时俄叙两国政府也将定期召集对方大使询问本国意见以作为两国领导人会晤机制的重要补充。面对以美国为首的西方国家的孤立和指责,两国可能在国际舞台上相互支持、协作。例如两国可能在联合国大会、安理会等国际场合发表支持对方的言论,支持对方提案或反对不利于对方的提案。同时对于两国各自关心的问题,两国也将以政治盟友的身份,分别作出示好对方的行为。例如在俄罗斯关心的乌克兰问题上,叙利亚政府可能对俄罗斯的主权要求表示支持和认可,承认乌东地区领土的独立,并支持其并入俄罗斯领土;而俄罗斯也可能在叙利亚关心的叙利亚问题解决方式、重返阿拉伯世界、反对美国等西方国家指责叙利亚政府使用化学武器等问题上支持叙利亚政府的主张,并开展实际行动推动政治解决叙利亚问题。

在安全领域,由于两国将彼此视为在安全领域的重要盟友,因此可能会加强在军事安全领域的合作。经两国政府协议,俄罗斯在叙利亚领土上拥有驻军,主要集中在塔尔图斯海军基地和赫梅米姆空军基地中。随着叙利亚国内局势的好转,俄罗斯军队可能帮助训练叙利亚军队,并开展联合军事演习,加强两军之间的合作。同时,两国可能加强在军售领域的合作,俄罗斯政府可能向叙利亚出售武器装备,提升其作战能力。对于叙利亚境内的恐怖主义,俄罗斯军队可能将继续协助叙利亚军队消灭其存在。而对于俄罗斯出兵乌克兰这一军事行动,作为安全盟友的叙利亚政府可能会积极表态支持,并提供适当的援助。

在社会经济领域,由于两国在该领域的很多话题上形成了共有知识,建立了关系认同,因此两国行为很可能符合社会经济领域建立起来的关系认同。两国可能将加强在经贸领域的合作,增加双边出口额、进口额以及投资额,增加两国的经济合作项目,增强两国的经济依存度。同时,两国可能会加强在文化教育领域的合作;两国教育部门及大学可能会签订合作协议,推广俄语学习,鼓励叙利亚学生赴俄罗斯学习;加强民间文化交流,促进俄罗斯文化和叙利亚文化的交流与融合。对于当前叙利亚国内陷入的人道主义危机,俄罗斯政府可能会采取行动,向其提供援助,同时呼吁号召国际社会停止对叙利亚的单边主义制裁。对于叙利亚流离失所者的回返问题,俄罗斯政府可能会协助叙利亚政府,为难民提供便利,并保护其生命权、居住权和财产权利。

在国际秩序观领域,两国在反对美国单极霸权、维护以《联合国宪章》为核心的国际法等方面达成共识,认为彼此是当前国际秩序的重要参与者、维护者。因此,两国可能在具体话题上采取行动支持对方。例如俄罗斯政府肯定巴沙尔政权是叙利亚的合法代表,反对外来干涉,维护叙利亚的主权和领土完整;在美、土、以等国家对叙利亚领土和主权侵犯的问题上,俄罗斯可能会提出强烈谴责,并采取行动反对其在叙非法军事存在;而叙利亚也可能会对俄罗斯出兵乌克兰的行动表示支持,在国际舞台上为俄罗斯辩护,强调其正义性,反对其他国家对其行动定义为"侵略"。

二、关系行为考察

上文已经对俄叙两国在 2022 年关系认同结构下可能作出的行为

进行了评估。本节将通过俄叙两国官方网站的文字材料,梳理 2022 年两国实际采取的关系行为并与上一小节的评估进行对比。

在政治领域,2022 年俄叙两国政府采取行动进一步完善双边定期会晤机制,推动政治解决叙利亚问题,反对使用化学武器污名化叙利亚政府。在乌克兰问题上叙利亚政府支持俄罗斯政府。两国政府行为紧密团结,符合双方利益。

一是完善定期会晤机制。2022 年,俄叙两国政府联系密切,定期举行会晤商讨国际问题。同年,新冠肺炎疫情叠加俄乌冲突影响导致俄罗斯总统普京和叙利亚总统巴沙尔没有在现场举行会晤,转而以电话会晤的方式代之:第一次通话发生在 2022 年 2 月 25 日,即普京总统宣布对乌克兰发动特别军事行动的第二天,普京总统将军事行动的情况向巴沙尔总统进行了说明,后者表示理解和支持;第二次通话发生在 12 月 30 日,两国总统互致新年贺电,双方表达了对双边关系的美好祝愿。[67]同时,2022 年,俄罗斯外交部长拉夫罗夫与叙利亚外交与侨民事务部长梅克达德举行了多次现场会晤及电话会晤。2022 年 2 月 21 日和 8 月 23 日两国外长在莫斯科举行了现场会晤;4 月 28 日和 12 月 27 日举行了电话会晤,二人就双方共同关心的乌克兰局势及政治解决叙利亚等问题进行了讨论。[68]作为对俄叙两国高级领导人会晤的重要补充,两国大使、特使在联系两国政府方面也发挥了重要作用。例如,俄罗斯外交部长拉夫罗夫、外交部副部长(同时担任俄罗斯总统中东和非洲问题特别代表)米哈伊尔·博格丹诺夫、外交部副部长谢尔盖·维尔希宁定期会见叙利亚驻莫斯科大使,2022 年全年,三人共会见叙利亚驻莫斯科大使里亚德·哈达德(10 月 28 日卸任)、巴沙尔·贾法里 19 次。而俄罗斯总统叙利亚问题特使拉夫伦季耶夫在 2022 年三次访问叙利亚,其中两次得到叙利亚总统巴沙尔的接见。[69]由此可见,2022 年俄叙两国政府建立了自总统到外交部长再到大使、特使的定期会晤机制,能够及时沟通信息,传达本国意志,增进了两国之间的交流。

二是反对使用化武问题污名化叙利亚政府。叙利亚化学武器问题一直是国际社会关注的焦点,自叙利亚政府加入禁止化学武器组织并配合销毁化学武器后,以美国为首的西方国家依然以化武问题大做文章,以叙利亚政府不配合禁止化学武器组织的工作并涉嫌在 2018 年杜马市使用化学武器等为理由接连在联合国安理会讨论叙化学武器问题。基于此,俄罗斯代表在联合国安理会积极配合叙利亚代表,在2022年联合国安理会第8982次、第9026次、第9097次、第9141次、第9164次、第9207次会议讨论中东局势时,反驳联合国裁军事务负责人及以美国为首的西方国家提出的指责,向国际社会澄清叙利亚政府在销毁化学武器工作中作出的贡献,[70]并表达了对叙利亚政府的支持。

三是在乌克兰问题上支持俄罗斯政府。2022年2月24日,俄罗斯总统普京宣布对乌克兰发动特别军事行动后,俄军进入乌克兰。国际社会掀起反对俄罗斯的浪潮。联合国安全理事会是联合国框架内推动实现和平与安全的主要场所,但由于俄罗斯作为常任理事国享有一票否决权,在安理会上要求俄罗斯撤军、制裁俄罗斯的提案不能付诸实施。因此,在部分国家的推动下,联合国大会召开第11届紧急特别会议商讨乌克兰问题。尽管俄罗斯面临大部分国家的孤立,但叙利亚的支持依然坚定。2022年3月2日,联合国紧急特别会议通过决议,将俄罗斯的行为定义为"侵略",要求俄罗斯立即撤军,停止侵犯乌克兰的领土完整和主权。对此,叙利亚投下了193个国家和地区中五张反对票中的一票。[71]2022年3月24日,紧急特别会议就俄罗斯侵略乌克兰造成的人道主义后果通过决议,叙利亚代表再次成为少数投反对票的一员。[72]随后叙利亚代表在4月7日"暂停俄罗斯在人权理事会的会员资格"、[73]10月12日"乌克兰领土完整:捍卫联合国宪章的原则"、[74]11月14日"对侵略乌克兰的行为进行补救和赔偿"[75]等相关主题的紧急特别会议通过的决议均投下了反对票。这体现了叙利亚对于俄罗斯政府的支持。

此外,叙利亚政府还对俄罗斯的行为进行了事实上的承认。2022年2月21日,俄罗斯总统普京宣布乌克兰东部地区顿涅茨克、卢甘斯克人民共和国为独立国家后,叙利亚于6月29日成为自俄罗斯之外第一个正式承认两个地区的独立的主权国家,并表示将考虑与两个地区建交。在乌克兰宣布与叙利亚断交后,7月20日,叙利亚宣布与乌克兰断交。而这并非叙利亚政府首度支持与俄罗斯相关具有分离主义的土地独立,2018年叙利亚就承认了原属于格鲁吉亚领土的南奥塞梯、阿布哈兹两地的独立并与其建交。

叙利亚政府还与顿涅茨克和阿布哈兹政府开展了外交活动。2022年6月14日和10月17日，叙利亚外交与侨民事务部长梅克达德与顿涅茨克人民共和国外交部长纳塔利娅·尼科诺罗娃举行了两次会谈。梅克达德表达了对顿涅茨克独立的尊重以及加强两国合作的意愿，表示将继续向顿涅茨克提供帮助。双方均支持俄罗斯的行动。2022年6月21日，叙利亚外长梅克达德与阿布哈兹外长伊纳尔·阿尔津举行电话会晤，双方表示支持俄罗斯捍卫安全和边界，对抗西方的计划、单边胁迫措施和误导性媒体宣传。叙利亚政府与亲俄的分离主义领土领导人进行联系体现了叙利亚对俄罗斯行为的支持。

在安全领域，2022年俄叙两国在加强军队高层交流、建立情报共享机制、开展联合训练、反对恐怖主义等方面开展合作，加深了俄叙两军在安全领域的关系。

一是加强军队高层交流。俄罗斯和叙利亚军队高层之间交流畅通，定期举行会晤。2022年1月24日，叙利亚国防部长阿巴斯与俄罗斯驻叙利亚部队指挥官谢尔久科夫上将一同出席了为纪念叙利亚Jayrah机场修复完成的仪式。该机场的修复使得俄罗斯空天军和叙利亚空军展开联航空联合部署成为可能。两军未来将共同确保叙利亚北部和东北部地区平民的安全。[76] 2月15日，叙利亚巴沙尔总统在大马士革会见俄罗斯国防部长绍伊古。二人就联合打击恐怖主义的框架内开展军事技术合作以及提供人道主义援助等方面进行了讨论。[77] 随后，俄罗斯国防部长绍伊古与叙利亚国防部长阿巴斯一同在塔尔图斯视察了俄罗斯海军在地中海东部的军事演习。绍伊古表示要进一步完善俄舰在叙利亚基地的基础设施。[78] 8月16日，俄罗斯国防部长绍伊古与叙利亚国防部长阿巴斯在莫斯科举行国际安全会议并讨论了双方关心的问题。[79]

除此之外，两军高级将领还一同参与官方的庆祝活动。5月9日，为纪念苏联人民卫国战争胜利77周年，俄罗斯驻叙利亚赫梅米姆空军基地举行了阅兵式，俄罗斯驻叙利亚部队指挥官罗曼·贝尔德尼科夫中将与叙利亚国防部长阿巴斯等人出席。[80] 7月31日，正值俄罗斯联邦海军舰队日之际，俄罗斯驻叙利亚军队司令部在塔尔图斯市的海滩举行了官方庆祝活动。叙利亚国防部长阿巴斯以及俄罗斯军队的领导人、俄罗斯驻叙利亚大使等出席庆祝活动。[81]这些会面及时、准确地传达两国意志,增进了两军之间的交流,加深了两国在军事领域的互信。

二是建立情报共享机制。俄叙两国政府还建立起了情报共享机制。俄罗斯驻叙利亚交战各方和解中心(TPVS)定期发布简报,介绍叙利亚有关各方(包括美国、土耳其、以色列等)的军事行动情况及叙利亚境内的人道主义状况。与此同时,2015年为打击恐怖主义而建立的俄罗斯-叙利亚-伊朗-伊拉克联盟(RSII coalition)这一平台也在发挥情报共享的作用。该联盟定期举行会晤,最近一次会议在2022年2月25日举行,即俄罗斯发动特别军事行动的第二天,[82]这足以体现了两国在情报合作方面取得的重要进展。

三是开展联合训练。在俄专家的帮助下,俄叙两军定期开展军事训练。俄罗斯军事专家帮助培训叙利亚政府军队,例如开展火力演练、战场急救、排雷、跳伞、炮兵射击等训练科目,[83]提升其军事素养,提高其打击叙境内恐怖主义分子的能力。叙军还积极参与由俄罗斯主办的军事演习。在2月24日俄罗斯开始入侵乌克兰前一周,俄军方向叙利亚部署了可携带最先进的高超音声导弹的远程核轰炸机和战斗机,两军还举行了陆军和空军联合军事演习。[84]2022年9月1日至7日,由俄罗斯主导的"东方-2022"军事演习在俄罗斯东部军区举行。叙利亚也派军队参加。[85]另外,俄叙两军还定期开展联合巡逻。2022年1月24日,俄叙两国空军进行了首次联合空中巡逻,并决定将此类联合飞行常态化。[86]俄叙两军还在戈兰高地进行联合巡逻,俄罗斯军事力量的介入有效地维护了争议地区的和平与安全,[87]俄叙军事合作程度进一步加深。

四是反对"恐怖主义"。2015年9月30日,俄罗斯军队正式出兵叙利亚帮助叙利亚政府打击"恐怖主义"。在俄罗斯军队帮助下,叙利亚政府军逐步收回失地,实际控制区域不断扩大。但两国在打击"恐怖主义"方面的合作没有中断。俄罗斯空天军继续对由土耳其控制的叙利亚西北部领土中的恐怖分子营地展开空袭,[88]配合叙利亚政府军夺取全国控制权,同时俄罗斯军事专家加强对叙利亚军队训练,提升其打击"恐怖主义"的能力。为了打击"恐怖主义",俄叙等国还建立了政府间联系机制。12月28日,俄罗斯、叙利亚和土耳其国防部长三方会谈在莫斯科举行，三国防长讨论了共同打击"恐怖主义"等问题，并表示将继续开展建设性对话。[89]

同时，叙利亚政府对针对俄罗斯的"恐怖主义"行径也坚决予以谴责。2022年10月8日，俄罗斯控制下的克里米亚大桥被乌克兰特工机构策划爆炸，叙利亚外交与侨民事务部对此表示强烈谴责，将该事件归结为"恐怖主义"事件，重申对俄罗斯的声援，申明俄罗斯有权采取一切措施保护其国家安全。俄叙两国共同站在反对恐怖主义、捍卫国家安全的第一线。

在社会安全领域，2022年俄叙两国采取行动，两国加强人道主义合作，反对制裁，促进叙流离失所者回返，加强文化教育和双边经贸合作，使两国在社会经济领域本已密切的关系更加热络。

一是加强人道主义合作，反对制裁。自叙利亚内部陷入冲突以来，叙利亚人道主义形势严峻。对此，俄罗斯政府向叙利亚人民提供了大量的人道主义援助。俄罗斯驻叙利亚交战各方和解中心（TPVS）人员定期视察叙利亚难民营地，向其提供药品、食品包等人道主义援助，提供医疗服务，帮助难民解决问题。据统计，自叙利亚问题解决进程开始至2022年12月17日，俄罗斯驻叙利亚交战各方和解中心（TPVS）共开展了3 265次人道主义行动，交付人道主义货物总重量达6 100多吨。[90]同时，为应对新冠肺炎疫情负面影响，俄罗斯跨部门代表团还向叙利亚方面捐赠了25万剂SputnikLight疫苗和100万份新冠病毒感染实验室诊断试剂，以及160吨用于医疗领域的药品和设备。[91]

在国际舞台上，俄罗斯积极开展旨在加强对叙人道主义援助的活动。9月26日，俄罗斯外交部副部长谢尔盖·维尔希宁在第77届联合国大会期间参加了根据联合国安理会第2642号决议举行了关于向叙利亚提供国际人道主义援助的第一轮非正式互动对话。在会议上，他提出必须使国际人道主义援助符合尊重作为受援国的叙利亚共和国主权和领土完整的原则，并加强对关键的水、电、学校、医院和住房设施的恢复活动。

同时，2022年俄罗斯代表在联合国安理会第8957次、第8978次、第9003次、第9022次、第9038次、第9068次、第9083次、第9117次、第9163次、第9204次、第9230次会议中都谈到了叙利亚的人道主义问题,对以美国为首的西方国家的单方面制裁以及美国、土耳其、以色列等国家在叙非法军事存在进行了批评,强调尊重叙利亚主权和领土完整的必要性,停止对叙利亚跨境人道主义援助的阻碍。

二是帮助流离失所者回返。俄罗斯与叙利亚政府建立了跨部门协调机制,通过该机制并在《联合国宪章》原则基础上开展协调一致的工作,帮助流离失所者返回家园。根据俄叙跨部门协调总部统计,迄今为止共有241.3万流离失所者返回叙利亚,其中包括137.5万的难民。[92]这体现了该机制下难民工作的高效率及有效性。

叙利亚政府也在积极接纳本国的流离失所者。叙利亚政府曾多次实行大赦,例如2022年12月21日,叙利亚总统巴沙尔发布第24号法令(2022),赦免轻罪等违法行为的全部惩罚,以及《军事刑法》第100条、第101条规定的对国内外逃跑罪行的全部惩罚,在一定程度上吸引了流离失所者返回家园。叙利亚政府还为回返的流离失所者提供必要的生活条件,例如优先发展工业和农业经济部门以及社会基础设施,创造更多的就业岗位。自2018年以来,叙利亚境内共有22 000多个具有社会意义的工业设施得到修复并投入运行,4 100多个设施正在建设过程中。同时,叙利亚政府开展住宅设施建设,计划为流离失所者提供安身之地。[93]

三是加强文化教育领域合作。由于两国在苏联时期建立了良好的关系,大批苏联专家顾问来访叙利亚,帮助叙利亚进行现代化建设,苏联以及后来的俄罗斯成为了叙利亚寻求先进技术、培养优秀人才的目的地。在文化教育领域,2022年俄叙两国在推广俄语使用、加强科研机构合作、促进两国青年交流、加强两国文化合作等方面取得新的成果。

在推广俄语方面,俄罗斯北高加索联邦大学(NCFU)与独联体事务、海外侨民及国际人道合作署(Россотрудничество)在PRO Russian框架内开展普及俄语课程,提升叙利亚居民和俄语教师的水平。[94]除此之外,北高加索联邦大学还推出"俄语星期三"项目,以线上线下相结合的方式,向包括叙利亚在内的各国居民推广俄语和俄国文学。[95]

在加强科研机构合作方面,两国政府交流频频。2022年6月17日,俄罗斯跨部门代表团访问叙利亚,讨论两国在高等教育领域的合作。作为会议的成果，七所俄罗斯大学及科研机构与叙利亚签署了合作协议，叶利钦总统图书馆与阿萨德总统图书馆签署了谅解备忘录，俄罗斯尼基塔植物园国家科学中心在大马士革开设了代表处。两国还计划合作建立一所设有眼科诊所的医科大学，并更新两国相互承认教育、资格和科学学位的政府间协议。[96] 6 月 30 日，俄罗斯科学和高等教育部副部长娜塔莉亚·博恰洛娃与叙利亚高等教育与科研部部长巴萨姆·易卜拉欣举行线上会谈。双方决定成立一个联合工作组来负责更新两国间教育互认协议，还确定了最优选的校际伙伴关系形式和发展科学机构之间合作的措施。[97] 10 月 11 日，首届俄叙医疗保健国际会议在莫斯科国立谢切诺夫第一医科大学开幕。俄罗斯卫生部部长米哈伊尔·穆拉什科、俄罗斯联邦科学和高等教育部部长彼得·库切连科和阿拉伯叙利亚共和国高等教育和科学研究部部长巴萨姆·易卜拉欣出席了开幕式。[98]会议期间，俄叙两国达成协议，计划在大马士革开设莫斯科国立谢切诺夫第一医科大学分院，而莫斯科国立谢切诺夫第一医科大学也与大马士革大学签署合作协议，帮助培养叙利亚专家。截至 2022 年 10 月 10 日，俄罗斯与叙利亚的高等教育机构共签署合作文件 68 份。俄罗斯的北高加索联邦大学、莫斯科国立技术大学、俄罗斯人民友谊大学、塞瓦斯托波尔国立技术大学等与叙利亚大马士革大学、复兴大学等高校建立友好关系。[99]

除此之外，两国青年交流密切。俄罗斯北高加索联邦大学和圣彼得堡彼得大帝理工大学等开展暑期访学项目，帮助叙利亚青年进一步了解俄罗斯的教育、文化及传统。[100] 12 月 7 日，北高加索联邦大学举行了首届俄叙青年论坛，来自俄罗斯和叙利亚的 25 所大学约 100 名青年参加并交流创建青年项目的经验，该项目成为了两国青年全面合作的平台。[101]据统计，当前有近 2 400 名叙利亚学生在俄罗斯大学学习，这个数量是 2018 年的两倍，而 2022—2023 学年在俄的叙利亚学生名额从 500 人增加到 759 人，[102] 根据两国计划 2023—2024 学年招收叙利亚学生名额将增加到 1 000 人。[103] 在俄罗斯的叙利亚学生人数稳步增长。

在文化交流方面，12 月 5 日，叙利亚文化部长穆沙韦参加俄罗斯喀山承办的《保护世界文化和自然遗产公约》颁布 50 周年国际大会。

参会期间,穆沙韦与俄罗斯文化部长奥尔加·柳比莫娃签署文化事务合作协议。[104]两国在文物修复方面也展开合作。2016年以来,俄罗斯科学院物质文化史研究所抢救考古中心一直在修复被恐怖分子破坏的巴尔米拉凯旋门。[105]而为吸引叙利亚学生在俄罗斯学习,俄罗斯在叙利亚开展多种文化和教育项目,例如"北方的巴尔米拉"在叙利亚城市巡回展出,得到了叙利亚人民的好评。[106]

四是加强双边经贸合作。在经贸领域,两国政府和民间往来密切。俄罗斯驻叙利亚贸易代表与叙利亚官方和民间代表颇多交往。2022年9月10日,俄罗斯驻叙利亚贸易代表格奥尔基·阿萨特良会见阿勒颇商会会长阿米尔·哈姆维(Amir al-Hamwi),双方就建立俄罗斯-叙利亚自由经济区,增加俄罗斯和叙利亚之间贸易的方式,以及支持两国对外经济活动参与者的中小企业等问题进行了讨论。[107]9月13日,格奥尔基·阿萨特良与叙利亚海关总署署长马吉德·奥姆兰,双方就叙利亚继续对进口到该国的俄罗斯产品提供优惠待遇达成协议。[108]11月22日,格奥尔基·阿萨特良会见了大马士革农村商会主席乌萨马·穆斯塔法及商会成员。双方讨论了加强俄罗斯与叙利亚贸易关系的合作方式,特别是海关协议和开通定期海上航线,并同意成立工作组,研究俄罗斯贸易代表处与该地区工业企业和组织之间的合作问题。[109]

除此之外,俄罗斯与叙利亚官方和民间的商业合作平台还包括俄罗斯-叙利亚商业委员会、俄罗斯-阿拉伯商业委员会、俄罗斯联邦工商会、圣彼得堡国际经济论坛、雅尔塔国际经济论坛、索契投资论坛及大马士革国际博览会等。[110]以俄罗斯联邦工商会为例,2022年10月11日,俄罗斯工商会副主席弗拉基米尔·帕达尔科、俄叙商业委员会总干事优素福·卢埃与叙利亚新闻部长阿尔-哈拉克·布特罗斯(Al-Khalak Boutros)、叙利亚驻俄罗斯大使哈达德举行会谈。双方强调媒体要打破信息封锁,发挥其在促进俄叙两国之间贸易和经济关系中的作用,帮助两国企业拓展各领域的合作,两国决定在国际新闻领域设置奖项,从而鼓励更多媒体作品的生产。[111]12月23日,俄罗斯工商会主席谢尔盖·卡蒂林会见俄罗斯驻叙利亚大使巴沙尔·贾法里。谢尔盖·卡蒂林表达了扩大俄叙经贸各领域合作的兴趣,表示叙利亚城市恢复正常生活需要企业家的努力,而俄罗斯企业已准备好参与其中。卡蒂林还邀请叙方代表参加俄罗斯联邦工商会下属展览中心（Expocentre）的国际展览。[112]

两国在经贸领域的合作取得一定成果。例如在旅游行业，2022年7月7日，叙利亚与俄罗斯西纳拉集团（Sinara）签署投资合同，计划在叙拉塔基亚市建设占地约7万平方米的四星级高档旅游综合体，投资期限为45年，预计成本将超过1 000亿叙利亚磅（约合2.665亿元人民币）。[113]在农业合作方面，10月19日，叙利亚农业部长卡塔纳与俄罗斯代表团讨论与俄方发展农业科技合作，强调要履行已签署的协议，引进新技术和培训高素质技术人员，实现农业部门的可持续发展。[114]11月10日，叙利亚农业和土地改革部长卡塔纳与俄罗斯农业部驻叙代表罗曼·格罗什科夫讨论两国联合合作，启动双方此前签署的协议，包括建立实验室、养鱼场等。[115]

在国际秩序观领域，2022年俄叙两国在国际舞台上相互配合，共同捍卫以《联合国宪章》为基础的国际法、尊重叙利亚的主权和领土完整。

一是捍卫国际法。作为对以《联合国宪章》为基础的国际法的维护，"捍卫《联合国宪章》之友小组"（Group of Friends in Defense of *the Charter of the United Nations*）于2021年得以成立。该小组由委内瑞拉发起倡议，俄罗斯、叙利亚、中国等二十多个国家参与，并定期举行会议。俄叙两国积极参与该框架内的活动，2022年9月22日，"捍卫《联合国宪章》之友小组"部长级会议在第77届联合国大会期间举行，两国外长与会。叙利亚外长梅科达德在会议上的讲话重申了叙利亚对《联合国宪章》宗旨和目标的承诺，表示要加强与该集团成员的合作，以对抗西方国家破坏《联合国宪章》的企图。俄罗斯外长拉夫罗夫也强调了对《联合国宪章》规定的普遍公认的国际法准则的坚定承诺，反对西方国家对当前国际秩序的破坏，表示愿意为该小组的活动作出贡献。

二是尊重叙利亚主权和领土完整。俄罗斯在国际舞台上也积极发声并采取行动，维护叙利亚的主权和领土完整。在联合国安理会第9087次会议中，俄罗斯响应叙利亚政府的要求，否决了由挪威和爱尔兰提交的将叙边境作为人道主义援助过境点延长一年的草案（可能被当作政治渗透的通道），同时平衡尊重叙利亚主权和人道主义需求。俄罗斯提出草案并获得通过,成为安理会第 2642 号决议,将叙利亚西北部跨境援助行动延长六个月。该决议将其最终目标设定为关闭过境点,而不是利用人道主义援助的借口获取政治收益,[116] 以求对叙利亚主权和领土完整产生最小程度的影响。

在联合国安理会第 8958 次、第 8978 次、第 9003 次、第 9022 次、第 9068 次、第 9083 次、第 9163 次、第 9204 次会议中,俄罗斯代表均谴责土耳其、美国及以色列在叙利亚境内的非法军事存在,认为其存在为恐怖主义提供了土壤,阻挠了国际社会对叙利亚的援助,加剧了叙利亚境内的人道主义危机,要求其尽快撤军,强调尊重叙利亚的主权和领土完整。[117]

第六节　俄叙关系实证研究结论

根据关系认同结构理论的评估,2022 年在政治领域,俄叙两国政府会建立起政治联系机制,定期举行会晤,俄罗斯政府会支持叙利亚政府有关政治解决叙利亚问题、重返阿拉伯世界等问题的主张,并反对西方国家使用化武问题污名化叙利亚政府,而叙利亚政府会对俄罗斯的主权要求表示支持和认可,承认乌东地区领土的独立,并支持其并入俄罗斯领土;在安全领域,两国政府会加强在军事安全领域的合作,开展联合训练、演习,共同打击"恐怖主义",同时加强在军售领域的合作。除此之外,作为俄罗斯在安全领域的盟友,叙利亚有可能向陷入俄乌冲突的俄罗斯提供援助;在社会经济领域,两国可能会加强文化教育领域的合作,促进文化交流,增加双边贸易额和投资额,同时俄罗斯政府可能会向叙利亚提供人道主义援助,协助叙利亚流离失所者回返,同时呼吁国际社会取消制裁;在国际秩序观领域,俄罗斯可能会对侵犯叙利亚主权和领土完整的行为表示谴责,反对在叙非法军事存在,而叙利亚也可能会强调俄出兵乌克兰行动的正义性和合法性。

作为对比,2022 年在政治领域俄叙两国高层往来密切,进一步完善了定期会晤机制,在双方共同关心话题上,两国采取行动共同推动政治解决叙利亚问题,反对使用化学武器问题污名化叙利亚政府,叙利亚政府还在乌克兰问题上支持俄罗斯政府;在安全领域两国军队高层交流畅通,两军建立了情报共享机制,开展联合训练,并采取一致立场反对"恐怖主义";在社会经济领域两国加强了人道主义合作,反对西方国家制裁,帮助叙利亚流离失所者回返家园,还加强了文化教育以及经贸领域的合作;在价值观领域,两国参与"捍卫《联合国宪章》之友小组"的活动,共同捍卫以《联合国宪章》为基础的国际法,同时俄罗斯政府配合叙利亚政府在国际舞台上采取行动,尊重叙利亚主权和领土完整。

通过将以上评估与两国实际采取的关系行为相验证,2022年俄叙两国在政治、安全、社会经济、价值观领域内实际采取的关系行为基本符合关系认同结构理论的评估。

上述研究证明,关系认同结构是一个变量,其变化会随着国家间的关系表述发生变化。这为验证关系认同结构理论中关系认同结构与关系行为之间的因果关系提供了基础。在验证二者关系的过程中,本章选取了2022年的俄叙关系作为研究案例。2022年俄叙两国在政治、安全、社会经济、价值观领域建立起了关系认同。种关系认同基于对话题的共同认识及对彼此关系形成的共有知识。这四个领域的关系认同组成了关系认同结构。根据关系认同结构理论的评估,笔者推导出2022年俄叙两国分别可能在政治、安全、社会经济和价值观领域采取的关系行为,并与两国实际采取的关系行为进行对照,发现理论评估与实际行为基本一致,这有效证明了关系认同结构理论"关系认同结构决定关系行为"的核心假设。

但是在证明过程中也发现了一些问题。第一,两国在某些话题的关系表述在关系行为中体现得并不明显。例如在社会经济领域,尽管两国强调要加强经贸关系,增加双边贸易和投资,但实际上两国在经贸领域采取的合作行为有限。这可能与两方面原因有关:一方面两国可能已经在经贸领域采取较多合作,但笔者搜集资料的范围仍然不够大;另一方面,现实情况局限了两国的合作,叙利亚历经十二年战乱国内千疮百孔,而俄罗斯本身经济体量有限,经济结构单一。这都是造成两国经贸合作"心有余而力不足"现状的原因。第二,缺乏强有力的数据支撑。例如在研究俄叙两国的经贸往来和军事合作时,缺乏当年的双边贸易额、投资额和军售数据等,如果可以找到将更有力地证明两国在经济和军事领域建立起来的关系认同。第三,关系认同结构理论的量化研究亟待加强。尽管关系认同结构理论已经就关系认同结构的分析变量进行了说明,但其中的行为体对关系领域的关注程度及对关系认同的认同强烈程度仍需进一步的量化研究。关系行为也同样如此,相同领域的不同关系行为也有亲疏远近之分。当然,本章旨在验证关系认同结构理论的核心假设,对不同时期的关系认同结构与关系行为的对比研究不是本章的研究重点。

注释

1. 高尚涛:《关系认同:结构与行为》,第 101 页。

2. 高尚涛:《关系主义与中国学派》,《世界经济与政治》2010 年第 8 期,第 127 页。

3. 高尚涛:《关系认同:结构与行为》,第 101 页。

4. 同上书,第 98 页。

5. 2015 年 6 月 29 日,俄罗斯总统普京在会见叙利亚外长瓦利德·穆阿利姆时的讲话,http://kremlin.ru/events/president/news/49781,登录时间:2023 年 1 月 6 日。

6. 2015 年 12 月 8 日,俄罗斯外交部发言人扎哈罗娃就俄罗斯在叙利亚问题上的立场发表评论,https://mid.ru/ru/foreign_policy/news/1519788/,登录时间:2023 年 1 月 6 日。

7. 2015 年 11 月 19 日,俄罗斯外长拉夫罗夫接受俄罗斯媒体"Radio Russia"采访,https://mid.ru/ru/foreign_policy/news/1518917/,登录时间:2023 年 1 月 6 日。

8. 2015 年 12 月 17 日,俄罗斯总统普京在年度新闻发布会上的讲话,https://mid.ru/ru/detail-material-page/1525124/,登录时间:2023 年 1 月 6 日。

9. 2015 年 7 月 9 日,俄罗斯外长拉夫罗夫在金砖国家和上合组织峰会期间举行的新闻发布会,https://mid.ru/ru/foreign_policy/news/1511646/,登录时间:2023 年 1 月 6 日。

10. 2015 年 9 月 29 日,俄罗斯总统普京在第 70 届联合国大会全体会议上的讲话,https://mid.ru/ru/foreign_policy/news/1515484/,登录时间:2023 年 1 月 6 日。

11. 2015 年 9 月 3 日,俄罗斯外交部发言人扎哈罗娃回答记者有关俄罗斯对叙利亚态度发生变化的问题,https://mid.ru/ru/foreign_policy/news/1513932/,登录时间:2023 年 1 月 6 日。

12. 2015 年 4 月 9 日,俄罗斯外长拉夫罗夫对在莫斯科举行的第二次叙利亚内部协商会议与会者的讲话,https://mid.ru/ru/foreign_policy/international_safety/1507280/,登录时间:2023 年 1 月 6 日。

13. 2015 年 10 月 21 日,俄罗斯总统普京在会见巴沙尔总统时讲话,http://kremlin.ru/catalog/countries/SY/events,登录时间:2023 年 1 月 6 日。

14. 2015 年 1 月 28 日,俄罗斯外长拉夫罗夫在与叙利亚当局和叙反对派代表会晤开始时的讲话,https://mid.ru/ru/foreign_policy/news/1582344/,登录时间:2023 年 1 月 6 日。

15. 2015 年 11 月 9 日,俄罗斯总统中东问题特别代表、俄罗斯副外长米哈伊尔·博格丹诺夫接受《俄罗斯观点》杂志采访,https://mid.ru/ru/press_service/journalist_help/mass_media/1518423/,登录时间:2023 年 1 月 6 日。

16. 2015 年 10 月 21 日,俄罗斯总统普京在会见叙利亚巴沙尔总统时讲话,http://

kremlin.ru/catalog/countries/SY/events,登录时间：2023 年 1 月 6 日。

17. 2015 年 1 月 28 日,俄罗斯外长拉夫罗夫在与叙利亚当局和叙反对派代表会晤开始时的讲话, https://mid.ru/ru/foreign_policy/news/1582344/,登录时间：2023 年 1 月 6 日。

18. 2015 年 7 月 7 日,俄罗斯副外长西罗莫洛托夫接受塔斯社采访, https://mid.ru/ru/foreign_policy/news/1511580/,登录时间：2023 年 1 月 6 日。

19. 2015 年 6 月 30 日,俄罗斯副外长西罗莫洛托夫在欧安组织年度反恐会议开幕式上的讲话, https://mid.ru/ru/foreign_policy/news/1511105/,登录时间：2023 年 1 月 6 日。

20. 2015 年 4 月 9 日,俄罗斯外长拉夫罗夫对在莫斯科举行的第二次叙利亚内部协商会议与会者的讲话, https://mid.ru/ru/foreign_policy/international_safety/1507280/,登录时间：2023 年 1 月 6 日。

21. 2015 年 10 月 8 日,俄罗斯外交部新挑战和威胁司长伊利亚·伊戈列维奇·罗加乔夫接受国际文传电讯社采访, https://mid.ru/ru/foreign_policy/news/1516480/,登录时间：2023 年 1 月 6 日。

22. 2015 年 9 月 13 日,俄罗斯外长拉夫罗夫接受"星期日节目"采访, https://mid.ru/ru/foreign_policy/news/1514424/,登录时间：2023 年 1 月 6 日。

23. 段君泽：《俄罗斯与中东国家军事关系的历史与现状》,第 38—47 页。

24. 2015 年 9 月 10 日,俄罗斯外交部发言人扎哈罗娃的简报, https://mid.ru/ru/foreign_policy/news/1514239/,登录时间：2023 年 1 月 6 日。

25. 2015 年 9 月 9 日,俄罗斯外交部发言人扎哈罗娃就俄叙军事技术合作发表评论, https://mid.ru/ru/foreign_policy/news/1514044/,登录时间：2023 年 1 月 6 日。

26. 2015 年 9 月 27 日,俄罗斯总统普京接受美国媒体采访, https://ria.ru/20150927/1285216449.html,登录时间：2023 年 1 月 6 日。

27. 2015 年 10 月 22 日,俄罗斯外交部发言人扎哈罗娃的简报, https://mid.ru/ru/foreign_policy/news/1517409/,登录时间：2023 年 1 月 6 日。

28. 2015 年 8 月 6 日,俄罗斯总理梅德韦杰夫接受埃及报纸 Al-Ahram 的采访, http://government.ru/news/19157/,登录时间：2023 年 1 月 6 日。

29. 2015 年 7 月 21 日,叙利亚总理瓦埃勒·哈勒吉接受采访时回答, http://www.pministry.gov.sy/,登录时间：2023 年 1 月 6 日。

30. 2015 年 10 月 30 日,俄罗斯外长拉夫罗夫在与美国国务卿克里和联合国秘书长叙利亚问题特使德米斯图拉在支持联络小组会议后举行的联合记者会上的讲话及答记者问, https://mid.ru/ru/foreign_policy/news/1517985/,登录时间：2023 年 1 月 6 日。

31. 2015 年 2 月 27 日,俄罗斯外长拉夫罗夫在俄罗斯外交部外交学院的讲话与回答提问, https://mid.ru/ru/foreign_policy/news/1584233/,登录时间：2023 年 1 月 6 日。

32. 2015 年 2 月 25 日,俄罗斯外交部新闻司就叙利亚东北部大批亚述基督徒劫持人质事件发表评论, https://mid.ru/ru/foreign_policy/news/1583838/,登录时间：2023 年 1 月 6 日。

33. 2015 年 5 月 20 日,俄罗斯外长拉夫罗夫在俄罗斯联邦议会联邦会委员会"政府一小时"期间的讲话和答问, https://mid.ru/ru/foreign_policy/news/1508981/,登录时间：2023 年 1 月 6 日。

34. 2015 年 2 月 23 日,俄罗斯外长拉夫罗夫在联合国安理会公开会议上的讲话, https://mid.ru/ru/foreign_policy/news/1583643/,登录时间：2023 年 1 月 6 日。

35. 2015 年 2 月 27 日,俄罗斯外长拉夫罗夫在俄罗斯外交部外交学院的讲话与回答提问, https://mid.ru/ru/foreign_policy/news/1584233/,登录时间：2023 年 1 月 6 日。

36. 2022 年 2 月 3 日,俄罗斯外交部发言人扎哈罗娃回答媒体关于清算在叙利亚境内 ISIS 头目的问题, https://mid.ru/ru/maps/sy/1796935/,登录时间:2023 年 2 月 8 日。

37. 2022 年 8 月 23 日,莫斯科,俄罗斯外长拉夫罗夫在与叙利亚外长梅克达德会谈后发表讲话并回答媒体提问, https://mid.ru/ru/maps/sy/1827222/,登录时间:2023 年 2 月 8 日。

38. 2022 年 4 月 28 日,俄罗斯外长拉夫罗夫同叙利亚外长梅克达德通电话, https://mid.ru/ru/maps/sy/1811287/,登录时间:2023 年 2 月 8 日。

39. 2022 年 1 月 26 日,联合国安理会召开第 8955 次会议讨论中东局势, https://press.un.org/en/2022/sc14777.doc.htm,登录时间:2023 年 2 月 8 日。

40. 2022 年 1 月 20 日,叙利亚总统巴沙尔会见俄罗斯总统叙利亚问题特使亚历山大·拉夫连季耶夫, http://www.mod.gov.sy/index.php?node＝5642&nid＝32784&First＝0&Last＝194&CurrentPage＝0&src＝search&Keywords＝%270ebT7cc＝%27,登录时间:2023 年 2 月 8 日。

41. 2022 年 6 月 12 日,俄罗斯叙利亚特权全权大使 A.V. Efimov 接受叙利亚报纸 Al-Watan 的采访. https://mid.ru/ru/maps/sy/1817657/,登录时间:2023 年 2 月 8 日。

42. 2022 年 7 月 20 日,联合国安理会召开第 9097 次会议,针对联合国裁军事务负责人提出叙利亚关于化学武器计划声明的不完整性,讨论叙利亚化武问题, https://press.un.org/en/2022/sc14976.doc.htm,登录时间:2023 年 2 月 8 日。

43. 2022 年 4 月 29 日,联合国安理会召开第 9026 次会议,讨论叙利亚化学武器问题。https://press.un.org/en/2022/sc14877.doc.htm,登录时间:2023 年 2 月 8 日。

44. 2022 年 7 月 20 日,联合国安理会召开第 9097 次会议,针对联合国裁军事务负责人提出叙利亚关于化学武器计划声明的不完整性,讨论叙利亚化武问题, https://press.un.org/en/2022/sc14976.doc.htm,登录时间:2023 年 2 月 8 日。

45. 2022 年 4 月 29 日,联合国安理会召开第 9026 次会议,讨论叙利亚化学武器问题, https://press.un.org/en/2022/sc14877.doc.htm,登录时间:2023 年 2 月 8 日。

46. 2022 年 8 月 23 日,俄罗斯外长拉夫罗夫在与叙利亚外长梅克达德会谈后发表讲话并回答媒体提问, https://mid.ru/ru/maps/sy/1827222/,登录时间:2023 年 2 月 8 日。

47. 俄罗斯驻叙利亚特命全权大使 A.V. Efimov 今日俄罗斯采访, https://mid.ru/ru/maps/sy/1797785/,登录时间:2023 年 2 月 8 日。

48. 2022 年 9 月 2 日,俄罗斯外交部发言人扎哈罗娃就以色列向叙利亚领土的定期空袭发表评论, https://mid.ru/ru/maps/sy/1828368/,登录时间:2023 年 2 月 8 日。

49. 2022 年 6 月 12 日,俄罗斯驻叙利亚特命全权大使 A.V. Efimov 接受叙利亚报纸 Al-Watan 的采访, https://mid.ru/ru/maps/sy/1817657/,登录时间:2023 年 2 月 8 日。

50. 俄罗斯联邦驻叙利亚共和国特命全权大使 A.V. Efimov 接受今日俄罗斯采访, https://mid.ru/ru/maps/sy/1797785/,登录时间:2023 年 2 月 8 日。

51. 2022 年 1 月 20 日,叙利亚总统巴沙尔会见俄罗斯总统叙利亚问题特使亚历山大·拉夫连季耶夫, http://www.mod.gov.sy/index.php?node＝5642&nid＝32784&First＝0&Last＝194&CurrentPage＝0&src＝search&Keywords＝%270ebT7cc＝%27,登录时间:2023 年 2 月 8 日。

52. 2022 年 2 月 21 日,俄罗斯外长谢尔盖·拉夫罗夫在与叙利亚外长梅克达德举行的联合新闻发布会上的讲话和答记者问, https://mid.ru/ru/maps/sy/1799779/,登录时间:2023 年 2 月 8 日。

53. 2022 年 6 月 29 日,联合国安理会召开第 9083 次会议,讨论更新叙利亚跨境援助项目及支持政治解决叙利亚问题，https://press.un.org/en/2022/sc14954.doc.htm，登录时间：2023 年 2 月 8 日。

54. 联合国难民署网站，https://www.unhcr.org/en-au/syria-emergency.html，登录时间：2023 年 2 月 8 日。

55. 2022 年 2 月 21 日，俄罗斯外长拉夫罗夫在与叙利亚外长梅克达德举行会谈，https://mid.ru/ru/maps/sy/1799838/，登录时间：2023 年 2 月 8 日。

56. 同上。

57. 2022 年 5 月 25 日，俄罗斯外交部外交学院院长亚历山大·雅科文科会见叙利亚驻俄罗斯大使哈达德，https://mid.ru/ru/maps/sy/1814771/，登录时间：2023 年 2 月 8 日。

58. 2022 年 10 月 20 日，叙利亚总统巴沙尔会见俄罗斯总统叙利亚问题特使亚历山大·拉夫连季耶夫，http://www.mod.gov.sy/index.php?node＝5642&nid＝34914&First＝0&Last＝194&CurrentPage＝0&src＝search&Keywords＝％270ebT7cc＝％27，登录时间：2023 年 2 月 8 日。

59. 2022 年 6 月 17 日，俄罗斯跨部门代表团对叙利亚进行工作访问，讨论两国在科学和高等教育领域的合作，https://minobrnauki.gov.ru/press-center/news/mezhdunar-odnoe-sotrudnichestvo/52861/，登录时间：2023 年 2 月 8 日。

60. 2022 年 6 月 17 日，俄罗斯跨部门代表团对叙利亚进行工作访问，讨论两国在科学和高等教育领域的合作，https://minobrnauki.gov.ru/press-center/news/mezhdunar-odnoe-sotrudnichestvo/52861/，登录时间：2023 年 2 月 8 日。

61. 2022 年 6 月 12 日，俄罗斯驻叙利亚特命全权大使 A.V. Efimov 接受叙利亚报纸 Al-Watan 的采访，https://mid.ru/ru/maps/sy/1817657/，登录时间：2023 年 2 月 8 日。

62. 2022 年 2 月 21 日，俄罗斯外长拉夫罗夫在与叙利亚外长梅克达德举行的联合新闻发布会上的讲话和答记者问，https://mid.ru/ru/maps/sy/1799779/，登录时间：2023 年 2 月 8 日。

63. 2022 年 1 月 20 日，叙利亚总统巴沙尔会见俄罗斯总统叙利亚问题特使亚历山大·拉夫连季耶夫，http://www.mod.gov.sy/index.php?node＝5642&nid＝32784&First＝0&Last＝194&CurrentPage＝0&src＝search&Keywords＝％270ebT7cc＝％27，登录时间：2023 年 2 月 8 日。

64. 2022 年 2 月 25 日，叙利亚总统巴沙尔与俄罗斯总统普京通电话，http://www.mod.gov.sy/index.php?node＝5642&nid＝33068&First＝0&Last＝194&Current-Page＝0&src＝search&Keywords＝％270ebT7cc＝％27，登录时间：2023 年 2 月 8 日。

65. 2022 年 2 月 21 日，俄罗斯外长谢尔盖·拉夫罗夫在与叙利亚外长梅克达德举行的联合新闻发布会上的讲话和答记者问。https://mid.ru/ru/maps/sy/1799779/，登录时间：2023 年 2 月 8 日。

66. 2022 年 7 月 20 日，联合国安理会召开第 9097 次会议，针对联合国裁军事务负责人提出叙利亚关于化学武器计划声明的不完整性讨论叙利亚化武问题，https://press.un.org/en/2022/sc14976.doc.htm，登录时间：2023 年 2 月 8 日。

67. 俄罗斯总统官方网站，http://kremlin.ru/search?query＝％D0％A1％D0％B8％D1％80％D0％B8％D1％8F&page＝2，登录时间：2023 年 2 月 18 日。

68. 俄罗斯外交部官方网站，https://mid.ru/，登录时间：2023 年 2 月 18 日。

69. 同上。

70. 联合国安全理事会会议记录，https://research.un.org/en/docs/sc/quick/meet-ings/2023，登录时间：2023 年 2 月 18 日。

71. 联合国紧急特别会议投票记录，https://digitallibrary.un.org/record/3959039?ln

＝en,登录时间:2023 年 2 月 18 日。

72. 联合国紧急特别会议投票记录,https://digitallibrary.un.org/record/3965954?ln
＝en,登录时间:2023 年 2 月 18 日。

73. 联合国紧急特别会议投票记录,https://digitallibrary.un.org/record/3967778?ln
＝en,登录时间:2023 年 2 月 18 日。

74. 联合国紧急特别会议投票记录,https://digitallibrary.un.org/record/3990400?ln
＝en,登录时间:2023 年 2 月 18 日。

75. 联合国紧急特别会议投票记录,https://digitallibrary.un.org/record/3994052?ln
＝en,登录时间:2023 年 2 月 18 日。

76. 俄罗斯国防部官方网站,https://function.mil.ru/news_page/country/more.
htm?id＝12452348@egNews,登录时间:2023 年 2 月 18 日。

77. 俄罗斯国防部官方网站,https://function.mil.ru/news_page/country/more.
htm?id＝12409058@egNews,登录时间:2023 年 2 月 18 日。

78. 俄罗斯国防部官方网站,https://function.mil.ru/news_page/country/more.
htm?id＝12409035@egNews,登录时间:2023 年 2 月 18 日。

79. 俄罗斯国防部官方网站,https://function.mil.ru/news_page/country/more.
htm?id＝12433754@egNews,登录时间:2023 年 2 月 18 日。

80. 叙利亚国防部官方网站,http://www.mod.gov.sy/index.php?node＝5642&nid
＝33537&First＝0&Last＝194&CurrentPage＝0&src＝search&Keywords＝%270
ebT7cc＝%27,登录时间:2023 年 2 月 18 日。

81. 同上。

82. New TRENDS Research and Advisory,https://trendsresearch.org/insight/03-
06-2022/,登录时间:2023 年 2 月 18 日。

83. 俄罗斯国防部官方网站,https://mil.ru/,登录时间:2023 年 2 月 18 日。

84. ABC 新闻社,https://abcnews.go.com/International/wireStory/syrian-russian-
troops-conduct-joint-drills-syria-92144605,登录时间:2023 年 2 月 18 日。

85. 俄罗斯国防部官方网站,https://function.mil.ru/news_page/country/more.
htm?id＝12436589@egNews,登录时间:2023 年 2 月 18 日。

86. 俄罗斯国防部官方网站,https://function.mil.ru/news_page/country/more.
htm?id＝12405005@egNews,登录时间:2023 年 2 月 18 日。

87. 俄罗斯国防部官方网站,https://function.mil.ru/news_page/country/more.
htm?id＝12415988@egNews,登录时间:2023 年 2 月 18 日。

88. 俄罗斯国防部官方网站,https://function.mil.ru/news_page/country/more.
htm?id＝12441674@egNews,登录时间:2023 年 2 月 18 日。

89. 俄罗斯国防部官方网站,https://function.mil.ru/news_page/country/more.
htm?id＝12449825@egNews,登录时间:2023 年 2 月 18 日。

90. 俄罗斯国防部官方网站,https://function.mil.ru/news_page/country/more.
htm?id＝12449748@egNews,登录时间:2023 年 2 月 18 日。

91. 俄罗斯外交部官方网站,https://mid.ru/ru/maps/sy/1799527/,登录时间:2023
年 2 月 18 日。

92. 俄罗斯国防部官方网站,https://function.mil.ru/news_page/country/more.
htm?id＝12442263@egNews,登录时间:2023 年 2 月 18 日。

93. 同上。

94. 俄罗斯科学和高等教育部官方网站,https://minobrnauki.gov.ru/press-center/
news/novosti-podvedomstvennykh-uchrezhdeniy/53330/?sphrase_id＝4362329,登录时

间：2023 年 2 月 18 日。

　　95. 俄罗斯科学和高等教育部官方网站，https://minobrnauki.gov.ru/press-center/news/mezhdunarodnoe-sotrudnichestvo/49001/?sphrase_id＝4362329，登录时间：2023年 2 月 18 日。

　　96. 俄罗斯科学和高等教育部官方网站，https://minobrnauki.gov.ru/press-center/news/mezhdunarodnoe-sotrudnichestvo/52861/，登录时间：2023 年 2 月 18 日。

　　97. 俄罗斯科学和高等教育部官方网站，https://minobrnauki.gov.ru/press-center/news/mezhdunarodnoe-sotrudnichestvo/53498/?sphrase_id＝4362329，登录时间：2023年 2 月 18 日。

　　98. 俄罗斯科学和高等教育部官方网站，https://minobrnauki.gov.ru/press-center/news/mezhdunarodnoe-sotrudnichestvo/59700/?sphrase_id＝4362329，登录时间：2023年 2 月 18 日。

　　99. 俄罗斯科学和高等教育部官方网站，https://minobrnauki.gov.ru/press-center/news/mezhdunarodnoe-sotrudnichestvo/53498/?sphrase_id＝4362329，登录时间：2023年 2 月 18 日。

　　100. 俄罗斯科学和高等教育部官方网站，https://minobrnauki.gov.ru/press-center/news/novosti-podvedomstvennykh-uchrezhdeniy/53330/?sphrase_id＝4362329，登录时间：2023 年 2 月 18 日。

　　101. 俄罗斯科学和高等教育部官方网站，https://minobrnauki.gov.ru/press-center/news/novosti-podvedomstvennykh-uchrezhdeniy/61911/?sphrase_id＝4362329，登录时间：2023 年 2 月 18 日。

　　102. 俄罗斯科学和高等教育部官方网站，https://minobrnauki.gov.ru/press-center/news/mezhdunarodnoe-sotrudnichestvo/52861/，登录时间：2023 年 2 月 18 日。

　　103. 俄罗斯科学和高等教育部官方网站，https://minobrnauki.gov.ru/press-center/news/mezhdunarodnoe-sotrudnichestvo/61580/?sphrase_id＝4362329，登录时间：2023年 2 月 18 日。

　　104. 中阿合作论坛官方网站，http://www.chinaarabcf.org/zagx/zaggfzyjzx/202301/t20230131_11016917.htm，登录时间：2023 年 2 月 18 日。

　　105. 俄罗斯科学和高等教育部官方网站，https://minobrnauki.gov.ru/press-center/news/mezhdunarodnoe-sotrudnichestvo/59648/?sphrase_id＝4362329，登录时间：2023年 2 月 18 日。

　　106. 俄罗斯国防部官方网站，https://function.mil.ru/news_page/country/more.htm?id=12417641@egNews，登录时间：2023 年 2 月 18 日。

　　107. 俄罗斯驻叙利亚贸易代表处官方网站，https://test-syr.minpromtorg.gov.ru/news?id=aa89b3f5-e546-4d3d-a6c7-ab8a63de8b2e，登录时间：2023 年 2 月 18 日。

　　108. 俄罗斯驻叙利亚贸易代表处官方网站，https://test-syr.minpromtorg.gov.ru/news?id=3b764759-763e-4083-be19-923989e11df2，登录时间：2023 年 2 月 18 日。

　　109. 俄罗斯驻叙利亚贸易代表处官方网站，https://test-syr.minpromtorg.gov.ru/news?id=43630fae-4590-43db-b576-427e0699d5ca，登录时间：2023 年 2 月 18 日。

　　110. 俄叙商业委员会官方网站，https://russia-syria.ru/index.php?page＝show&ex＝2&dir＝news&lang＝5&nt＝8&nid＝212&First＝0&Last＝10&CurrentPage＝0&nt＝8&type＝8&src＝all&act＝259&，登录时间：2023 年 2 月 18 日。

　　111. 俄罗斯联邦工商会官方网站，https://news.tpprf.ru/ru/news/3798676/，登录时间：2023 年 2 月 18 日。

　　112. 俄罗斯联邦工商会官方网站，https://news.tpprf.ru/ru/news/3945717/，登录

时间:2023 年 2 月 18 日。

113. 中阿合作论坛官方网站,http://www.chinaarabcf.org/zag,登录时间:2023 年 2 月 18 日。

114. 中阿合作论坛官方网站, http://www.chinaarabcf.org/zagx/zaggfzyjzx/202211/t20221108_10813941.htm,登录时间:2023 年 2 月 18 日。

115. 中阿合作论坛官方网站, http://www.chinaarabcf.org/zagx/zaggfzyjzx/202212/t20221205_1098518 2.htm,登录时间:2023 年 2 月 18 日。

116. 2022 年 7 月 12 日,联合国安全理事会第 9089 次会议,https://press.un.org/en/2022/sc14965.doc.htm,登录时间:2023 年 2 月 18 日。

117. 联合国安全理事会会议记录,https://research.un.org/en/docs/sc/quick/meetings/2023,登录时间:2023 年 2 月 18 日。

第四章

关系认同与美苏对抗行为研究

冲突与合作是国际关系研究的一大主题。在解释国家行为时,主流国际关系理论围绕权力、制度和观念提出了不同的分析框架。现实主义理论认为,国家是基于权力、威胁、相对收益等考虑划定盟友与竞争对手的关系并采取制衡或追随的政策,以维持国际体系的均势。在无政府状态下,国家间冲突是普遍发生的。[1]而自由主义认为国家在建立和维持国际制度、追求绝对收益等因素的影响下,国家之间的合作是能够达成的、无政府状态下国家间不一定总是冲突。[2]建构主义强调,国家冲突与合作是取决于文化的建构,在不同的无政府文化下,国家会采取不同的行为。[3]主流国际关系理论对国家间合作和冲突提供了强有力的解释。但是,近年来,世界政治不断变化,主流国际关系理论因其具有很强的"西方中心主义"特点,而无法解释发展中国家在塑造体系变迁中的作用。

中国学者努力在中国传统文化领域进行探索,并提出以关系主义理论为代表的一些新解释。关系理论以关系而非单个行为体为切入点,突破西方国际关系理论的基本设定。关系认同结构理论则进一步完善了关系主义理论的微观机制,为分析国家间关系提出新的解释框架。国家行为并不是基于纯粹的利益计算,而是基于关系的考量,关系性要先于工具理性,关系认同结构理论提供了理性计算之外的另一种解释。但是,关系认同结构理论提出不久,其核心假设还缺乏足够的经验检验。为促进关系主义理论的经验研究,本章选取1945—1948年的美苏关系为案例,通过案例分析对关系认同结构理论的核心假设进行检验。

第一节　美苏关系认同研究方案设计

二战结束后,全球进入了冷战时期。而美苏是如何由战时盟友转变为对抗力量、并一直延续至 1991 年的,成为学术界感兴趣的一个问题,冷战初期的美国对外政策尤其引发关注。本章选取冷战初期 1945—1948 年的美国与苏联关系为案例。通过考察这一时间段内美苏双方的官方外交文件、决策者公开发言,可以清晰地分辨美苏之间形成了怎样的关系结构,并可以通过这一关系结构从理论上评估美国对苏采取的外交政策。并且,如果在经验层面可以甄别出与理论评估相一致的国家行为,那么就可以大致证明,关系认同结构决定国家行为方式的假设是成立的。

本章之所以选取 1945—1948 年美苏关系作为验证案例,有以下三点考虑。一是该案例数据丰富,冷战史的研究已成体系,这段历史史料详细丰富且容易把握,而且大都已经解密,例如 FRUS 已经提供了详细的政府文件的史料。无论是外文资料还是中文资料,都对这段历史有丰富的阐述和有价值的论述。二是自变量、因变量表现突出且具有极值。二战结束以后,美苏关系总体上恶化,从战时盟友走向对抗,杜鲁门时期是美苏对抗性认知形成的基础阶段。正是由于美苏双方逐渐建构成负面的关系认同,才使杜鲁门时期的美国对苏联政策转变为政治与军事遏制。从这段历史发展中,我们可以看到,美苏之间的关系认同发生了明显的变化,负向认同从小到大。三是随着时间和空间的变化,自变量和因变量具有大量的案例内变量,在 1945—1948 年之间,美苏关系经历了由合作到对抗的转变,这种变化可以更好地说明本章需要研究的问题。

杜鲁门担任美国总统期间,一改罗斯福总统在外交事务上集权于一身的做法,转而倚重国务卿、国务院和其他内阁成员处理外交事务。这些参与决策的官员对美国战后外交战略的形成起了重要作用。而且从杜鲁门政府开始,军方也开始参与外交决策。[4]这表明,在本次案例研究过程中,杜鲁门政府幕僚的观点也非常重要。1949 年新中国建立。美国在世界上的垄断地位出现动摇,这给美国造成了巨大的国际压力。美国被迫重新评估其战略目标，遏制政策在这一背景下出炉。一般认为，1950 年美国国家安全委员会第 68 号决议（NSC68 号决议）是美国对苏联遏制政策形成的标志。NSC68 号决议于 1950 年 1 月在杜鲁门总统的委托下开始起草，4 月完稿，9 月获得总统批准。同年 6 月，朝鲜战争爆发，标志着美国的遏制政策开始走向军事化。因此，杜鲁门的第一任期是其对外政策形成的关键时期，之后美国的冷战政策也受到这一时期的影响，是杜鲁门原有政策的延续。

第二节　1945—1948 年的美苏关系认同结构

美国对苏联建立起以美国为中心的，在军事安全领域、意识形态领域、政治领域、经济领域等不同关注领域的双边的、综合性的关系认同结构。美国与苏联在不同领域建立起的关系认同、对建立起的关系认同领域的关注度是高是低，以及对各个关系认同的程度是强是弱，直接决定美国与苏联的关系是合作还是冲突，是否密切、是否牢固。

一、军事安全领域

在军事领域，美苏主要是在军队建设与核武器方面建立起关系认同。在核问题上，美国为了维护自身的核垄断而提出控制核武器扩散，而苏联为了打破核垄断始终拒绝与美国进行这方面的合作。双方都在这一维度上将对方视为竞争对手，由此形成了负向关系认同；在国防建设维度，由于美苏都怀疑对方的战略意图，以及对方实力强大而威胁本国安全的担忧，双方也难以消除对对方的恐惧而认为冲突是不可避免的，从而在此维度形成负向的关系认同。

（一）核问题

在 1949 年以前，美国享有绝对的核优势。对于这种具有强大破坏力、可以明显改变两国实力对比的新式武器，美国试图建立起一套有效的控制体系。因此在战后针对所谓的"原子能问题"与苏联、英国、加拿大进行了一系列谈判，但美国官方对苏联的态度比较负面。

早在 1945 年，美国战争部长史汀生在致杜鲁门总统的备忘录中表示，美苏之间缺乏合作与信任的基础，在此情况下，在原子能问题上与苏联达成协议是很难的。1945 年 9 月 11 日，史汀生在给杜鲁门总统的信件表示，在核武器问题上对苏联感到担忧，他认为，以苏联内部改革为前提条件与苏联共享原子弹技术的设想，是行不通的。[5]1945 年 9 月 25 日，代理国务卿迪恩·艾奇逊在给杜鲁门总统的备忘录中表示，核武器的发展是不能做到完全保密的，根据科学界的预测，苏联等国可以在大约五年内达到美国当下的核武器技术水平。与此同时，苏联也有自己的猜测和设想。在苏联看来，美国与英国、加拿大共同发展核武器，是英美联合反对苏联的证据，苏联不会无视这种情况，而这进一步加剧了当时美苏互动的困难。[6]艾奇逊敏锐地发现，美国与苏联的分歧正在增加，在英美将苏联排除在原子能发展合作之外的情况下，任何基于坚定、坦率和相互承认对方基本利益的长期理解都是不可能的；如果不可能，就不会出现有组织的和平，只会有武装休战。在 1945 年 10 月 8 日的总统新闻发布会上，记者问：在原子能问题上美苏之间无法达成协议的原因，是否因为美国有原子弹而苏联没有。杜鲁门认为这不是根本原因，美苏无法达成协议的困难，在于美苏一直无法相互理解，如果能够确保彼此理解对方的意思，达成协议没有任何困难。[7]1945 年 11 月 5 日，科学研究与发展办公室主任布什在致国务卿的备忘录中提到，美国需要沿着国际合作的道路前进，避免秘密军备竞赛，而难点在于苏联总是疑神疑鬼，一心只想着自己的切身利益，因此，与苏联达成并遵守协议，是国际原子能问题的主要难点。在杜鲁门总统、艾德礼总理和麦肯齐·金总理于 1945 年 11 月 15 日在华盛顿签署的《议定宣言》之前，美国科学研究和发展部在给国务卿的备忘录中表示，苏联的态度是热衷于自己的眼前利益，天生是秘密的、可疑的。[8]1946 年 1 月 8 日，在美国总统的新闻发布会上，有记者提问：政府是否相信苏联确实拥有一颗比美国更大、更好的原子弹？杜鲁门总统说美国政府没有理由相信这一点。[9]

（二）国防军队建设

在二战后初期，美国强大的经济和军事实力，增强了杜鲁门总统的自信。在首次接见美国驻苏联大使哈里曼时,杜鲁门明确表示,他不怕苏联人,他打算采取坚定而公正的态度。在日本无条件投降之后,在1945年9月波茨坦会议后召开的首次外长会议上,国务卿贝尔纳斯与莫洛托夫的谈判并不顺利。在1946年美国快速进行军队复员的时候,杜鲁门的特别顾问克拉克·克利福德为总统起草了一份文件,上面写道:在遏制苏联的过程中,美国必须做好打核战争和生物战的准备。一支高度机械化的部队,要既能从海上走,也能从空中行,还要能占领并据守战略要地,因此必须有强大的海军和空军支援。[10] 在1946年苏联不执行伊朗撤军行动时,杜鲁门说表示,全世界现在更能把他们的希望寄托在联合国身上。但是,"苏联人的野心"却导致他们不会因有人友善地提示他们遵守诺言而有所"收敛"。美国人在哪里暴露出了弱点,苏联人就会向哪里进逼,而美国就不得不去对付那里所产生的压力。可见美国政府对苏联的成见是多么的根深蒂固。

苏联在国家发展过程中,有一个非常值得注意的特点,是"强烈的扩张意愿"与"害怕遭到攻击"的矛盾。这使得其势力范围越大,其对国家安全的担心就越多,害怕被包围是20世纪苏联外交政策的一个显著特点。[11]斯大林在战后制定对外政策时,将巩固战争成果、确保苏联国家安全放在首位:一方面尽可能扩大苏联的领土,另一方面力图在苏联国界周围建立起缓冲地带。[12]二战时期,波罗的海三国、爱沙尼亚、拉脱维亚、立陶宛等于1941年并入苏联,苏联建立和扩大了它的"防御区"。斯大林知道,英国本身没有能力制衡苏联,因此可能在苏联面前形成一个巨大的权力真空,日后有可能使苏联与美国发生冲突,而且这一冲突可能无法避免。[13]1945年7月24日,杜鲁门对斯大林透露美国核试验成功的消息,斯大林表面平静,但在回到住所后对莫洛托夫说,应该"加速我们的工作进度"。[14]1946年2月9日,斯大林讲话中指出,世界战争是世界各种经济和政治势力在现代垄断资本主义基础上发展的必然产物。[15]斯大林还指出,在美国、英国以及法国,存在着侵略的势力渴望新的战争。这些人就是那些财产以百万和亿万计的富豪们。他们认为战争是产生巨大利润的有利可图之事。日丹诺夫在1947年作为苏联代表出席欧洲共产党和工人党情报局会议时,针对当时的国际形势的作了会上发言,其在报告中表示,反帝国主义民主阵营的目的是反对新战争威胁与帝国主义扩张,加强民主和根除法西斯主义。苏联谴责美国准备战争、破坏和平的政策,指责美国推行扩张主义政策。[16]这足以看出,苏联对美国也有着高度的不信任。

二、意识形态领域

美苏之间的意识形态是非常对立的,双方都将自己的意识形态看作唯一的正确的,强调本身的优越性与生命力。意识形态是一个在存在于美苏两大集团之间和冷战各个过程中的非常重要的因素。在现代化过程中,人们为了寻求解决危机选择的不同路径形成了不同的意识形态,超级大国利用人们对美好生活的追求实现自身的利益诉求,意识形态也就带有了"普世"面貌。[17]美苏在意识形态领域上这种难以调节和妥协的领域建立起负向的关系认同。

美国恐惧苏联统治。美国对苏联的恐惧感及其强烈的"反共主义",为理解美国社会政治文化传统和对苏政策提供了框架。美国领导人把共产主义视为战略威胁,因为它同苏联的力量和政策联系在一起。对美国来说,共产主义是一种意识形态与经济威胁,美国把共产主义看作"异端",是反对美国价值观和生活方式的。因此,他们认为同共产主义的斗争关系到美国的生死存亡。而美国的意识形态是包含它的政治文化和传统文化,涉及美国的政治、经济制度,根本价值观念和基本信仰、道德准则等在内的方方面面。意识形态冲突是根本性的,具有高关注度。凯南固执地认为苏联具有进攻性的政策是根植于苏联的制度本身的,美国不应以苏联"蛮横"而自谴。他主张说,苏联外交政策具有历史根源与制度基础,本质上乃是共产主义意识形态与旧式沙皇扩张主义的混合体。凯南认为,共产主义意识形态是斯大林主义的重心,斯大林把西方资本主义国家视为无可挽回的大敌,美苏分歧不是因为误会或沟通不良,而是随着意识形态的对立与生俱来。凯南认为美国和苏联在国家目标与哲学基础上是无法调和的,美苏之间在国家利益和意识形态上的冲突是无法解决的,美国如果想获得安全,就需要彻底摧毁苏联,而且美国必须做好从事长期斗争的准备。[18]在第二次世界大战还未彻底结束时,在波兰问题上,罗斯福和丘吉尔坚持国家自由选择,在雅尔塔会议,斯大林作出了让步,签署了"解放欧洲共同声明",保证在东欧举行自由选举及建立民主政府。但是,在雅尔塔会议结束两个月后,斯大林开始组织"完全友好"的波兰新政府,美国非常不满,决定反抗苏联的"扩张主义"。1947 年 2 月 27 日,艾奇逊在一场重要的白宫会议中,大胆预设未来共产主义的实力将占据上风,以此美国必须采取措施保护美国的安全。[19] 1948 年 3 月 6 日,美国驻苏联大使史密斯在致国务卿的信中表示,对苏联的"强硬政策"最终会脱颖而出。可见,美国的整个决策层都将苏联的意识形态视为难以改变的威胁。

苏联方面也形成了这样的认同。美苏的文化差距助长了冷战的兴起,美国代表一味重复他们的法律和道德权利在斯大林听来毫无意义,因为他心目中的国际新秩序是"以共产主义意识形态强化泛斯拉夫主义"。战后苏联加强了国内的政权建设和意识形态领域的斗争。1945 年 9 月 24 日,联共(布)中央发表致《真理报》编辑部的信,表示"从 1912 年起,30 多年来,《真理报》始终不渝地向人民群众传播了布尔什维克的伟大思想,向工人阶级和我国全体人民群众传播了布尔什维克的伟大思想,把工人阶级和全体人民团结在党的光荣旗帜的周围,鼓舞和发动了劳动人们为消灭地主、资产阶级的压迫、奠定和巩固苏维埃政权、争取社会主义的斗争。"[20] 斯大林在 1946 年 2 月 9 日的公开演说中明确指出,现代资本主义是新的世界大战的根源,马克思列宁主义的原理没有过时,因为"资本主义各国发展不平衡会造成极大的混乱"。在他看来,只要资本主义制度继续存在,战争就不可避免,苏联必须做好准备。[21] 1946 年 2 月 9 日,斯大林为战后阶段下达动员令的演讲中说道:"胜利表明,我们的苏维埃社会制度赢了。苏维埃社会制度已经成功地经受战火考验,证明了它的完全活力……苏维埃社会制度已证明比非苏维埃社会制度更具活力、更加稳定……苏维埃社会制度是比任何非苏维埃社会制度更优秀的社会组织之形式。"这表明了斯大林对苏维埃制度的自信。对于战争的原因,斯大林认为战争是资本主义制度运作的必然结果:"资本主义国家的不平均发展终将造成其关系的极端骚乱……且以武力的方式企图做对彼此有利的改变。"[22] 莫洛托夫的讲话中也可以透露出苏联对本国意识形态的自信与推崇。莫洛托夫说:"乌克兰的科学和艺术成功地克服了反人民的资产阶级影响,并在苏联及其境外的人民中获得了越来越广泛的认可";"苏维埃乌克兰三十年的历史充满了乌克兰人民为巩固苏维埃政权同时为经济和文化复兴而进行的不懈斗争。乌克兰人民为在自己的祖国维护苏维埃政权、击退来自白卫分子和资产阶级民族主义者阵营的内部阶级敌人以及外部敌人的进攻,付出了许多牺牲。"与此同时,斯大林也在制定对抗美国的对外政策,因为他也知道,美苏在价值观与意识形态上的冲突是不可调和的。因此,美苏在意识形态方面的对立也是必然的。

三、政治领域

美苏在战后一年内仍然抱着能够合作的心态,因为经历过战争建立起稳定的地区和国际秩序是所有国家的愿望。但是随着在战后安排、建立新的地区和国际秩序层面上出现越来越多的沟通困难,美国和苏联也陷入对立之中,并逐渐建立起负向的关系认同。

杜鲁门上任伊始,意在继承罗斯福的"警察"观念:为了避免国际体系陷入混乱的无政府状态,美国需要继续推动构建全球的集体安全体,因此他重申罗斯福的信念,即战时盟国负有特殊义务维持团结以建立和维护国际新秩序。"有关未来世界和平最重要者,莫过于各国继续合作,集中一切力量,击败轴心国家统制世界的阴谋。"[23] 1945 年,杜鲁门总统上任伊始在对美国民众的演讲中表示:"在柏林会议上,我很容易与斯大林委员长、丘吉尔首相以及后来的艾德礼首相建立了相互理解和友谊。罗斯福总统奠定了良好意愿与合作的坚实基础。很明显,这些基础不仅仅建立在三个人的个人友谊之上。"[24]甚至杜鲁门一直对国际合作抱着希望的态度。1946 年杜鲁门对国际合作的看法是:在国内和国际舞台上,我们必须为合作奠定新的、更好的基础。[25]但是,在杜鲁门看来,即使美国在苏联关切问题上妥协,也并不能促成顺畅的合作,因为苏联一直都是"以自我利益为中心"的,并将美国和其他西方国家视为竞争者。

不仅如此,华盛顿决策层大多数成员对苏联没有好印象。[26] 1945 年 4 月 4 日,驻苏联大使哈里曼在致国务卿的电报中说:"我们现在有充分的证据表明,苏联政府是站在一己私利的立场上看待一切问题的。"在哈里曼眼中，苏联的行动只是为了自己的政治利益，例如公开法国、比利时和意大利等美国解放的地区的粮食困难情况，并将其与苏军解放地区据称"令人满意的"条件进行比较，并且苏联对美国报社的记者进行了严格的审查，以防止真实的情况曝光。在解放区共产党利用美国负责地区的经济困难来宣传苏联的理念和政策，并削弱西方盟国的影响。在哈里曼看来，要想保护美国的切身利益，针对苏联政府的自私态度，美国必须采取更积极的政策，利用经济影响力促进美国更广泛的政治理想，即利用经济实力，帮助政治理念上对美友好的国家，阻止苏联的政治渗透。[27]1945 年 4 月 6 日，驻苏联大使哈里曼致电国务卿时认为，许多月以来，我们已经认识到苏联有三条外交政策路线：在世界安全组织中与我们和英国进行全面合作；通过控制其边境国家建立单边防御区；在苏联的强大支持下，共产党控制的政党利用民主进程渗透其他国家，以创造有利于苏联的政策。我们认识到，苏联人对包括我们在内的所有外国人都有根深蒂固的猜疑。我们处理他人怀疑的自然方法是通过慷慨和体谅来表达我们的善意。我们认真地尝试过这项政策，但没有成功，这项政策似乎增加了而不是减少了他们的怀疑，因为他们显然误解了我们的动机。哈里曼认为，如果我们一方面对他们坚定和完全坦诚地表明我们的立场和动机，另一方面让他们具体了解我们的合法要求如何缺乏合作，我们的关系就会建立在更稳固的基础上。但这可能会对他们的利益造成不利影响。尽管我们应该继续以友好的态度处理所有问题，但我们应该坚定并尽可能以肯定会影响他们利益的方式表达我们的不满，因为他们在行为中未能考虑到我们的合法利益。有充分的证据表明，苏联希望得到我们的帮助和合作，但他们现在认为他们可以按照自己的条件获得这些，这在许多情况下是我们完全不能接受的。苏联不明白他们目前的行为严重危及与美国建立正向关系，除非他们现在明白这一点，否则他们将变得越来越难以对付。[28]杜鲁门在回忆录中提到，在两次世界大战之后，要防止人类遭到战争的灾难，需要致力于建立起联合国组织，但是在努力促成丘吉尔、艾德礼和斯大林密切合作的过程中，与苏联的相处越来越困难。[29]杜鲁门在1945 年 4 月与莫洛托夫初次会面后说："我们必须强硬对付苏联人，他们不知行止，好似水牛闯进瓷器店。"[30]1945 年波茨坦会议后的第一次外长会议,贝尔纳斯在与前任国务卿交谈中说:"我们面对的是一个新的苏联,与一年前打交道的那个俄国全然不同。当他们在战时亟须我们施以援手,我们也提供供应品,我们的关系就不错;但是现在战争已结束,他们对政治领土问题采取侵略性的态度,那就说不过去了。"[31]后来担任美国国务卿的艾奇逊表示:"斯大林在 1946 年 2 月 9 日讲话中宣布的对美国和西方的攻势,实际上于 1945 年已在波兰开始,以后并将在朝鲜和 50 年代初的'仇美'运动中达到顶点。这是'冷战'的开始,也势将决定我今后的宦海生涯。"[32]

1946 年 3 月 5 日,丘吉尔发表"铁幕演说",杜鲁门为其喝彩,引起国内舆论不满。在此后的新闻发布会上,杜鲁门表示,丘吉尔先生完全有权说他喜欢的话,自己对此没有意见。[33]为了平息国内不满,杜鲁门于 3 月 8 日举行记者招待会,声称在丘吉尔讲话之前他"并没有看过讲稿",然而从解密的档案资料来看,早在筹划此次演讲之前,丘吉尔就写信告诉杜鲁门,表示"会在事先让你知道我想在演说中对世界事务讲些什么,因为我在那种场合下讲的东西不会使你难堪"[34]。丘吉尔的"铁幕演说"道出了杜鲁门想说但是在当时的情况下又不便说的话。针对丘吉尔的演说,斯大林在《真理报》的采访中批评丘吉尔。在 1946 年 3 月 14 日美国总统新闻发布会上,记者针对这一问题提问杜鲁门总统,杜鲁门以不懂俄语回避正面回答。针对当前的国际形势,杜鲁门回复说局势并没有恶化到无法控制的地步。[35]

在苏联拒绝从伊朗撤军后,杜鲁门表示:"全世界现在更能把他们的希望寄托在联合国身上。但是苏联人的野心却不会因友善地提示他们所作的诺言而有所收敛。哪里暴露出了弱点,苏联人便向哪里进逼,而我们就不得不去对付那里所产生的压力,我们的这种态度是苏联人和全世界都了解的。"杜鲁门在回忆录中强调,根据我个人与苏联人打交道的经验,华莱士的绥靖是没用的,苏联人只懂得武力。[36]由此可以看出,美国在国际政治合作领域对苏联的态度越来越负面。

而苏联方面也表现出对美国的排斥。苏联的对美政策日渐强硬,苏联领导人在公开演讲与报告中表现出的"反美、反西方情绪"不断升级。1946 年丘吉尔的"铁幕演说"后,美英的态度引起苏联的不满。在丘吉尔演讲之后不久,苏联便快速做出决定,拒绝了谈判 15 个月之久的 10 亿美元的贷款条件。此外，还决定不参加世界银行和国际货币基金组织。[37]这都表明，苏联对美国的态度也越来越负面，双方正在建立起深刻的负向认同。

四、经济领域

美苏两国在经济领域的关系，主要集中在经贸关系以及对外援助层面，两国在这两个维度上对立的烈度相对要弱一些，甚至苏联频繁表示美苏经贸关系的友好和合作可能性。但是，美国主要是想构建以美国为中心的自由贸易、金融体系，而苏联市场经济的封闭性导致美国对苏联在经济领域的示好并没有表现出过多的热情。

对于战后经贸方面的立场，杜鲁门于 1945 年表示，我们必须从战时的经济合作转向和平时期的经济合作；我们已采取步骤执行布雷顿森林关于建立国际货币基金组织和国际银行的建议；我们准备扩大进出口银行的业务。我们的目标是使世界上爱好和平的国家能够在一个自由不断扩大、生活水平不断提高的世界中自力更生。[38]在经济方面，驻苏大使哈里曼建议美国一方面需要面对苏联破坏的现实情况，另一方面也要调整我们的对外经济政策。但是，对苏经济政策应该继续基于我们对发展政治和经济友好关系与合作的热切愿望，但始终建立在交换条件的基础上。这意味着将我们的经济援助直接与我们和苏联的政治问题挂钩。[39]因此，从以上可以看出，美国决策层对苏联的经济态度是与政治、意识形态一致的。面对战争的破坏，各国在战后都亟须经济恢复，即使政治上存在摩擦与矛盾，但不会轻易断绝贸易关系。乔治·凯南作为美国遏制战略的缔造者，也反对向苏联提供经济援助。1945 年凯南在其提交的国会备忘录中表示，美国不能在战争之后依然向苏联提供经济援助，这无疑是培养自己的竞争对手，与苏联发展经贸关系也只是增强苏联国力的做法，而且美国无论给苏联提供多少经济援助也不会改变苏联在政治上的态度。1946 年 9 月，克利福德在其提交给杜鲁门的报告中也表示，应该谨慎向苏联以及对苏友好的国家提供经济援助，这是维护美国国家安全的手段，因为与苏联和苏联势力范围内的国家发展经贸关系、提供经济援助，都是增强苏联向全球扩张的力量,从而危害美国的国家安全。从苏联的经济制度来看,美国向苏联提供的经济援助大部分会被苏联用来增强本国的军事实力。此外,克利福德指出,美国提供的有力的经济援助可以避免受到苏联威胁甚至受到苏联伤害的民主国家走向共产主义,因此美国采取一系列措施,包括与这些国家签订贸易协定、直接提供经济援助、提供专家和技术支持等,都能够增强对美友好国家的联系,从而证明资本主义的优势。因此,一切受到苏联"压迫"的、还没有纳入苏联实力范围的国家,美国都应为其斗争提供经济和政治上的支援。[40] 1947 年 4 月 29 日,美国军方的三军联合战略调查委员会也就此问题递交报告并发表意见:"决定美国向谁提供援助的主要原则是:苏联以及受它控制的一切国家应该排除在受援国范围之外。苏联控制下的任何国家都不应得到美国的援助。"

苏联在战争过程中以及战后初期都希望接受美国的经济援助。为了从美国获取大量的经济贷款,1945 年 1 月,苏联外长莫洛托夫正式向美国驻苏大使哈里曼提出向苏联提供 60 亿美元贷款的要求,这笔贷款苏联将用于购买机器制造产品和工业设备,贷款以 30 年为期限,并自第 9 年年终开始分期偿还。1945 年 11 月 14 日,苏联副外交人民委员迈斯基向莫洛托夫递交报告。报告对战后美国对外经济政策进行了深刻分析。在报告中认为美国经济的主要特点是"经济过剩",所以美国需要进行对外经济扩张扩大海外投资才能缓解这一状况,即使苏美在经贸方面不存在重大矛盾,经贸领域的合作也难以实现,因为他认为苏联与美国在政治方面的分歧也会影响经济领域的合作。[41] 1948 年 1 月 9 日苏联政府的官方通讯社苏联电报社的文章称,杜鲁门宣称美国的政策旨在实现世界和平,但"实质上捍卫了美国在旗帜防御自由下干预其他国家的政策,以及利用这些国家的经济需求进行经济干预的政策。"文章强调呼吁维护武装力量。斯大林对前景的看法同样是悲观的,他认为资本主义国家的发展是不平衡的,缺乏原材料和市场的资本主义国家,在世界资本主义体系内部遭到破坏之后,需要通过武力改变现状,因此就分裂成两个敌对的阵营进行战争。[42] 1947 年 9 月,欧洲 9 国共产党、工人党代表会议在波兰西南部的西里西亚什克拉尔斯卡-波伦巴小温泉场秘密举行。日丹诺夫做关于《国际形势》作报告,表示战

173

后世界形势发生剧烈变化，苏联在社会主义制度和资本主义制度竞争中占据优势，世界形成了两大阵营，即帝国主义反民主阵营和反帝国主义民主阵营，并以此形成两个平行市场，杜鲁门主义和马歇尔计划是美国奴役欧洲的手段。[43]苏联致力于对国际贸易的管控，这与美国所倡导的自由贸易体系相悖，即使苏联想要得到美国的经济援助，但是对美国始终保持警惕，避免美国通过经济援助对苏联进行干预。因此，对苏联领导人来说，获取贷款虽然重要，但苏联的地位和主权更加重要，他们不会因为经济援助而在政治问题上作出让步。

五、美苏建立起来的关系认同结构

基于以上材料，1945—1948 年美苏在军事领域、意识形态领域这两个高关注度领域建立起数量多、烈度强的负向关系认同。在军事领域，美苏都将对方视为竞争对手。在美国的决策层中形成这样一种共识，即苏联是"只为一己私利""对外扩张""强大、有权力意识""秘密的、可疑的"国家，美国决策层对苏联的认识是负面的，这也导致美国人认为苏联是不可靠的、从而觉得美苏之间缺乏信任与合作。斯大林则预测"美苏冲突在所难免"，认为美国等西方国家是世界上的"侵略势力""渴望新的战争"。苏联谴责美国推行扩张主义政策。因此在军事领域，美苏建立起了互为竞争对手的强烈的负向关系认同。

意识形态领域则是美苏最无法调和的领域。美苏在战后都推行本国的意识形态，贬斥和打击对方的意识形态，而且都视本国意识形态为唯一正确的道路。美国领导人将共产主义看作"异端""邪恶""威胁"，而且认为苏联的对外政策是与共产主义联系在一起的，而且苏联的这一观点是与生俱来的。苏联则认为美国的法律和道德权利没有意义，认为现代资本主义是战争的根源，苏维埃制度是比非苏维埃制度更优秀的存在。美苏两国在这一领域的矛盾是不可调和的，两国在意识形态领域建立起了强烈的负向关系认同。

在战后安排、建立新的国际政治秩序等领域，美苏两国原本可以延续战时的合作态势，建立起正向的关系认同。但是，高关注度领域的负向关系认同的影响，使得美苏双方逐渐陷入相互猜疑，最终建立起了负向的关系认同。美国将苏联建立缓冲区维护国家安全的防御性行为视为扩大势力范围的举动,将苏联视为"富有野心""积极利用武力扩张"的国家;苏联则认为美国政策走向"强硬",引起苏联的不满。最终双方在政治领域建立起负向的关系认同,这一关系认同受到军事领域、意识形态领域负向关系认同的影响。

经济领域的负向关系认同,在战后初期的烈度并没有很高,但是因为美苏都将经济问题与意识形态问题挂钩。受到高关注度领域的负向关系认同的影响,美国认为与苏联进行经贸合作、提供经济援助是在为自己培养"竞争对手"而没有任何收益。苏联在战后初期希望能得到美国的经济援助,但是由于对资本主义经济制度的悲观看法,认为两个市场、两大阵营必然会走向冲突,同时对美国采取的一系列对外援助行为采取怀疑、敌对的看法。从而使得两国在较低关注度的经济领域也建立起了负向的关系认同。

以上领域,尤其是军事领域与意识形态领域,美苏都建立起强烈的、数量较多的负向关系认同,在政治领域与经济领域建立起烈度稍弱的负向关系认同。这些关系认同的出现,标志着美苏在1945—1948年建立比较牢固的负向关系认同结构。

第三节　美苏两国的国家行为考察

一、理论上的行为推测

基于关系认同结构的核心假设,行为体之间由关系认同结构确立的关系结构,决定了该行为体与其他行为体的关系方式。因此,从理论上看,在1945—1948年美苏建立起的负向关系认同结构,会直接决定战后初期美苏的行为方式。

在强烈的负向关系认同结构下,本章评估美苏会在各个领域产生不合作甚至冲突的不友好状态。在军事安全领域的国际原子能合作方面美苏难以达成合作;在国防建设上,美国会通过提高自身军事实力、遏制苏联的实力发展以期达到增强本国实力、维护本国安全的目的;在意识形态领域,由于美国恐惧苏联的集权统治以及共产主义,因此会极力遏制苏联政权的扩散，尤其是防止西欧国家被共产党政权掌权；在政治领域评估美国在战后安排、国际政治秩序的重建中采取不合作的态度以排斥苏联的参与；在经济领域则会减少经贸合作、削减经济援助以及建立独立的经济体系。

二、1945—1948 年美国对苏联的行为考察

（一）军事安全领域

1. 美国遏制苏联的核武器发展

1946 年 3 月 8 日，美国国务卿致电杜鲁门总统："原子能的发展是美国、英国和加拿大的资源和科学技术结合的结果，我们的伙伴受到特殊照顾是再合适不过的了。"[44] 1946 年 3 月 16 日，巴鲁克被任命为美国驻联合国原子能委员会的代表。巴鲁克把艾奇逊-李连塞尔报告变成正式的系统的建议，并进一步建议给违反规定的任何国家以制裁。6 月 14 日，巴鲁克把美国的计划提交联合国原子能委员会，几个小时后苏联作出反应，苏联的建议同美国的意见恰恰针锋相对。苏联和波兰对美国的计划表现出明显的反对。在原子能问题上，美苏对对方的不信任得到很好的证明，苏联希望各国首先达成协议，禁止原子武器并在停止生产、销毁储存的情况下，再讨论交换科学情报和设立国际监督的问题。而美国建议在对能够产生分裂性物质的原料实行直接的监督之后，再考虑处置储存的原子弹。杜鲁门在回忆录中强调，一旦接受苏联的立场，我们因原子能方面的发现和创造而获得的优势和安全就会丧失，而在这种情况下苏联如果突然发动原子军备竞赛，美国将无法应对。[45] 杜鲁门于 7 月 10 日写信给巴鲁克："在任何情况下，我们都不应当扔掉我们的枪杆，除非我们能够肯定世界上其他国家都不能武装起来反对我们。"1946 年 8 月 1 日，麦克马洪议案经过修改在国会里通过。1947 年 1 月 1 日，根据麦克马洪议案成立的原子能委员会开始工作，系统落实杜鲁门总统的政策建议。

2. 美国敦促苏联撤军并积极增强自身实力

一是压缩苏联的军事实力，敦促苏联完成战后撤军。美国在日本投下第一颗原子弹之后，日本没有立即投降。与此同时波茨坦会议结

束,中苏两国重启谈判。国务卿贝尔纳斯通知哈里曼,美国要求中苏之间不得达成进一步使中国让步的协议,"特别是把大连港划归苏联军事区",在中国问题上,美国坚持维持门户开放政策,坚决反对将大连港划归苏联军事区或者作为苏联海军基地。[46]美国敦促苏联从伊朗撤军。苏联则故意拖延从伊朗撤军,因此,1946年美苏双方的互动关系急速恶化。美国人认为苏联人在伊朗的行动威胁世界和平,根据1942年英俄与伊朗签订的协议,一切外国军队应在不迟于1946年3月2日之前撤出伊朗。然而直到最后期限,苏联人也没有完成撤军。相反,苏联宣布"某些军队"将无限期地留在伊朗。美国官方给苏联政府发出照会:"诚恳地希望苏联政府实践自己的诺言,立即从伊朗领土上撤退苏联军队,以促进国际信任。"但是,这一照会并没有得到官方回复。与此同时,苏联开始对丘吉尔在威斯敏斯特学院第一次公开谈道"铁幕"政策的演讲发起攻击。

二是美国发展自身国防力量。美国谋求世界霸权的最重要步骤之一,是在和平时期增强军事潜力和在国内外广泛建立军事基地。美国制定了战争计划,以备态势不可控时与苏联打仗。美国颁布新防御法案、成立国家安全委员会以协调所有安全规划工作,设立中央情报局(CIA)以代替战时的战略情报局(OSS)增强反情报能力。在1948年3月捷克政变后,杜鲁门请求国会通过一项法案,规定进行普遍军训并恢复选征兵役制。[47]杜鲁门统一了国防部,并于1946年1月20日建立中央情报小组、成立国家安全委员会。美国海军也不甘落后,他们从1945年就开始为了战后的国家安全制定计划,并于同年10月18日将计划呈送杜鲁门。海军方案强调军事方针必须通过建立高级机构和国家政策紧密配合,这一观点得到杜鲁门的赞同。这也为杜鲁门统一国防部提供契机,国防部的统一能够促使军事计划和外交政策的协调,有利于配合国民经济制定工业总动员的长期计划。国防计划不光是改组武装力量的问题,而且需要就安全和防御问题的军事、经济和政治的各个方面取得密切协调。1947年7月25日,这一议案得到通过,美国第一次出现全面的军事机构。该议案经过修正成为1947年的国家安全法案。新的"国家军事机构"设国防部长,詹姆斯·福莱斯特尔任第一任国防部长,于1947年9月15日就职。法案规定成立国家安全委员会,委员会由总统、国务卿、国防部长、陆海空军部长、弹药局长、研究与发展局局长以及国家安全资源局局长组成,负责对美国国家安全问题作出估计,并处理有关政府各部门共同利益的安全问题。此后为了进一步统一武装力量,1949 年 8 月 10 日,杜鲁门签署国家安全修正法案,海陆空军部长不再参加国家安全委员会,国防部长成为唯一参加委员会的军方代表。根据法案还成立中央情报局,设置在国际安全委员会之下,功能主要是汇集来自各个方面的情报活动和材料并加以分析和估计。

除了统一武装力量,美国决定实行普遍训练,每一个合格的男性公民都应受为期不少于六个月的普遍训练。国家安全委员会于 1947 年 6 月向总统汇报收集来的材料。经过调查,委员会认为普遍训练是完整的国家安全计划的一个重要部分,而这个计划的制定是为了保卫美国的安全,使得美国能够担负起维护世界和平和发挥联合国作用的职责。[48]杜鲁门说:"当 1945 年我第一次提出这个计划(笔者注:普遍训练计划)时,如果国会予以通过的话,那么我们就会有一大批受过基本训练的人员,就会使苏联有所顾忌,也许就不敢放手策动柏林危机或发动对朝鲜侵略了。"[49]

三是建立联盟体系。欧洲事务办公室主任约翰·希克森呼吁与西欧开展军事合作。《布鲁塞尔条约》签订后,欧洲依旧期望与美国建立防务关系,实际上也表示欧洲同意美国牵头制衡苏联。1948 年 2 月,捷克的共产党夺权政变重新唤醒了西方国家对苏联的恐惧。西欧国家担心苏联发动或支持另一个类似的夺权政变,因此在 1948 年西欧若干国家签订了旨在击败任何强力推翻民主政府企图的一个防御性的《布鲁塞尔公约》。美国高度重视大多数西欧国家在安全层面表现出的对苏联的恐惧感,希望为它们提供保护伞,杜鲁门决定在同西欧国家进行经济合作的基础上,进一步实现军事合作,并最终促成北大西洋公约组织的诞生。

(二)意识形态领域

战后西欧国家面临严重的经济困难。但令西欧形势更加恶劣的是,人民群众对政府日益不满,反抗情绪不断升级,社会动荡越来越严重。英国、法国、意大利、比利时等接连不断地爆发工人运动,共产党力量得到快速发展,在不到10年的时间里,西欧各国共产党员的数量从1939年50万人增加到1947年400万人。在当时,意、法、比等9个西欧国家的共产党人参加了联合政府,其中法国内阁中甚至有4名共产党部长。杜鲁门开始对欧洲的稳定担心起来。[50]

杜鲁门政府首先关切法国和意大利的国内情况。战后苏联实施的"联合政府"政策,已在西方国家的势力范围内生根发芽,但是,美国的介入使得形势出现了逆转。在1946年11月的法国大选中,法共获得了占总数23.2%的选票,在议会619个席位中夺得182个席位,成为第一大党,但是,以共产党总书记多列士为总理组织政府的方案,却遭到中右派人民共和党的坚决反对,引发内阁危机,最终形成了社会党、共产党和人民共和党三党组成的联合政府。在美国的支持下,右翼党派继续发难,决心把共产党踢出政府。5月9日,拉马迪埃成立了没有法共参加的新政府。类似的事情在意大利也发生了。1947年,意大利总理加斯贝利对美国进行非正式访问,美国新任国务卿马歇尔暗示,只有将极左翼从政府中赶出去,才有可能谈道美国的援助问题,于是,当年5月13日,加斯贝利提出辞职,并在5月31日组成了新政府中,排除了共产党和社会党的参与。[51]

典型的事件是1948年的捷克斯洛伐克政变。1948年1月28日,在美国驻捷克斯洛伐克代办发给国务卿的电报中,我们看到了这样的内容:正如大使馆最近的电报所指出的那样,共产主义运动已经开始在捷克斯洛伐克的竞选活动中获得51%的多数票,并于5月初达到高潮。捷共充分利用苏联军队解放捷克斯洛伐克大部分地区以及现在从东方运来的亟须粮食的宣传优势。另外,捷克民众对包括美国在内的西方国家抱有很大的好感。我相信80%的捷克人更喜欢西式民主而不是共产主义,但权宜之计和胆怯使他们中的大多数人口齿不清。我相信我们可以做三件事来实质性地巩固这种亲西方情绪,而且我们应该毫不拖延地做所有这些事情:(1)谈判一项商业协议;(2)谈判一项文化公约;(3)出版捷克斯洛伐克的美国文件关于布拉格解放的真实故事。[52]1948年2月4日,驻捷克斯洛伐克使馆收到国务卿电报:我们目前的打算是建议捷克两国政府就缔结以下协议达成意向声明：(1)使用获得的资金建立美国教育基金会；(2)捷克人支持捷克公民在美国教育机构的学习或其他教育活动，其交通由美国教育基金会提供；(3)交换官方出版物。[53]

1948 年 2 月 24 日，美国国务卿在致电美国驻法大使馆时表示，就国际事务而言，如果捷克斯洛伐克共产党夺取政权，这在很大程度上并不会改变过去三年已经存在的局势。捷克斯洛伐克一直在联合国及其他场合忠实遵循苏联的政策，共产党政权的建立只不过是将捷克之前的政策在未来加以固化和确认。[54]1948 年 2 月 25 日，贝奈斯总统接受了十二名非共产主义部长的辞职，并批准了由总理哥特瓦尔德领导的新内阁。新内阁主要由共产党人及其盟友组成。在此期间，美国国务院不断收到来自布拉格大使馆的报告。1948 年 2 月 25 日，美国驻英国大使道格拉斯致电国务卿，表示英国外交大臣欧内斯特·贝文对捷克斯洛伐克事件非常关注，他得出了英国在这件事上无能为力的初步结论，除非美国能够采取积极措施，否则仅仅提出抗议或以其他方式挑战捷克斯洛伐克的共产主义政变，只会暴露西方国家在局势中的弱点。1948 年 2 月 26 日，美国驻捷克斯洛伐克大使斯坦哈特致国务卿时表示："我对现状的评价是，共产党人经过长期精心准备，可以追溯到1947 年 7 月接受马歇尔计划，通过武力威吓和示威，成功夺取了政府并消灭了所有反对派。"对于美国国务卿可能作出的或可能发布的任何声明，大使提出以下建议。该声明可能暗示美国正在考虑暂停对捷克斯洛伐克的出口，为的是引起共产主义当局的警惕，暗示美国在德国和奥地利的军事当局可能会被指示暂停对捷克斯洛伐克的所有运输。事实上，除了与苏联和卫星国的贸易外，捷克斯洛伐克几乎所有的对外贸易都必须经过美国的占领区，而且这种贸易中只有一小部分被转移到苏联和其他卫星国。任何建议都等同于让共产党领导人注意到该国经济即将受到扼杀，他们很清楚随之而来的将是不可避免的经济和金融混乱。斯坦哈特相信，共产党领导人最害怕的是经济崩溃，因为他们的政变虽然鉴于目前相对良好的经济状况……但任何此类扼杀的后果可能至少需要一年才能让他们感受到……但毫不怀疑，沿着这些方向的隐蔽威胁，将导致共产党领导人在继续执行计划时，需要非常谨慎地指责美国是"非共产主义者"反对捷克斯洛伐克政府的主谋。[55] 1948 年 3 月 10 日,时任捷克斯洛伐克常驻联合国代表的扬·帕帕内克致函联合国秘书长,谴责共产党在捷克斯洛伐克夺取政权,并要求将该问题提交联合国安理会理事会审议。[56] 双方之间的对抗已经明面化。

(三) 政治领域

杜鲁门在战后与苏联打交道的过程中,日益感受到东西方分歧的扩大,而这些分歧并不是在战后才出现的,而是在大战期间就已经存在,但因为战时需要团结对抗共同的敌人,它们把分歧放在了次要位置,尤其是美国亟须苏联对日作战,所以在日本无条件投降之前,美英苏在欧洲事务的谈判中,杜鲁门都采取了相对宽松、缓和的态度,这并非因为二者形成了正向的关系认同,而是存在着迫切的共同利益需要。二战胜利后,杜鲁门总统在公开场合依然讲同苏联合作,要履行战时盟国达成的各项协议,但是,他实际上已经下定决心同苏联进行对抗。[57] 在罗斯福去世后,杜鲁门表示"罗斯福逝世势必引起英国、苏联和美国政府首脑共事关系的问题,这是不可避免的"。[58] 杜鲁门清楚知道罗斯福的突然逝世对美、英、苏三国首脑之间密切关系的影响,他迫切希望建立起一种新的关系,并充分了解丘吉尔和斯大林的态度,以判断英苏的政策在罗斯福逝世后有什么变化。杜鲁门在罗斯福逝世后上台,其初期的对外政策具有延续性,是要执行罗斯福的政策,甚至派出霍浦金斯作为特使见斯大林,以传达美国将继续延续罗斯福总统政策的信号。霍浦金斯曾经是罗斯福与斯大林之间的纽带,可以消除苏联的怀疑与顾虑。杜鲁门甚至为了照顾斯大林的情绪,拒绝在美、英、苏三国元首会晤之前单独与丘吉尔见面。而在这一切的背后,都是对美苏关系可能恶化的担忧。戴维斯在与丘吉尔的会谈中传达了杜鲁门对苏联与英美两国关系恶化的顾虑:"总统有理由相信,由于苏联怀疑英国和美国同联合国一道欺负它,因此局势变得更加严重。"杜鲁门认为必须消除这种怀疑,需要在彼此讲究信用和互相信赖的基础上建立起信心。

一是处理地区问题方面。战时同盟的破裂首先从东欧事务开始。1945 年 8 月 18 日,美国国务卿贝尔奈斯发表声明,公开谴责保加利亚的选举不按民主的方式进行,结果选举延期。有史学家认为,贝尔奈斯的声明标志着"苏美关系开始陷入悲剧性的死胡同"。[59]其次是波兰问题,再次是对日占领问题。美国在日本问题上排斥苏联,不愿重蹈德国覆辙,试图单独占领日本,让其为美国的战略服务。1945年9月22日,美国公布《美国战后初期的对日政策》的文件,称"欢迎并期待其他在对日作战中发挥主要作用的国家派遣部队参加占领",但该文件强调"一切占领部队概归美国指派的最高统帅指挥"。12月美苏英达成妥协性协议——《关于建立远东委员会及盟国对日委员会的决议》,决定成立远东委员会。这对日单独占领对美国国家安全具有重要意义,凯南认为日本"最终将成为足以保卫美国利益的太平洋安全体系的基石"。美国指望通过日本来实现亚洲的重建,并把日本作为对付共产主义"威胁"的前哨基地。

在南斯拉夫问题上,杜鲁门向斯大林致信。5月23日斯大林的回信内容使得杜鲁门很失望,信中斯大林支持铁托要求,并希望美国接受南斯拉夫的立场来解决冲突,希望英美和南斯拉夫能妥善解决伊斯的利亚-的里雅斯特这一问题。[60]双方在6月9日终于签订一项协议,而后在协议具体执行的过程中又遇到新的问题。斯大林为南斯拉夫辩护:"我希望在伊斯的利亚-的里雅斯特这个问题上,南斯拉夫的正当利益应该得到满足。"波兰问题主要是波兰西部边界问题与波兰政府问题。在波兰问题上英美与苏联的态度完全不同,因此丘吉尔致信杜鲁门期望举行三国首脑会晤协商解决。为了得到苏联在对日作战上的承诺,美国最终在波兰问题上妥协。五国和约体现了美苏划定势力范围的构想,是美苏讨价还价、相互妥协的结果。美国承认现实、满足了苏联的需要,但美国认为他们已经对苏联让步太多,需要采取更加强硬的政策。[61]

关于美国从苏战区撤出美国军队,杜鲁门告知丘吉尔自6月21日起开始执行,并反对丘吉尔拖延到7月的建议,认为这样做不利于美国同苏联的关系。美国的目的是建立一个统一的德国和维也纳。在德国赔偿问题上,苏联对于赔偿标准不妥协,并且采取拖延战术。甚至在谈判过程中,苏联大批运走德国苏战区的工厂设备。这一系列行为已经引起杜鲁门政府的不满。在波兰承认问题上,杜鲁门出于使苏联尽快参加对日作战的目的而进行了妥协。杜鲁门与斯大林的第一次会见在他看来是愉快的,斯大林显得很幽默并极有礼貌。这为波茨坦会议的谈判奠定了一定的基础。然而在波茨坦会议上,斯大林在很多问题上的强硬态度使得杜鲁门对苏联的看法变差。波茨坦会议之后杜鲁门表示:尽管我迫切地需要苏联参加对日作战,但波茨坦的经验却使我决定,不容苏联控制日本的任何部分。在结束波茨坦会议回国的途中,杜鲁门就决定要对战后日本单独占领,杜鲁门认为苏联人强硬以及一切以自我利益为核心的态度表明苏联人正在策划征服世界,尤其是在航线国际化管理问题上,斯大林表现出对黑海海峡和多瑙河的渴望。[62] 日本投降之后,此前苏联在保加利亚、罗马尼亚、波兰、南斯拉夫以及波茨坦会议等问题上的表现,让杜鲁门决定单独占领日本。在斯大林发出函电向杜鲁门申明在千岛群岛、北海道地区的要求时,杜鲁门给予委婉的拒绝。杜鲁门对当时斯大林来电的评价:这是一封带有强烈敌对情绪的来电。[63]

杜鲁门派出马歇尔前往中国解决中国问题,核心原则是避免美国前期的努力付诸东流,另一方面对苏联继续留在中国东北表示关切。杜鲁门非常担心苏联人在中国东北的势力。中苏两国在1945年8月缔结共同防御条约承认中国东北是中国不可分割的一部分,苏联人在此保留铁路运输等某些权利,但是随着苏联参加对日作战,就进入了中国东北。杜鲁门担忧地写下:"苏联人打算利用他们答应从中国东北撤退作为手段,从而取得这个战略地区中举足轻重的特权。"[64] 1946年2月9日,马歇尔在给杜鲁门的信中写道,中国东北的"局势令人担忧"。马歇尔告诫中国外交部长:"中国必须以尽可能快的步伐继续完成统一工作,以便消除它目前所存在的易遭苏联暗中攻击的弱点。"此外他还告诫道:"我认为他不应该对苏联政府许下诺言——正式的或非正式的——答应给它以它所要求的包括经济特权之类的战利品。"[65] 马歇尔强调必须尽快解决中国东北问题,以避免与苏联人发生类似英国在希腊驻军方面所发生的不可避免的争吵。马歇尔坚定地认为,中国共产党最后一定会得到苏联人的支持。

二是联合国问题。1945年4月25日,旧金山会议开幕。27日,会议的总务委员会同意接纳白俄罗斯和乌克兰两个共和国为联合国会员国。罗斯福总统在雅尔塔与丘吉尔、斯大林同意支持苏联提出的接受乌克兰和白俄罗斯为会员的主张，目的是要保持苏联人的协商情绪。[66] 罗斯福希望在斯大林的帮助下建立起联合国。5 月 1 日执行委员会全体通过接纳两个苏维埃共和国为会员国，并在大会全体会议上口头表决通过。美国让二战期间亲纳粹的阿根廷加入联合国，苏联则要求让苏联扶植的"卢布林"政府统治下的波兰加入联合国。[67]

（四）经济领域

1945 年 5 月 8 日，杜鲁门政府决定对苏联停止"租借法援助"。美国对外经济管理局命令，已在驶向苏联途中的货船掉过头来，撤回美国港口卸货。美国驻苏大使哈里曼早就竭力主张对苏联采取强硬立场和施加压力，迫使苏联采取合作态度。[68]此后美国采取了一系列措施在经济上与苏联对抗。

一是重建自由贸易体系，限制对苏贸易。二战为美国提供了机遇。美国在战后确立了经济霸主的地位，建立起自由贸易体系和以美元为核心的金融体系。美国认为，建立自由贸易体系和以美元为核心的金融体系以及提供援助是实现经济霸权的关键。美国主持召开布雷顿森林会议，确立了布雷顿森林体系，建立了《关税及贸易总协定》，制定了马歇尔计划和第四点计划等援助计划。美国谋求建立一个以"自由贸易"为核心的"开放的和一体化的经济体系"。美国国际贸易的基本原则是自由贸易。美国希望大幅度降低关税、消除各国的贸易壁垒；1946 年 2 月 18 日，联合国经社理事会组成有 19 国参加的国际贸易与就业会议筹备委员会。苏联参加了布雷顿森林会议，表示承担并主动争取基金组织更多的份额。苏联指望美国的援助和国际货币基金组织与银行的长期贷款来恢复被战争严重破坏的经济。[69]美苏在经济方面的合作表现为 1944 年布雷顿森林体系的建立。苏联在 1944 年表示赞成布雷顿森林体系，但却未能在协议规定的最后期限（1945 年 12 月 31 日）之前批准。这是因为苏联与美国在其他问题上有分歧，而不是对该协议本身的反对。[70]苏联最终拒绝了布雷顿森林体系和马歇尔计划，转而加强同中东欧国家的经济关系，建立了竞争性的经济组织经互会。

1947年11月14日,美国商务部长向其国家安全委员会提交的文件表示,战后振兴世界经济、维护世界和平是美国外交政策的主要目标之一。美国政府已提出与任何愿意协助恢复任务的政府合作。16个欧洲国家自愿加入欧洲经济复苏计划的制定,并请求美国提供援助。苏联及其东欧卫星国拒绝加入并积极反对这个欧洲复兴计划。此后美国国家安全委员会认为,要维护美国国家安全就需要立即无限期中止从美国向苏联及其卫星国运送美国极度短缺或对苏联有贡献的所有商品。然而,如果可能的话,应该在不对苏联及其附属国采取任何公开的任意歧视行为的情况下实现这一结果。美国商务部长认为这项建议是可行的,可以在1947年12月1日左右生效,直到1948年3月1日法定出口管制期满为止。[71]1948年3月9日,美国商务部准备了备忘录:国家军火管制委员会行使权力,负责向世界各地运送武器、弹药和军用工具。其他商品受商务部管理的出口许可证管制。在后一类中,自3月1日起,所有运往苏联和卫星国家的货物,无论有关货物在美国是否供应稀缺,都必须单独获得许可。[72]1948年3月26日,美国国务卿备忘录提出要求,美国对贸易的限制不应导致苏联集团限制它们向美国提供战略物资。除非美国得到所需供应的保证,否则美国可以拒绝签发出口许可证。这意味着美国在美苏两国之间的重要贸易项目上,严格按照交换条件与苏联打交道。这一方案满足了美国政府的三个主要要求:一是不会破坏东西方贸易;二是限制向苏联集团出口重要物品;三是为美国将从苏联获得它想要的战略物资提供了更大的保证。[73]

二是停止对苏援助。杜鲁门政府在对苏经济援助问题上开始采取拖延战略。1945年12月,杜鲁门在回答记者的提问时针对苏联对美提出60亿美元贷款要求时说,没有正式接受到关于苏联提出贷款要求的申请。同时国务院也对此问题敷衍了事。1946年3月1日,国务院虽然承认苏联提出过借款的要求,但也推脱说:忘记将该文件放在何处了。在这一领域,杜鲁门政府推行对苏联的强硬政策。1945年5月8日,美国宣布停止对苏联根据租借法案所提供的援助,[74]这一做法在一定程度上引起了苏联的怀疑,杜鲁门认为最后停止对苏联和其他国家的租借物资供应是完全恰当的,只不过需要一步一步来。在美国迫切希望苏联人对日作战的情况下不应该损害美苏之间的信任，因此在 5 月 23 日的新闻和广播记者招待会上，杜鲁门澄清了政府的态度，解释说克劳利执行命令的原意，并不是一下子停滞各种运输，而是逐步适应德国崩溃后的情况。5 月 27 日哈里·霍浦金斯同斯大林在莫斯科进行会谈时，斯大林以租借法案一事为例谴责美国在德国战败后对苏联的冷淡态度。杜鲁门在回忆录中表示，苏联人对英美采取的任何行动一向是表示怀疑的，在斯大林的函电后，常常可以看出他在怀疑美国要和英国人进行双边协商，把苏联人抛开，突然停止租借法案供应再次给予苏联人进行谴责的机会。[75]美国拒绝在没有严格监管条件下向苏联发放战后贷款，并于 1945 年 5 月突然中断租借法案援助。这使已经因东欧关系恶化的美苏关系雪上加霜。

自波茨坦会议后美国政界和军界反对向苏联提供经济援助的呼声日益高涨，因此美国国内也在酝酿对苏采取强硬经济政策。凯南就明确指出，战后美国已经没有向苏联继续提供经济援助的必要，这不仅仅是出于经济方面的考虑同时也是政治上的考虑，因为苏联即使取得援助也不会改变其政治上的政策。1946 年 9 月 24 日，克利福德在递交给杜鲁门的报告中，同样从维护美国国家安全的角度出发，坚决反对向苏联及其实力范围内的国家提供经济援助。他指出，目前，答应向苏联政府或苏联势力范围内其他国家政府提供经济援助，以及与这些国家开展民间贸易，都将增强苏联向全球扩张的实力，经济援助滋养苏联的工业发展，为其增强与美国竞争的潜在实力，给苏联提供经济援助就是间接培养威胁美国安全的敌人。[76]

三是援助西欧。美国陆军部长史汀生在对日作战前就欧洲的善后工作进行预测，认为当年的冬季，中欧所有地区很可能发生瘟疫和饥荒，随之而来的可能是政治革命和共产主义运动的爆发。[77]美国的对外援助是为了遏制共产主义开拓新市场，总体服务于美国的国际战略。对外经济援助可以作为经济领域的一个维度来看待。战后初期美国发起 3 次援助计划，即马歇尔计划、第四点计划和共同安全援助计划。[78]

1947 年 2 月 21 日，英国大使馆的一位官员通知艾奇逊，由于经济危机，英国对希腊和土耳其的援助将在六个星期后结束。对于英国人传递的信息，美国国务卿马歇尔认为，这等于英国撤出中东了，谁来接

手还不好说。[79]但美国显然不想错过这个插手的机会。面对希腊国内
糟糕的经济状况和日益"恶化的"国际形势、希腊内部起义迅速蔓延并
可能陷入长期内战的情况下,杜鲁门总统以"希腊的生存如今正受到威
胁"为由,要求国会拨出 4 亿美元援助希腊和土耳其,以阻止苏联在这
两个国家的渗透。在 1947 年 3 月到 1949 年 6 月间,美国为军事目的
大约花费了 4 亿美元军费,为经济援助大约花费了 3 亿美元。[80]早在
1946 年,美国就已经向希腊排除了几个专门的代表团,并抛出 20 600
万美元的援助,这些活动为美国接手希腊事务做好了充分的前期准备。
杜鲁门政府采取如下措施,协调各部门制定援助的方针和具体的计划;
散布"共产主义威胁"的神话,制造反共舆论以争取支持;加紧同国会的
沟通,争取国会的支持,形成两党一致的对外政策;协调同英国的行动,
共同对付苏联可能的责难。[81]1947 年 3 月 12 日,杜鲁门在众议院会议
厅发表咨文,提出所谓的"杜鲁门主义"。要求国会在 1948 年 6 月 30
日前授权拨款 4 亿美元用于援助希腊和土耳其。杜鲁门主义出台以
后,为了更好地影响美国国内的舆论动向,经国务院有关方面许可,4
月初,凯南将其关于遏制理论的文章送交《外交季刊》,并很快于当年 7
月以《苏联行为的根源》为题刊出,详细分析了关于苏联人为什么采取
共产党行事方式的看法,[82]从舆论上制造与苏联对抗的氛围。杜鲁门
政府中主管经济事务的助力国务卿威尔·克莱顿,也在为期 6 周的考
察后,提交"美国必须出面总揽全局"的书面报告。1947 年 5 月 8 日,
艾奇逊第一次在密西西比州的克利夫兰州立代尔特师范学院,向美国
民众提出"欧洲复兴计划"的概念:"如果我们要维护我们自己的自由和
我们的民主制度,我们必须这样做。"[83]

　　1947 年 5 月 28 日,援欧方案在国务院召开的会议上正式获得通
过,表明复兴欧洲的方案最终得以确定。1947 年 6 月 5 日,马歇尔在
哈佛大学第 286 届毕业典礼上宣告美国已为帮助欧洲复兴做好了准
备。马歇尔在演说中闭口不谈德国的地位和作用,在结尾处隐约表示,
就美国方面来说"政治情绪和偏见是没有份的"。[84]关于是否援助苏联
的问题,马歇尔计划排除了苏联的参与。1947 年 6 月 17 日,为了磋商
马歇尔计划的细节问题,贝文带着计划草案到达巴黎,英法两国外长就
若干问题达成共识,并就是否邀请苏联参加马歇尔计划进行讨论。最

终于 6 月 19 日,英法外长发表会谈公报,共同邀请苏联参加商讨欧洲相应马歇尔建议的预备会议。在马歇尔援助计划出台之前,美国方面实际上已经将苏联基本排除在该计划之外。但从马歇尔的演讲内容来看,美国至少没有直接明确表示彻底拒绝对苏联提供援助。此外,莫斯科得到的情报也显示,美国和西方的目的是将苏联排除在援助之外。但是,在操作层面达到排除苏联的目的并不困难。6 月 27 日,在巴黎召开的英、法、苏三国外长会议以苏联拒绝马歇尔计划结束。7 月 4 日,马歇尔致电贝尔和皮杜尔,表示在排除苏联之后,两欧应该迅速制定复兴计划。1947 年 12 月 19 日,杜鲁门向国会提交了《美国支持欧洲复兴计划》的咨文,咨文重申了美国在拟就援欧计划中所遵循的基本原则,要求国会在 1948—1952 年拨款 170 亿美元援助欧洲,前 15 个月(1948 年 4 月 1 日到 1949 年 6 月 30 日)拨款 68 亿美元,并提出成立直接向总统负责的经济合作署,主张对外援助事宜。[85]

杜鲁门组建了三个委员会,重点研究美国的援助物资储备情况,同时调查对外援助对美国经济的影响及对外援助的最佳限度。11 月 7 日,由美国商务部长哈里曼领导的 19 个专家组成的"哈里曼委员会"提交了全面论述欧洲与美国的利害关系、援助欧洲的数额以及如何通过援助控制等问题的报告。这一报告认为,援助西欧不仅具有重要的经济利益,可以为美国带来经济收益,而且还有"战略和政治上的利益",因为如果不援助这些国家、不解决它们面临的问题,它们很可能被迫转向共产主义。这一援助计划能够培养认同美国意识形态的国家避免其因为经济困难、社会动乱而被苏联纳入势力范围。但是,对于美国的援欧计划,也存在反对声音,曾任美国副总统和商务部长的亨利·华莱士,就把欧洲复兴计划称为"战争计划",华莱士也因这一言论而被迫辞职。在参议院,参议员塔夫脱则认为马歇尔计划费用过大。由于存在反对声音,美国国会两院就咨文进行了马拉松式的讨论。1948 年 3 月 17 日,杜鲁门再次发表特别咨文,在演讲中指责苏联阻碍重建和平、破坏协议。杜鲁门再次呼吁快速批准马歇尔计划。1948 年 4 月 2 日,美国国会通过了《1948 年对外援助法》,次日这一法案经杜鲁门总统签署后生效,马歇尔计划正式得以实施。在这一法令签署生效的第三天,杜鲁门宣布任命保罗·霍夫曼为经济合作署署长,职位相当于部长,由此可见美国政府对援欧防苏计划的重视程度。

第四节　美苏关系实证研究结论

本章选取 1945—1948 年美苏关系为案例,分析了这一时期的美苏对外关系文件、决策者发言和讲话以及这一时期的美国对苏国家行为,检验关系认同结构的核心假设:关系认同结构决定国家行为。

分析结果显示,1945—1948 年美国的对苏政策,大致符合负向关系认同结构下的行为推测。尤其是在军事安全领域和意识形态领域,强烈的负向关系认同结构主导了美国的对苏行为。首先,美国在战后核问题上旨在维持核优势,控制核武器的扩散,防止苏联在核问题上挑战美国。在军队建设上,美国一方面加强自身实力,敦促海陆军合并统一为具有更高行动力的国防部,设立国防部长协调军队与对外政策的行动;另一方面美国通过发展联盟关系、限制苏联在东欧的扩张,避免苏联扩大势力范围影响西欧国家的生存。其次,在意识形态领域则竭力防止法国、意大利等西欧国家发展为共产党执政的局面,并且阻止苏联在东欧地区构建势力范围的行为。最后,在政治领域,美国对苏行为大致采取不合作与遏制的政策,例如在战后安排上,不再与苏联维持战时同盟、坚持对日单独占领并拒绝苏联对千岛群岛的诉求、在南斯拉夫与波兰等问题出现矛盾时,不再与苏联妥协。在经济领域,美国对苏联也采取了强硬立场,停止"租借法案"、限制对苏贸易、拖延苏联的援助请求,此外美国还制定了事实上排除苏联以及对苏友好国家的援助计划,这些行为都符合关系认同结构理论下的行为推测。

但是,我们也可以看到,在 1945 年美、苏、英就战后各项问题进行谈判时,美国也比较顾及苏联的感受,以及在联合国成员国问题上接纳苏维埃共和国为会员国等友好合作行为,但是,这并不能否定关系认同结构的影响,而是说明存在着明显的干预变量的作用。美国在负向关系认同结构的作用下,在全面跟苏联对抗的同时,也在"避免过分刺激苏联以免危及美国核心利益"这一干预变量的作用下,表现出一些看似绥靖的行为。

因此,通过对 1945—1948 年的美苏关系的考察,可以看出,美苏建立的负向关系认同结构的确决定了美国对苏联的政策。因此，关系认同结构理论的核心假设：国家间关系认同结构决定国家行为，与实证检验的结果基本一致。

注释

1. ［美］汉斯·摩根索著：《国家间政治：权力斗争与和平》，徐昕等译，北京：北京大学出版社 2006 年版；［美］肯尼思·沃尔兹著：《国际政治理论》，信强译，上海：上海人民出版社 2017 年版；［美］斯蒂芬·沃尔特著：《联盟的起源》，周丕启译，北京：北京大学出版社 2007 年版。

2. ［美］罗伯特·基欧汉著：《霸权之后》，苏长和等译，上海：上海人民出版社 2006 年版；［美］罗伯特·基欧汉等著：《权力与相互依赖》，门洪华等译，北京：北京大学出版社 2011 年版；［美］彼得·卡赞斯坦等著：《世界政治理论中的探索与争鸣》，秦亚青等译，上海：上海人民出版社 2006 年版。

3. 秦亚青：《权力·制度·文化》，北京：北京大学出版社 2005 年版；［美］亚历山大·温特著：《国际政治的社会理论》，秦亚青译，上海：上海人民出版社 2008 年版。

4. 沈志华：《冷战史二十四讲》，北京：世界知识出版社 2018 年版，第 5 页。

5. Henry Stimson, "Memorandum by the Secretary of War (Stimson) to President Truman," *Foreign Relations of the United States*, September 11, 1945, https://history.state.gov/historicaldocuments/frus1945v02/d13，登录时间：2023 年 5 月 10 日。

6. Dean Acheson, "Memorandum by the Acting Secretary of State to President Truman," *Foreign Relations of the United States*, September 25, 1945, https://history.state.gov/historicaldocuments/frus1945v02/d17，登录时间：2023 年 2 月 3 日。

7. United States Government Printing Office, Public Papers of the Presidents of the United States, Harry S. Truman, 1945, (Washington: 1961), p. 384, https://www.govinfo.gov/app/collection/ppp/president-33_Truman,%20Harry%20S./1945，登录时间：2023 年 4 月 5 日。

8. Vannevar Bush, "Memorandum by the Director of the Office of Scientific Research and Development (Bush) to the Secretary of State," *Foreign Relations of the United States*, November 5, 1945, https://history.state.gov/historicaldocuments/frus1945v02/d26，登录时间：2023 年 5 月 9 日。

9. United States Government Printing Office, Public Papers of the Presidents of the United States, Harry S. Truman, 1946, (Washington: 1961), p. 10, https://www.govinfo.gov/app/collection/ppp/president-33_Truman,%20Harry%20S./1945，登录时间：2023 年 4 月 5 日。

10. ［英］理查德·克洛卡特著：《五十年战争：世界政治中的美国与苏联（1941—1991）》，王振西译，北京：社会科学文献出版社 2015 年版，第 99 页。

11. 同上书，第 35 页。

12. 沈志华：《冷战史二十四讲》，第 7 页。

13. ［美］亨利·基辛格著：《大外交》，顾淑馨等译，海口：海南出版社 2012 年版，第 414 页。

14. 方连庆等著：《国际关系史（战后卷）》，北京：北京大学出版社 2006 年版，第 80 页。

15.《斯大林选集》(下集),北京:人民出版社 1979 年版,第 488 页。

16. 方连庆等著:《国际关系史(战后卷)》,北京:北京大学出版社 2006 年版,第 83 页。

17. 沈志华:《冷战史二十四讲》,第 10 页。

18. [美]亨利·基辛格著:《大外交》,第 444 页。

19. 同上书,第 448 页。

20. 沈志华等编:《苏联共产党九十三年》,北京:当代中国出版社 1993 年版,第 412 页。

21. 沈志华:《冷战史二十四讲》,第 8 页。

22. [美]亨利·基辛格著:《大外交》,第 435—436 页。

23. 同上书,第 422 页。

24. 刘金质:《冷战史》,北京:世界知识出版社 2003 年版,第 204 页。

25. United States Government Printing Office, Public Papers of the Presidents of the United States, Harry S. Truman, 1946,(Washington:1961), p.39, https://www. govinfo. gov/app/collection/ppp/president-33_Truman,%20Harry%20S./1945,登录时间:2023 年 4 月 5 日。

26. 沈志华:《冷战史二十四讲》,第 25 页。

27. Harriman, "The Ambassador in the Soviet Union(Harriman) to the Secretary of State," *Foreign Relations of the United States*, April 4, 1945, https://history. state.gov/historicaldocuments/frus1945v05/d622,登录时间:2023 年 5 月 9 日。

28. Harriman, "The Ambassador in the Soviet Union(Harriman) to the Secretary of State," *Foreign Relations of the United States*, April 6, 1945, https://history. state.gov/historicaldocuments/frus1945v05/d624,登录时间:2023 年 5 月 7 日。

29. [美]哈利·杜鲁门著:《杜鲁门回忆录(下)》,李石译,北京:东方出版社 2007 年版,第 2 页。

30. [美]亨利·基辛格著:《大外交》,第 421 页。

31. 同上书,第 342 页。

32. [美]迪安·艾奇逊著:《艾奇逊回忆录》,上海《国际问题资料》编译组等译,上海:上海译文出版社 1978 年版,第 50 页。转引自沈志华:《冷战史二十四讲》,第 8 页。

33. United States Government Printing Office, Public Papers of the Presidents of the United States, Harry S. Truman, 1946,(Washington:1961), p.145, https://www. govinfo. gov/app/collection/ppp/president-33_Truman,%20Harry%20S./1945,登录时间:2023 年 4 月 6 日。

34. 沈志华:《冷战史二十四讲》,第 11 页。

35. United States Government Printing Office, Public Papers of the Presidents of the United States, Harry S. Truman, 1946,(Washington:1961), p. 156, https://www. govinfo. gov/app/collection/ppp/president-33_Truman,%20Harry%20S./1945,登录时间:2023 年 4 月 6 日。

36. [美]哈利·杜鲁门著:《杜鲁门回忆录(下)》,第 228 页。

37. 沈志华:《冷战史二十四讲》,第 12 页。

38. 刘金质:《冷战史》,第 306 页。

39. Harriman, "The Ambassador in the Soviet Union(Harriman) to the Secretary of State," *Foreign Relations of the United States*, April 4, 1945, https://history. state.gov/historicaldocuments/frus1945v05/d622,登录时间:2023 年 4 月 12 日。

40. 崔海智:《战后苏美经济合作尝试的失败》,《世界历史》2011 年第 1 期,第 32—

33 页。

41. 崔海智：《战后苏美经济合作尝试的失败——兼论经济冷战的起源》，第 29 页。

42. 中共中央马克思恩格斯列宁斯大林著作编译局编：《斯大林选集》（下卷），北京：人民出版社 1979 年版，第 488—489 页。

43. 沈志华等编：《苏联共产党九十三年》，第 423—424 页。

44. James F. Byrnes, "Memorandum by the Secretary of State to President Truman," *Foreign Relations of the United States*, March 9, 1946, https://history.state.gov/historicaldocuments/frus1946v01/d608，登录时间：2023 年 4 月 6 日。

45. ［美］哈利·杜鲁门著：《杜鲁门回忆录（下）》，第 14 页。

46. 同上书，第 389 页。

47. ［英］理查德·克洛卡特著：《五十年战争：世界政治中的美国与苏联（1941—1991）》，第 99 页。

48. ［美］哈利·杜鲁门著：《杜鲁门回忆录（下）》，第 67 页。

49. 同上书，第 68 页。

50. 沈志华：《冷战史二十四讲》，第 20—21 页。

51. 沈志华：《斯大林的"联合政府"政策及其结局下》，《俄罗斯研究》2007 年第 6 期，第 81 页。

52. Bruins, "The Chargé in Czechoslovakia(Bruins) to the Secretary of State," *Foreign Relations of the United States*, January 28, 1948, https://history.state.gov/historicaldocuments/frus1948v04/d471，登录时间：2023 年 5 月 6 日。

53. Marshall, "The Secretary of State to the Embassy in Czechoslovakia," *Foreign Relations of the United States*, February 4, 1948, https://history.state.gov/historicaldocuments/frus1948v04/d472，登录时间：2023 年 5 月 6 日。

54. Marshall, "The Secretary of State to the Embassy in France," *Foreign Relations of the United States*, February 24, 1948, https://history.state.gov/historicaldocuments/frus1948v04/d473，登录时间：2023 年 3 月 15 日。

55. Steinhardt, "The Ambassador in Czechoslovakia(Steinhardt) to the Secretary of State," *Foreign Relations of the United States*, February 28, 1948, https://history.state.gov/historicaldocuments/frus1948v04/d479，登录时间：2023 年 5 月 10 日。

56. Department of State, "Attitude of the United States with respect to the Czechoslovak governmental crisis of February 1948 and its aftermath," *Foreign Relations of the United States*, December 31, 1948, https://history.state.gov/historicaldocuments/frus1948v04/d481，登录时间：2022 年 4 月 3 日。

57. 刘金质：《冷战史》，第 89 页。

58. ［美］哈利·杜鲁门著：《杜鲁门回忆录（上）》，第 196 页。

59. 刘金质：《冷战史》，第 78 页。

60. ［美］哈利·杜鲁门著：《杜鲁门回忆录（上）》，第 188—189 页。

61. 刘金质：《冷战史》，第 76 页。

62. ［美］哈利·杜鲁门著：《杜鲁门回忆录（上）》，第 375 页。

63. 同上书，第 411 页。

64. ［美］哈利·杜鲁门著：《杜鲁门回忆录（下）》，第 93 页。

65. 同上书，第 94 页。

66. ［美］哈利·杜鲁门著：《杜鲁门回忆录（上）》，第 225 页。

67. ［英］理查德·克洛卡特著：《五十年战争：世界政治中的美国与苏联（1941—1991）》，第 60 页。

68. 刘金质:《冷战史》,第 77 页。

69. 同上书,第 36 页。

70. [英]理查德·克洛卡特著:《五十年战争:世界政治中的美国与苏联(1941—1991)》,第 62 页。

71. The Policy Planning Staff, "Paper Prepared by the Policy Planning Staff," *Foreign Relations of the United States*, November 26, 1947, https://history.state.gov/historicaldocuments/frus1948v04/d325,登录时间:2023 年 3 月 14 日。

72. The Department of Commerce, "Memorandum Prepared in the Department of Commerce," *Foreign Relations of the United States*, March 9, 1948, https://history.state.gov/historicaldocuments/frus1948v04/d336,登录时间:2023 年 2 月 13 日。

73. The Secretary of State, "Memorandum by the Secretary of State," *Foreign Relations of the United States*, March 26, 1948, https://history.state.gov/historicaldocuments/frus1948v04/d338,登录时间:2023 年 2 月 14 日。

74. 刘金质:《冷战史》,第 67 页。

75. [美]哈利·杜鲁门著:《杜鲁门回忆录(上)》,第 159 页。

76. 沈志华:《冷战史二十四讲》,第 24 页。

77. [美]哈利·杜鲁门著:《杜鲁门回忆录(上)》,第 169 页。

78. 刘金质:《冷战史》,第 37—38 页。

79. [美]沃尔特·拉弗贝著:《美苏冷战史话》,游燮庭译,北京:商务印书馆 1980 年版,第 58 页。转引自沈志华:《冷战史二十四讲》,第 14 页。

80. [美]斯塔夫里阿诺斯著:《全球通史》,吴象婴等译,北京:北京大学出版社 2012 年版,第 755 页。

81. 刘金质:《冷战史》,第 110 页。

82. 沈志华:《冷战史二十四讲》,第 16—17 页。

83. [美]威廉·曼彻斯特:《光荣与梦想》(第 2 册),广州外国语学院美英问题研究室翻译组译,北京:商务印书馆 1979 年版,第 624 页。转引自沈志华:《冷战史二十四讲》,第 22 页。

84. 沈志华:《冷战史二十四讲》,第 23 页。

85. 同上书,第 28 页。

第五章
美埃关系认同与其合作行为分析

关系认同结构理论的核心假设，是"关系认同结构决定行为方式"，也就是说，在世界政治的主要行为体即国家之间具有的任何关系，本质上都是国家之间建立了某些关系认同，这些关系认同又编织成一个整体的关系结构，表现为国家之间存在某种关系现象。而国家的行为，则受制于这种特定的关系认同结构。[1] 目前，学术界对于关系认同结构理论的经验研究还较少，因此本章将针对关系认同结构理论，进行实证研究，具体研究问题即为国家的对外行为是否由特定的关系认同结构决定的。

本章选举 2001—2005 年间的穆巴拉克执政期间埃及与美国之间的关系作为案例，一方面，该案例即有双边关系的稳定性，又有两国关系的相对变化，可以动态观察变量关系的作用。另一方面，这一时期美国与埃及之间的关系认同结构明显，作用突出，可以更清楚地考察其作用机制。在确认案例后，就可以进行下一步操作，通过找到两国领导人在互访中的正式表态、公开场合的正式发言以及两国官方文件中的表述等具有权威性的表达来确定美国与埃及之间的关系认同结构：两国之间的关系认同结构是否存在，以及这种关系认同结构是何种相关性（正向、零向还是负向）。在此基础上，根据理论评估两国在此结构下会采取何种行为；进一步在现实世界中考察两国在军事安全领域、政治领域、经济领域及价值观领域等具体的关系行为，确认实际行为与评估行为是否一致。如果一致就可以证明该理论假设成立，如果不一致，则需要对原因进行解释。

第一节 2001—2005年的美埃关系认同结构

本章选取2001—2005年间美国和埃及之间的关系作为研究的案例,以检验关系认同结构理论的核心假设。如果在检验中可以辨别出美埃之间存在着关系认同结构,并且可以甄别出两国存在着与关系认同结构理论评估相一致的国家行为,就可以证明"关系认同结构决定国家行为"的假设是成立的。本节将从军事安全领域、经济领域、政治领域以及价值观领域详细梳理美埃之间的关系认同结构。

一、军事安全领域的关系认同

军事关系是美国与埃及之间十分重要的一类关系,在两国关系中占据主导地位。通过对美埃领导人的讲话、公开场合的正式发言,以及政府的官方文件中的表述的研究,发现两国在军事安全领域建立起了关系认同,其主要体现在三个维度上,即美国对埃及的军事援助维度、合作反对恐怖主义维度以及在重大地区问题上进行军事合作维度。下文将分别阐述美埃在不同维度的关系认同。

(一) 军事援助维度

美国对埃及的军事援助是两国关系的重要组成部分。两国之间的援助关系自萨达特时期就已建立。为了推动中东和平进程,美国在埃及与以色列之间展开了外交努力。1979年3月26日,埃及总统穆罕默德·安瓦尔·萨达特与以色列总理梅纳赫姆·贝京在美国白宫签署了《戴维营协定》和《埃及-以色列和平条约》。在签署该条约时,美国为了促成条约的达成,分别阐述了对以色列和埃及的援助承诺,美国承诺与埃及就军事装备和服务的销售以及融资问题达成扩大的"安全关系"。埃及则将美国对埃及的援助看作《埃及-以色列和平条约》的组成部分。此后,美国也的确履行了对埃以双方的援助承诺,1979年美国总计向两国提供73亿美元的援助,此后美国也一直保持着对埃及的军事援助;1982年双方建立了埃及-美国军事协调委员会,同年2月两国又签订军事情报合作协议；1988 年两国军事合作关系又上新台阶，签署了《军事合作谅解备忘录》，确立了两国军事合作及加强军事战略关系的原则。美国给予埃及原本只有以色列才拥有的防务合同的特殊权利，埃及则从美国得到生产先进的全战坦克的技术，大大加强了埃及的国防工业。1998 年起，美国已经开始对埃及保持着每年 13 亿美元的军事援助数额，直到 2005 年，这种援助仍在继续。因此，2001 年前，美国与埃及就在军事安全领域的军事援助维度建立起了高度的关系认同，并且这种关系认同具有一定的延续性。2001—2005 年间这种援助行为仍然存在。

（二）合作反恐维度

2001 年 9 月 11 日，恐怖分子通过劫持多架民航飞机冲撞美国纽约世界贸易中心以及美国国防部五角大楼，对美国本土进行了恐怖袭击。此次恐怖袭击对美国的政治、经济以及民众的心理安全感都造成了巨大的冲击。此后，美国将反对恐怖主义列为对外政策的重要目标，也在全球范围内开启了打击恐怖主义的活动以保证美国本土安全。美国将中东地区列为重点关注地区，而仅靠美国一国的力量在中东地区开展反恐行动并非易事，美国需要各地区国家的支持和配合。埃及作为中东地区具备一定影响力，并且与美国保持友好关系的国家之一，自然成为美国拉拢的对象。而埃及国内也遭受着恐怖主义的影响，在政局的表面稳定之下仍然遭受着频繁的恐怖袭击活动，恐怖分子狂热地袭击埃及领导人和外国游客。这不仅严重破坏了埃及的政治秩序，也对埃及的旅游业发展造成很大的负面影响。因此，埃及也希望能够与国际社会合作打击恐怖主义。"9·11"事件发生后，埃及重申了它对恐怖活动的严厉谴责，强调国际社会要遵守安理会通过的反对恐怖活动的第 1373 号决议和第 1377 号决议，并且也表示埃及坚定地与反恐委员会（CTC）合作。由此可见，美埃之间在打击恐怖主义问题上存在着共同认知。

2001 年埃及外长对美国进行了访问，与美国总统和美国高级领导人进行了会晤。在访问期间，埃及外长向美国政府表达了埃及政府和人民对美国的同情和慰问,宣布支持美国为打击恐怖主义所采取的措施,同时埃及也关注美国在巴以问题上的态度,反对美国默认以色列将打击恐怖活动同打压巴勒斯坦人民解放运动联系起来,呼吁美国采取有力措施公正解决巴勒斯坦问题,只有公正解决巴勒斯坦问题,才有助于铲除恐怖主义的根基,反之将会出现新一代恐怖分子。然而美国与以色列之间的关系认同密切程度要远远高于美国与埃及之间关系认同强度,因而在此问题上,埃及并不能得到美国有力的回应。

　　次年6月,双方在马里兰州戴维营进行了会晤。在回答记者提问时,双方的表述展现出了美埃之间在此维度上存在着较强的关系认同。美国方面,布什总统表达了对穆巴拉克和埃及的感谢,他说:“美国仍然在与那些想伤害美国的人和那些想伤害埃及的人作战。”并且布什运用“好朋友”来描述埃及在反恐战争中对于美国的支持作用。他说:“在反恐战争中,美国有一个很好的朋友,这就是埃及。”美国在阿拉伯世界反对恐怖主义的努力不得不借助埃及等地区大国影响力的发挥。在此次会晤中,布什称赞了穆巴拉克总统在中东地区打击暴力和恐怖问题上的努力,并且表明了美国希望与埃及继续合作在中东和世界各地制止恐怖主义的意愿。面对美国对于穆巴拉克本人以及埃及对于反恐战争所作出的努力的肯定,穆巴拉克在发言中给予了回应。他认为布什总统的发言反映了美埃之间有着“深厚的友谊”,同时他也表明埃及将会继续就在中东和世界各地打击恐怖主义问题上与国际社会展开合作。可以看出在此问题上,埃及并没有完全跟随美国的立场。美国是全球反恐战争的主要发起者,美苏对峙的局面终结后,世界进入了一超多强的局面,美国作为唯一的超级大国,在许多国际和地区问题上无视国际组织的约束力,企图巩固美国主导的世界秩序。而埃及在穆巴拉克的领导下,实行平衡和全方位外交,谋求在对外关系中保持自身的自主性,埃及重视联合国等国际组织在解决全球和地区问题上发挥的作用。因而,在全球反恐战争问题上,埃及也希望并努力在联合国的框架下,与国际社会而非仅美国展开合作,这一点在美埃对待伊拉克战争的立场上表现得更为明显。

　　2003年6月,布什访问了埃及并出席了红海峰会。在红海峰会上,布什总统再次明显指出,打击恐怖主义符合中东地区各国领导人的利益，各国有责任打击和阻断恐怖主义的任何资金来源，如此才能够防止恐怖分子在中东地区和世界范围内站稳脚跟。[2]可以看出，美国在中东地区打击恐怖主义问题上，迫切地需要阿拉伯国家的全面认同。埃及作为亲美且具备地区影响力的地区大国，成为美国拉拢的重点对象。在红海峰会后布什总统在沙姆沙伊赫会见了穆巴拉克总统。此次会晤中，双方进一步表明在反恐战争中采取合作的立场。穆巴拉克明确表示了埃及反对恐怖和暴力的立场，认为恐怖主义是威胁整个世界和平与稳定的"瘟疫"，无论其来源和地点、无论理由和动机如何，都要充分认识到恐怖主义的危险，要拒绝任何形式的极端文化和暴力文化，并指出埃及将会采用法律力量，防止包括恐怖组织在内的非法组织获得支持。布什总统再次表示美国认可埃及在反恐活动中的努力，实现中东地区的稳定与安全，需要阿拉伯世界的承诺与支持，中东各国必须联手打击任何形式的恐怖主义，必须采取一切手段切断对任何恐怖组织的援助，包括武器和资金援助，并帮助巴勒斯坦权力机构打击恐怖主义。[3]次年4月，布什与穆巴拉克在得克萨斯州克劳福德的会见中，美国再次称赞埃及在反恐战争中的作用：感谢穆巴拉克总统在全球反恐战争中的支持。布什认为埃及采取了坚定的反对恐怖主义的立场以及埃及具备努力打击该地区恐怖组织的活动和能力，美国希望与埃及持续展开合作。对此，穆巴拉克也给予了回应，他表示美埃双方在此次会见中共同讨论了打击恐怖主义的努力，双方同意在打击恐怖主义问题上加强广泛合作，包括寻找解决恐怖主义根源所在的政治和经济问题的办法。[4]在双方发表的《美埃关系三十年：和平和发展的伙伴关系》中两国再次指出美埃双方将在打击恐怖主义方面保持密切合作的共同意愿。[5]2005年前后，巴勒斯坦问题并未得到解决，美国的中东和平路线图受到国际社会的普遍质疑，加之以色列单方面从加沙和西奈半岛地区撤出军事装备和武器，美国此时更加需要埃及的支持与配合。布什总统在国防大学关于反恐战争的讲话中明确表示，美国将与埃及等国家一起打击巴勒斯坦恐怖分子，推动中东和平路线图的实现，帮助巴勒斯坦建国，实现地区和平与稳定。[6]

综上所述，通过双方之间运用的"朋友""好朋友""深厚的友谊"等表述可以看出，美国与埃及在合作打击恐怖主义这一维度上建立起了较为密切的关系认同。

（三）伊拉克战争

"9·11"事件后,美国政府为了迎合自身进行全球反恐战争的政策目标,强调反恐战争的紧迫性和必要性,大肆渲染恐怖主义是极端危险的,决心铲除恐怖主义对于美国本土的伤害。恐怖袭击后,美国借口伊拉克暗地支持恐怖组织,计划对伊拉克进行军事打击。2001 年 2 月,美英两国对伊拉克首都巴格达的郊区民用和军事目标进行了大规模的空袭。该行为引起了埃及国内的强烈反对,埃及国内民众对此掀起了浩大的反美舆论,因而埃及当局也对美英的行为公开表示反对,他称伊拉克既不是超级大国也不拥有先进的洲际导弹,并不对世界构成着威胁,对伊拉克进行空袭只会导致无辜的贫民伤亡,反而会滋生恐怖主义。

然而,在攻打伊拉克,推翻萨达姆政权的问题上,美国已是势在必行。次年 7 月,穆巴拉克再次表示反对军事打击伊拉克,并表示:"中东地区不能承受更多的灾难,任何给本地区带来新的紧张局势的举动都会酿成巨大的灾难。"穆巴拉克强调,"战争不是游戏,不是野炊,在这一问题上必须考虑地区和国际环境"。在许多国际场合,埃及都明确表示了反对美国打击伊拉克的态度。穆巴拉克清楚地认识到,伊拉克战争的发动并不能够彻底打击恐怖主义,反而由于战争这种暴力的形式以及不可控的对平民的伤害很有可能会滋生恐怖主义。他在接受法国《费加罗报》记者采访时,严肃地指出了该战争的负面影响:"伊拉克战争并不能帮助一个国家或者一个地区摆脱恐怖主义。这场战争造成的死亡和破坏将导致新一代恐怖主义分子的产生,恐怖主义将遍布世界各个地方,伊拉克战争无疑点燃了一场大范围的恐怖主义之火。"[7]不仅如此,伊拉克战争结束后,在关于战后重建的问题上,美埃之间的分歧也是十分突出的。美国希望埃及能够支持由美国主导的伊拉克重建进程,而埃及方面则主张伊拉克的重建不应当受到外国的干预,重建的进程需要由联合国主导,伊拉克人民应当自己管理自己的事务,选举具有合法性的政府。

这说明,在"伊拉克战争"这一维度上,美国和埃及存在着明确的负向关系认同。

二、经济领域的关系认同

经济关系是美国和埃及之间除军事关系外非常重要的一对关系。穆巴拉克就任总统时,埃及面临着严重的经济困难,呈现"通货膨胀、财政赤字、外债三高"的局面,并且社会贫富差距极大,整个社会发展陷入严重的困难。1991年穆巴拉克开始向世界银行和国际货币基金组织求助,启动了"经济改革和机构调整计划",开始从计划经济向市场经济转变。在此背景下,1999年美国与埃及签署了《贸易和投资框架协定》,体现了两国签署自由贸易和实现经济伙伴全面协议的动向,两国正式建立起了经济合作关系。2001—2005年间,通过对两国高层领导人以及政府官方文件的表述梳理,可以发现美埃两国主要在支持埃及经济改革维度以及双边贸易维度建立起了关系认同。

(一)埃及经济改革维度

穆巴拉克执政后,基本延续了萨达特经济开放政策的基本经济政策,并采取一些经济措施推动埃及的外向型经济的发展,吸引外资仍然是埃及经济目标之一。穆巴拉克执政之初,埃及面临着经济结构发展不平衡、贫富不均以及外债高企等严重问题。美国自埃及与以色列达成和平条约后开始向埃及进行大规模的经济援助,援助体量十分可观,美国官方表示"美国致力于协助埃及经济的发展","美埃两国政府将共同努力加速埃及的经济改革"。但是这种援助附带着要求埃及改革经济结构的条件,限制了埃及经济发展的自主性。美国多次在公开场合对包括埃及在内的许多国家提出进行经济改革、发展市场经济的要求,以便于美国的资本更便利地进入到埃及。如2002年布什总统在墨西哥蒙特雷联合国发展筹资会议上称:"当各国尊重本国人民、开放市场、投资于更好的健康和教育时,每一美元的援助、每一美元贸易收入和国内资本都会得到更有效的利用。我们必须将更多援助与政治、法律和经济改革挂钩。"由此可见,美国认为接受美国援助的国家,包括埃及在内,进行经济改革是必要的。美国对埃及的经济援助逐渐与埃及的经济改革相挂钩,埃及方面也在逐步地推进国内经济改革,以便于改善国民经济现状与接收美国的外援。2002年3月,埃及参加了在墨西哥召开的蒙特雷国际投资发展会议,欧共体和美国均表示在3年之内和现有基础上,把对埃及的正式发展援助提高50%,并且这种援助将会逐年提升。[8]同年,美国贸易代表佐利克首次访问埃及时,与埃及经济和外贸部长优素福·布特罗斯·加利会谈时明确表明了"埃及是美国重要的合作伙伴之一",美国支持并愿意协助埃及进行经济改革,支持埃及对于实现贸易自由化的努力,美国随时准备与埃及合作,推动埃及向前发展。此外,在2001年两位领导人的会谈中美国对埃及实现知识产权制度现代化、电信等关键部门私有化、进一步开放服务部门的努力给予了赞赏,美埃双方也重申要致力于消除阻碍双方更紧密经济关系的障碍。这也彰显出了美国期待推动埃及经济改革并且与埃及进行深度的经贸合作需求。

到了2004年,美国愈加将援助与促进中东国家自身的改革挂钩,要求埃及加快经济改革的步伐,在5月的"千年挑战账户国"颁奖典礼上美国公开表示,美国将加大援助资金投入,但是所有国家都要接受政治和经济改革,才有资格获得这笔新资金,并对各国提出了尊重人权、加强社会保障、开放市场等具体要求,敦促各国遵循"公正治理、投资人民和鼓励经济自由的进步标准"。

（二）双边贸易维度

双边贸易是两国关系发展的一个重要方面,通过对2001—2005年间两国领导人以及贸易代表的讲话梳理,可以看出两国在此维度存在着正向的关系认同。2002年美国贸易代表佐利克在访问埃及时表示埃及是美国的重要伙伴,增加贸易和投资将在加强美国与埃及的重要战略关系方面发挥关键作用。美国期待扩大与埃及的经济合作,并阐释了这对于美埃双方的好处。一方面,扩大双边贸易将使美国人更好地进入埃及这个中东人口最多的市场,另一方面,发展扩大双边贸易产生的经济增长将对埃及未来的长期的发展和繁荣十分重要。埃及方面对于美国支持其经济改革与推动美埃自由贸易发展诉求也给予了回应，穆巴拉克总统在 2002 年的蒙特雷会谈中表示，埃及期待与美国深化贸易和经济关系，同时也强调，埃美之间应当走向更平衡的贸易关系，言外之意在于美国应该尊重埃及民族经济发展的自主性。在此次会谈中，埃及外贸部长加利也认为"美国贸易和投资的增加将有助于加强埃及在进行的经济改革的努力"，美埃之间的更加密切的经济联系符合两国的利益。2003 年穆巴拉克访美时表示，埃及的全面改革计划进入了一个新的阶段，新阶段将旨在使埃及完全融入世界经济，这一目标的核心是寻求深化埃及与所有伙伴的贸易关系，尤其是与美国的贸易伙伴关系。穆巴拉克强调，埃及与美国关系的深度是我们共同追求中东和平与稳定的重要基石之一。同年 5 月，布什总统提议在十年之内建立美国和阿拉伯国家的自由贸易区，埃及对于该倡议给予积极的回应，认为该提议对于美国和阿拉伯国家来说都是积极的，并表示埃及欢迎为实现建立在平等和不干涉内政的基础上的合作所作出的任何真诚的努力。

综上所述，通过埃及对于美国提出希望与埃及发展经济关系的回应，可以看出两国之间在双方之间存在着经济合作关系存在着共有知识，建立起了正向关系认同。

三、政治领域的关系认同

萨达特遇刺后，埃及开启了穆巴拉克统治的时代，穆巴拉克大体延续了萨达特时期的外交方向，但在具体的外交政策上又有所转变。穆巴拉克执政后，开始实施平衡以及全方位的外交政策，即埃及需要改变在萨达特时期严重依赖美国，而与苏联（俄罗斯）决裂的关系状态，平衡与美国与俄罗斯的外交关系，同时埃及也寻求重回阿拉伯大家庭。但是尽管如此，发展同美国的外交关系仍然是埃及外交政策中最重要的一环，即埃及对外政策的重点在于同美国保持的特殊关系，优先考虑维护对美国的关系，但是这种关系的发展需要建立在不结盟的基本外交政策的基础上。埃及官方认为："同美方的合作，无论是同美国历届政府的合作，还是同媒体机构的合作，均有效推动了许多地区事业的进展,从而也帮助埃及达到了许多政治目的。如果埃及不加强同美国的关系,而造成了埃美关系的缺失,那么将会有其他国家和其他势力乘虚而入,而这些国家或势力的利益可能与埃及的利益相矛盾。"对于美国来讲,埃及作为中东地区举足轻重的大国,有助于美国在中东地区许多利益目标的实现,尤其是在巴勒斯坦问题上,美国尤其需要埃及的支持与合作。两国在2001—2005年间大体保持着合作的关系状态,这一点从双方领导人以及官方文件的表述中就可以看出来。

2001—2005年间,两国官方对于美埃关系的描述如下。美国方面,2002年3月穆巴拉克访美期间,布什总统表示,"美国与埃及有着密切而有意义的关系,这一关系是我们在中东政策的基石",美国十分珍视与埃及的关系,埃及一直是美国的"好朋友";2003年布什与穆巴拉克的会谈中明确提出,美国十分重视与埃及的"紧密关系"。[9]而埃及方面,在2004年,美埃建交三十年会晤中,布什表示美埃之间的战略伙伴关系是牢固和温暖的。[10] 2002年,穆巴拉克访美期间接受记者采访时表明埃及与美国之间建立了一种符合双边利益以及中东和平与稳定事业的坚实"伙伴关系",并且这种关系是日趋成熟的。2003年3月,穆巴拉克访美期间,他的政治顾问巴兹也指出,全面加强和巩固埃美友好关系是埃及利益的需要。2004年,穆巴拉克在与布什的会晤中采用美埃的"特殊外交关系""伙伴关系"等词汇来形容双边关系,并在随后发表的联合声明《美埃关系三十年:和平与发展的伙伴关系》中,指出"埃及和美国一直致力于中东和平、稳定、繁荣和自由的伙伴关系"[11]。

由此可见,美埃双方对于两国的较好的整体外交关系存在着共有知识,下文将从民主化问题与地区问题两个维度上来具体阐释两国在政治领域存在的关系认同。

（一）民主化问题

萨达特遇刺后,穆巴拉克继任,随后在大选中正式成为埃及最高领导人。穆巴拉克执政时期推行的民主化,实际上一种高压统治下的民主,国家权力高度集中,掌握在总统一人手中,并运用紧急状态法加强对社会的管理和控制,以达到巩固自身统治的目的。2001—2005年间,埃及在推进政治民主化方面也作出了努力,但是在本质上,仍然是"有限民主"。埃及当局始终控制着民主化的进程,掌控着人民议会以及总统选举,埃及民众的政治参与率非常低,如 2005 年首次实行多党制直接总统选举,投票率仅有 23%。此外,埃及官方也限制反对党的发展空间、控制着新闻和言论自由。自 2001 年 9 月 11 日起,美国在遭受到恐怖袭击后开启了全球反恐战争,对埃及的外交政策也发生了转变。在此之前,美国着力推动中东地区包括埃及的经济改革,而在此后,美国寻求平衡美国与埃及之间的关系,寻求安全和经济利益与美国的民主促进政策保持一致,同时美国也采取各种手段推动埃及的政治改革。

2004 年,埃及国内为进行政治改革做准备,在亚历山大图书馆举行包括社会各界人士参加的公开辩论会,这被视为埃及推进民主改革的进步。对此,小布什在与穆巴拉克总统于得克萨斯州克劳福德举行的新闻发布会上指出,美国支持埃及正在进行的亚历山大图书馆关于改革的公开辩论,认为这是推进民主的一大步,埃及应该"通过加强民主体制和政治参与,为中东地区的民主树立标准"。从某种程度上讲,美国此时已经开始关注埃及政治改革的步伐,希望埃及能够加快政治改革进程,早日成为美国在中东地区的民主样板国家。但此时,美国总体上仍然对埃及的改革步伐表示尊重。小布什曾表示,美国遵循了埃及在过去几年采取的民主步骤,美埃都应当认识到在埃及乃至中东地区进行政治和经济改革的必要性。2004 年 6 月,在八国集团首脑会议上,美国正式推出了改造中东和北非的"大中东计划",对这些地区的国家,推进政治、经济和社会层面的民主改革,以实现中东地区政治民主化和经济自由化。小布什表示将会和欧洲联合推进中东政治民主,包括实行自由选举和新闻媒体自由。到了 2005 年 2 月,美国更加着力推动埃及的改革。为推动中东地区民主化进程,美国逐渐向埃及政府施加压力,小布什政府在第二任期就职演说中明确要求穆巴拉克积极推进民主化进程:"伟大而骄傲的埃及人民,在实现中东和平方面走在了前列,在中东通向民主的道路上应该走向前列。"此后,埃及也作出了政治改革的努力,包括宣布修改宪法,实行多党制直接总统选举,但美国仍在施加压力。2005 年 3 月,小布什在国防大学发表讲话时再次指出埃及的政治改革进程,提出了美式民主的要求,即实行民主选举,选举应当随时接受监督,并保证选举过程中的新闻媒体自由。他指出,"中东的每个国家都将走不同的改革道路,每一个开始这一征程的国家都知道,美国将与他们并肩作战"。同年 6 月,赖斯在开罗的美国大学发表演讲时对埃及的正在进行的政治改革表示肯定的同时,再次对其提出了一系列要求。美国政府认为穆巴拉克总统修改埃及宪法和举行多党选举的决定"令人鼓舞",穆巴拉克总统"打开了改革的大门",埃及应当在自由选举、保证反对派团体言论自由以及保证监察工作的顺利进行。可以看出这五年间,美国对埃及的民主化进程的态度发生了明显的变化,由遵循埃及改革的步伐,到不断向埃及施加压力,致力于加快推进埃及和中东的民主化进程。面对美国政府为实现中东民主化进程渐进式地向埃及施加的压力,穆巴拉克政府曾在 2004 年表示,通过多年以来与美国的合作,埃及实现了许多改革和发展的目标,埃及正在"通过雄心勃勃的计划来应对国内的挑战",埃及将继续"在埃及政府、民间社会和不同的政党之间的辩论和互动过程中向前推进"。但是面临着美国官方在公开场合的多次持续施压也必然会引发埃及政府的不满。2004 年八国集团峰会前后,穆巴拉克公开强调:"我们正在提供与我们的吞服能力相适应的民主剂量,我们要达到西方的民主水准,但不能在一夜之间完成。"由此可见,在推动埃及政治改革,推进埃及民主的这一问题上,美国和埃及发生的转变都是渐进式的,双方之间在该维度的关系认同存在着由紧密到一般的转变,根据理论评估,这也必然会体现在两国的对外行为上。

(二) 地区问题

在地区问题中,巴勒斯坦问题是中东地区最主要的问题,也是美埃双边关系非常重要的一个议题。美埃领导人的多次会晤都围绕着巴以问题的解决而展开。萨达特时期的外交政策遗产导致埃及与阿拉伯国家关系疏远,埃及在中东地区的影响力下降。穆巴拉克时期,埃及致力于恢复在中东地区的影响力,巴勒斯坦问题无疑成为埃及发挥地区影响力的舞台,但是埃及认识到单靠埃及一国力量难以有所作为,巴以问题的解决有赖于美国的主导。

2001年1月小布什就任美国总统后，战略重心在亚欧大陆，对于巴勒斯坦问题采取消极的态度，巴以问题长期被边缘化，中东和平进程停滞不前。埃及对于美国采取的消极态度表示十分不满。随着中东局势逐渐失控，美国方面也转变了态度，开始关注巴以冲突的和平解决。美国认识到需要借助埃及来实现巴以冲突的调节，并认可埃及在阿拉伯世界的大国地位。布什表示"实现巴以局势稳定需要各方共同努力"，"迈向和平的进程需要邻国的积极承诺和支持"，而埃及由于历史因素等在巴勒斯坦问题上发挥着突出的作用。布什总统认可"穆巴拉克总统长期以来在促进中东和平与稳定方面的努力"，认可埃及在巴以和谈中的领导作用，他指出"埃及是第一个在中东地区伸出和平之手的阿拉伯国家"，在未来中东和平进程的推进中埃及将继续是美国"一个至关重要的伙伴"，埃及与美国应在巴以冲突问题上进行合作，为实现和平而努力，在中东和平进程的推进中，美国主要做以色列方面的工作，埃及则是在巴勒斯坦方面发挥着重要的作用。在巴以问题的解决上，布什总统多次在公开场合提出并承认埃及的作用，在2004年5月6日接受《金字塔报》采访时，小布什表示，就目前巴勒斯坦建国问题上"埃及也有着责任，埃及可以发挥重要作用，以确保加沙的安全"。10日在"千年挑战账户国"颁奖典礼上讲话时指出，关于沙龙从加沙和部分西岸撤出某些军事设施和定居点的计划，"美国将与约旦、埃及和国际社会的其他国家一起……防止以色列撤出对地区构成的威胁"。[12]

面对美国政府态度的转变，以及与埃及合作解决巴勒斯坦问题的诉求，埃及官方也给予了回应，穆巴拉克公开表示希望与美国在中东和平进程中能够共同协调巴以冲突问题，巴以冲突的解决需要美国和埃及的合作，"埃及与美国之间的伙伴关系在帮助直接卷入冲突的各方找到公正和全面的解决办法方面发挥着不可或缺的作用"。他也指出，小布什总统个人的作用以及美国今天在解决巴以冲突问题上的作用"仍然同20多年前美国为埃及和以色列达成和平条约所作的贡献一样重要"，埃及期待着美国继续发挥有效的作用。2002年6月，为了主导中东和平进程，布什起草了中东和平路线图，旨在打击恐怖主义，推进阿拉伯国家的民主改革，实现和平。对于该决议，穆巴拉克总统曾在

2003 年的红海峰会中公开表示："我们特别对布什总统个人对全面执行该决议(中东和平路线图)的坚定承诺表示赞赏"，埃及愿与各方合作解决巴以冲突问题，推动中东和平进程的进行。同时穆巴拉克总统也曾公开表达"欢迎美国为中东所有人民打开新的经济机会的倡议"。[13] 2004 年，穆巴拉克在与布什会晤时再次肯定"美国一直在我们地区寻求和平方面发挥主导作用"，并表示"埃及强烈希望看到这一主导作用以更大的活力和决心继续发挥"，同时也表达埃及与美国合作的决心，"埃及一直是中东区域和平道路的先驱，今天将继续承担其和平的责任……埃及坚定承诺尽一切努力恢复全面解决的希望，并使双方回到对话和谈判的道路上来"。[14] 因而，在地区问题的维度上，通过两国官方采用"至关重要的伙伴""认可""赞赏"等表述可以看出，双方在此领域存在着紧密的正向关系认同。

综上所述，埃及与美国在政治领域的民主问题和地区问题两个维度存在着共有知识，建立起了关系认同。而在民主问题维度，双方的关系认同在 2001—2005 年间是动态变化的，其密切程度逐渐由紧密发展到一般。

四、价值观领域的关系认同

价值观领域是美埃双方关注的议题之一，主要涉及宗教、人权、民主权利等问题。本节将该领域划分为反对恐怖主义维度以及推行民主价值观维度，下面将具体展开阐释。

(一)反对恐怖主义维度

两国之间在此维度，本质上存在着分歧，这一点可以从美埃两国领导人在公开场合的讲话中看出。其分歧集中在对于恐怖主义的定义上。对于美国来讲，在"9·11"恐怖袭击之后，美国的战略关注点重新回到了中东地区，将反对恐怖主义作为推进其全球战略的一部分，并着重打击中东地区的恐怖主义，其认为伊斯兰国家的"非民主制度"是滋生恐怖主义的土壤，希望对中东地区的国家推进美式的民主改革，传播美式的价值观。美国认为只有消除"中东专制"，实现美式民主，实现彻底的民主改造才能彻底消除恐怖主义滋生的土壤。同时美国对恐怖主义的界定还以美国自身的利益为准则，违背其意愿就是恐怖行为，反之则不然。很显然，美国借着打击中东地区恐怖主义的幌子，泛化地将伊斯兰教同恐怖分子联系起来，为其对伊拉克发动反恐战争寻找理由。但是，埃及在阿拉伯国家具备一定的地区影响力和领导力，在此问题上其代表的是伊斯兰国家的整体利益。埃及认为中东问题停滞不前，长期得不到解决，使得中东人民失去希望，才会滋生恐怖主义。穆巴拉克明确反对把恐怖主义同某种宗教或民族联系起来的做法，该立场在其在 2001 年 11 月 16 日在埃及人民议会、协商议会开幕式上的讲话以及在 2002 年 4 月在伊斯兰会议组织紧急会议中明确地表现出来。他表示："必须防止利用国际反恐行动来实现狭隘的政治利益、用武力改变领导人和政权的企图，或者将那些与人民的历史、观念、价值观不符的文化或观念强加于人的企图。因为那只能造成更大的分裂、加深仇恨，对我们的社会和人民构成了最大的危险。"穆巴拉克也多次强调"伊斯兰国家反对一切形式的恐怖活动，坚决反对将这一罪恶现象同任何一个宗教、信仰或人种联系在一起"。尤其值得关注的是，穆巴拉克在会议讲话中明确点名美国，强调美国发动反恐战争不应当波及其他的阿拉伯国家或是伊斯兰国家。

由此可见，在这一维度上，美国与埃及存在着负向的关系认同。但是从讲话中可以看出，两国并没有针锋相对，处于双方可以进行管控的范围之内，即认同强度不是非常高。

（二）推行民主价值观维度

美国弗朗西斯·福山"历史终结论"认为，自由民主制度是人类政治制度的终极模式，西方的市场经济和民主政治是世界历史发展的唯一道路。一直以来，美国致力于将"美式民主"推广至世界，将美国眼中的"专制""独裁"政府视为恐怖主义滋生的土壤，要对其进行民主改造，而在意识形态方面推行民主价值观就是其众多手段之一。从美国的角度来看，2001—2005 年的埃及尽管进行了政治改革，在尊重政治权利、人权、言论自由等方面有了进步，但是并不符合严格的美式民主价值观的标准。就人权问题,美埃双方长期存在着不可忽视的矛盾,本部分也将会主要围绕人权问题展开论述。

2001—2005 年间,从美国发布的关于埃及的人权报告来看,美国对于埃及人权状况的不满十分明显。在报告中,美国多次采用"埃及的人权状况仍然很差""人权状况糟糕"等消极表述批评埃及不尊重公民的政治权利、《紧急状态法》损害司法公正、限制言论和新闻自由、安全部队虐待囚犯的不人道行为,以及埃及没有实现真正的宗教自由与平等。具体而言,其一,美国尤其关注且不赞同穆巴拉克执政后重新启动并延续《紧急状态法》的行为。美国认为《紧急状态法》的实施目的发生了转变,由最初打击宗教极端分子,维护埃及稳定和安全转变为执政当局扫除反对派的障碍,警察和安全部队随意拘留公民,使得"公民没有改变政府的真正权利"。不仅如此,政府垄断了新闻出版产业以严格限制反对派出版物的产出以及避免对于政府机关,尤其是对于总统的反面言论的出现,限制和侵犯了公民的言论和新闻自由。其二,虽然宪法表示宗教平等,但是埃及政府实际上限制了宗教自由和举行宗教仪式,清真寺的建设受到政府的严格把控、皈依基督教的人受到一定程度的社会歧视。其三,妇女权利没有从根本上得到保障,虽然妇女在埃及担任着重要的公共职位,但是在女性生殖器切割、家庭暴力和离婚问题上,妇女仍受到严重的歧视,其需求和权利得不到有效的回馈和保障。

面对国际社会以及埃及国内人权组织,国家人权理事会对于政府侵犯人权行为的控诉并就改善人权状况向埃及当局提出建议,如结束《国家紧急状态法》、允许人权组织不受阻碍地开展活动、接受联合国酷刑问题特别报告员的访问等,埃及政府一贯表示"政府正在与人权中心进行充分合作,并将调查国家人权中心提交的所有投诉"。但是人权报告中指出,尽管埃及政府对于投诉给予了回应,但是政府拒绝国际组织探望埃及政治犯,同时,政府没有采取任何具体行动对于非政府组织的意见作出反应,"当局甚至在国际入境口岸短暂拘留审问一些人权活动分子"。因而实际上,美国默认了国际社会以及埃及国内非政府组织对于埃及人权状况的指控,美国与埃及在该维度上建立起的仍然是负向的关系认同。

综上所述,通过对于美国对于埃及人权报告的文本分析可以看出,在价值观领域，美国与埃及在反对恐怖主义以及推行民主价值观维度存在着程度较弱的负向关系认同。

五、美埃关系认同结构的行为推导

（一）美埃之间的关系认同结构

如前文所述，美埃在政治领域、军事安全领域、经济领域和价值观领域建立起来的关系认同构成了美埃之间的整体关系认同结构。根据对关系认同结构评估的三个变量，即行为体之间对建立起关系认同领域的关注程度、建立起关系认同的数量、行为体对于已经建立起来的关系的认同强烈程度，本节将对美埃之间的关系认同结构强度进行评估。

其一，2001—2005 年间，在美国与埃及建立起来的关系认同的关系领域中，军事安全领域是双方关注度最高的领域。我们从双方领导人的表述以及官方文件中"很好的朋友""深厚的友谊""美国与那些想伤害美国的人和那些想伤害埃及的人作战"等此类表述可以看出，美埃在军事安全领域建立起来的关系认同是较为强烈的。但是，需要注意的是，该领域中的美埃在军事援助维度、合作反恐维度存在着较为强烈的正向的关系认同；而在伊拉克战争问题上，通过双方领导人的发言可以看出，两国存在着负向关系认同。在该问题上，美埃双方都认识到分歧的存在，但是并没有针锋相对，而是各自陈述对于伊拉克战争问题走向的诉求，因此这种负向关系认同的程度是较弱的。

其二，经济领域也是双方的高关注领域，美埃在经济援助、经贸合作以及在世界经济事务中相互协调等三个维度建立起了关系认同，通过"伙伴""埃及与美国关系的深度是我们共同追求中东和平与稳定的重要基石之一""埃及在世界贸易组织与我们来自发展中国家的合作伙伴之间发挥着越来越重要的领导作用"等表述，美埃之间在经济领域建立的关系认同也是较为强烈的。

此外，政治领域和价值观领域是双方的低关注度领域。在政治领域，美埃之间在推动埃及政治改革和地区问题两个维度建立起了关系认同，并且通过"好朋友""伙伴关系""特殊关系""战略伙伴"等表述表明这种认同是较为紧密的。其变化主要体现在推动埃及政治改革这一维度,在 2003—2004 年度开始发生明显变化。通过 2004 年和 2005 年布什、穆巴拉克和赖斯等的讲话中可以看出,美国对于埃及加快政治改革步伐的要求愈发强烈。相应的穆巴拉克政府也存在着转变,起初对美国的要求保持友好的态度,随着美国持续不断地施加压力,埃及的态度也由保持友好逐渐转变为消极、强硬。因此双方在该维度的关系认同存在着从紧密到一般的转变。在价值观领域,美埃之间本质上存在着分歧,通过美埃高层领导人的发言、报告等可以看出美埃在反对恐怖主义维度和推行民主价值观维度存在着负向的关系认同,但是负向关系认同的强度很弱。

综上所述,2001—2005 年间美国与埃及之间存在着综合关系认同结构,具体而言,高关注领域的军事和经济领域是美埃之间的主导性关系认同结构,低关注领域的政治和价值观领域是双方的从属性关系认同结构。

(二) 国家行为的理论推导

关系认同结构理论认为,国家之间存在的关系认同结构决定着国家的行为,国家之间建立起怎样的关系认同,就会对应有怎样的行为。通过该案例对关系认同结构理论进行验证,在确定美埃之间在 2001—2005 年间存在着关系认同后,根据该理论,美埃之间可能会在关系认同框架下作出对应的行为,也就是理论评估的行为。将这些评估行为与实际行为进行对照,如果一致就说明理论假设成立。下面将具体阐述,美埃关系认同结构下,根据关系认同结构理论对其行为的评估。

1. 高关注领域

其一,军事安全领域。美埃两国在军事援助、合作反恐维度建立起了正向的关系认同,而在伊拉克战争问题上存在较弱的负向关系认同,但从整体上看,两国在此领域存在着较为紧密的正向关系认同。根据关系认同结构的理论逻辑,正向关系认同下行为体大致会处于合作状态,表现在军事安全领域会采取联合军演、军事援助、武器装备合作、合作反恐等国家行为。具体到美埃两国来讲,首先,在军事援助维度,双方会采取合作的行为。在美国的外交努力下,埃及和以色列达成了和平条约,美国保持着对于埃及援助的承诺,给予埃及大体量的军事和经济援助,对埃及进行军售,帮助埃及更新武器装备,培训埃及军官等。但是对于以美国为中心的综合关系认同结构来看,相较于埃及,以色列处于更为内圈的位置,甚至处于阿拉伯世界的第一位。因此,美国对于埃及的军事援助力度将会小于以色列,对于武器装备的援助也是如此,限制埃及获得与以色列同水平或高于以色列水平的先进武器装备,提供的大多是一些对于埃及来讲先进,但对于美国而言陈旧的军事装备。其次,在反恐问题上,双方存在着利益契合点,大体上会保持合作的状态。美国本土在遭受到恐怖袭击后,开启了全球反恐战争,同时也将外交政策关注点重新由亚欧大陆转向了中东地区。一方面,美国希望借助打击恐怖主义的理由,打击中东地区的反美政权;另一方面,美国认为袭击美国的恐怖分子是由中东地区某些国家支持并资助的,美国需要全力打击恐怖活动以重建美国人民的安全感,以及向世界展示美国的强大不可侵犯的国际形象。最后,在伊拉克战争问题上,前文提到,两国之间在此维度存在着负向的关系认同,但是程度较弱。根据理论逻辑,负向关系认同下行为体将会处于竞争甚至对抗的状态,但从两国高层领导人的表述中不难看出这种负向的关系认同程度很弱,双方并不会因此矛盾而产生强烈的对抗或是冲突,大体上两国将会处于竞争的关系状态。原因在于,埃及作为阿拉伯世界整体利益的代表,加之埃及国内民众的反美情绪,在美国企图以武力攻打伊拉克问题上,必然表示反对,并且将会开展外交努力,呼吁阿拉伯国家乃至国际社会督促美国以和平的手段解决伊拉克问题,反对美国对伊拉克动武。而对于美国来讲,武力推翻萨达姆政权符合美国的外交利益,美国将会创造有利于美国的国际舆论,获取美国盟友的支持,为军事打击伊拉克创造国际合法性,因此美埃之间分歧明显。

其二,在经济领域。经济关系是美埃关系中重要的一对关系,两国在该领域的推动埃及经济改革以及双边贸易合作维度建立起了紧密的正向的关系认同。根据关系认同结构理论的评估,正向关系认同下,行为将会保持和谐的关系和密切合作的状态。具体到美埃两国来讲,首先,在推动埃及经济改革领域,穆巴拉克上台之初,面临着严重的经济困难,并采取了吸引外资、国有化私有企业等手段发展民族经济。埃及经济高度依赖对外援助,美国对埃及的援助附带有要求埃及进行市场经济改革的要求,这本身也是埃及为促进本国经济发展采取的措施之一。根据美国在埃及和以色列签订和平条约后的援助承诺,美国将会给予埃及大体量的经济援助,但是这种援助的数量会低于对以色列的援助,这是由于在以美国为核心的关系圈内,与埃及相比以色列处于第一关系圈内,双方的关系认同更加的密切。其次,在经贸合作维度,通过两国采用扩大经济合作能够促进两国经济发展繁荣等表述,两国会就双边经济合作问题进行频繁会晤,进行频繁的双边经济、科技等贸易合作,推动两国自由贸易区的建设。

2. 低关注领域

其一,在政治领域。美埃之间在该领域的民主问题和地区问题两个维度建立起了正向的关系认同。根据关系认同结构的理论逻辑,正向关系认同下行为体大体上会呈现出和谐的关系、合作的关系状态。具体到美埃两国来讲,首先,从整体上看,美埃两国对于双方之间在政治上较为紧密的关系认同存在着共有知识,因此体现在行为上,两国之间的领导人将会频繁互访,就双方关切问题进行讨论,并表现出愿意与对方展开深入合作,发展友好关系的意愿。其次,在民主问题维度。2001—2005年间,关系认同强烈程度逐渐由密切转向一般,根据理论逻辑,这种变化也会体现在两国的对外行为中。实际上,穆巴拉克统治时期,埃及是属于"威权主义"政治,国家权力掌握在总统一人手中,很显然,这并不符合美国要求的美式民主的标准。美国希望将埃及打造成为美国在中东地区的民主样板国家。起初美国的政策重点在于推动中东地区经济发展,美国认为只有阿拉伯国家进行经济改革,发展市场经济,改善生活条件,进而减少恐怖活动的滋生。因而此时,美国并不十分关注埃及国内的政治发展状况,对于埃及的民主发展步伐保持尊重,埃及此时对于美国的民主要求并不十分抵触。但是随着美国大中东民主计划的推出,不少阿拉伯国家都开启了民主政治改革的步伐,而埃及对于美国的大中东民主计划并不十分支持。2004年前后,两国之间的关系认同逐渐发生变化,相应地,美国将会开始逐渐加大对埃及的民主政治改革施加压力,要求埃及加速民主化步伐。对于埃及进行了社会各界参与的公开辩论,美国将认为这是走向民主的伟大尝试,因此也会给予支持。2005 年，埃及开启了国内政治改革，穆巴拉克宣布修改宪法，开启多党制直接总统选举，美国对此也会表示赞同，并且美国将会按照美式民主原则的标准，监督埃及的实际选举情况，变相对埃及官方施加压力，如要求选举过程接受国际和国内民主监督、支持多党制选举，要求反对派不受限制地参与选举过程、要求保证选举期间的新闻媒体自由等。随着美国持续不断地对埃及施加压力，埃及官方会逐渐抵触，这将会在领导人的发言中得以体现。总体上讲，埃及在美国的压力下，加上国内发展的要求，会存在着民主的进步。但是埃及更多地会保持国家自主性，并不完全遵循美国的民主要求。最后，在地区问题上。美埃两国在此维度存在着密切的正向关系认同。两国将会在巴勒斯坦问题上进行合作，巴勒斯坦问题十分复杂，这需要美埃两国领导人不断地会晤，协调巴以双方以及其他阿拉伯国家的立场，促进巴以问题的解决。2005 年，当以色列单方面宣布撤军后，美国将会需求与包括埃及在内的阿拉伯国家合作，维持撤军后的加沙和西奈半岛部分地区的稳定，防止毒品和武器走私以及恐怖活动的出现，为最终实现巴勒斯坦建国的目标而努力。

其二，在价值观领域。美埃之间在该领域关于恐怖主义的界定以及推行民主价值观维度存在着程度较弱的负向关系认同。根据关系认同结构理论的逻辑，负向关系认同下行为体整体上会展现出竞争乃至对抗的行为。在关于恐怖主义的界定的问题上，美国将恐怖主义活动与伊斯兰主义相挂钩的行为，损害了伊斯兰世界的利益，势必会引起伊斯兰国家的强烈不满。而埃及在萨达特时期，在美国的外交努力下，单独与以色列达成和平条约，该条约在阿拉伯世界引发了巨大的争议，埃及在阿拉伯世界陷入了空间的外交孤立状态。在穆巴拉克执政后，实行平衡外交，实行"向阿拉伯世界回归"15 的策略，谋求改善同阿拉伯国家的关系，并且一直以来，埃及都注重重构和发挥在阿拉伯世界的地区影响力。因而在此问题上，埃及将努力协调伊斯兰国家采取一致的立场，反对美国对于恐怖主义的错误界定，发挥其地区影响力。但是，埃及也需要采取与其平衡外交目标相一致的对外行为，而对美外交与对阿外交对于埃及的外交来讲都是非常重要的两个方面，并且双方在此维度关系认同呈现较弱的状态，所以埃及在站在美国的对立面的同时，也会注重维护美埃整体外交关系大局,不会与美国走向冲突的道路。在推行民主价值观的维度上,根据理论逻辑,负向关系认同下双方将会在人权、宗教等问题上相互谴责。美国为了巩固和加强其在世界的霸主地位,经常使用人权作为政策工具来诋毁别国形象,实现美国的战略利益。前文已经指出美国在该时期内发布的关于埃及的国别人权报告中都表示埃及的人权状况糟糕,在宗教自由、言论自由以及公民政治权利方面存在着某些进步但是整体状况仍然很差,言外之意在于埃及没有达到美式民主的标准。因而,美国将会关注和谴责埃及不尊重人权的案件,督促埃及改善人权状况,甚至是改善国内政治的状况,发展美式民主政治。但是在埃及方面,从埃及政府对于国际社会,主要是美国,以及埃及人权理事会所提出的诉求的回馈中可以看出,埃及政府的反馈是模糊的,也就是说埃及在此问题上态度消极。加之穆巴拉克不满于美国一直持续在民主问题上向埃及施加压力,埃及在人权问题上将会坚持自身立场,同时警惕美国的对于埃及的民主输出行为。

在对美埃关系认同结构下的行为进行评估后,我们需要找到美埃在 2001—2005 年间的实际行为,与评估行为进行比照,从而完成理论检验。

第二节　2001—2005 年美国与埃及的
外交行为考察

一、军事安全领域的外交行为

(一)在军事援助维度

自 1998 年起,美国一直通过美国国务院和国防部负责埃及方面的对外军事资助项目(Foreign Military Financing Program,简称 FMF 项目)向埃及提供资助。不仅如此,美国还在美国国防部设置驻开罗大使馆的军事合作办公室以确定埃及军队对于武器装备的需求。数据显示,美国对埃及的军事援助自埃以达成和平条约以来一直保持在每年13 亿美元的水平,该数额在本章考察的 2001—2005 年间没有发生明显变化。但是,值得注意的是,所有美国给予埃及的官方援助,都必须用于美国国防项目、军官培训以及武器系统维护和建造等服务。不仅如此，埃及也需要遵守美国的对外军售程序，通过双方政府间的合同来采购物品和获取服务。埃及利用 FMF 对于埃及的军事援助资金，购买了大量的新式武器装备，如坦克、海军舰艇、军用飞机等。这些先进的武器装备如果没有美国资金的援助，单凭埃及的力量是无法大批购买的，FMF 项目降低了埃及的采购成本，埃及能够从 FMF 中获得最大利益，然后利用资金从其他国家采购设备，这无疑促进了埃及国内陈旧的苏式军事武器装备的更新换代。其次，美国除了通过 FMF 对埃及进行军事援助之外，还通过国际军事教育和培训计划（International Military Education and Training）每年向埃及提供赠款。2001 年赠款额为 100 万美元；2002 年为 100 万美元；2003 年为 120 万美元；2004 年为 140 万美元；2005 年为 120 万美元。此项赠款用于培训埃及军官，以便于提升军官的军事能力，"使军官们了解民主价值观和人权在军事行动和治理中的作用"，[16] 如组织埃及军官参加美国的军事训练课程，了解美国的军事理论和方法。再次，2001—2005 年间，埃及获得了和以色列同样的优惠条件，也是除以色列之外唯一的一个获此优待的国家。埃及的 FMF 资金一直可以存放在纽约联邦储备银行的一个计息账户中，并一直保留到债务到期。埃及只允许为本年度付款留出 FMF 资金，而不是留出满足采购全部成本所需的全部金额。美国政府从美联储撤回资金，并将其存入埃及在美国财政部的 FMS 信托基金账户，DSCA 从该账户每月向美国国防承包商支付到期账单。除了以色列之外，只有埃及通过早期支付机制从其基金资金中赚取利息；其他国家的 FMF 资金直接存入 FMS 信托基金账户。最后，值得注意的是，美国在给予埃及军事援助时，致力于保持以色列在质量上的优势。美国向以色列通报了埃及的武器和军事装备情况，在出售武器时，不向阿拉伯国家出售或者是降级出售以色列不愿其拥有的高级武器，保证以色列的武器装备等级优势。

（二）战略军事合作维度

苏伊士运河是埃及境内的一条十分重要的航线，其连通着红海和地中海,是从大西洋到印度洋和太平洋的最短航线,也是世界频繁使用的航线之一,战略意义重大,赋予了埃及重要的战略地位。近代以来,资本主义大国为争夺该地对埃及进行了长期的殖民。埃及独立后,苏伊士运河促进了埃及农业经济发展。而埃及与美国之间在此的军事合作体现在埃及政府允许美国的地面以及空中军事力量通过苏伊士运河,包括军事船只和军用飞机。在 2003 年,当土耳其拒绝美国军用飞机过境的申请时,埃及同意美国军事力量穿越苏伊士运河。不仅如此,埃及几乎没有拒绝过美国的飞行申请,并保障美国军事力量过境的机密性。虽然埃及要向美国通过苏伊士运河收取不包括美国对埃及的军事援助在内的过境费,但是美国对此也是欣然接受的。据统计,2001 年到 2005 年,美国海军舰艇一共有 861 次穿越苏伊士运河;军用飞机飞越埃及领土上空 36 000 多次。[17] 这不仅大大节省了美国的国防开支,对于美国自身力量的投射也具有十分重大的意义。

(三)合作反恐维度

埃及在实际行动中支持了美国的反恐战争,"9·11"事件后,美国先后在阿富汗和伊拉克发动了反恐战争。埃及配合美国在阿富汗及中东地区进行的反恐行动,包括反恐情报合作,为了支持美国在阿富汗反恐行动的持续性,埃及多年来向阿富汗部署了一家军事医院和医务人员,为阿富汗人提供医疗支持。小布什政府对此十分认可,将埃及向阿富汗提供人道主义援助、帮助阿富汗进行战后重建的行为视为支持美国反恐战争、与美国进行反恐合作的一种表现。然而,双方在反恐战争问题上合作与分歧是并存的,这一点在伊拉克战争中体现得尤其明显。在美国绕过联合国极力想要发动伊拉克战争的过程中,由于埃及国内反对呼声甚高,国内民众反美情绪高涨,埃及政府为维护国内局势稳定,无法公开支持美国对伊拉克的军事行动,这也是埃及政府在公开场合一直反对美国的立场的原因之一。埃及也始终强调要在联合国的框架下解决伊拉克问题,并持续质疑美国在伊拉克的长期驻军,但是伊拉克战争期间,埃及实际上允许美国军用船只和军用飞机过境埃及,并对美军进行支援,派遣部队参加以美国为首的多国部队。埃及的加入给予了美国发动战争的合法性，如果没有埃及的合作，美国就不会速战速决结束伊拉克战争。在战后，在伊拉克重建的问题上，埃及也是第一批向伊拉克派遣大使的阿拉伯国家之一，并积极帮助训练伊拉克的新安全部队，如 2004 年伊拉克一个步兵连受邀前往埃及参与埃及军队的联合训练计划。此外，为了支持中东和平进程的推进，防止以色列撤出加沙后的武器走私活动，埃及一直在训练巴勒斯坦警察，并向埃及-加沙边界派遣了 750 名埃及士兵，防止走私活动以及恐怖活动的发生。2005 年，"明亮之星"军事演习由于 2003 年美国在伊拉克和阿富汗投入过多而暂停后再次在埃及启动，据报道有 9 000 多名美军参加。由此可见，美埃之间的战略军事合作并没有因伊拉克战争这一分歧而终止，伊拉克战争并没有对两国关系产生实质性的影响。

二、经济领域的对外行为

（一）美国对埃及的经济援助体量大

美国自 1979 年埃及与以色列达成和平条约后，开始对埃及进行大量经济援助，帮助埃及稳固政权以及发展国民经济。美国对埃及援助项目的实施不仅有利于埃及与外界的交往，而且也能够改善埃及与国际接轨的客观条件。

美国国际开发署在埃及设立开罗代表团以管理美国对埃及的外援，负责批准美援投资的项目。虽然 1998 年埃美签署协议，商讨在未来十年以内美国对埃及的经济援助每年减少 5%，加之"9·11"事件后，美国将对埃及的外援与埃及自身的改革相挂钩，但是美国对埃及的援助规模还是十分可观，埃及仍然是美国在中东除以色列外最大的受援助国。2001 年美国对埃及的经济援助达 7 亿美元，军事援助达 13 亿美元；2002 年美国对埃及的经济援助达 13 亿美元，军事援助达 6.55 亿美元；[18]2003 年，美国埃及的经济援助达 9.11 亿美元，军事援助为 13 亿美元。[19]2004 年起，埃及在美国的不断督促下，开始进行广泛的经济结构改革，包括降低关税、减少私营部门监督以及国有企业私有化等政策，以改善埃及商业环境，提高埃及的经济竞争力。2004 年美国对埃及的经济援助达 6 亿美元，军事援助达 13 亿美元；2005 年美国对埃及的经济援助达 5 亿美元,军事援助达 13 亿美元。其中 2004 年的援助额下降其原因在于,美国大部分资金用于对于伊拉克的战后重建活动。2003—2005 年间,美埃双方还在美国对埃及的援助框架内,就援助项目达成 11 条协议,包括商品进口项目、发展培训项目、参与经济改革的工作、扶持小型的新建项目以及建立非政府组织、服务中心等城市项目等。

(二)美国与埃及之间经贸合作密切

首先,美国与埃及的高层领导人就双方经贸合作进行了多次会晤与讨论,并取得了一定的合作成果。2001 年穆巴拉克访美,双方主要探讨埃美双边经贸和技术合作计划,并在贸易、投资和技术引进等方面取得成果;2002 年 6 月美国贸易代表佐利克初访埃及,在商讨埃及与美国贸易关系的框架下,访问会谈的重点在于推动投资与贸易框架协议委员会(TIFA)的工作,并为有关建立埃及与美国贸易自由区的会谈做准备工作,双方就美埃两国政府成立工作组,以促进在海关管理、政府采购以及与农业贸易相关的卫生和植物卫生问题等领域的优先贸易和投资问题上取得快速进展达成一致;到了 2003 年 1 月,美埃两国又签订了总额达 2.78 亿美元的 8 份经济合作协议,涉及电力、对外贸易、环境和旅游,双方还努力开始谈判建立两国间的自由贸易区。同年 1 月,美国工商代表团访问埃及,出席埃美工商委员会会议,强调帮助和支持埃及产品要出口到美国市场,从而吸引美国的高新技术进入埃及,此次会议也确认双方要开始谈判签署在两国间建立自由贸易区的协议;同年 5 月埃及工商代表团访问美国,同美国外交部和贸易部的官员及国会议员进行了一系列的会谈,主要讨论如何吸引美国到埃及的直接投资问题。2004 年 12 月,美国埃及以色列达成合格工业区协议(Qualified Industrial Zone),规定在埃及 7 个指定区域生产的产品,只要 11.7% 的原料来自以色列就可以享受免除关税及配额进入美国市场。2004—2005 年间,美国与埃及共签订合作协议 15 个,获得 7.596 亿美元的无偿资助。[20]

其次,在美埃科技合作方面。2000—2003 年间,穆巴拉克认识到经济全球化的发展趋势,信息技术的发展是全球化的重要标志之一,而埃及科技还处于十分落后的局面,因而埃及亟须提升科技发展水平,走出国内经济困境。高技术转让问题成为埃及对外政策的重点之一。穆巴拉克鼓励跨国公司在高科技领域的直接投资,同时出访各国追求多种科技来源。2001年4月,穆巴拉克访美时,与美国信息科技领域的公司签署了一系列协约。第一,与美国五大信息科技领域的公司签署协议,这些公司同意在埃及"智慧村"建设基地;第二,与世界计算机微软公司在合作建立埃及电子政务、投资埃及"智慧村"工程方面达成协议;第三,与美国西斯科公司签署协议,该公司是世界网络通信巨头,该协议旨在实行耗资约20亿美元的通讯科技工程。"智慧村"是穆巴拉克于2001年建立的高科技商业区,其建立伊始便能够与美国高科技公司展开合作。这无疑会推动埃及的"智慧村"发展成熟,从而推动埃及信息产业发展、提升埃及在发展科技经济以及科技技术便利民生等方面的水平。此外,克林顿政府时期,美埃之间建立了美埃联合科技基金会,该基金会到了小布什政府时期仍在运作,其目标在于扩大两国科技关系,加强两国科技能力,就双方共同感兴趣的科技领域开展合作。这不仅能够促进埃及的经济和社会发展计划的发展,也有利于为美国及其盟友带来可观的地缘战略利益。2001年为美埃科技合作的第5个周期,双方科技合作合作项目达31个;2002年为美埃科技合作的第6个周期,合作项目达37个;2003年为美埃科技合作的第7个周期,合作项目为22项。双方科技合作的项目涉及较为广泛的领域,如农业技术、生物技术、医药技术、基因工程、地理技术,以及环境治理领域、水污染治理领域等方面的科技合作。[21]根据亚太经合组织数据库统计,2001年美国对埃及的科合作发展援助额为8.958亿美元;2002年为9.525亿美元;2003年为6.094亿美元。通过该援助数额可以看出,美国对埃及的科技官方援助数量较大,双方的科技合作涉及范围也比较广。同时,为了推动信息产业的发展,2005年,美国投资3 000万美元成立了埃及信息产业投资基金,以推进埃及信息产业的发展。

最后,美国是埃及的主要贸易伙伴,埃及也是美国重要的商品贸易伙伴,两国的经贸合作范围广、联系强。2001—2005年间,美埃之间的贸易增长加快。2000年贸易额为25.09亿美元,到了2004年贸易额增

长到 42 亿美元,2005 年为 50 亿美元,2006 年两国之间的贸易额已经
达到 60 亿美元。美埃之间实际贸易额如下,2001 年埃及向美国的出
口额为 3.45 亿美元;2002 年出口额为 3.87 亿美元;2003 年出口额为
5.21 亿美元。埃及从美国进口额 2001 年约进口额为 18.32 亿美元;
2002 年进口额为 16.84 亿美元;2003 年进口额为 12.73 亿美元。2004
年埃及对美国的进口额为 13.53 亿美元;出口额为 5.89 亿美元。2005
年美国对埃及的进口额为 22.21 亿美元;出口额为 31.59 亿美元,同时
本年度埃及对美国的出口在中国国家中排名第 7,在中东国家对美进
口中,排名第 5。其中商品交易种类包含谷物、棉花、石油、车辆、飞机、
机械、木材和塑料等。[22] 此外,在投资领域,两国经济合作也十分密切。
2003 年,美国在埃及的投资在中东地区国家中排名第 4,仅次于欧盟,
截至 2006 年,美国在埃及的投资达到 30 亿美元。石油是美国在埃及
投资最多的领域,2001 年埃及对美国出口的石油贸易额为 9 700 万美
元,到了 2003 年贸易额达到 1.57 亿美元,美国对于埃及的石油勘探投
资占比也很可观,1974—2003 年,埃及石油勘探和开发的投资总额为
333 亿美元,美国公司的投资额达到 135 亿美元。[23]

三、政治领域的对外行为

自穆巴拉克上台以来,埃美之间高层领导人互访频繁,1982—1997
年,穆巴拉克对美国进行了 15 次国事访问,207 次会见。进入 21 世
纪,两国领导人仍然频繁互访。

从埃及方面来讲,2000 年 3 月,埃及外长穆萨和穆巴拉克相继访
问美国,同美方着重讨论双方经济与技术合作。2001 年"9·11"事件
后,埃及外长访问美国,与美国总统和美高级领导人进行了会晤,在向
美国政府表达埃及的慰问同时,双方还探讨了中东问题。11 月,埃及
外长再次访美,与美国领导人商讨了中东和平进程危机和恢复巴以和
谈的重要性。2002 年 3 月 2 日至 7 日,穆巴拉克访问华盛顿,商讨沙特
阿拉伯提出的中东和平建议新方案,并向美国阐述埃及乃至整个阿拉
伯世界对当前中东局势的立场,敦促美国放弃偏袒以色列的做法,加大
斡旋力度,促使巴以双方尽快停止冲突,恢复政治谈判。在此次会晤

中,埃美双方决定启动美国-埃及战略对话,就政治、经济和军事问题进行定期协调。[24]2002年6月7日至8日,穆巴拉克再次访问华盛顿,在戴维营与美国总统布什举行会晤,双方着重讨论中东和平进程,特别是如何促使巴勒斯坦和以色列结束冲突、恢复和谈以及拟议中的中东国际会议问题。穆巴拉克这两次访问的主要目的在于商讨中东危机和研究双边关系,美埃就推动双方之间的政治、安全和战略对话达成一致。2003年穆巴拉克访美,讨论解决巴以暴力冲突问题的"米切尔报告"和"特尼特方案",双方在此次会晤中在双边关系和经贸领域上的合作取得一定的进展。同年,埃及外交部长艾哈迈德·马希尔在参加联合国大会期间同美国国务卿会谈,会后访问了华盛顿,并会见了美国副总统迪克·切尼、美国国家安全顾问昆达利萨·赖斯,以及美国对外关系委员会和国会众议院和参议院。2004年4月,美埃建交三十周年,穆巴拉克与布什进行了会晤,并发表了《美埃关系三十年:和平和发展的伙伴关系》联合公报。2004年穆巴拉克访美时,两国领导人签署联合声明,表示要加强双边对话与合作,强化两国战略伙伴关系,共同致力于打击恐怖主义,推动和平进程以及维护地区安全与和平。

从美国方面来讲,2000年8月,继穆巴拉克访美之后,克林顿总统回访埃及;10月再次到埃及沙姆沙伊赫出席巴以首脑会议。2002—2003年间,美国国务卿科林·路德·鲍威尔四度访问埃及,与埃及总统穆巴拉克和马赫外长进行会见,主要讨论内容是巴勒斯坦问题。2003年2月,埃及高级代表团,即埃及外贸部长加利、民族党政治委员会主任贾玛尔·穆巴拉克以及国家总统政治顾问乌萨迈·巴兹博士,访问了美国华盛顿、纽约和休斯敦,主要与美国政府和新闻官员会晤,埃及表明了在地区和国际问题上的立场和态度。同年5月,美国国务卿访问开罗,向穆巴拉克总统通报了他对其他几个中东国家的访问结果。同年6月,布什总统访问埃及,与埃及、巴林、约旦和沙特阿拉伯领导人以及巴勒斯坦民族权力机构总理马哈茂德·阿巴斯一道出席"红海峰会",讨论中东和平进程问题、合作反恐问题以及伊拉克问题。在与穆巴拉克的谈话中,两国确认在反对恐怖主义问题上保持合作的立场,并就伊拉克问题的紧张进行了讨论。同年8月,美国苏丹问题特使弗尔斯、国务卿助理(中东问题特使)比尔·贝伦兹也访问埃及,同穆巴拉克总统和埃及外交部长会谈,双方主要讨论了苏丹问题、伊拉克问题、中东和平进程以及双边关系的发展。

由此可见,2001—2005年间,在政治领域关系认同结构下,美国与埃及的互动行为在高层领导人互访频繁这一维度是两国采取合作这一互动模式的体现,符合"关系认同结构决定国家行为"这一理论评估。

(一)民主化问题

自2001年"9·11"事件后,美国推动中东地区改革的关注重点从经济改革转向了政治改革。2003—2004年,美国逐渐要求埃及加快政治改革,并多次在公开场合提出这种要求。而埃及政府在改革之初在亚历山大图书馆举行了关于改革的辩论,并且2005年2月26日,穆巴拉克向人民议会提议要求修改宪法第76条,废除总统"唯一候选人"的制度,允许多党多名候选人通过直接选举产生总统。但在此前,对于国内要求修改宪法的呼声,穆巴拉克则表示,"现行的宪法不存在修改的需要,现行的宪法不应当被视作民主化进程的障碍",[25]美国对于埃及这些进行政治改革的初步尝试在公开场合多次表示支持,国务卿赖斯曾赴埃及在开罗大学进行演讲。

在推动埃及民主化进程加速方面,两国之间存在着分歧。美国持续不断地向埃及施压,要求其加快民主化的步伐,如美国国务院的中东伙伴关系计划在埃及进行自由选举期间,特别是在总统和议会选举期间,采取直接向埃及的非政府组织发放小额赠款,以支持世俗的政治活动人士和人权组织的方式,以此向埃及政府施加压力。但是,由于穆斯林兄弟会是埃及最有效、最大的反对派组织,埃及政府不希望赋予其权力,所以埃及当局对于美国要求推动埃及政治改革进程的迫切要求也十分谨慎。在埃及进行自由选举期间,努尔事件的发生揭示了美埃之间在埃及民主化问题上存在着本质的分歧的事实。埃及当局逮捕并监禁了反对派领导人艾曼·努尔后,小布什政府强烈呼吁释放努尔,并表示埃及官方的行为"使埃及对民主、自由和法治的承诺受到质疑"。美国政府对此十分不满,美国国务院发言人亚当·埃雷利表示,埃及最近逮捕反对派候选人及其支持者、埃及安全人员与选民的冲突以及禁止国内监督员在某些情况下甚至禁止选民进入投票站的事态,发出了关于"埃及对民主和自由承诺的错误信号"。美国认为这些行动与埃及政府所宣称的"增加埃及社会内部政治开放和对话的承诺不符"。该事件后,美国国务卿赖斯宣布取消访问埃及的行程,并在一定程度上搁置了美埃正在谈判的自由贸易协议。

总而言之,虽然埃及迫于内外压力进行了民主的尝试,但是埃及政府并非对美国提出的民主标准和要求全盘接受,双方在埃及民主化步伐这一问题上存在着明显的分歧。因此,在该维度,美埃之间的行为符合在程度一般的正向关系认同下对双方的行为评估。对于埃及的改革步伐,美国起初保持尊重,随后逐渐施压;埃及方面,起初埃及进行了改革的初尝试,美国给予支持,随后面临着美国的不断施压,埃及也十分谨慎。

(二)在中东地区事务上相互协调

中东和平进程是美国和埃及战略利益契合点之一,埃美关系的重心就在于中东和平进程的推进,其重点就在于巴勒斯坦问题。2001—2005年间,美国和埃及出于各自战略利益的考虑,对巴勒斯坦问题的解决采取不同的政策,双方在致力于巴勒斯坦问题和平解决上开展了合作。在巴以问题中,埃及作为阿拉伯地区主要大国,并凭借埃及与以色列和美国的密切关系,在巴勒斯坦问题的解决上发挥着突出的作用。而美国是唯一有能力影响以色列政策的国家,美国的中东政策在一定程度上决定了中东和平进程的推进,埃美之间在巴勒斯坦问题上进行了一定程度的协调与合作。

1991年,马德里和平会议召开后,中东和平进程艰难推进,巴以冲突不断发生。2000年9月,以色列利库德集团领导人沙龙强行闯入圣殿山,访问阿克萨清真寺,再次引发"阿克萨大起义",巴以之间大规模暴力流血冲突再次爆发,中东和平进程受到巨大的阻碍。埃及政府反对武力解决该问题,在埃及的倡议下,10月在沙姆沙伊赫召开了中东问题多边首脑会议,讨论结束巴以流血冲突,重新举行和平谈判。最终巴以之间签署一项缓和武装冲突图的协议,达成的"停止暴力冲突,恢

复安全合作并对冲突进行调查,进而恢复和谈"的"三点口头协议";
2001 年沙龙再次上台后,巴以之间的冲突不断加剧,以暴制暴的冲突
事件频频发生,再加上"9·11"事件对美国中东政策的冲击,美国十分
担忧中东局势失控。一个安全与稳定的中东地区是美国在该地区战略
利益实现的基础,因而巴以局势不断升级对于美国来讲百害而无一利,
小布什政府一改其对于巴以和谈"超脱"的态度,将巴以问题纳入美国
的反恐框架。2002 年 6 月,美国提出中东和平路线图计划,该计划预
计在 2005 年完成巴以最终地位谈判并达成协议,最终建立巴勒斯坦
国。路线图计划得到了包括埃及在内阿拉伯国家的支持。2004 年,在
以色列准备从加沙和约旦河西岸撤出部分军事设施后,美埃双方在此
进行合作维持该区域和平与稳定,埃及随后一直在训练巴勒斯坦警察,
并向埃及-加沙边界派遣了 750 名埃及士兵,以防止以色列撤出后的武
器和毒品走私等问题的发生。在巴以冲突解决的过程中,埃及在巴以
和谈中起到的是积极的调解的作用,充当第三方调解人的角色,是双方
信任的桥梁之一,尤其是在巴勒斯坦方面;美国凭借其自身世界大国地
位的影响力以及与以色列的战略盟友关系,是对以色列唯一有决定性
影响力的国家,美埃双方在对以色列以及巴勒斯坦方面都具有相互不
可替代的影响。

　　2001—2005 年,中东和平进程的推进都是在美国的协调与埃及的
努力下达成的,美国与埃及之间在中东地区事务上相互协调这一维度
上,基本上符合彼此合作的行为模式,因此基本符合关系认同结构理论
的评估。

四、价值观领域的对外行为

(一) 对于恐怖主义的界定维度

　　"9·11"事件后,美国开启了全球反恐战争,此时,国际社会对于恐
怖主义并没有明确的界定,而美国将恐怖主义与伊斯兰主义相混淆,以
此作为发动针对伊拉克的反恐战争的借口。在该问题上,美国与埃及
之间的矛盾明显。

　　埃及在该问题上代表的是阿拉伯世界的立场,站在美国的对立面,

其外交目的定位为拒绝将阿拉伯人和伊斯兰教与恐怖活动联系起来，反对以反恐为理由对任何一个阿拉伯国家进行军事打击，反对借反恐之机打击被美国称为"邪恶轴心"之一的伊拉克。同时埃及就有关恐怖主义的界定问题上展开了外交努力。2002 年 4 月，埃及出席在吉隆坡召开的为了协调穆斯林国家对待恐怖主义问题立场的伊斯兰会议组织紧急会议，并在会上发挥了具有影响力的作用。会议最终确定穆斯林国家反对一切形式的恐怖活动，坚决反对将这一罪恶现象同任何一个宗教、信仰或人种联系在一起，反对企图利用国际社会对恐怖活动的愤恨借机侵犯任何一个阿拉伯国家或穆斯林国家的主权。不仅如此，穆巴拉克在与各方联系中强调，美国的反对恐怖主义的军事行动不应当扩展到其他穆斯林国家。埃及还召集了穆斯林国家外长在多哈举行会议，并与一些穆斯林国家的外长进行了频繁的联系和会晤，希望穆斯林国家在此问题上能够协调一致，反对美国将伊斯兰主义与恐怖活动相联系的、抹黑伊斯兰主义的不当行为。同时，埃及也谋求得到欧洲国家在该问题上对于阿拉伯世界立场的认可与支持，2001 年 9 月 23 日至 25 日期间，穆巴拉克对欧洲国家展开了访问。埃及与欧洲一致强调伊斯兰主义和恐怖活动的区别，认为把恐怖活动描述成为文明、宗教和文化之间的冲突是毫无意义的，恐怖问题的根源在于中东问题的停滞不前。因此，如果巴勒斯坦问题得不到有效解决，就会成为恐怖的根源之一。此外，穆巴拉克多次在国际公开场合提出，国际社会需要对恐怖主义问题进行界定，呼吁国际社会确定恐怖主义的定义，防止被一些国家歪曲化。

恐怖袭击对于美国社会造成的冲击是巨大的，美国希望借助全球反恐战争铲除伊拉克的萨达姆政权。而国际社会与中东穆斯林国家均反对美国为其发动反恐战争寻求的借口，埃及在此问题上也采取与美国相左的态度。美国认识到中东地区的反恐战争离不开埃及作用的发挥，并且美埃之间在军事安全、经济以及政治领域有着更为重要的战略利益契合点，双方在此的分歧不应当被扩大化进而影响美埃整体战略关系。因此，小布什政府也在改变国际舆论方面进行了外交努力。2002 年 10 月 21 日，小布什总统在上海会见俄罗斯总统普京时认为："所有美国人必须认识到，恐怖的面目并不是伊斯兰教真正信仰的面目……伊斯兰教是一种给全世界十亿人带来安慰的信仰……伊斯兰教信仰是一种基于爱的信仰,而不是仇恨。"小布什总统也强调了美国的敌人是一个激进的恐怖分子网络,而不是一种宗教。同时,美国也有意识地将恐怖主义政权与人民区分开来,强调美国的敌人是给恐怖分子提供支持的政府,而不是穆斯林。从中可以看出,美国谋求发动反恐战争的目标不会发生改变。小布什在讲话中表达了对伊斯兰教信仰的肯定,但是"非真正的伊斯兰教信仰"仍然是美国的敌人。然而问题在于"非真正的伊斯兰教信仰"仍然缺乏明确的界定,美国仍然可以借此进行模糊处理,以自己的方式实现美国的政治目标。

(二)推行民主价值观维度

人权外交是美国对外政策的一个非常重要的方面。1977年起,美国国务院会向国会提交针对别国国内的人权实践和情况的国别研究报告,并通过抹黑他国形象、干涉别国内政来达到美国的政策目标。国别报告的特点在于,引用虚假素材作证报告的观点、根据与美国关系的亲疏决定评估结果、利用人权报告干涉他国主权。2001—2005年美国发布的埃及人权国别报告中,通过详细记录在美国看来埃及国内侵犯人权的案件,如埃及安全部队肆意逮捕反对派成员、埃及监狱虐待政治犯以及埃及官方强硬控制新闻出版行业等行为来描述美国所谓的埃及国内的"糟糕的"人权状况,并对于埃及各层面的人权情况进行谴责。美国虽然抨击埃及的人权状况,但是并没有采取具体的行动催促要求埃及作出改变,反而继续支持埃及政府。正如美国国会的研究报告中指出,"美国一方面谴责埃及侵犯人权的行为,另一方面,在符合美国国家安全利益的情况下宽恕埃及政府的行为"。这也符合美国利用人权工具开展人权外交的政策特点,实行双重标准,利用人权武器达到美国的战略目标,企图维护美国领导的世界秩序。

对于美国的评价,埃及则认为,美国对埃及的人权政策是虚伪的,美国政策制定者没有出于该地区的政治现实考虑,没有充分支持改善埃及的人权。同时埃及政府对美国在本地区推行民主价值观的行为保持警惕,这主要体现在埃及对美国的中东伙伴关系计划以及美国对埃及军官的培训项目上。中东伙伴关系计划是美国为了在中东和北非地区推广美式民主。2004 年 6 月，在八国集团首脑会议上，美国正式推出大中东计划，也就是在中东和北非地区推进政治、经济、社会和文化等层面的民主改革，其涵盖了关注中东国家的民主自由选举、新闻媒体自由、经济自由、妇女权力等方面。其提出了"自由、知识和民主"的口号，关注女性权利，提高妇女文化水平，并表示美国和西欧国家将会加大对该地区的民主、人权、妇女、媒体等组织的资助和培训。对此，作为受邀国家之一的埃及拒绝出席。穆巴拉克认为，改革应该源于埃及的内生动力，改革的步骤应该贴合埃及的历史文化传统，反对将他国文化价值观强加给埃及和中东地区。不仅如此，穆巴拉克在八国峰会前后，出访了欧洲国家，表明了自己的立场。埃及认为美国提出的整套民主方案与阿拉伯国家的"民族、文化、历史传统和风俗习惯格格不入，而且更忽视伊斯兰教在阿拉伯地区的独特力量"。不仅如此，在美埃合作培训埃及军官的项目上，穆巴拉克认为美国在对埃及军官进行培训中试图给予埃及官员灌输美式价值观，使之了解人权和民主价值观在军事行动和治理中的作用，埃及对此保持警惕，埃及国防部禁止进修的埃及官员回国后与美国官员进行社交接触，以防军事情报的泄露，或是美国试图向埃及人灌输美式思想。

五、评估行为与实际行为比照

对于关系认同结构理论的检验，如果能够甄别出与理论评估一致的实际行为，那么就可以证明"关系认同结构决定国家行为"的假设基本成立。

首先，在军事安全领域，2001—2005 年间，美国的确对埃及进行了大体量的军事援助，大体上保持着每年 13 亿美元的军事援助。两国也在全球和地区反恐问题上展开了军事合作，但是在美国发动伊拉克战争的问题上，根据两国在维度存在的较弱的负向关系认同结构，本章评估埃及将会与美国站在相反的立场，反对美国发动伊拉克战争，在战争中不会与美国进行军事合作，但是在实际行为考察中发现，埃及实际上暗自支持了美国对伊拉克的军事行动，如给予美军支援，允许美国军用飞机和船只从埃及过境。因而在该维度,理论评估行为与实际行为出现了偏差。深入探究该误差出现的原因发现,在此问题上,美埃之间在军事援助维度、战略合作维度的关系认同的重要程度超越了在伊拉克战争问题上的关系认同强烈程度。相比在伊拉克战争问题上的较弱的负向关系认同,埃及更为重视两国在军事领域的其他维度与美国建立起来的较为紧密的关系认同,埃及重视美国给予埃及大体量的军事援助以及武器装备合作,相比于在伊拉克战争问题上与美国彻底分道扬镳的损失,失去美国的军事援助对于埃及来讲的损失是巨大的,埃及的实际行为才会与理论评估行为产生偏差。所以该误差并不会对关系认同结构的解释力产生较大的影响。

其次,在经济领域,2001—2005 年间,美国对埃及一直保持着体量较大的经济援助,但是在该领域的援助水平要明显低于军事维度,对于埃及的经济改革美国也给予了帮助。此外,两国还进行了较为密切的贸易和科技合作,美国对于埃及有专门的科技官方援助款;双方经贸合作也十分密切,贸易体量可观。所以在该维度,理论评估行为与实际的关系行为大体上保持一致。

再次,在政治领域,2001—2005 年间,美埃之间的高层领导人互访频繁,在民主化问题这一存在动态变化的维度,美埃之间的行为考察也大致符合理论的评估。2001 年美国本土在遭受恐怖袭击后,其对中东地区的政策目标发生了变化,美国起初通过由推动中东地区的经济发展来打击恐怖主义,逐渐转化为通过促进中东地区民主改革来达到目标。这种转变也具体体现在美国在民主化问题上对于埃及方面作出的行为。2004 年起美国开始在公开场合提及埃及的民主化改革问题,小布什总统在就职演说中更是公开向埃及的民主化进程施加压力,尤其是在 2005 年,埃及开启政治改革步伐后,美国多次向埃及提出了许多美式民主的要求,并在埃及大选期间,采取向少数派团体给予赠款等方式,强制加速推进埃及民主,埃及方面对此表示非常不满。努尔事件发生后,美国采取了外交行动,这一事件突出显示了埃及与美国之间在民主化速度上的分歧,而在此之前,美国对于埃及的民主化进程是保持尊重的,美国表示尊重埃及的改革进程,而埃及也肯定了美国对于埃及的支持。可以看出,2001—2005 年,在该维度,美埃之间的行为大致与理论评估的行为相符合，即对于埃及的民主化改革，美国起初保持尊重，而后不断施压，推动其民主化步伐加速。在中东地区问题这一维度，实际行为也与评估行为相符合，两国在巴勒斯坦问题上，巴勒斯坦建国、打击巴恐怖主义，维持地区稳定上持续地展开了合作。

最后，在价值观领域。在对恐怖主义的界定维度，埃及面对美国将恐怖主义与伊斯兰教相挂钩的行为，的确对阿拉伯国家以及西欧国家展开了外交努力；在推行民主价值观维度，美国在人权问题、妇女权利问题以及宗教自由问题上也的确批评埃及的民主状况，这与评估行为大体保持了一致。

综上所述，通过对美埃实际行为与理论评估行为的比照可以看出，两者大体一致，在军事领域的伊拉克战争维度出现的误差也能够用该理论进行解释，也就是说，美埃之间的行为的确是由两国之间特定的关系认同结构决定的，所以该理论的核心假设，即"关系认同结构决定国家行为"，是能够通过检验的。

第三节　结　论

本章选取了2001—2005年美国与埃及之间的关系作为案例对关系认同结构理论的核心假设，即"关系认同结构决定国家行为"进行了理论检验。

通过对于关系认同结构理论两个核心概念即"关系认同结构"以及"国家行为"进行可操作化处理后，文章根据美国与埃及发表的官方文件、领导人表态等确认在2001—2005年间两国在军事安全领域、经济领域、政治领域以及价值观领域的确存在着综合关系认同结构。根据关系认同结构理论，本章对美埃两国在此认同结构下将会采取的行为进行了评估，而后在现实世界中对2001—2005年两国的关系行为进行了考察，并与理论评估行为进行对照。经过对应后发现二者大致能够保持一致，出现误差的原因在于存在着更为重要的关系认同驱动了国家的行为，因此，关系认同结构理论的核心假设成立，关系认同结构理论具备解释力。

本章的不足之处在于，对关系认同结构的强烈程度评估方面有待完善,缺乏定量研究的工作,关系认同结构理论作为一个新的理论,不仅是理论验证,在其他方面也有广阔的发展空间,需要学界去深入探索研究。

注释

1. 高尚涛:《关系认同:结构与行为》,第 101 页。

2. United States Government Printing Office, "Remarks Following a Cabinet Meeting and an Exchange With Reporters," *Govinfo*, January 6, 2003, https://www.govinfo.gov/content/pkg/PPP-2003-book1/html/PPP-2003-book1-doc-pg590.htm.登录时间:2022 年 10 月 9 日。

3. Ibid.

4. United States Government Printing Office, "The President's News Conference With President Hosni-Mubarak of Egypt in Crawford, Texas," *Govinfo*, https://www.govinfo.gov/content/pkg/PPP-2004-book1/html/PPP-2004-book1-doc-pg549.htm,登录时间:2022 年 10 月 9 日。

5. United States Government Printing Office, "Joint Statement by President George W. Bush and President Hosni Mubarak of Egypt," *Govinfo*, https://www.govinfo.gov/content/pkg/PPP-2004-book1/html/PPP-2004-book1-doc-pg555.htm,登录时间:2022 年 10 月 11 日。

6. United States Government Printing Office, "Remarks in a Discussion on Social Security Reform," *Govinfo*, January 11, 2005, https://www.govinfo.gov/content/pkg/PPP-2005-book1/html/PPP-2005-book1-doc-pg379-2.htm,登录时间:2022 年 10 月 11 日。

7. 陈天社:《穆巴拉克时代的埃及》,北京:社会科学文献出版社 2019 年版,第 102 页。

8. United States Government Printing Office, "Remarks to the United Nations Financing for Development Conference in Monterrey, Mexico," *Govinfo*, March 22, 2002 https://www.govinfo.gov/content/pkg/PPP-2002-book1/html/PPP-2002-book1-doc-pg473.htm,登录时间:2022 年 6 月 8 日。

9. United States Government Printing Office, "Remarks With President Hosni Mubarak of Egypt in Sharm el-Sheikh," *Govinfo*, June 3, 2003, https://www.govinfo.gov/content/pkg/PPP-2003-book1/html/PPP-2003-book1-doc-pg587.htm,登录时间:2022 年 6 月 8 日。

10. United States Government Printing Office, "Joint Statement by President George W. Bush and President Hosni Mubarak of Egypt," *Govinfo*, April 12, 2004, https://www.govinfo.gov/content/pkg/PPP-2004-book1/html/PPP-2004-book1-doc-pg555.htm,登录时间:2022 年 10 月 11 日。

11. Ibid.

12. United States Government Printing Office, "Statement on the Millennium Challenge Account," *Govinfo*, September 16, 2004, https://www.govinfo.gov/content/pkg/PPP-2004-book1/html/PPP-2004-book1-doc-pg831.htm,登录时间:2022 年 10 月 11 日。

13. United States Government Printing Office，"Remarks Following a Cabinet Meeting and an Exchange With Reporters，" *Govinfo*，January 6，2003，https://www.govinfo. gov/content/pkg/PPP-2003-book1/html/PPP-2003-book1-doc-pg590. htm,登录时间:2022 年 10 月 9 日。

14. United States Government Printing Office，"Remarks Following a Cabinet Meeting and an Exchange With Reporters，" *Govinfo*，January 6，2003，https://www.govinfo. gov/content/pkg/PPP-2003-book1/html/PPP-2003-book1-doc-pg590. htm,登录时间:2022 年 10 月 9 日。

15. 陈天社:《穆巴拉克时代的埃及》。

16. David M. Witty, The U.S.-Egypt Military Relationship：Complexities, Contradictions, and Challenges, the Washington Institute for Near East Policy, May, 2022.

17. Ibid.

18. 阿拉伯联合共和国新闻部国家新闻总署:《埃及年鉴 2002 年》,埃及驻华使馆新闻处,2002 年 10 月,第 43 页。

19. Jeremy M. Sharp，"Egypt：Background and U.S. Relations，" CRS Report，February 8，2006，https://crsreports. congress. gov/product/pdf/RL/RL33003/105,登录时间:2022 年 5 月 8 日。

20. Office of the United states Trade Representative. https://ustr.gov/archive/Document_Library/Reports_ Publications/2002/2002_Trade_Policy_Agenda/Section_Index. html,登录时间:2022 年 7 月 8 日。

21. Awarded Projects，"U.S.-Egypt Collaborative Research Grants，" *National Academic*，https://sites. nationalacademies.org/PGA/Egypt/pga_160441,登录时间:2022 年 7 月 8 日。

22. 陈天社:《穆巴拉克时代的埃及》,北京:社会科学文献出版社 2019 年版。

23. 同上书。

24. United States Government Printing Office，"He President's News Conference With President Hosni Mubarak of Egypt，" *Govinfo*，March 5，2002，https://www.govinfo. gov/content/pkg/PPP-2002-book1/pdf/PPP-2002-book1-doc-pg343. pdf,登录时间:2022 年 6 月 8 日。

25. 陈天社:《穆巴拉克时代的埃及》。

第六章

美伊核协议期间的对抗性关系研究

"关系转向"是国际关系理论发展的一个重要里程碑,该理论从关系本体论出发,认为关系是社会生活的关键枢纽,是分析社会生活的基本单位,提出了关系认同构成关系结构并决定个体行为的观点,对于从关系结构的角度解读国家间行为提供了一种有力的解释框架。

中东地区不仅在地缘政治上具有重要的战略地位,而且拥有着巨大的能源储备,美国一直将中东视为其全球战略的重要一环。小布什总统时期,美国在中东地区推行所谓的民主化进程,使该地区处于巨大的不平衡状态。近年来,美国在中东的权力受到了严重挑战,2015 年俄罗斯出兵叙利亚更是对美国在这一地区主导权的重大挑战。而在中东混乱的局面中,伊朗的国家实力不断壮大,其对中东地区的影响力也在逐渐加大。伊朗作为世界上最大的什叶派穆斯林国家之一,拥有日益强大的军事实力和非常丰富的石油天然气储量,使美国不得不高度关注伊朗,美国的盟国以色列也感到强烈不安。由于美伊两国从 1979 年伊朗伊斯兰革命之后一直处于相互敌视的状态,以及特朗普本人仇视伊朗和亲以色列的倾向,导致特朗普上台后的美伊关系迅速走向激烈对抗。2017 年,特朗普一上台就开始全面评估奥巴马政府对伊朗的政策,并且出台了对伊新战略,之后退出了《伊核协议》,对伊朗在经济上进行严厉打压和制裁,在军事上进行威胁。这一做法对美伊关系进一步造成了巨大的负面影响。美伊之间这一突出的对抗性关系,对关系认同结构理论的解释框架提出了挑战。

目前,国内关系主义的相关理论成就很多,但学术界对于理论的运用尚显不足。关系认同结构理论作为关系主义的最新理论成果,也没有进行充分的经验研究,缺乏相关的实证分析,更谈不上应用研究,但理论的发展需要大量的经验研究作支持。基于此,本章拟利用2015—2018年美伊关系的实际状况,对关系认同结构理论进行经验层面的检验,同时为美伊关系的分析提供一个全新的视角。

第一节　美伊关系认同实证研究导论

为了利用实际案例、从经验层面深入论证关系认同结构理论,本章设计了如下的研究思路。

首先在精选案例的基础上,本章对需要验证的核心假设进行可操作化处理。案例选择遵循三个基本原则:一是尽量选择干预变量作用不明显的案例,二是尽量选择研究变量表现明显的案例,三是尽量选择研究变量有极值的案例。我们会根据这些原则,具体阐明选择2015—2018年的美伊关系作为典型案例的原因。

关于美国,本章具体是指2015—2017年的奥巴马政府和2017—2018年的特朗普政府,美伊关系是指这两个时期的美国与伊朗关系,伊朗也是指这一期间的伊朗政府。关于美国和伊朗之间的关系,具体是指美伊两国在高关注度领域的政治、安全、经济以及意识形态领域中的关系。我们会分析出两国在这些领域建立起的正向或者负向或者零向的关系认同,以及这些关系认同表现为怎样的强烈程度,关系认同前后有怎样的变化。更具体地讲,在军事领域主要分析《伊核协议》《伊朗新战略》《国家安全战略报告》、军事合作(域外军售问题)、恐怖主义与武装力量、军事制裁等。在政治领域主要从高层互访、伊核协议、《伊朗新战略》《国家安全战略报告》、中东地缘政治、美伊双方在中东地区的势力扩张、美伊双方对于国内政治的态度、伊朗民族主义、双方在国际舞台上对于重大事件尤其是中东地区的重大事件的立场等几个维度进行分析。在经济领域主要涉及贸易限制、经济金融制裁、能源限制、货币结算限制、企业和个人的制裁等几个维度。在意识形态领域主要分析民族宗教、民主的分歧、人权、人口贩卖、言论自由等维度。最终,我们会综合以上这些领域的多个维度,构建一个在不同历史时期呈现出来的不同的美伊关系认同结构。

其次,本章以"关系认同结构决定行为方式"为理论依据,结合前面分析出来的实际关系认同结构,推导出美伊之间的关系行为,并将其与美伊两国的实际行为进行比对,判断其与分析推导的行为是否大致相同,进而证实或者证伪关系认同结构理论的主要假设。在此基础上,我们会总结上文,得出一个研究结论。并进一步分析本章在理论验证中的不足以及需要改进的地方,并对前面评估行为与实际行为不相符的地方进行解释。

本章主要研读《外交事务》、AIPAC、CRS reports、美国能源信息署、华盛顿近东政策研究中心、国家安全战略研究中心等智库,美国国务院,国会官网和伊朗外交部、工业和贸易部官网等有关特朗普时期的官方声明、领导人正式讲话、双边签订的协议、相关的会谈采访、年度报告等官方文件,为理论验证提供实证材料。同时,参考已有的美伊关系文献,补充自己现有搜集资料的不足,借鉴前人的经验,使得自己的理论验证更加地充分。美伊两国在政治、经济、军事和意识形态领域的官方表态和行动,较为丰富且具有代表性,可以为本章的分析论证提供可靠性基础。

第二节　关系认同结构理论的可操作化

根据关系认同结构理论的核心观点,国家之间的关系本质上是由国家之间建立的关系认同结构决定的;同时,国家间交往过程中构建起来的关系认同结构决定了国家间的关系行为。为了检验"国家之间的关系行为的确是由他们之间的关系认同结构决定的"这一观点,我们需要对这个观点中的核心概念进行可操作化处理。根据可操作化的基本流程,首先,精确叙述需要操作化处理的概念的抽象定义;其次,根据穷尽原则和互斥原则给出概念指向经验层面的标志性特征;然后,仔细分析和罗列出符合上述标志性特征的最大类的可衡量指标,即一级指标;最后,衡量指标具体化,找出每类一级指标下的二级指标,甚至可以继续推至三级、四级指标,直至穷尽。

一、关系认同结构的可操作化

首先依据前面对于"关系认同结构"的定义,关系认同结构实际上是行为体与其他行为体之间在具体的关系领域建立起关系认同,这些不同行为体在不同关系领域建立起来的关系认同相互编织成关系网络,我们可以指出其标志性特征有"两个及以上的行为体""具体的关系领域""关系认同""多个关系认同形成了关系认同结构"。关于"两个及以上的行为体",我们选择了美国和伊朗这对国家;"具体的关系领域"我们可以划分为政治领域、军事安全领域、经济领域和意识形态领域。"关系认同"可以通过研读特朗普时期美伊双边外交部、国防部、财政部等的声明、领导人讲话、双边签订的协议、相关的会谈采访、年度报告等文件,解读两国在政治、经济、安全、意识形态等领域双方对于彼此形成的关系认同(正向关系认同——很强烈、强烈、较弱,脆弱;零向关系认同;负向关系认同——很强烈、强烈、较弱,脆弱)。建立起关系认同的标志:对于双方彼此在某一领域是敌人、竞争者、朋友等关系的共有知识,即彼此知道且承认且彼此知道你知道且承认我们之间的敌人、竞争者、朋友关系。[1]然后,本章从建立认同的领域的关注度,建立认同的数量以及强弱三个维度,分析特朗普时期美伊关系认同结构。同时运用比较分析法,通过高频词汇的出现,判断双方对某一领域某一议题的关切程度。

二、国家行为的可操作化处理

在两个国家建立起正向认同的情况下,国家之间的关系行为可操作化为双边在:(1)政治上的高层互访、政治一体化机构的建立(比如欧盟)、政治协议、在联合国大会等国际舞台上的相互支持、解决分歧的方式等;(2)军事上的联合军演、签订的军售协议、情报共享、建立盟友之间的共同防御体系、核问题协议等;(3)经济上签订的经贸协议(比如协议经贸交易量、降低关税、给予关税优惠政策等)、建立自由贸易区、能源上的进出口协议、科技交流等;(4)意识形态领域的宗教认同、文化认同等经验性事实。如果两国建立起来的是负向关系认同,关系行为可操作化为:(1)政治上的对对方政权的不认可、在地区层面的冲突等;

(2)军事上的军事对抗、军事演习等；(3)经济上的限制货币结算、经济制裁(企业和个人)、限制国际金融机构援助和石油禁运等；(4)意识形态上的宗教冲突、种族冲突、文化冲突等。

基于以上原则，我们选取 2015—2018 年奥巴马政府和特朗普政府这一时间段代表美国，选取对应时间的哈梅内伊和鲁哈尼政府代表伊朗，均以中央政府发表的政策文件声明和领导人关系表态研究其国家间的关系认同以及关系行为。如果在美国与伊朗的关系实践中，可以清晰描绘出其国家间的关系认同结构，而且可以分析出理论评估结果与实际的国家行为相一致，那么就可以证明"关系认同结构决定国家行为方式"的假设是成立的，即可以假设为国家之间对建立的关系认同的关系领域的关注程度越高、国家之间建立起来的正向关系认同越多且国家之间建立起来的关系认同的程度越强烈，则国家之间越可能采取正向的国家行为，反之则更容易采取负向的关系行为；如果不一致，需要解释原因，是理论存在解释力不足，还是理论验证的研究对象选取或者理论验证的操作过程出现的瑕疵。

三、以 2015—2018 年美伊关系为案例

在中东的动荡局势中，伊朗的影响力不断扩大。伊朗是世界上最大的什叶派穆斯林国家之一，同时拥有强大的军事实力和丰富的石油天然气储量，美国对伊战略一直是美国中东战略中的重要组成部分。伊朗的不断壮大引起了美国及其盟国的强烈不安。美伊从 1979 年伊朗伊斯兰革命之后一直处于相互敌视的状态，奥巴马时期在《伊核协议》签订时期，美伊关系一度趋于缓和，但是特朗普本人极端敌视伊朗的立场，导致美伊缓和关系戛然而止，迅速走向对抗。虽然美伊关系表现的焦点在于伊朗核问题，但其本质却是美国对伊朗伊斯兰现政权的合法性的挑战和质疑。2017 年特朗普一上台就全面推翻奥巴马政府对伊朗的政策，出台了新的对伊战略，之后退出了《伊核协议》，对伊朗在经济上进行了高压制裁，同时配合军事威胁等手段对伊朗采取了极限施压的灰色区域战略。自特朗普上台以来采取的对伊政策已经对美伊关系以及整个中东局势造成了巨大的负面影响。

本章根据以下原则选取了该案例：不被扭曲的案例、尽量选择干预变量不明显的案例、尽量选择研究变量表现明显的案例、尽量选择研究变量有极值的案例、尽量避免主观随意性。同时依据案例选择方法-选择单个案例实现变量控制并获取数据，本章最终选取 2015—2018 美伊关系作为理论验证案例。

在具体操作中，本章还需要考虑以下三个因素。一是领导人因素。2015 年至 2018 年，横跨两届美国政府，因此领导人个人因素成为这一时期最主要的干预变量。一方面，从美国国体和政体角度，虽然美国宪法授予总统广泛权力的同时也让国会对其进行制衡，但是外交领域依旧是美国总统的传统优势领域。然而值得注意的是在战争等紧张状态下，总统确实可以主导对外决策；但是在和平时期，国会在对外政策中依旧占据优势，因为总统缔结条约、立法权、财政权、调查权等权力依旧属于国会。[2]另一方面，从国家观的角度，在关系认同结构理论的语境下，国家并非多元主义国家观所论述的国家不过是"政府"甚至在某一给定时间担任国家领导人的具体的个人，国家行为体在本体上是独立于社会的存在，如果要使国际关系中国家具有意义，必须承认国家是有共核的。建构主义提出，共有知识是指行为体在一个特定社会环境中共同具有的理解和期望，[3]因此国家这一行为体的产生本身就是领导人将其认知融入国家形成共有知识，进而国家领导人的决策不应该收到其个人意愿的影响，而是符合国家利益的。国家是具有集体向度的，这种集体向度导致政府在宏观层次上跨越时间和空间的有规律的行为，因此我们认为国家不仅仅是现任的政府官员。二是美国中期选举因素。基于美国政治的特殊性，2018 年中期选举重塑了美国国内政治特别是两党政治的生态，由于受到国内政治力量角逐的影响，特朗普政府在未来两年经济预期下行的情况下，必将会通过推动基础设施建设的方式来提振经济发展，但是民主党也必然会通过他们的方式阻碍相关国内政策实施，那么在国内政策难以推行的情况下，必定会对其对外政策产生影响。特朗普政府已经打破了以往美国总统第一任期"内政总统"，第二任期"外交总统"的传统，其在第一任期就已经在国际事务中开始了大调整，未来两年这种调整不仅会延续下去而且更会突出其为国内政治目标服务的特性。[4]为了尽量避免这种国内政治生态的变化对美国政府之后的内外政策的影响,我们选取到 2018 年。三是研究变量的因素。为了增强验证的说服力,我们需要选取有极值的案例,奥巴马时期美伊关系有所缓和,签订《伊核协议》,特朗普上台之后美伊关系再次恶化,美国政府相继出台了反伊政策,在此基础上研究美伊两国的关系认同结构与其关系行为,更能反映变量极值的变化关系,进而增强理论验证的可信性。

第三节　2015—2018 年的美伊关系认同结构

如前所述,本章对于 2015—2018 年的美国和伊朗之间的关系认同结构的描述主要从军事安全领域、政治领域、经济领域、意识形态领域四个高关注度领域的不同维度进行描述。

一、军事安全领域

美伊双方在军事安全领域的关系实践主要涉及美国在中东的军事存在、美国对中东的军事介入、伊朗在中东的军事扩张、恐怖组织、军事制裁、军事对抗、军火协议等方面。在奥巴马时期,美伊双方在军事领域形成了较弱的负向关系认同结构,并倾向用外交手段解决双边的军事分歧,但是不排除使用武力的可能。到了特朗普时期,美伊双方表现出强烈的负向关系认同,虽然双方表现出强烈的互相对抗但有所克制,互相留有余地,不想引发直接的军事冲突。

(一) 2015—2016 年奥巴马时期

奥巴马时期美伊在军事领域的关系认同主要聚焦在国家安全以及美国在中东的军事介入上。

这一时期,虽然《伊核协议》的谈判取得了一定的进展,但是在涉及国家安全方面,美国依旧会对伊朗采取强硬的态度。正如 2015 年 11 月,美国在继续对伊朗实施国家紧急状态的通知中称,我们与伊朗的关系尚未恢复正常,与伊朗签署的 1981 年 1 月 19 日协议的执行过程仍在进行中,因此我们有必要继续执行第 12170 号行政命令中针对伊朗宣布的国家紧急状态。该行政命令于 1979 年 11 月 14 日发布，总统通过该行政命令宣布伊朗进入国家紧急状态，并根据《国际紧急经济权力法》采取相关措施应对不寻常和特殊的威胁伊朗局势对美国的国家安全、外交政策和经济构成影响。[5] 由此可见，在军事安全领域，奥巴马政府虽然意在改变前任政府使用武力的方式，减少在中东地区使用武力，主张软实力的建设，但是这一切依旧是为美国的中东战略服务的，在实施接触加压力的政策的过程中，美国依旧会对伊朗施加军事压力，《伊核协议》的达成也只是美伊双方关系破冰的突破口。奥巴马时期美伊双方在军事领域依旧呈现为负向的关系认同，双方依旧将彼此视为国家安全的威胁，但是相较于之前历任美国总统，美伊双方有向正向关系发展的趋势，并且也取得了一定的进展，因此总体上呈现为较弱的负向关系认同。

（二）2017—2018 年特朗普时期

2017—2018 年特朗普时期的美伊关系主要从以下五个维度进行分析：《国家安全战略报告》、伊朗核问题、域外军事合作、武装力量与恐怖组织和军事制裁。

1.《国家安全战略报告》

根据美国总统特朗普在 2017 年发布的美国《国家安全战略报告》，"伊朗"被提到了 19 次，每一次提到伊朗均与"核武器""恐怖主义""威胁""独裁政权""流氓政府""意识形态"等相联系，其中关于所谓的伊朗"支持恐怖组织"以及"伊朗对美国造成的威胁"的提及多达 10 次。[6] 在该报告中，特朗普还阐述了其对当前美国国家安全环境的认识及其战略理念，提出了美国国家安全的四大支柱和六大地区战略。特朗普政府提出将把美国人民的安全、利益和繁荣放在首要地位，实施有原则的现实主义策略，重点是重振美国经济、提高军队力量、维持边境秩序、维护主权和推广民主价值观等四项重大内容。[7] 甚至特朗普总统在针对国家安全战略发表的讲话中称，本届政府不仅会制裁"支持恐怖主义"的伊斯兰革命卫队，并且拒绝向国会证明《伊核协议》。由此我们可以看出，相较于小布什和奥巴马政府，特朗普的国家安全战略报告在整体理念、地区战略等各个方面均有较大的改变。[8]在美国国家安全战略的第五部分,特朗普政府阐述了美国在世界上主要地区的安全战略,认为当今世界是一个在各个领域都充满竞争的极度危险的世界,并称伊朗为"流氓国家"(rogue states),而美国也面临着伊朗的挑战。在提到美国在中东的三大目标时候,遏制中东地区恐怖主义的发展,不允许与美国为敌的国家主导中东,让中东地区成为全球能源的稳定市场均体现出了伊朗在美国中东政策中的重要地位。

美国《国家安全战略报告》呈现出对伊朗的明显的军事遏制,在关系认同上美国对伊朗表现为强烈的负向关系认同,同时伊朗官方也在联合国大会等多个场合对美国对其全球军事安全威胁论进行了反驳,强调伊朗是维护和平的国家,其做出的一切行为都是为了地区安全与稳定,双方互相对彼此的安全威胁表现出了强烈的负向关系认同。

2. 伊朗核问题

特朗普上台之后多次表达了对《伊核协议》的强烈不满,并要求对伊朗战略进行审查,其中《伊核协议》是审查的核心。特朗普认为,《伊核协议》在日落条款、检查准入以及阻止伊朗发展洲际弹道导弹方面均没有被伊朗严格遵守。美国国务院也曾表示,《伊核协议》只是推迟了伊朗成为有核国家的进程,但是没有从根源上消除伊朗实现有核化的想法,可见美国对于伊朗对《伊核协议》相关条款的遵守以及执行有很大的疑虑。2018 年 1 月,特朗普总统发表《伊核协议》的声明时表示,伊朗通过《伊核协议》获得的超过 1 000 亿美元的财政收入,这些钱成为其武器购买、支持恐怖主义和压迫的基金,并提出或者修复《伊核协议》的灾难性缺陷,或者美国退出《伊核协议》。特朗普同时表示他签署的任何与伊朗核问题相关的法案必须包含以下四个部分:(1)伊朗必须允许立即对国际检察院要求的地点进行检查;(2)确保伊朗不会接近拥有核武器;(3)所有条款没有到期日,美国要永远阻止伊朗获得核武器的所有途径;(4)要明确立法远程导弹与核武器计划密不可分,伊朗的导弹研制和实验应该受到严厉制裁。[9]以上可见特朗普政府对于伊朗核发展的零容忍的态度。2018 年 5 月 21 日,美国国务卿蓬佩奥(Mike Pompeo)在美国智库传统基金会上发表了标题为《交易后:新的伊朗战略》的演说。在讲话中,蓬佩奥提到了"在 JCPOA 期间,伊朗继续扣押美国人为人质""伊朗仍然是世界上最大的恐怖主义赞助者""充当基地组织的避难所"等言论,并解释了美国选择退出《伊核协议》的原因,强调美国为实现伊朗问题上的目标将与其盟友在国防方面进行密切合作,遏制伊朗的侵略。[10]在伊核问题上提出了伊朗必须向国家原子能机构申报其所有的核计划,提供无条件进入伊朗任何地点核查的权限,放弃核项目和撤离叙利亚等修改伊核协议的十二项条件,并发出了如果伊朗不改变当前政策就会面临"史上最严厉制裁"的最后通牒,实际上美国抛出的部分条件甚至需要颠覆伊朗政权才能实现,美伊双方在伊核问题以及《伊核协议》上也形成了互不让步但是又有所保留的负向关系认同。2018年4月,以色列宣布了与伊朗发展核武器有关的伊朗原子档案馆的资料,美国就此表示,美国早已知道,伊朗有一个强大的、秘密的核武器计划,它曾试图向世界和本国人民隐瞒,但未能成功,伊朗政权已表明它将对其邻国和其他国家使用毁灭性武器,因此伊朗绝不能拥有核武器。[11]2018年5月8日,特朗普总统再次表示伊核协议是美国有史以来最糟糕、最单方面的交易之一。

而针对伊核问题,伊朗方面的态度却恰恰相反。伊朗在与法国总统的多次通话中表示,伊朗决心打开所有途径维护JCPOA,各方应采取平衡措施维护JCPOA,美国加强对伊朗制裁是JCPOA存亡的问题,欧洲应加大努力为了保障JCPOA的利益。在国防工业日纪念仪式上,伊朗总统发表讲话表示,Bawar 373防空系统是武装部队送给伊朗国家的一份伟大礼物,统计数据表明我们在所有领域都取得了重大进展,美国在该地区的任何计划都没有成功,也不会成功。国际航道必须对每个人都是安全的,当敌人不合理时,我们必须全力对抗他,我们必须参与并与友好国家在国防工业中合作。[12]

因此,在伊核问题上,尤其针对《伊核协议》,美伊双方形成了强烈的负向关系认同,一方面美国希望完全消除伊朗核能力,另一方面伊朗希望其和平发展核能的行为能够得到国际世界的认可。而针对《伊核协议》,美国特朗普政府认为该协议的签订严重损害了美国的利益,美国在该协议框架下与伊朗的合作为伊朗支持恐怖主义和在中东的军事扩张提供了机会,希望通过签订新的条款恢复《伊核协议》,而伊朗则想要积极寻求国际社会的支持,尽全力挽留原有的伊核协议。

3. 域外军事合作

2017年初,针对伊朗近期发射导弹和袭击沙特海军军舰的行为,美国国家安全顾问迈克尔·弗林(Michael Flynn)将军认为国际社会应该就伊朗对中东稳定的破坏达成共识,该行为无视联合国安理会第2231号决议——呼吁伊朗不要从事任何与旨在运载核武器的导弹有关的活动,并称最近六个月伊朗训练和武装的胡塞武装力量发起一系列袭击阿联酋和沙特船只,威胁通过红海的美国及其盟国船只的安全事件。针对伊朗发展核力量以及支持恐怖主义的行为,美国企图在国际层面建立反对伊朗的国际战线。[13] 2017年10月,美国国家安全顾问在保卫民主基金国家安全峰会上发表讲话时称伊朗为流氓政权,追求大规模毁灭性武器,输出恐怖;伊朗帮助、教唆和维持叙利亚凶残的阿萨德政权,还利用中东的冲突追求霸权目标;关于《伊核协议》,考虑到伊朗破坏稳定的行为和恶意活动,美国方面必须阻止伊朗获得核武器的所有途径,联合传统联盟和地区伙伴关系,抵御伊朗的颠覆行为,恢复该地区稳定的力量平衡。[14]在美国总统和以色列总理内塔尼亚胡会晤的联合宣读中,双方一致认为,除了打击所谓的"伊斯兰国"和其他激进的伊斯兰恐怖组织,《伊核协议》对美以和整个世界都是一项可怕的协议。同时美国方面向以色列保证,伊朗决不能也不会拥有获得核武器能力。[15] 2017年7月,针对伊朗发射太空运载火箭的行为,法国、德国、英国和美国谴责该行为不符合联合国安理会第2231号决议(UN-SCR——该决议呼吁伊朗不要开展任何与旨在能够运载核武器的弹道导弹相关的活动)。[16]在2017年9月的联合国安理会核不扩散会议中,美国国务卿再次表达了对于伊朗发展核武器以及核扩散的担忧,并且呼吁国际社会一起阻止伊朗对恐怖主义的支持以及核扩散行为。2018年3月,在总统致众议院议长和参议院议长的信中,特朗普提到,虽然联合全面行动计划规定的措施改变了美国的制裁态势,但是对伊朗的全面非核相关制裁仍然存在。伊朗政府发展弹道导弹、支持国际恐怖主义和侵犯人权等行动政策,将继续对美国的国家安全、外交政策和经济构成不寻常的威胁,因此将对伊朗继续进行国家紧急状态,维持对伊朗的全面制裁。[17]

2018年,在伊朗伊斯兰革命卫队启用弹道导弹袭击沙特阿拉伯的平民目标后，美国与沙特国王通话表示，将声援沙特阿拉伯，并认为这是加强美国与沙特战略伙伴关系的机会。特朗普总统强调了解决海湾争端和恢复统一的海湾合作委员会以对抗伊朗的恶意影响并击败恐怖分子和极端分子的重要性。[18]2018 年 5 月 10 日，美国政府就伊朗政权对以色列挑衅的声明中提到，美国谴责伊朗政权从叙利亚对以色列公民发动的挑衅性火箭弹袭击，我们坚决支持以色列采取自卫行动的权利。

伊朗领导人则将其伊斯兰革命卫队圣城军作为其海外干预部队，曾多次表示，伊朗将向中东什叶派提供训练、顾问和武器，并且将作为其代理人战争的重要助推器，这也体现出了在中东地区伊朗相对于美国形成的非对称优势。

美伊双方在中东域外军事领域的合作形成了强烈的负向关系认同，美国方面寻求修复和加强与以色列和沙特等盟友的军事合作，进而抵消伊朗在中东地区的军事扩张和影响力。在国际层面上争取更多国家支持因伊朗相关军事行动对伊朗进行指责和制裁；而伊朗总统在其发言中多次提到美国在中东地区的行为严重威胁到了该地区的和平与稳定，美国才是该地区最大的恐怖主义行动的执行者，[19]同时伊朗方面也在中东积极建立自己的势力范围，由此可见美伊双方在域外军事合作上也形成了强烈的负向关系认同。

4. 武装力量与恐怖组织方面

2017 年 10 月 13 日，特朗普发布了对《伊朗新战略》的讲话，其中"伊斯兰革命卫队"被提到了 7 次，"安全"被提到了 4 次，美国将伊朗伊斯兰革命卫队视为其主要的威胁。针对伊朗"对恐怖主义"的支持，特朗普在讲话中称伊朗政权是世界上主要的"恐怖主义赞助国"，"为恐怖网络提供援助"，在"9·11"之后"窝藏恐怖分子"，特朗普宣称将会予以"坚决抵制和击退"，[20]并认为伊朗开发、部署和扩散的导弹以及海湾军事部署会对美国及其盟友的安全造成威胁，美国在《伊核协议》中为伊朗提供的财政支持反而会方便伊朗政府资助恐怖主义，为此特朗普政府多次强调要通过修改《伊朗核问题协议》，限制伊朗弹道导弹发展。特朗普在其发言中还指控伊朗对美国的关键基础设施和军队发起网络攻击，强调其主要目标就是确保伊朗永远不会获得核武器，同时宣布了其针对该目标将会实施的四项主要的举措,集中体现出了防止伊朗资助恐怖主义和发展核武器的目的,这也体现出了在军事安全领域美国将伊朗界定为其主要的威胁。2017 年 6 月,针对伊朗支持恐怖主义的行为,美国称恐怖主义的堕落在一个和平、文明的世界中没有立足之地。[21]2017 年 10 月,特朗普政府称现在是动员全球应对恐怖组织黎巴嫩真主党的时候,并表示美国将继续带头孤立真主党的恩人-伊朗,并认为伊朗完全不尊重其邻国的主权和其人民的尊严。并称伊朗政权利用真主党作为侵犯中东各国主权的代理人,呼吁所有国家反对伊朗及真主党的"残忍统治"。2017 年底,在联合国大会上,美国常驻代表黑莉大使也认为伊朗对和平与安全存在威胁,强调伊朗革命卫队对"危险民兵"和"恐怖组织"的援助正在增加。它的弹道导弹和先进武器正在该地区的战区出现。甚至在中东,很难找到没有伊朗足迹的冲突或恐怖组织。"[22]

伊朗方面,鲁哈尼总统在内阁会议上表示,伊斯兰革命卫队是该地区自由与安全的捍卫者,也是反恐斗争的最前线,并且对美国在中东地区的行为表示反对。同时呼吁国内现在不是互相抱怨的时候;我们应该团结一致反对美国的阴谋。[23]同时鲁哈尼总统多次发言表示,美国才是世界上最大的恐怖主义领头羊。

综上所述,在恐怖主义和极端武装力量方面,美伊双方互相指责,均认为对方参与到了恐怖主义的行动之中,为恐怖主义提供了支持,对彼此的国家安全甚至是国际安全构成了严重的威胁,美伊在此维度上形成了强烈的负向关系认同。

5. 军事制裁方面

2017 年 10 月,在特朗普会见美国高级国防和军事领导人时,赞扬国防部和军方领导人对抗伊朗的行动,同时表示决不允许伊朗获得核武器。《伊朗新战略》中,特朗普明确提出了美国将会打击伊朗伊斯兰革命卫队(IRGC),是直接对伊朗国家军队的明确制裁。2018 年 10 月,美国国务卿蓬佩奥发表了对抗伊朗的讲话,称冷战后伊朗成为美国国家安全的最大挑战之一,联合全面计划也并没有结束伊朗的核野心,反而给伊朗对恐怖主义的支持以及发展核武器带来了大笔资金。同时阐述了特朗普主义,表示特朗普总统不希望美国在中东或任何其他地区再次进行长期军事接触，但是他不惧怕使用军事力量，压倒性的军事力量永远是保护美国人民的后盾，但不应成为首选，同时强调没有哪个政权比伊朗政权更具有非法性质。[24]甚至在美国政府发布的限制伊朗核计划中提到，美国致力于伊朗永远不会接近拥有核武器。针对伊朗试射多弹头中程弹道导弹的行为，美国国务卿蓬佩奥发表声明称其违反了联合国安理会第 2231 号决议的禁令。对此伊朗国内没有正面回击，但是伊朗总统在多次发言中表示美国只是为了在伊朗政府和伊朗人民之间制造隔阂，美国的施压更应该让我们国内携手共进，团结起来。

因此，在军事制裁维度上，美伊双方形成了强烈的负向关系认同，美国针对伊朗对恐怖主义的支持和发展核武器的行为，企图对其进行国际层面的制裁和国内军事力量的压制；而伊朗方面则极力反对美国对其进行军事制裁的理由，并称美国的指责只是为了动摇伊朗国内的政权。

二、政治领域

在政治领域，通过分析奥巴马关于联合全面行动计划的相关文件和讲话、与其他相关国家领导人的通话和会晤、在联合国等国际场合有关伊朗的相关发言、特朗普的就职演说、《伊朗新战略》《伊核协议》等文件，总结在伊朗现政权、中东地区局势、与以色列和沙特等国家的地域关系等维度上美伊双方形成的关系认同。奥巴马时期，美国为了促进联合全面行动计划的实施，双边就解决问题的方式上互相保留余地，并且多次强调倾向通过外交方式解决伊核问题，虽然依旧呈现出负向的关系认同，但是有着强烈的向正向关系认同发展的趋势。而特朗普时期，美国多次否认了前任政府在美伊双边关系上的协调成就以及联合全面行动计划的有效性，否认美伊双方在政治领域的有限的向正向发展的关系认同，甚至出台了《伊朗新战略》等对伊制裁战略，呈现出强烈的负向的关系认同。特朗普在其就职演说中虽然没有直接提到伊朗，但是强调美国将会巩固其原有的联盟，并建立新的联盟，同时，对于极端的"伊斯兰恐怖主义"，美国会团结其他的"文明国家"共同对抗。[25]由此可见,在特朗普上台之初,就奠定了美伊双方之间将会互相对抗的基调。

(一) 2015—2016 年奥巴马时期

奥巴马时期,美伊双方在政治领域的互动主要体现在联合全面行动计划的进程之中。奥巴马改变了前任过度使用武力的方式,通过压力加接触的战略来消除伊朗的所谓"核威胁",对伊朗的遏制也从"硬遏制"变成了"软遏制"。奥巴马上台以来,一直在向伊朗释放友好信号,在多次讲话中提到了希望美伊双边的直接对话,以及美国更愿意和平解决伊核问题。在美伊达成全面协议当天的电话会议中,美国高级行政官员代表奥巴马政府明确表示,"美国倾向通过外交方式解决伊核问题"。《伊核协议》的有效性的重要基础,是保证其相关条款的有效实施,2016 年初,奥巴马总统在实施日的发言中对伊朗履行核协议下的关键承诺给予了积极的反馈,认为通过美伊双边政府的直接接触,可以防止伊朗拥有制造核武器的能力,促进美国的国家安全。奥巴马政府也十分认可《伊核协议》给美伊双边关系带来的重大进步以及该协议对国际安全作出的重大贡献,2017 年初,美国国务卿克里在联合全面行动计划实施一周年之际发表讲话称,"这是一项阻止伊朗获得核武器的历史性谅解,并展示了持续、有原则的多边外交应对重大国际挑战的力量",肯定了多边力量参与者在这份协议中付出的努力。以上均体现除了美国对伊朗在政治领域,尤其在《伊核协议》推动进程中的较为积极的关系认同,虽然这种认同是基于美国自身的全球战略和国家利益的,但是相较于 1979 年伊朗伊斯兰革命以来美伊关系认同,是正向发展的重要进步。

2015 年在联合全面行动计划签署之前,美国与其中东盟友沙特阿拉伯和以色列分别通话称,P5＋1、欧盟和伊朗就联合全面行动计划达成了政治框架,同时强调核谅解并不会减轻美国对伊朗在该地区破坏稳定活动的担忧,将会在应对这一威胁时保持警惕和磋商,也仍然坚定地致力于保障以色列的安全。[26] 从以上可以看出,虽然美伊双方在伊核问题的谈判中取得了进展,但是在整体的中东局势之中,以色列和沙特依旧在美国中东战略中居于重要的位置,是美国重要的盟友。而对于伊朗,美国仍然多有顾虑和担忧,依旧是美国在中东的敌人,依旧出于美国中东战略安全的对立面,而美伊双方的缓和关系更多的是基于双方的共同利益。在关于伊朗框架谈判的背景新闻发布会上,美国方面表示美伊双方达成协议最重要的是伊朗在联合全面行动计划开始时临时接受的附加议定书,附加议定书中提到了对过去在伊朗没有访问权限地区的审查,这都体现了美国对伊朗安全发展核技术的担忧。

对美国而言,美伊关系的缓解配合了美国的中东收缩战略;对伊朗而言,美伊接触既符合其国内民众的意愿,2015年6月的民调显示,有84.5%的伊朗受访者人"支持总统让伊朗回归国际社会的行动",[27]同时可以摆脱国际制裁,改善伊朗濒临崩溃的国内经济,借此强化伊朗温和派的政治势力,进而进一步促进了美国建设性伊朗外交政策的发展。鲁哈尼总统在政府会议上表示,我们正在见证JCPOA复兴的新篇章,他认为没有比JCPOA更好的解决方案,除了全面执行之外没有其他途径。鲁哈尼总统表示,"在伊朗的历史上,从未像今天一样,我国的核能力得到了承认,每个人都承认伊朗的核活动是和平的"。[28]可见,美伊双方在针对伊核协议的签订上形成了明确的正向关系认同。

与此同时,在中东的地缘政治因素中,两国也拥有重大的共同利益,两国在伊拉克都希望推行民主制度,在阿富汗反对塔利班和毒品走私活动。因此,奥巴马时期美伊双方在政治领域整体上依旧呈现为两国愿意通过接触的方式来实现各自的政治目的,美伊关系有所缓和,美国也开始倾向用软实力来构建可以克服伊朗挑战的政治条件,寻求用外交途径解决美伊以及其在中东问题,但是双方互为敌人的角色并没有发生改变,双方在政治领域的协商与互相妥协也均是基于其共同利益展开的。

(二)2017—2018年特朗普时期

特朗普时期,美伊在政治领域的关系认同主要可以从特朗普总统对前任奥巴马对伊政策的批判、中东地缘政治以及对伊朗现政权的反对进行简要分析。在美国国务院特朗普时期的网站中,伊朗网页首页的文字描述就呈现出明显的负向关系认同,其称"伊朗伊斯兰共和国是中东的一个悖论,其本身一直在努力实现民主,在整个 20 世纪和 21 世纪,伊朗人民一直在为实现自由而奋斗,伊朗人民在很大程度上是亲西方的,但被反西方的宗教神权政治残酷地征服了"[29]。在这一时期,美伊双方的负向关系认同有对《伊核协议》的态度、对伊朗的战略、中东地缘政治和伊朗政权合法性四个方面。

1. 对《伊核协议》的消极态度

特朗普一上台就在多个场合多次表达了《伊核协议》是最糟糕的协议,对美国的国家安全构成了巨大的威胁。特朗普在 2017 年 9 月的联合国大会上表示,伊朗是国际稳定的主要威胁,需要国际合作,并且提到美国多次对伊朗政权与该国的"非法弹道导弹计划"有关的个人实施制裁;同时下令重新审查《伊核协议》,检查其是否符合美国及其盟友的最佳利益。[30]特朗普总统在其第一年的外交政策中,明确拒绝证明伊朗根据该协议放弃的东西是适当的,并且与其获得的利益相称,同时明确表示美国要求伊朗全面严格遵守其所有与核相关的规定义务。[31]2018 年 1 月 30 日,特朗普发表演说称,正在恢复美国在中东的领导地位和应对伊朗破坏稳定的行为及其核计划的威胁,努力修复《伊核协议》中的严重缺陷,并对数十名伊朗官员和实体实施制裁。[32]在 2018 年 5 月,特朗普总统再次发表演说称,新的协议需要一个真正的承诺,而此前的交易结构预先提供了过多的利益,而换取的让步却很少,同时伊朗也在继续使用秘密手段利用国际金融体系为其恶意活动和恐怖主义代理人提供资金。[33]2018 年 8 月,伊朗政策高级官员在预览伊朗制裁中称,伊朗政权正在利用他们从联合全面行动计划中获得的资源破坏中东地区的和平与稳定,而非投资伊朗人民。特朗普政府针对奥巴马政府签订的伊核协议的条款以及伊朗对既有条款的执行都表达了强烈的不满,积极寻求改变伊核协议的现状。

伊朗总统则多次表示,希望全面履行双方在 JCPOA 协议中的义务,德黑兰的意愿是维护地区安全,防止紧张局势升级,并称如果不是伊斯兰革命卫队的牺牲,至少有两个国家在该地区将处于伊斯兰国的控制之下。伊朗总统还表示,美国最近对伊斯兰革命卫队采取的行动,是国际关系中非常挑衅、危险和前所未有的举动。

由此，从战略和政治意义的角度，特朗普总统极力反对《伊核协议》签订具有的政治意义，认为该协议的签署给予了伊朗过多发展的机会，使得伊朗在中东地区政治力量得到了发展，并影响到了美国乃至整个中东地区的政治利益。但是伊朗方面认为《伊核协议》开启了新篇章，无论对于美伊关系还是全球战略都具有重要意义。可见在对《伊核协议》的政治意义和战略意义的态度上，美伊双方形成了强烈的负向关系认同。

2.《伊朗新战略》方面

2016年特朗普在美国大选期间就曾经对奥巴马时期的对伊政策提出了诸多质疑和批评。伊朗作为世界上最大的什叶派穆斯林国家，石油天然气资源位居世界第四位和第二位，军事实力强大，同时位于波斯湾重要的地缘枢纽位置，因此伊朗问题一直是美国中东战略的重要考量之一，而美国的伊朗战略也是美国中东战略的重要支柱。1979年伊朗伊斯兰革命之后，美伊双边就一直处于对抗状态。尤其是伊拉克战争和"阿拉伯之春"后，伊朗借由这一关键的战略机遇期，积极扩展其在中东地区的地缘影响力，提升了其在整个中东地区的战略地位和实力，这也引起了美国及其盟友的不安。目前伊朗已经在中东地区建立起了其自己的伊斯兰什叶派新月地带，并且抓住了奥巴马时期的战略调整，签订了《伊核协议》，为自身的发展争取到了宝贵的喘息机会。

特朗普上台之后开始了对伊朗进行战略调整，出台了《伊朗新战略》，该战略是特朗普时期出台的针对伊朗的重要政策文件。虽然特朗普政府并不否认前任在中东的收缩战略，但是也表示要保持在中东强有力的军事存在，其一边以更加积极、高调的姿态应对"伊朗的挑战"，一边批评前任的伊朗政策，并且公开声称美国对伊朗的政策"偏软"，助长了伊朗在中东地区的扩张，影响与中东盟友的关系。[34]特朗普在其很对《伊朗新战略》的讲话中声称，"我们忽视威胁的时间越长，威胁就会变得越危险"，可见特朗普政府将伊朗视为美国的重要威胁，在美伊双方的战略定位中明确将伊朗视为敌人；同时称伊朗为"流氓政权""独裁政府"，称伊朗政府对其人民实施"极端主义统治"，明确表示会"对抗伊朗政权"，表现出对伊朗现政府强烈的敌意。特朗普政府还认为伊朗现政权存在暴力镇压本国公民的情况，"在绿色革命期间，在街上向手无寸铁的学生抗议者开枪",严重侵犯到了伊朗人民的权利。美国国务卿在传统基金会上的讲话表示,我们将继续与盟国合作,打击伊朗政权在该地区破坏稳定的行为。以上均体现出了美国对伊朗现政权的强烈反对,以及对其国内政治的不满,也可以看出美伊关系的根本矛盾正是在于美国对伊朗伊斯兰政权合法性的质疑,而反美主义也恰恰是伊朗政权建立的基础,因此美国对伊朗政策的终极目标就是推翻伊朗现政权,扶持对美国友好的势力上台执政。2017年底,伊朗国内发生了民众抗议活动,特朗普总统及美国高官公开支持抗议者,美国副总统彭斯(Mike Pence)公开宣称特朗普政府不会像奥巴马一样坐视不管。[35]这实际上也是特朗普对伊朗实行政治战的缩影。早在之前特朗普政府就曾对其前任在2009年放弃支持伊朗"绿色革命"民众抗议活动持强烈评判态度,并坚持认为,伊朗教权统治体制是"伊朗威胁"的源头,美国仍有必要从伊朗国内入手应对伊朗威胁。[36]

伊朗方面,鲁哈尼总统表示,我们看到除了少数几个国家之外,所有国家都站在伊朗民族一边。所有国际会议,从联合国到安理会再到原子能机构和国际法院,都将权利授予了伊朗民族,并且表示美国曾经多次密谋反对伊朗民族。通过对美国对伊朗采取新战略的理由的反驳来反抗美国特朗普政府企图通过《伊朗新战略》来打压伊朗政权。由此可见,美国强烈反对伊朗现政权及其在中东的行动,伊朗对美国在中东的介入以及对伊朗的诋毁表示反抗,双方在中东战略上形成了强烈的负向关系认同。

3. 中东地缘政治方面

实际上,通过叙利亚内战我们可以窥见美伊双方在地缘政治上的矛盾,伊朗极力支持叙利亚的巴沙尔政权,而美国却极度仇视叙利亚。特朗普政府称,伊朗试图利用叙利亚危机将其势力渗透到叙利亚内部,构建所谓通向地中海的"大陆桥",甚至会用自己在中东地区构建起来的力量威胁美国的盟友以及美国在波斯湾的军事存在。[37]2017年底,特朗普总统在与沙特国王通话中提到让联合国参与追究伊朗一再违反国际法的责任的重要性,并同意重振政治进程以结束也门战争的重要性。[38]为了打击制裁伊朗,美国不断向阿拉伯国家施压,同时寻求美国和以色列的合作,甚至在美伊双方会谈中,两位领导人认为有必要对抗伊朗及其代理人,包括建立强大的军事能力以保护以色列和该地区免受伊朗的侵略,特朗普在任期间多次与以色列和沙特领导人通话,确认双方打击伊朗和加强合作的政治意愿。美国国务卿还针对以色列的自卫权上发表讲话称,美国完全支持以色列针对伊朗危及以色列国家安全和以色列人民安全的区域行动进行自卫的权利。[39]伊朗对叙利亚和整个地区有明确意图和能力袭击以色列的恐怖组织的支持和供应是不可接受的。美国完全支持以色列针对伊朗政权的侵略性冒险主义进行自卫的权利,我们将继续确保以色列拥有果断这样做的军事能力。特朗普政府和美国人民对确保以色列安全的承诺既持久又不可动摇。这严重损害了阿拉伯国家的尊严,并且还加深了阿拉伯国家与以色列的矛盾。在海湾问题上美国在海湾阿拉伯国家合作委员会与美国的特别峰会中表示,反对伊朗干涉海合会国家和地区内政,并且要避免威胁使用武力,呼吁与邻国建立信任,进而压缩伊朗在海湾地区的外交空间。[40]

在伊朗与伊拉克高级代表团联席会议上,伊朗总统表示,伊朗和伊拉克发展关系与合作符合两国利益和地区稳定与安全。同时伊朗和西班牙元首强调发展德黑兰-马德里关系及合作,强调两国关系全面发展。伊朗总统也多次发表讲话称支持叙利亚的巴沙尔政权,在阿富汗以及巴以问题上均与美国持有相反的立场。

综上,在中东地缘政治中,美国与以色列、沙特等传统地区伙伴有着近乎一致的"伊朗威胁观",并且这种观念的一致在特朗普上台后,因其对于奥巴马时期美伊关系改善给两国盟友造成的负面影响的修复而得到了加强。同时在中东热点问题——叙利亚危机、阿富汗冲突以及巴以冲突中,双方呈现出了相互对峙,互相建立自己的政治空间的状态,并且美国认为伊朗在中东事务的介入实际上是其什叶派宗教势力的扩张。因此在中东热点问题和中东战略空间上,美伊双方呈一种对抗状态,形成了强烈的负向的关系认同,并且美伊双方的对抗使得中东地区的局势更加复杂。

4. 伊朗政权方面

2018 年 1 月,特朗普总统发表伊核协议的声明称,"伊朗政权是世界上支持恐怖主义的主要国家","它资助、武装和训练了超过 100 000

名武装分子,在整个中东地区散布破坏","在伊朗境内,最高领袖和他的伊斯兰革命卫队使用大规模逮捕和酷刑来压迫和压制伊朗人民"。在第36届美国国家安全犹太协会颁奖晚宴上的讲话中,美国国务卿蓬佩奥提到,伊朗领导人并没有被国际社会误解,他们是恐怖主义的杀人犯和自助者,他们的目标包括从他们自己人民的苦难中获利,并将以色列从地球上抹去。而伊朗将叙利亚的这种不稳定视为扭转局势的绝好机会。它的目标包括扩大其革命卫队的影响范围,在戈兰高地附近占据据点,并最终建立第二条战线,真主党等代理人可以从中恐吓以色列人民。[41]美国国务卿蓬佩奥在联合国安理会会议上就伊朗问题发表讲话,强调了政府不屈不挠的决心,要解决伊朗政权违反联合国安理会决议,继续发展和扩散弹道导弹对国际和平与安全构成的威胁。[42]美国国务卿蓬佩奥在伊朗总统致力于进一步孤立伊朗政权与世界和伊朗人民的讲话中提到,伊朗领导人多次在国际场合呼吁摧毁以色列和反对美国,伊朗政权不是美国或以色列的朋友。同时称伊朗人民更了解他们的政府,他们并不认同他们的政府,该政府39年来一直在世界上糟糕地代表着他们。人民在这种暴政下受苦太久了。[43]

针对美国的指责,伊朗总统在联合国大会上表示,我们希望在我们地区今天正在经历的敏感局势中,我们将能够传达该地区国家的信息,即和平与终结的信息。鲁哈尼总统在政府委员会上还表示,伊拉克、叙利亚、黎巴嫩、也门、阿富汗、巴基斯坦等地区国家的人民没有忘记伊朗民族和伊斯兰革命卫队的功劳,美国的这次行动不会改变任何对他们有利的事情。鲁哈尼认为美国此举是一种修辞、宣传和政治举措,美国在过去40年里一直全力反对和敌视伊朗,今天它更大胆地走这条路,并一直在尝试反对伊斯兰革命卫队。[44]同时在国内的多次讲话中提到,问题始于心存不满和背约的人,伊朗国内应该团结起来,共同对抗来自美国等外部的威胁,而不是使得美国实现其在伊朗国内建立隔阂和分歧的目的。

综上,美国对伊朗现政权持有负向的关系认同,认为该政权没有给到美国人民应该有的人权和幸福生活,而伊朗政权在国内呼吁这是美国分化伊朗国内团结的手段,可见双方在伊朗政权合法性上建立起了强烈的负向关系认同。

三、经济领域

（一）2015—2016 年奥巴马时期

在 2015—2016 年奥巴马任期内，《伊核协议》的谈判取得了重大进展，伊朗方面作出妥协，奥巴马执政前期通过压力加外交的方式促进《伊核协议》的谈判取得了一定的成效，以国际经济制裁为中介的"接触政策"对伊核问题临时协议的达成起到了间接推动作用。2015 年 6 月的民调显示，绝大多数伊朗人支持他们的总统"让伊朗回归国际社会的行动"，伊朗国内糟糕的经济形势以及国民舆情都使得哈梅内伊不得不容忍"鲁哈尼路线"，通过《伊核协议》放松美国对伊朗的经济制裁。因此随着伊核协议进程的推进，作为谈判条件之一，美国方面对伊朗的经济制裁压力将会随着《伊核协议》的签订逐渐减弱，伊朗也企图通过《伊核协议》的推进减轻其国内经济发展受到的阻碍。这一时期，虽然双方在经济领域依旧构成了负向的关系认同，但是也在往正向的、积极的方向进行发展，因此呈现出较弱的负向关系认同。

（二）2017—2018 年特朗普时期

2017—2018 年特朗普时期美伊在经济领域建立的关系认同结构主要涉及了能源制裁、贸易限制、金融制裁三个针对伊核问题而产生的经济上的制裁问题。

1. 能源制裁方面

2017 年 5 月，在美国总统给国务卿、财政部长和能源部长的备忘录中称，美国应确保伊朗以外的国家的石油和石油产品供应充足，从而可以大幅减少外国金融机构或通过外国金融机构从伊朗购买的石油和石油产品的数量。但是根据 JCPOA 的承诺，在审查对伊政策期间，美国不会减少伊朗的原油销售，并且会密切监测这一局势，由此可见美国正在做对伊朗石油行业进行全面制裁的准备。特朗普政府也多次否认了伊核协议的重要意义同时表明将重点打击伊朗的石油行业收入。在美国退出《伊核协议》之前，美国国务院对特朗普总统决定退出 JCPOA 相关的背景介绍中提到，将对伊朗设定 90 天和 180 天两个制裁缓冲期，90 天缓冲期一到，美国财政部就会对伊朗实施相关的经济制裁，

180 天的缓冲期一到,美国就会对伊朗的石油及其相关的领域进行制裁,特别提到了 CBI(伊朗中央银行)和航运等与石油运输相关的领域,同时提到了美国对伊朗实施的是二级制裁,[45]并强调从 5 月 8 日开始,国务卿将撤销所有豁免权。2018 年 7 月,在美国与沙特能源部长的谈话中,双方谈论了维持供应充足的石油市场以防止波动的问题并进行了协调,同时讨论了美国的石油制裁,以阻止伊朗获得用于资助恐怖主义的收入,并将尽量减少市场干扰,以帮助合作伙伴找到伊朗石油供应的替代品。[46]2018 年 5 月美国退出伊核协议,标志着美国对伊朗制裁的缓和阶段的结束,进入了制裁重启阶段,尤其是对能源等重点行业。

面对美国即将开始的石油制裁,伊朗表示如果 JCPOA 各方来到谈判桌,我们在石油和银行事务等方面的主要利益得到保障,我们将回到之前的观点,我们是和平与温和的。[47]并且在政府会议上表示特朗普时代会结束,但是我们的时代会继续,考虑在该地区建立永久友谊,我们会出售我们的石油;不可能将伊朗的石油出口降至零。在袭击油轮事件发生之后,伊朗总统表示,该行为是对伊朗与亚洲、日本和中国关系密切的反应,除了美国、英国、以色列以及沙特阿拉伯,没有人会相信这场政治宣传游戏。[48]

综上,美国退出《伊核协议》之后,石油领域成为其对伊朗制裁的核心领域,美国企图通过对石油这一伊朗的核心经济领域进行打击来以压促变,使得伊朗不得不回到谈判桌前进行新一轮的美伊之间《伊核协议》的谈判,而伊朗对于美国的制裁表明了坚决的反对态度,明确表示不会将伊朗石油出口降为零,并认为特朗普政府的行为并没有考虑到美国的长远利益,由此美伊之间在石油领域形成了强烈的负向关系认同。

2. 贸易限制方面

2017 年 8 月美国签署的《通过制裁反击美国的对手法案》(HR3364)的声明,声称将采取严厉措施来惩罚和阻止所谓的"德黑兰流氓政权"的不良行为。在"美国对伊朗的钢铁、铝和铜行业实施制裁"的第 13871 号行政命令的预算影响分析中,美国否认伊朗政府收入可用于提供资金和支持大规模杀伤性武器的扩散,恐怖组织和网络,战争区域侵略和军事扩张。[49]美国认为伊朗将其在贸易中获得的收益均用于对恐怖主义的支持以及核能力的发展，严重损害了美国以及全球的安全利益，因此应该对伊朗进行贸易限制。双方在贸易领域也形成了强烈的负向的关系认同。

3. 金融制裁方面

在对伊朗实施制裁的第13876号行政命令的预算影响分析中，美国表示将会制裁伊朗政府和伊朗政府支持的组织，他们影响了中东稳定，助长了国际恐怖主义，同时指责伊朗发射弹道导弹，不负责任地侵犯国际水域，打击美国舰艇，同时美国提到希望通过该行政命令威胁伊朗政府。[50] 由此，美国认为伊朗获得经济收入将会主要用于核力量的发展和支持恐怖主义，进而威胁到全球安全，双方在经济领域形成了强烈的负向关系认同。在2017年10月发表的《外交政策》的文章中的"恢复美国在海外的领导地位"部分，美国方面提到，美国将以实力推进和平，退出可怕的、单方面的《伊核协议》，并对伊朗政权实施严厉的制裁；将大力执行所有制裁措施，使伊朗的石油出口降至零，并剥夺该政权的主要收入来源。[51] 2018年11月2日，特朗普政府表示，美国发起了一场经济压力运动，以阻止该政权获得推进其血腥议程所需的资金。5日，国务卿在发表的伊朗制裁简报中表示，此次制裁"打击了伊朗经济的核心领域，这对于刺激我们在政权方面寻求的变革是必要的"。2018年12月18日，美国经济商务局表示，伊朗日益破坏中东的稳定：该政权利用根据JCPOA解除制裁所获得的好处来制造弹道导弹，支持恐怖分子和恐怖主义，窃取本国人民的关键资源并在整个中东及其他地区造成严重破坏。同时辅以数据，自2012年以来，伊朗花费超过160亿美元支持阿萨德政权并支持其在叙利亚、伊拉克和也门的其他合作伙伴和代理人；自全面协议实施以来，伊朗军费预算增长了37%，远高于同期整体预算增长或经济增长。并提醒伊朗实施JCPOA前制裁只是历史上最激进制裁行动的开始，而美国的制裁旨在让伊朗尽快回到谈判桌前。

从整体上看，在经济领域，美国将会分步在石油、对外贸易以及金融制裁这三个重要维度对伊朗实施打压，无论是奥巴马时期还是特朗普时期，对伊朗的经济制裁一直都有，只有在《伊核协议》签订的短暂时间内，伊朗经济得到了缓和发展的机会，经济上的以压促变一直是美国对伊朗

战略的重要手段,而伊朗官方针对美国的经济制裁也公开讲话中也多次
表达了不满,因此双方在该领域一直呈现出强烈的负向关系认同。

四、意识形态领域

(一)2015—2016 年奥巴马时期

奥巴马时期,美国只是在开始实现了美伊两方高级领导人的接触,
但是美伊之间的对抗依旧是不可改变的,尤其是对于伊朗伊斯兰政权
的抵制,对伊朗什叶派的反对,并不会因为双边的接触以及在伊核问题
和经济领域制裁取消而改变。但是,为了促进《伊核协议》的签署,奥巴
马时期对于伊朗意识形态领域的负向表态较少,同时意识形态领域的
认同的变化并不会像经济领域和军事领域一样在短期内实现改变,因
此在意识形态领域,奥巴马时期会继续延续之前历任美国领导人的态
度,依旧对伊朗呈现为强烈的负向的关系认同。

(二)2017—2018 年特朗普时期

在 2017—2018 年特朗普时期,美国和伊朗在意识形态领域的关系
认同结构,主要涉及美国对伊朗人权问题的质疑,以及对伊朗政权干涉
宗教自由的批判两个维度。

1. 人权问题方面

2017 年 9 月,特朗普总统在第 72 届联合国大会上发表讲话,竟然
声称伊朗政府是在虚假的民主伪装下掩盖了腐败的独裁统治、将伊朗
变成一个经济枯竭的流氓国家,主要出口暴力、流血和混乱,受到伊朗
领导人迫害时间最长的受害者是伊朗人民。特朗普指控,伊朗石油的
利润,没有改善伊朗人的生活,而是资助了真主党和其他"恐怖分子"。
同时,特朗普认为,伊朗政权为了防止伊朗人民政变,限制互联网访问、
拆除卫星天线、射杀手无寸铁的学生抗议者,监禁政治改革者。[52]这些
正式表态,显示出美国政府对伊朗政府的极大对抗性。2017 年底,白
宫新闻秘书发表声明称,美国支持伊朗人民和平表达意见的权利,他们
的声音值得被听到。我们鼓励各方保护这一和平表达的基本权利,避
免任何助长审查的行动。特朗普总统在新年前夜发表推文称,"伊朗是

头号支持恐怖活动的国家,每小时都会发生无数次侵犯人权的事件,现在已经关闭了互联网,和平示威者无法进行交流。"[53] 2018 年 1 月 30 日,特朗普总统在国情咨文中表示,"当伊朗人民起来反对他们腐败的独裁统治的罪行时,我没有保持沉默。美国支持伊朗人民为自由而进行的勇敢斗争。"[54] 2018 年 3 月,特朗普总统在诺鲁孜节的声明中称,美国支持伊朗人民与更广阔的世界建立联系并拥有一个真正为他们国家利益服务的负责任的政府。2018 年 5 月,特朗普总统在最大施压运动的讲话中提到,"伊朗的未来属于其人民。他们是丰富文化和古老土地的合法继承人。他们值得拥有一个公正对待他们的梦想、尊重他们的历史、荣耀上帝的国家"。[55] 2018 年 5 月 21 日,美国国务卿蓬佩奥在其智库传统基金会的讲话中反问伊朗人民"这就是你们希望你们的国家因与真主党、哈马斯、塔利班和基地组织同谋而闻名的原因吗?"他同时提出了美国在伊朗问题上的政治目标是"不懈为伊朗人民发声",保护伊朗人的人权等。[56] 2017 年国家人权报告中伊朗部分提到,《伊斯兰刑法》相关的内容也违背了尊重人权的原则,甚至出现政府官员犯下了出于政治动机的绑架事件。监狱和看守所的条件也十分糟糕,物质条件匮乏,过度拥挤,行政管理上取消罪犯探访等相关特权,政府也不允许对监狱条件进行独立监督。

在 2017 年的"人口贩运"报告中,美国称伊朗政府没有完全达到消除贩运的最低标准,也没有为此做出重大努力,因此,伊朗仍处于第 3 级。这个报告还提到,虽然伊朗政府采取了一些措施解决人口贩卖问题但是没有分享其打击人口贩卖工作的信息,也没有采取重大措施来解决其广泛的人口贩运问题。[57] 2017 年美国政府关于伊朗人权报告言论自由部分提到,在尊重公民自由中,言论和新闻自由(互联网自由,学术自由和文化活动),和平集会和结社自由(和平集会自由,结社自由)等方面伊朗均未履行其应有的义务,甚至出现对出版商、编辑、记者等的暴力和骚扰,审查或者内容限制、诽谤等行为。[58]

伊朗鲁哈尼总统在西阿塞拜疆省行政委员会会议上表示,伊朗是人民对不信的抵抗和信仰的体现,极端分子、犹太复国主义者和反革命分子通过提供虚假信息误导美国政府,美国今天对伊朗的行动不是战争和制裁,而是反人类罪,美国对伊朗的战争,不是与政府作战,而是与

8 200 万伊朗人作战。[59]伊朗总统在会见一群学者和政要时说,神职人员在捍卫国家利益和伊斯兰世界方面起着主导作用,政府的努力是照顾社会的弱势群体,今天我们需要集中权力和决策才能更好地管理局势。

综上所述,在人权问题上,美国批判伊朗不关注国内民生,将过多的精力和经济力量用于政权的扩张、对"恐怖组织"和武装力量的支持,指控伊朗政权在人口贩卖和言论自由方面所做的工作不到位,甚至出现暴力控制等反人权行为,同时美国多次在公开场合呼吁伊朗人民应该为了自身的人权而反抗。同时伊朗政府表示,伊朗人民应该团结起来,共同反抗外部力量对国内事务的介入,并且控诉美国对伊朗政权的制裁实际上是对伊朗人民的伤害,美国才是真正损害伊朗人权的政府。可见双边在人权问题上呈现出了强烈的负向关系认同。

2. 宗教自由方面

美国在 2017 年国际宗教自由报告伊朗篇中,严厉指责伊朗宪法规定所有法律法规必须基于"伊斯兰标准"和伊斯兰教法的官方解释。宪法规定公民应"符合伊斯兰标准"享有所有人权、政治、经济、社会和文化权利。法律禁止穆斯林公民改变或放弃他们的宗教信仰。唯一公认的皈依者是从另一种宗教皈依伊斯兰教。背叛伊斯兰教是一种可判处死刑的罪行。政府以"moharebeh"(与上帝为敌)、"fisadfil-arz"("地球上的腐败",包括叛教或异端)和"sabbal-nabi"("侮辱先知"或"侮辱神圣")判处死刑等罪名对持不同政见者、政治改革者和"和平抗议者"定罪,伊朗当局甚至会对巴哈教企业施加限制。[60]

所以在宗教自由维度上,美国认为伊朗什叶派作为伊朗政权,其法律阐述认为公民的人权是在伊斯兰教体系下的权利,甚至对于是否改变信仰、放弃信仰有着官方的限制,对于宗教的背叛也是处以极刑的,这都严重违反了人权。可见,在该维度上,美伊双方形成了强烈的负向关系认同。

五、关系认同结构的确立

(一) 2015—2016 年较弱的负向关系认同结构

奥巴马政府时期,美伊双方呈现的是一种负向的关系认同结构,但是在军事领域、政治领域和经济领域都有向着正向关系认同发展的趋势，因此相较于以往的美国政府，整体上表现为较弱的负向关系认同结构。

在军事领域，奥巴马政府意在改变前任政府在中东重视使用武力的方式，主张软实力的建设，但是美国依旧会对伊朗施加军事压力。《伊核协议》的达成是奥巴马时期美伊双方在军事领域互相妥协，双边政府开始接触的重要成果，但是依旧不可否认美伊双方依旧是彼此在军事安全领域的重要威胁，双边互相视为敌人的角色身份并没有发生根本性的改变，因此依旧呈现为负向的关系认同，只是相较于此前的历任美国总统，美伊双方有向正向关系发展的趋势，并且也取得了一定的进展，因此总体上呈现为较弱的负向关系认同。政治领域，美伊两国高层开始愿意通过接触的方式来实现各自的政治目的，美伊关系有所缓和，美国也开始倾向于用软实力来构建可以克服伊朗挑战的政治条件，寻求用外交途径解决美伊以及其在中东问题，但是双方依旧呈现为负向关系认同，双方在政治领域的协商与妥协也均是基于其共同利益展开的，但是美伊双边均有积极解决部分问题的倾向，总体上呈现为较弱的负向关系认同。经济领域，在奥巴马政府执政前期加强了对伊朗的经济制裁，企图通过以压促变的方式推动伊核协议的谈判进程，同时伊朗国内的政治环境也确实证实了奥巴马政府的该手段取得了成效。2015年初，随着框架协议的签署，美国逐步解除了对伊朗的部分经济制裁，开始履行其在《伊核协议》中的承诺，因此双方在经济领域的关系认同开始向着积极的方向发展，因此整体上也呈现为较弱的负向关系认同。意识形态领域，奥巴马政府延续了前任政府的立场态度，依旧对伊朗呈现为强烈的负向的关系认同。综合以上四个领域，美伊在2015—2017年奥巴马政府时期呈现为较弱的负向关系认同结构。

（二）2017—2018年强烈的负向关系认同结构

特朗普政府时期，特朗普一改奥巴马时期缓和美伊关系的风格，极力反对奥巴马时期美伊取得的阶段性伊核成果——《伊核协议》，并且重新审查了之前的美国对伊战略以及伊朗对于伊核协议中相关义务的履行情况,最终出台了对伊朗极限施压的《伊朗新战略》和美国《国家安全战略报告》,双方呈现出了极强的负向关系认同结构。

在军事领域,在《伊朗新战略》和美国《国家安全战略报告》相关的特朗普总统和美国国务卿的讲话中,都表达了伊朗对美国以及全球安全构成了严重的威胁,同时伊朗官方也在多个场合对美国对其全球军事安全威胁论进行了反驳,强调伊朗是维护和平的国家,其作出的一切行为都是为了地区安全与稳定,双方互相对彼此的安全威胁表现出了强烈的负向关系认同;在伊核问题上伊朗企图通过伊核协议实现和平发展核能与美国企图消除伊朗核能力上也呈现出了强烈的负向关系认同;在域外军事合作、恐怖主义和极端武装力量、军事制裁等维度上,美伊双方互相指责,也呈现为强烈的负向关系认同。在政治领域,在中东地缘政治、中东战略、伊朗政权以及《伊核协议》的政治意义上美伊双方呈现为强烈的负向关系认同,在中东通过扩张实现势力范围的争夺,在中东热点问题上双边也持互斥的立场。在经济领域,美国分步在石油、对外贸易以及金融制裁这三个重要维度对伊朗实施打压,经济上的以压促变一直是美国对伊朗战略的重要手段,因此双方在该领域一直呈现出负向的关系认同。在意识形态领域,人权问题和宗教自由两个维度上,美伊双方互相指责对方损害了伊朗人民的权利,也呈现为强烈的负向关系认同。总体上,2017—2018年的特朗普政府时期,美伊双方在以上四个领域均表现为强烈的负向关系认同,最终构成了强烈的负向关系认同结构。

第四节　美伊关系认同结构下的国家行为

一、关系认同结构理论下的美伊国家行为评估

(一)2015—2016年奥巴马时期

一是军事安全领域。此前奥巴马政府通过强化经济制裁,促使伊朗政府作出妥协,回到谈判桌前,进一步推动《伊核协议》的谈判。同时伊朗国内民调结果也体现出,在长期的经济压力下,民众希望伊朗能够通过《伊核协议》的签订促使伊朗国内经济的恢复,在此背景下,根据美

伊双方在军事领域表现为有积极向好趋势的较弱的负向关系认同结构，美伊之间的《伊核协议》会顺利落实，接下来会敲定持久、全面解决方案的技术细节，切断了伊朗获得核武器的所有途径，并可核查确保伊朗核计划的和平性质。通过建立相关机制、解决分歧，在过去伊朗没有提供访问权限的地方进行突破，并且检查会涵盖伊朗核计划的整个供应链。同时伊朗也正在接受有史以来为监督核计划而谈判达成的最全面、最具侵入性的核查制度。同时我们也应该看到《伊核协议》的签订促进了美伊关系的改善，也会进一步反向促进美伊之间其他政治事务的发展。同时美国会更多地倾向采取外交手段解决双边的军事冲突。在美国全球战略向亚太地区转移的大背景下，美国也会逐渐减少在中东地区的驻军，减少直接军事干预，但是依旧会保有美国在中东地区的军事和战略地位。

二是政治领域。由于美伊双边在政治领域呈现为较弱的负向关系认同，双边在政治领域出现了破冰的迹象，因此美伊双边将开启自1979 年以来的高层接触，开始了美伊外交的新转折，美国对伊朗的战略也会从"硬遏制"转变为"软遏制"。为了促成《伊核协议》的签订，保证伊朗在中东地区的安全稳定也是一个重要的因素，因此奥巴马政府会适当疏远和以色列与沙特之间的关系，尤其是在中东战略上的合作。针对海牙索赔案件，也会因为美伊双边关系的缓和取得一定的进展，双边会适当地作出相应的妥协。

三是经济领域。由于经济领域的制裁主要是为政治和军事目标服务的，而且奥巴马时期的经济制裁更多的是想要通过以压促变的方式促成联合全面行动计划的签署，因此经济领域的关系行为除了取决于美伊之间较弱的负向关系认同之外，与美伊在军事和政治领域的认同也有着很大的关系。因此，随着《伊核协议》的签订，美国会在伊朗履行其既定的协议义务的同时，逐步撤销对伊朗在石油行业、重点工业、金融行业、外贸行业等的经济制裁，也会逐步解除部分个人、法人以及组织的制裁，但是也应该看到美国对伊朗相关经济制裁接触的时限将取决于伊朗对于伊核协议相关条款的落实执行情况。

四是意识形态领域。意识形态领域因为奥巴马政府延续了前任的强烈的负向关系认同，同时为了促进《伊核协议》的签订，并不会对伊朗在意识形态领域的行为作出强烈的反对性的关系行为,尽量避免激化双边矛盾。但是对于美国每年都会发布的伊朗人权报告,人口贩卖报告依旧会按照惯例出台。

(二) 2017—2018 年特朗普时期

一是军事安全领域。基于特朗普政府时期美伊之间强烈的负向关系认同,当前伊核问题的本质已经不仅仅局限于问题本身,也不再只取决于美伊间的博弈,而是与地缘政治和国际社会紧密相关。国际社会对伊朗的质疑主要来自其长期进行秘密核行动,但是也不可否认美伊之间的博弈是伊核问题的核心,伊核问题也是美伊双方在宗教、文化、国家安全战略等各方面存在的诸多矛盾的一个汇聚点,这也是伊核问题很难短期内得以解决反而会不断升级的重要原因。追求中东地区的大国地位是伊朗最主要的国家诉求,而对于美国而言,伊朗在中东地区不断增强的影响力就是其中东战略利益最大的威胁,一旦伊朗与阿富汗、黎巴嫩、叙利亚等国形成统一的反美战线,再加上伊朗一旦拥有核武器,就会对美国在中东乃至全球的利益造成严重的打击。实际上,如果将特朗普上台以来对伊朗战略的构建分为试探期、评估期和成型期三个阶段的话,那么退出《伊核协议》就标志着新伊朗战略的正式成型。从长的时间轴来看,如果美国退出《伊核协议》,从对伊朗的政治经济造成的短期困境来讲,特朗普此举确实对伊朗造成了极大的打击;但是从长期影响来说,美国的极限施压已经接近饱和,很难达到终止伊朗拥有核武器的目标和颠覆伊朗政权的目的,同时伊朗也证明了自己拥有长期和美国与西方国家进行抗衡的经验和能力。美国战略界就伊朗对美国构成的威胁也形成了较为统一的认知,即主要通过低于战争门槛的强制手段,渐进式地扩张其在中东地区的影响力,诸多专家学者称之为"灰色区域战略",或者称之为"灰色区域挑战或冲突"(the gray zone challenges or conflicts)。[61]根据双边关系认同结构,评估特朗普政府会坚持退出《伊核协议》,重新启动新的伊核协议的谈判,新的伊核协议将致力于完成以下四个目标:(1)伊朗必须允许立即对国际检察院要求的地点进行检查;(2)确保伊朗不会接近拥有核武器;(3)所有条款没有到期日，美国要永远阻止伊朗获得核武器的所有途径；（4）要明确立法远程导弹与核武器计划密不可分，伊朗的导弹研制和实验应该受到严厉制裁。同时美国会积极打击伊朗伊斯兰革命卫队及其海外军事力量。特朗普政府也会加紧落实出台的《伊朗新战略》和美国《国家安全战略报告》，并且从恐怖主义、核威胁、对域外国家的军事干预等多个维度对伊朗军事力量的发展进行打压，尤其是伊朗对中东其他国家政治动乱的军事干预以及对恐怖主义力量的支持上。在域外合作上，一方面美国会加强与以色列和沙特阿拉伯的军事合作，这样可以在减少在中东驻军的同时维护美国在中东的军事安全；另一方面就伊朗发展核力量以及支持恐怖主义的行为，美国将会在国际层面积极建立起反对伊朗的国际战线。

二是政治领域。基于美伊双方在政治领域强烈的负向关系认同，同时美伊双方在政治领域的对抗已经是一个长期的历史问题，反美主义也已经是伊朗现政权存在的一个重要因素，所以虽然特朗普会继续奥巴马时期减少在中东的战略部署，完成美国全球战略向亚太转移的目标，但是依旧不会容忍伊朗在中东地区的战略扩张。因为《伊核协议》生效期间对伊朗的放松使得伊朗在中东地区的势力得到了迅速的发展，特朗普会进一步将伊朗已经取得的战略布局推回去。修复奥巴马时期冷落的美以和美国-沙特关系将会成为特朗普维护美国在中东地区战略地位和实行"美国优先"战略的首要行动。同时在中东战略布局上，美国会从进一步落实德黑兰到贝鲁特的"北方弧"（Northern arch）的战略构想。在中东热点问题上，美国会持续支持对阿萨德政权的打击。针对《伊核协议》，根据特朗普政府的相关声明，美国会努力修订特朗普政府认为损害美国利益的相关条款，并且将此作为《伊核协议》存续的重要条件。对于伊朗战略的审查和调整，美国将会加强对出台的《伊朗新战略》的落实，通过政治战等方式加强对伊朗现政权国内权威和国际形象的打压，尽管特朗普政府无法做到在任期内颠覆伊朗现政权，但是也会通过与中东盟友的合作朝着这个目标积极努力。

三是经济领域。基于美伊经济领域强烈的负向关系认同，以及特朗普政府对于伊朗政权将《伊核协议》对伊朗的经济支持用于对恐怖主义和武装力量的支持的指控，特朗普政府在完成对伊朗在伊核协议相关义务兑现情况的审核之后,会第一时间恢复《伊核协议》签署之前的美国对伊朗的经济制裁,甚至为了促使伊朗重新谈判伊核协议,会加强对伊朗的经济制裁,尤其是石油、金融等伊朗经济命脉的制裁力度。伊朗的石油、天然气资源居于世界第四和第二位,并且石油的出口在其整个国民经济中居于极为重要的地位。根据 2017 年 BP 世界能源统计年鉴显示,全球石油产量日产增长 40 万桶,其中中东石油产量增加170 万桶每日,增长主要来自伊朗,达到了每日 70 万桶的增量,可见伊朗的石油在整个石油出口行业都具有重要的地位。同时在伊朗经济占比中,2018 年伊朗按照市场价格 GDP 增长率为 0.4%,其中石油出口拉动 0.3%,[62] 石油出口产值几乎控制着整个伊朗经济发展的命脉。因此,美国必然会对伊朗的石油、制造业进行严厉制裁。

四是意识形态领域。美伊双方在意识形态领域具有强烈的负向关系认同,尤其在特朗普政府"美国优先"战略的加持下,美国会进一步对伊朗国内人权问题和宗教自由问题的渲染,并在国际层面用西方的民主争取更多的支持者,进而通过伊朗国内民众打击伊朗现政权。同时特朗普上台之后积极寻求修复和加强与其中东盟友以色列的关系,甚至在公开场合多次表示美国和以色列是永远的朋友,而以色列和伊朗因为宗教尤其是圣城问题一直存在很大的冲突,因此美国也一定会加强对伊朗宗教的打压和宣传战。

二、美伊国家行为验证

(一) 2015—2016 年奥巴马时期

1. 在军事领域的行为验证

奥巴马政府减少驻伊拉克和阿富汗的美军,避免新的全面军事干预,请求盟友为地区安全承担更多责任,争取用外交方式来解决中东问题。但是依旧不会放弃军事手段,比如为了给伊朗施加军事压力,美国披露伊朗在库姆附近的深山中建立秘密铀浓缩设施,借此制造舆论争取国际社会支持对伊朗制裁。同时加大对伊朗的军事压力,奥巴马还命令美国国防部准备对伊朗采取军事行动,并进行了相应的军事部署。[63]

2015 年 4 月,在关于伊朗伊斯兰共和国核计划的联合全面行动计划的参数中提到,进一步落实伊朗在 JCPOA 中取得的进展,伊朗将改造其在福尔多的设施,使其不再用于浓缩铀,伊朗只会在纳坦兹设施进行铀浓缩,检查和透明度,反应堆和后处理,制裁减免以及制裁生效的条件,分阶段实现目标和限制等具体的计划参数。这体现了《伊核协议》的签署和推进,是美伊双方互相妥协的结果,伊朗必须在联合全面行动计划的核查中切实保证其核能发展。2016 年 3 月底,美国召开了核安全峰会,称自 2014 年核安全峰会以来,美国通过加强核材料和其他放射性材料的安全、尽量减少核材料和其他放射性材料、打击核走私、支持多边文书、与国际组织合作、与外部利益相关者合作等多项举措加强核安全实施,构建全球核安全框架。这也为联合全面行动计划的达成起到了很好的催化作用。

2. 在政治领域的行为验证

奥巴马政府时期,美国开始积极接触伊朗高层,美伊双方领导人开启了自 1979 年伊朗伊斯兰革命以来的直接对话模式,并且在核谈判中取得了重大突破,最终在 2015 年达成了框架协议。[64] 2015 年 4 月初,美国国务院发布了关于伊朗伊斯兰共和国核计划的联合全民行动计划的关键参数。[65] 2016 年初,美国国务卿克里宣布,在海牙美国和伊朗解决了一项长期悬而未决的索赔。这是过去 35 年来海牙法庭达成的一系列重要和解中的最新一项。[66]

3. 在经济领域的行为验证

2015 年,5 月奥巴马总统根据 2012 财年国防授权法第 1245(d)(4)(B)和(C)条作出决定,在仔细考虑能源信息署于 2015 年 4 月 30 日提交给国会的报告以及包括全球经济状况在内的其他相关因素后,增加根据 2012 财年国防授权法第 1245(d)(4)(B)和(C)条公法 112-81,确定伊朗以外国家的石油和石油产品供应充足,可以大幅减少外国金融机构或通过外国金融机构从伊朗购买的石油和石油产品的数量。2018 年 7 月开始,开启了美国对伊朗经济制裁的缓和阶段,美国根据《与伊朗的联合全面行动计划》(Joint Comprehensive Plan of Action with Iran),主要解禁了针对伊朗的行业制裁,但全面禁运政策未有显著变化。

伊朗方面,为吸引外国企业和投资,伊朗官方不断抛出橄榄枝。据报道,鲁哈尼政府开始评估制裁后的经济环境,制定了一系列吸引外资的政策:伊朗央行将一年期存款利率从 22％降至 20％,平均关税从 19.7％降至 18.7％,将为外国公司提供条件优惠。伊朗石油部副部长莫阿扎米称:"现在伊朗就像跑道上随时准备起飞的飞行员"。7 月 15 日,也就是伊核全面协议达成的第二天,伊朗国家石油公司就表示,已要求所有油田 2015 年增产。[67]

4. 在意识形态领域的行为验证

奥巴马时期,美国按照惯例出台了伊朗人权报告,人口贩卖报告等相关的人权报告,内容凸显出明确的对抗性,这已经是其行为的表现。由于奥巴马时期,在意识形态领域与特朗普时期无异,都是强烈的负向关系认同,所以我们在这里不再专门验证其行为表现,而在特朗普时期一起验证。

(二) 2017—2018 年特朗普时期

1. 军事领域的验证

美国陆续出台了《伊朗新战略》和《国家安全战略报告》。美国在积极强化其与中东国家的伙伴关系的同时,积极支持这些国家直接与伊朗或者伊朗的代理人进行军事对抗。在沙特等海湾国家与也门胡塞武装的冲突中,特朗普政府除了提供情报支持和海上拦截伊朗对胡塞武装的援助之外,还不顾国内外舆论对沙特的谴责,毫无保留地支持沙特的军事行动。同时特朗普政府也会支持其地区伙伴在中东地区扶植其代理人与伊朗及其代理人进行对抗,进而遏制伊朗在中东地区影响力的发展,而且在打击"伊斯兰国"的军事行动接近尾声之后,沙特等国在叙利亚扶持的势力又开始从事与伊朗及其代理人还有叙利亚军队的武装冲突。

针对伊核问题以及《伊核协议》,特朗普在上台之初就采取了相关的制裁措施。2017 年 10 月美国出台了对伊朗的新战略,这代表着美国中东政策的正式转向。2018 年 5 月 8 日美国正式退出了《伊核协议》,并开始对伊朗实施制裁,强调从 5 月 8 日开始,国务卿将撤销所有豁免权。特朗普拒绝承认《伊核协议》对限制伊朗发展核武器的作用。国会方面也在努力通过《伊核协议审查法》（INARA），弥补《伊核协议》的相关缺陷。2018年8月6日，也就是90天的缓冲期结束之日，特朗普签署了行政令，宣布了即将对伊朗实施的制裁。之后，特朗普政府更是为双边重启谈判进行了"层层加码"。对此，伊朗总统鲁哈尼也立即做出了回应，拒绝了美方的要求，强调美国现已"无法替世界做主"。

从美国退出《伊核协议》至今，美伊双方依旧就伊核问题展开博弈，一方面美国在中东地区增加驻军从而在军事上对伊朗施压；另一方面，美国又表示愿意和伊朗就伊核问题进行谈判。为了回应特朗普政府的制裁，伊朗通过分阶段逐渐终止《伊核协议》部分条款的方式来抗衡。直到2020年苏莱曼尼被刺杀之后，伊朗外长公开声明，将针对《伊核协议》第36条，离心机的数量限制将被突破，以此作为第五阶段对于《伊核协议》的终止。自此伊朗的核计划也将不会受到任何限制，伊朗也开始了其2015年核计划的完全恢复的进程。

在域外军事合作方面，特朗普上任之后访问了沙特和以色列，与沙特签署了军火协议，并与双方都发表了联合声明，均提到了防范伊朗的威胁。在美国与沙特的联合声明中表示，美国将与沙特一道击败"伊斯兰国"和"基地"组织，打击伊朗破坏稳定的活动。特朗普总统和萨勒曼国王签署了价值近1 100亿美元的国防协议，这套国防设备和服务将支持沙特阿拉伯和海湾地区的长期安全。[68]特朗普政府在任期间还努力促成"阿拉伯北约"的构建，希望将"海合会"的6个阿拉伯国家与埃及和约旦都囊括在这一区域组织当中，进而牵制伊朗在中东的影响力。为此，特朗普还成立了专门的"伊朗行动小组"，从而可以更有效地打击伊朗，确保美国可以和其他国家的政府部门合作向伊朗施压。实际上，多年以来，美国在中东一直保持着自己的军事存在，美国在伊朗周边的伊拉克、阿富汗、土耳其，以及海湾国家等一直设有军事基地或者驻军，而伊朗则一直处于美国及其盟友的军事包围之中。纵观特朗普时期对伊朗的政策，我们也可以发现，特朗普尽管否认其前任对伊朗的宽松政策，但是依旧继承和维持了其在中东的战略收缩的态势，不同的是特朗普强调战略收缩的下限（保持强有力的前沿军事存在）与上限（避免卷入大规模地面军事冲突），而在这之间，美国依旧具有较大的活动空间，也依旧具有与伊朗全面对抗的实力,而无须采取和平路径化解"伊朗威胁",可以说特朗普政府对伊朗采取的军事战略是其战略部门综合伊朗在中东扩张势力采取的战略得出的对策,即美版的"灰色区域战略"。而这期间美伊在海湾地区的军事对峙刚好为双方采取"灰色区域战略"提供了掩护。[69]在联合地区国家遏制伊朗军事力量发展的同时,美国也加大了其国内的军事预算,特朗普总统在重建美国实力并应对威胁中提到,特朗普签署了一项为期两年的预算协议,将军队的国防预算上限提高到 2018 财年的 7 000 亿美元和 2019 财年的 7 160 亿美元。特朗普政府已采取积极行动应对伊朗的威胁行为,包括对数十家与伊朗有关联的实体实施制裁,并拒绝重新认证《伊朗协议》。[70]2018 年底,特朗普宣布对伊朗继续实施国家紧急状态,并采取相关措施应对伊朗对美国国家安全的特殊威胁,以及伊朗局势对美国经济造成的影响。

针对武装力量与恐怖组织,2017 年底,特朗普指示国务院和国土安全部限制伊朗等国家的国民入境,以保护美国的安全和福祉。2018年 6 月,美国谴责在德黑兰发生的恐怖袭击。并向遇难者及其家属表示哀悼,向伊朗人民致以哀思和祈祷。2018 年 9 月,美国编纂了伊朗破坏活动编年史,涵盖了伊朗对恐怖主义的支持、其导弹计划、非法金融活动、对海上安全和网络安全的威胁、侵犯人权以及环境开发。[71]2018 年 10 月 6 日,特朗普政府颁布了新版的《国家反恐战略》。一方面,特朗普上任之后,将打击恐怖主义和腰斩"什叶派新月地带"挂钩,以遏制伊朗在该地区的威胁为名,把中东地区的反恐作战和大国的地缘竞争相结合。另一方面,特朗普政府主张发起网络战威胁和遏制伊朗的发展。美国财政部还于 2018 年 10 月 16 日宣布制裁伊朗伊斯兰革命卫队下属的一个准军事组织,以及一个为该组织提供经济支持的基金会,宣布冻结上述组织在美国境内的资产且禁止美国人与其交易。之后 2019 年,特朗普政府将伊朗伊斯兰革命卫队列为恐怖组织,美国也将加大对伊朗极限施压的范围和力度。特朗普政府把伊朗核问题、从事弹道导弹计划、扩张地区势力视为一个整体,统称为"伊朗威胁",进而其针对伊核问题制定的政策也更加全面,运用的制裁方式也强调全方位打击。

关于军事制裁,2017 年初,针对伊朗正在进行的弹道导弹计划,美国制裁了 25 名支持伊朗弹道导弹计划和伊斯兰革命卫队圣城旅的个人和实体。[72] 2017 年 7 月,特朗普总统加大了对伊朗的压力,要求其停止在中东的破坏性和破坏稳定的行动,包括继续进行弹道导弹研究。同时制裁了 16 个支持伊朗军队和革命卫队开发无人机、快速攻击艇和其他军事装备的实体和个人。[73] 在特朗普执政期间,美国对伊朗实施了 17 轮制裁,制裁对象为 147 名与伊朗有关的个人和实体。

随着美国退出《伊核协议》之后,180 天的缓和期结束,在美国对伊朗采取了愈发严厉的经济制裁之后,美伊双方的军事对抗也日益激烈,主要可以分为以下三个阶段:2019 年 5—9 月为第一阶段,双方斗争主要围绕波斯湾展开,石油安全成为其斗争的焦点。其间美国派遣了大批成建制的航母战斗群和数万美军集结在波斯湾沿岸。海合会国家也进入战备状态。伊朗对此做出反应,进行了声势浩大的阅兵和频繁发射弹道导弹以展示其国防实力。

我们也应该注意到特朗普政府在强化“美国优先”战略的同时,也会在中东地区强调“以色列优先”,充当“离岸平衡手”,通过“反伊”作为凝聚中东地区的手段,同时也将制裁伊朗使其就范作为中东难题解决的突破口。可见相较于奥巴马时期,特朗普时期美伊关系出现了较大的退步,特朗普将伊朗视为其在世界上的主要威胁之一。

2. 政治领域的验证

2018 年 5 月 8 日,特朗普政府正式提出退出《伊核协议》。[74] 2018 年 8 月 16 日,美国宣布将成立伊朗行动小组,负责指导、审查和协调国务院与伊朗有关的所有方面的活动,并直接向美国国务卿报告。并且提到我们希望有一天能与伊朗达成一项新协议,但是我们必须看到该政权在其境内外的行为发生重大变化。

特朗普政府出台了《伊朗新战略》,在此之前下令重新审查了对伊战略。而在《伊朗新战略》出台之前,在 2017 年 2—11 月,除 6 月和 9 月外,特朗普政府每月也会出台新的针对伊朗的制裁措施,并且于 8 月 2 日签署了《敌对国家制裁法》(Countering America's Adversaries Through Sanctions Act),进一步夯实以制裁应对“伊朗威胁”的国内立法基础。[75] 最终在经过 9 个月的评估之后,这份由美国国家安全局、国会相关委员会和中东盟友得出的《伊朗新战略》(A New Strategy on Iran)于 2017

年 10 月 13 日发布。总体来看,该战略可以被分为三层目标,终极目标是推翻伊朗现政权,中等目标是将伊朗在中东地区的地区扩张推回去,最低目标就是持续性地对伊朗进行经济制裁,影响其国内经济的发展。特朗普也在新战略发布当天发表了讲话。[76]

伊朗方面,利用中东冲突造成的权力真空,在不与美国发生直接冲突的情况下,在中东逐渐扩张强化其实力,挤压了美国在中东地区的战略空间。[77]伊朗主要采用了代理人战争,即在所谓"脆弱国家"(fragile states)中扶持亲伊朗政权,在其完全崩溃成了"失败国家"(failed states)后,伊朗便扶持亲伊朗派别上台为其谋取国家利益。[78]同时伊朗还采用了政治战、信息战等非战争手段。不可忽视,什叶派宗教认同和伊斯兰革命卫队也是伊朗的两大核心手段,利用伊斯兰国家中什叶派和逊尼派之间的宗教矛盾,支持什叶派,进而建立起了其中东"什叶派新月地带",由此在中东地区,伊朗相对于美国形成了一种非对称优势。

中东地缘政治维度,特朗普上台之后,一边强化修复与中东伙伴的关系,同时在应对"伊朗威胁"的多重战略目标方面与以色列、沙特取得一致,通过大额军火销售协议巩固美国—沙特关系,还决定将美国驻以色列使馆从特拉维夫迁至耶路撒冷,进而博取以色列好感。此外,特朗普政府积极发挥所谓"美国领导作用",逐步在中东构建起一个抵制、击退伊朗影响的阵营,默认并支持以色列和沙特为抵制伊朗影响这一共同目标而日益接近。[79]为防止反伊朗阵营因内部分歧而为伊朗所利用,特朗普政府积极斡旋"海湾外交危机",防止卡塔尔与沙特、阿联酋、巴林和埃及的冲突升级,进而对抵制伊朗扩张这一共同战略目标造成负面影响。[80]特朗普政府还劝导和授意沙特王室政权改善与伊拉克政府关系,着眼于影响伊拉克国内政治走向,使其逐步脱离伊朗的战略轨道。

近年来中东地区爆发了一系列的地区内的地缘政治危机事件扰乱了该地区的安全局势,萨达姆政权倒台之后,中东地区形成了有利于伊朗的形势,尤其是奥巴马时期《伊核协议》的签署,给了伊朗极大的喘息机会,伊朗的发展给美国的盟友以色列带来了极大的危机感。因此特朗普上台之后,积极遏制伊朗的"扩张"行为,打击伊朗已经构建起的所谓从德黑兰到贝鲁特的"北方弧"（Northern arch）的战略构想，并且巩固加强了美国及其盟友在中东地区的影响力。随着极端组织"伊斯兰国"被逐步击败，特朗普政府已经在计划调整打击极端组织的军事力量来打击亲伊朗的也门胡塞武装组织、推翻叙利亚巴沙尔现政府、切断伊朗同真主党之间的联系等。[81] 特朗普在与俄罗斯外交部长会晤时甚至提到，俄罗斯需要控制阿萨德政权、伊朗和伊朗代理人。2018 年初，特朗普在与联合国安理会成员共进午餐时的讲话中提到，我们将讨论一系列安全挑战方面的合作，包括打击伊朗在中东的破坏稳定活动。并提到了伊朗政权向其也门的好战盟友转让伊朗导弹和武器。[82] 企图在整个国际社会层面形成对伊朗的战略包围圈。2018 年 5 月 14 日，国务卿蓬佩奥分别与法国外交部长、英国外交大臣和德国外交部长的通话中提出，美国和欧洲盟友在防止伊朗发展核武器和打击伊朗政权在该地区"破坏"稳定的活动方面有着共同的强烈利益，并且强调了过去几个月它们为应对共同威胁所做的出色工作，并表示他希望美国和欧洲盟友能够继续开展强有力的合作。[83]

特朗普上台之后，首先与以色列总理内塔尼亚胡和沙特阿拉伯国王进行通话，就其长期友谊和战略伙伴关系、进行安全合作、处理伊朗威胁、打击伊黎"伊斯兰国"和其他激进的恐怖组织等方面均达成了共识。[84]

伊朗方面则借助叙利亚问题积极发展与俄罗斯、土耳其的联盟关系，进一步扩大其在海湾地区的利益，同时在卡塔尔与其他海合会国家出现外交争端的时候，与其加强政治和经济间的合作，扩大自身的外交空间。这使得美国意图打击的"什叶派新月地带"的地区势力更加壮大，也遏制了美国盟友沙特在中东地区的影响力，打击了美国在中东的同盟体系，伊朗还利用自己在中东地区的代理人打击美国在中东的盟友。

关于对伊朗政权的反对，特朗普政府推动伊朗国内的反动势力发动"颜色革命"，进而借此机会扶持亲美的伊朗政府上台执政。特朗普政府甚至决定继续投资"近东地区民主基金"（Near East Regional Democracy Fund），用此来资助伊朗国内的反政府势力，从而像 1953 年那样策划一场政变，改变伊朗现政府，这也是美国对伊朗的最终目的。[85]

3. 经济领域的验证

2017 年 3 月,美国根据《伊朗、朝鲜和叙利亚防扩散法》(INKSNA)对 10 个国家的 30 个外国实体和个人实施制裁。作为制裁的一部分,11 个实体和个人因向伊朗的弹道导弹计划转让敏感物品而受到制裁。2017 年 8 月,美国总统签署《通过制裁反击美国的对手法案》(HR3364),该法案将对伊朗实施新的制裁。[86] 2018 年,美国发布了第 13871 号行政命令和第 13876 号行政命令。

2018 年 5 月 8 日美国正式退出了《伊核协议》,美国也将开始撤销对伊朗的所有豁免权,并对伊朗设定 90 天和 180 天两个制裁缓冲期进而采取相关的经济制裁。根据特朗普的决定,政府将在 8 月 6 日(90 天缓冲期的最后一天)之后重新实施特定制裁。8 月 7 日,制裁将重新实施,内容主要涉及伊朗政府购买或获取美国纸币,伊朗的黄金和其他贵金属贸易,工业过程中使用的石墨、铝、钢、煤和软件,与伊朗里亚尔有关的交易,与伊朗发行主权债务有关的活动伊朗的汽车行业等。其余制裁将于 11 月 5 日重新实施,其中包括:伊朗的港口运营商以及能源、航运和造船业,伊朗的石油相关交易,外国金融机构与伊朗中央银行的交易等,政府还将重新列出之前被列入制裁名单的数百名个人、实体、船只和飞机。2018 年 10 月 16 日,美国财政部制裁了支持招募和训练儿童兵的伊朗准军事部队的庞大金融网络,这个位于伊朗的网络被称为 Basij Cooperative Foundation,由至少 20 家公司和金融机构组成。美国认为 Basij 与 IRGC 有联系并支持伊斯兰革命卫队,同时这些机构为其暴力行为提供资金。

2018 年 11 月 5 日开始,美国将全面重新实施因《伊核协议》暂停的对伊朗的制裁,该制裁将针对能源、航运、造船和金融部门等伊朗经济的关键部门,同时美国政府发布了 19 轮制裁,指定了 168 名与伊朗有关的人。在美国财政部外国资产控制办公室(OFAC)针对伊朗政权的有史以来规模最大的单日行动中,制裁了 700 多名个人、实体、飞机和船只。这一行动是重新实施根据联合全面行动计划取消或放弃的剩余美国核相关制裁的关键部分,旨在破坏伊朗政权为其广泛的恶意活动提供资金的能力,并对伊朗政权施加前所未有的财政压力,要求其谈判一项全面协议,进而永久阻止伊朗获得核武器,停止发展弹道导弹。

同时 OFAC 强调该行动针对的是伊朗政权,而非伊朗人民,OFAC 将继续维持对伊朗制裁的人道主义授权等,允许向伊朗出售农产品、视频、药品和医疗设备。相关的《伊朗贸易和制裁条例》(ITSR)的修正案中的 SDN 名单[87]中涉及银行业、航运业、伊朗原子能组织、航空等多个领域,同时提到与制定和确定的实体进行交易的人本身可能会受到执法行动、制定或阻止制裁。[88]同日,美国国务卿在发表相关讲话中称,为了最大限度地发挥总统施压的效果,美国将与其他国家密切合作,尽可能地切断伊朗的石油出口,预计将向八个司法管辖区发放一些临时配额,并在许多其他方面开展合作,在实现原油零进口方面也采取了重要举措。作为协议的一部分,其中两个司法管辖区将完全停止进口石油,其他六个进口量将大大减少。

2018 年 12 月,美国经济商务局表示美国将采取行动,剥夺伊朗领导层的资源、财富、资金和能力,并剥夺伊朗境内人民应得的自由。同

表 6.1　2015—2018 年美国对伊经济制裁法律体系梳理

类别	年份	名　称	主要内容
一般法	2018	《敌对国家制裁法》(Countering America's Adversaries Through Sanctions Act, CAASTA)	对伊朗、俄罗斯、朝鲜实施经济制裁,并且主要针对上述受制裁国国防、金融、能源等部门。
联邦条例	2018	《伊朗贸易和制裁条例》(Iranian Transaction and Sanction Regulation, ITSR)	禁止任何实体直接或间接从事与伊朗相关的货物、技术、服务贸易活动。
联邦条例	2018	《伊朗金融制裁条例》(Iranian Financial Sanctions Regulations, IFSR)	禁止金融机构为促进伊朗发展大规模杀伤性武器、支持恐怖组织、洗钱等活动提供金融服务、与伊朗金融机构有任何业务往来。
行政命令	2018	第 13846 号行政令、第 13871 号行政令、第 13876 号行政令	特朗普政府时期,重启对伊制裁,设置 180 天缓冲期,禁止"美国人"和"非美国人"帮助伊朗购买或获取美元,禁止为伊朗能源、航运、造船、保险、金融等部门提供相关服务。

资料来源:作者根据 OFAC 官网资料整理。

时提醒美国和非美国公司必须遵守美国的制裁,以避免受到制裁或美国法律规定的执法行动。伊斯兰革命卫队已根据 13224、13382、13553 和 13606 号行政命令被指定,被列入 OFAC 的特别指定国民和 SDN 名单。如果一家外国公司选择从事涉及伊朗的受制裁活动,它就有可能受到美国的制裁,包括将有效切断其与美国市场联系的制裁;美国公司可能会因从事涉及伊朗的违禁行为而面临执法行动。

4. 意识形态领域的验证

在人权问题上,2017 年 5 月 17 日,美国国务院向国会发布了其半年度报告,说明了上个月美国财政部对伊朗人权问题的制裁,而在该报告发布之前美国财政部刚刚宣布对伊朗弹道导弹计划实施新制裁。[89] 2018 年 1 月,在"总统不会对伊朗保持沉默的"一文中,美国副总统彭斯称"我们与自豪的伊朗人民站在一起,因为这是正确的"[90]。1 月 10 日,白宫关于伊朗抗议活动的声明称,特朗普政府对有关伊朗政权在过去一周因参与和平抗议而监禁数千名伊朗公民的报道深表关切。[91] 2018 年 2 月,美国国家安全顾问在慕尼黑安全会议上发表讲话称,出于国际安全和道德良知的考虑,我们必须停止与伊斯兰革命卫队附属利益机构做生意,鼓励在伊朗发展真正的商业部门,并迫使该政权尊重其人民权利。[92] 在伊朗的抗议和逮捕中,国务院发言人表示,美国支持抗议妇女被迫戴头巾的伊朗人民,我们谴责伊朗政府因反对强制戴头巾等行使人权和基本自由而逮捕至少 29 人的行为。美国也再次表示,坚定地支持宗教自由、言论自由和和平集会的权利,人们应该自由选择他们穿的衣服,并按照他们的意愿实践他们的信仰,剥夺个人的这种选择会损害他们的自主权和尊严。[93] 在联合国大会上,美国呼吁支持伊朗的人权,并称捍卫人权和支持伊朗人民是美国政府的首要任务。[94]

第五节　验证结果总结

在奥巴马时期,根据美伊双边较弱的负向关系认同结构,评估了在军事安全上美国会减少在中东驻军,进一步推进《伊核协议》的签订;在政治领域,奥巴马政府开启与伊朗高层的接触,加强对伊朗的软遏制,弱化与以色列和沙特的亲密关系;在经济领域,会逐步撤销对伊朗的经济制裁；在意识形态上并不会采取对抗行为，但是会依照惯例出台相关人权报告，实际上美伊之间也确实表现为上述行为。

在特朗普时期，根据美伊之间强烈的负向关系认同结构，评估美国会退出《伊核协议》，并且加强与其中东盟友的军事合作；在政治领域在"美国优先"战略下，美国会加强与伊朗现政权以及在中东战略上的对抗，在中东热点问题上双边会保持对立立场；在经济领域，美国会恢复甚至加强《伊核协议》签订之前的美国对伊制裁；在意识形态领域，美国会进一步就伊朗人权和宗教问题在国际舞台上发声。通过对比2017—2018年期间的美伊关系行为，与评估行为相符合。同时在军事领域美伊之间还发生了军事摩擦，政治领域美国努力推动了伊朗国内的颜色革命，在经济方面为了尽快恢复对伊朗的制裁，美国不仅设置了不同的时间期限，还出台了相关法案，不仅对伊朗国内，还对与伊朗有密切经济合作的国家个人、法人和组织进行了制裁。

总之，本章以2015—2018年的美伊领导人的文件声明以及关系行为作为研究对象，对关系认同结构理论的核心假设——关系认同结构决定了国家间的关系行为——进行了理论验证。根据对双方领导人相关讲话的分析，分别阐述了在军事安全领域、政治领域、经济领域以及意识形态领域，奥巴马和特朗普两届政府期间的美伊关系认同结构。根据该关系认同结构评估双边的关系行为，同时用事实上的关系行为进行对比验证，我们得出美伊双边在两个时期内的关系行为基本符合关系行为预期。

但是，本章的研究过程中依旧存在不足。一是理论验证过程中的资料收集难以穷尽，研究者具有的语言障碍导致样本范围不足。二是在关系认同结构的分析中，涉及关系认同强烈程度的判定，很难从定量的角度进行衡量，研究者企图通过词频这一角度入手，但由于资料范围可选取的局限性，导致可操作性较差，会严重影响理论验证的准确性，不得不放弃，最终只能基于部分文本进行简单词频分析操作。这些方面都是在以后研究中需要设法克服和改进的。

注释

1. 高尚涛：《关系认同：结构与行为》，《国际观察》2019年第4期，第92—119页。

2. 马俊平：《论美国总统与国会外交决策权之争的根源》，《解放军外国语学院学报》2001 年第 2 期，第 115—118 页。

3. ［美］亚历山大·温特：《国际政治的社会理论》，秦亚青译，上海人民出版社 2001 年版，第 24 页。

4. 刁大明：《2018 年美国中期选举与特朗普政府政策走向》，《美国研究》2018 年第 6 期，第 26—47 页。

5. "Notice-Continuation of the National Emergency with Respect to Iran", Obama White House, November 10, 2015, https://obamawhitehouse.archives.gov/the-press-office/2015/11/10/notice-continuation-national-emergency-respect-iran, 登录时间：2023 年 2 月 6 日。

6. The White House, *National Security Strategy*, December, 2017.

7. Ibid.

8. 朱启超、龙坤：《试论后九一一时代美国国家安全战略的调整——基于对特朗普政府〈美国国家安全战略〉报告的分析》，《美国研究》2018 年第 3 期，第 78—98 页。

9. "Statement by the President on the Iran Nuclear Deal", Trump White House, January 12, 2018, https://trumpwhitehouse.archives.gov/briefings-statements/statement-president-iran-nuclear-deal/, 登录时间：2023 年 2 月 6 日。

10. Micheal R. Pompeo, "After the Deal: A New Iran Strategy", US Department of State, May 21, 2018, https://2017-2021.state.gov/after-the-deal-a-new-iran-strategy/index.html, 登录时间：2023 年 2 月 6 日。

11. "Statement by the Press Secretary on Israel's Announcement Related to Iranian Nuclear Weapons Development", Trump White House, April 30, 2018, https://trumpwhitehouse.archives.gov/briefings-statements/statement-press-secretary-israels-announcement-related-iranian-nuclear-weapons-development/, 登录时间：2023 年 2 月 6 日。

12. https://www.president.ir/fa/110884, 登录时间：2023 年 2 月 6 日。

13. "Press Briefing by Press Secretary Sean Spicer", Trump White House, February 1, 2017, https://trumpwhitehouse.archives.gov/briefings-statements/press-briefing-press-secretary-sean-spicer-020117/, 登录时间：2023 年 2 月 6 日。

14. "Remarks by LTG H.R. McMaster at Foundation for Defense of Democracies National Security Summit", Trump White House, October 19, 2017, https://trumpwhitehouse.archives.gov/briefings-statements/remarks-ltg-h-r-mcmaster-foundation-defense-democracies-fdd-national-security-summit/, 登录时间：2023 年 2 月 6 日。

15. "Joint Readout of Meeting Between President Donald J. Trump and Israeli Prime Minister Benjamin Netanyahu", Trump White House, February 15, 2017, https://trumpwhitehouse.archives.gov/briefings-statements/joint-readout-meeting-president-donald-j-trump-israeli-prime-minister-benjamin-netanyahu/, 登录时间：2023 年 2 月 6 日。

16. "Iran's Space Launch Vehicle Inconsistent with UNSCR 2231 Joint Statement by France, Germany, the United Kingdom and United States", US Department of State, July 28, 2017, https://2017-2021.state.gov/irans-space-launch-vehicle-inconsistent-with-unscr-2231-joint-statement-by-france-germany-the-united-kingdom-and-united-states/index.html, 登录时间：2023 年 2 月 6 日。

17. "Text of a Letter from the President to the Speaker of the House of Representatives and the President of the Senate", Trump White House, March 12, 2018, https://trumpwhitehouse.archives.gov/briefings-statements/text-letter-president-speaker-house-representatives-president-senate-19/, 登录时间：2023 年 2 月 6 日。

18. "Readout of President Donald J. Trump's Call with King Salman of Saudi Arabia", Trump White House, April 3, 2018, https://trumpwhitehouse.archives.gov/briefings-statements/readout-president-donald-j-trumps-call-king-salman-saudi-arabia-4/，登录时间：2023 年 2 月 6 日。

19. https://www.president.ir/fa/109153，登录时间：2023 年 2 月 6 日。

20. "A New U.S. Strategy on Iran", US Department of State, October 13, 2017, https://2017-2021.state.gov/a-new-u-s-strategy-on-iran/index.html，登录时间：2023 年 2 月 6 日。

21. "Terrorist Attacks in Tehran", US Department of State, June 7, 2017, https://2017-2021.state.gov/terrorist-attacks-in-tehran/index.html，登录时间：2023 年 2 月 6 日。

22. https://2017-2021.state.gov/ambassador-haley-highlights-iranian-threat-to-peace-and-security/index.html，登录时间：2023 年 2 月 6 日。

23. https://www.president.ir/fa/109185，登录时间：2023 年 2 月 6 日。

24. Micheal R. Pompeo, "Confronting Iran: The Trump Administration's Strategy", US Department of State, October 15, 2018, https://2017-2021.state.gov/confronting-iran-the-trump-administrations-strategy/index.html，登录时间：2023 年 2 月 6 日。

25. https://share.america.gov/zh-hans/heres-newly-sworn-president-trumps-full-speech/，登录时间：2023 年 2 月 6 日。

26. "readout-president-s-call-king-salman-bin-abdulaziz-al-saud-saudi-arabia", Obama White House, April 2, 2015, https://obamawhitehouse.archives.gov/the-press-office/2015/04/02/readout-president-s-call-king-salman-bin-abdulaziz-al-saud-saudi-arabia，登录时间：2023 年 2 月 6 日；"readout-president-s-call-prime-minister-benjamin-netanyahu-israel", Obama White House, April 2, 2015, https://obamawhitehouse.archives.gov/the-press-office/2015/04/02/readout-president-s-call-prime-minister-benjamin-netanyahu-israel，登录时间：2023 年 2 月 6 日。

27. 田文林：《伊朗核问题全面协议评析》，《国际研究参考》2015 年第 8 期，第 1—8 页。

28. https://www.president.ir/fa/120520，登录时间：2023 年 2 月 6 日。

29. "The Islamic Republic of Iran", US Department of State, https://2017-2021.state.gov/the-islamic-republic-of-iran-a-dangerous-regime/index.html，登录时间：2023 年 2 月 6 日。

30. "President Donald J. Trump at the United Nations General Assembly: Outlining an America First Foreign Policy", Trump White House, September 20, 2017, https://trumpwhitehouse.archives.gov/briefings-statements/president-donald-j-trump-united-nations-general-assembly-outlining-america-first-foreign-policy/，登录时间：2023 年 2 月 6 日。

31. "President Donald J. Trump's First Year of Foreign Policy Accomplishments", Trump White House, December 19, 2017, https://trumpwhitehouse.archives.gov/briefings-statements/president-donald-j-trumps-first-year-of-foreign-policy-accomplishments/，登录时间：2023 年 2 月 6 日。

32. "President Donald J. Trump's Foreign Policy Puts America First", Trump White House, January 30, 2018, https://trumpwhitehouse.archives.gov/briefings-statements/president-donald-j-trumps-foreign-policy-puts-america-first/，登录时间：2023 年 2 月 6 日。

33. "President Trump Says the Iran Deal is Defective at Its Core. A New One Will Require Real Commitments", Trump White House, May 11, 2018, https://trumpwhitehouse. archives. gov/articles/president-trump-says-iran-deal-defective-core-new-one-will-require-real-commitments/,登录时间:2023 年 2 月 6 日。

34. Garrett Nada, "Trump and Iran in 2017", United States Institute of Peace, The Iran Primer website, December 21, 2017, http://iranprimer. usip. org/blog/2017/dec/21/trump-and-iran-2017,登录时间:2023 年 2 月 6 日。

35. Mike Pence, "Unlike Obama, Trump will not be Silent on Iran", The Washington Post, January 3, 2018, https://www. washingtonpost. com/opinions/this-time-we-will-not-be-silent-on-iran/2018/01/03/d1cfc34e-f0cc-11e7-97bf-bba379b809ab_story. html,登录时间:2023 年 2 月 6 日。

36. Kenneth Katzman, "Iran: Politics, Human Rights, and U.S. Policy Washington". D. C.: U. S. Library of Congress, Congressional Research Service, October 3, 2017, pp.22—26; 29—33.

37. 迟永:《特朗普政府的伊朗政策及其影响》,《现代国际关系》2018 年第 9 期,第 44—52 页。

38. "Readout of President Donald J. Trump's Call with King Salman bin Abdulaziz Al Saud of Saudi Arabia", Trump White House, December 20, 2017, https://trumpwhitehouse. archives. gov/briefings-statements/readout-president-donald-j-trumps-call-king-salman-bin-abdulaziz-al-saud-saudi-arabia-4/,登录时间:2023 年 2 月 6 日。

39. "Israel's Right to Self-Defense", US Department of State, December 28, 2018, https://2017-2021. state. gov/israels-right-to-self-defense/index. html,登录时间:2023 年 2 月 6 日。

40. "Statement of Extraordinary Summit of the Cooperation Council for the Arab States of the Gulf(GCC) and the United States of America", Trump White House, May 23, 2017, https://trumpwhitehouse. archives. gov/briefings-statements/statement-extraordinary-summit-cooperation-council-arab-states-gulf-gcc-united-states-america/,登录时间:2023 年 2 月 6 日。

41. Michael R. Pompeo, "Remarks at the 36th Annual Jewish Institute for National Security of America Awards Dinner", US Department of State, October 10, 2018, https:// 2017-2021. state. gov/remarks-at-the-36th-annual-jewish-institute-for-national-security-of-america-awards-dinner/index. html,登录时间:2023 年 2 月 6 日。

42. "Secretary Pompeo Addresses United Nations Security Council Meeting on Iran", US Department of State, December 12, 2018, https://2017-2021. state. gov/secretary-pompeo-addresses-united-nations-security-council-meeting-on-iran/index. html,登录时间:2023 年 2 月 6 日。

43. "Irans President Works to Further Isolate Iranian Regime from both World and Iranian People", US Department of State, November 26, 2018, https://2017-2021. state. gov/irans-president-works-to-further-isolate-iranian-regime-from-both-world-and-iranian-people/index. html,登录时间:2023 年 2 月 6 日。

44. https://www. president. ir/fa/109185,登录时间:2023 年 2 月 6 日。

45. 二级制裁(Secondary Sanction),又称为次级制裁,指制裁发起方在对目标方进行制裁的同时会限制第三国的公司和个人与目标方进行贸易和金融往来,并且会对违反规定的第三国公司和个人也进行处罚和制裁。从 20 世纪 90 年代后期开始,美国凭借其自身的经济优势,惯用二级制裁的手段遏制目标国,比如《赫尔姆斯—伯顿法》《达玛托法》

等。这些二级制裁多是基于与美国国家安全有关的各种原因，比如恐怖主义、人权等问题而发生的。

46. "Background Briefing on Meeting with Saudi Officials", US Department of State, July 10, 2018, https://2017-2021. state. gov/background-briefing-on-meeting-with-saudi-officials/index. html,登录时间：2023 年 2 月 6 日。

47. https://www.president.ir/fa/109587,登录时间：2023 年 2 月 6 日。

48. https://www.president.ir/fa/110161,登录时间：2023 年 2 月 6 日。

49. *Budgetary Impact Analysis for Executive Order Entitled "Imposing Sanctions with Respect to the Iron, Steel, Aluminum, and Copper Sectors of Iran"*, https://trumpwhitehouse. archives. gov/wp-content/uploads/2019/12/Budgetary-Impact-Analysis-for-Executive-Order-13871-Entitled-Imposing-Sanctions-with-Respect-to-the-Iron-Steel-Aluminum-and-Copper. pdf,登录时间：2023 年 2 月 6 日。

50. *Budgetary Impact Analysis for Executive Order Entitled "Imposing Sanctions with Respect to Iran"*, https://trumpwhitehouse. archives. gov/wp-content/uploads/2019/12/Budgetary-Impact-Analysis-for-Executive-Order-13876-Entitled-Imposing-Sanctions-with-Respect-to-Iran. pdf,登录时间：2023 年 2 月 6 日。

51. https://trumpwhitehouse. archives. gov/issues/foreign-policy/,登录时间：2023 年 2 月 6 日。

52. "Remarks by President Trump to the 72nd Session of the United Nations General Assemble", Trump White House, September 19, 2017, https://trumpwhitehouse. archives. gov/briefings-statements/remarks-president-trump-72nd-session-united-nations-general-assembly/,登录时间：2023 年 2 月 6 日。

53. "Promoting Human Rights is Essential to an 'America First' Vision", Trump White House, March 12, 2018, https://trumpwhitehouse. archives. gov/articles/promoting-human-rights-essential-america-first-vision-2/,登录时间：2023 年 2 月 6 日。

54. "President Trumps State of the Union Address", US Department of State, January 30, 2018, https://2017-2021.state.gov/president-trumps-state-of-the-union-address/index. html,登录时间：2023 年 2 月 6 日。

55. "The Islamic Republic of Iran", US Department of State, https://2017-2021. state. gov/the-islamic-republic-of-iran-a-dangerous-regime/index. html,登录时间：2023 年 2 月 6 日。

56. Micheal R. Pompeo, "After the Deal: A New Iran Strategy", US Department of State, May 21, 2018, https://2017-2021. state. gov/after-the-deal-a-new-iran-strategy/index. html,登录时间：2023 年 2 月 6 日。

57. "2017 Trafficking in Persons Report: Iran", US Department of State, https://2017-2021. state. gov/reports/2017-trafficking-in-persons-report/iran/index. html,登录时间：2023 年 2 月 6 日。

58. "2017 County Reports on Human Rights Practices: Iran", US Department of State, https://2017-2021. state. gov/reports/2017-country-reports-on-human-rights-practices/iran/index. html,登录时间：2023 年 2 月 6 日。

59. https://www.president.ir/fa/109726,登录时间：2023 年 2 月 6 日。

60. "2017 Report on International Religious Freedom: Iran", US Department of State, https://2017-2021. state. gov/reports/2017-report-on-international-religious-freedom/iran/index. html,登录时间：2023 年 2 月 6 日。

61. 张帆:《诉诸灰色区域——特朗普政府伊朗新战略透视》,《世界经济与政治》,

2018 年第 5 期,第 83—107 页。

62. Statistical Center of Iran,"The Economic Growth Rate for the First Half of the Year 1397," https://www. amar. org. ir/english/SCI-News-Archive/ID/8980/The-Economic-Growth-Rate-for-the-First-Half-of-the-Year-1397-Base-Year-1390.

· 63. 陈晖:《美国中东政策与美伊关系》,《唯实》2020 年第 3 期,第 86—89 页。

64. 田文林:《伊朗核问题全面协议评析》,《国际研究参考》2015 年第 8 期,第 1—8 页。

65. https://2009-2017.state.gov/e/eb/tfs/spi/iran/fs/240539.htm,登录时间:2023 年 2 月 6 日。

66. https://2009-2017.state.gov/secretary/remarks/2016/01/251338.htm,登录时间:2023 年 2 月 6 日。

67. 田文林:《伊朗核问题全面协议评析》,《国际研究参考》2015 年第 8 期,第 1—8 页。

68. "President Trump and King Salman Sign Arms Deal",Trump White House, May 20,2017, https://trumpwhitehouse.archives.gov/articles/president-trump-king-salman-sign-arms-deal/,登录时间:2023 年 2 月 6 日。

69. 张帆:《诉诸灰色区域——特朗普政府伊朗新战略透视》,《世界经济与政治》2018 年第 5 期。

70. "President Donald Trump Rebuilding American Strength Confronting Threats", Trump White House, March 13, 2018, https://trumpwhitehouse. archives. gov/briefings-statements/president-donald-trump-rebuilding-american-strength-confronting-threats/,登录时间:2023 年 2 月 6 日。

71. "Outlaw Regime: A Chronicle of Iran's Destructive Activities", US Department of State, https://2017-2021.state.gov/outlaw-regime-a-chronicle-of-irans-destructive-activities/index.html,登录时间:2023 年 2 月 6 日。

72. "Press Briefing by Press Secretary Sean Spicer", Trump White House, February 3, 2017, https://trumpwhitehouse.archives.gov/briefings-statements/press-briefing-press-secretary-sean-spicer-020317/,登录时间:2023 年 2 月 6 日。

73. "President Donald J. Trump's Six Months of America First", Trump White House, July 20, 2017, https://trumpwhitehouse. archives. gov/briefings-statements/president-donald-j-trumps-six-months-america-first/,登录时间:2023 年 2 月 6 日。

74. Micheal R. Pompeo, "On President Trumps Decision to Withdraw from the JCPOA", US Department of State, May 8, 2018, https://2017-2021.state.gov/on-president-trumps-decision-to-withdraw-from-the-jcpoa/inde x. html,登录时间:2023 年 2 月 6 日。

75. Garrett Nada, "Trump and Iran in 2017", United States Institute of Peace, The Iran Primer website, http://iranprimer.Usip.org/blog/2017/dec/21,登录时间:2023 年 2 月 6 日。

76. "Remarks by President Trump on Iran Strategy", Trump White House, October 13, 2017, https://trumpwhitehouse. archives. gov/briefings-statements/remarks-president-trump-iran-strategy/,登录时间:2023 年 2 月 6 日。

77. Nicholas Heras, Gray Zones in the Middle East, Center for a New American Security (CNAS) Report, September 18, 2017, https://www. cnas. org/publications/reports/gray-zones-in-the-middle-east,登录时间:2023 年 3 月 21 日;Nathan Freier, et al., Outplayed: Regaining Strategic Initiative in the Gray Zone, pp. 49—55; Ben

Connable, Jason H. Campbell and Dan Madden, Stretching and Exploiting Thresholds for High-Order War: How Russia, China, and Iran Are Eroding American Influence Using Time-Tested Measures Short of War, pp.23—25.

78. Michael Eisenstadt, The Strategic Culture of the Islamic Republic of Iran: Operational and Policy Implications, Middle Eastern Studies Monographs No. 1, Quantico, VA: Marine Corps University, August 2011, https://www.washingtoninstitute.org/uploads/Documents/pubs/MESM_7_Eisenstadt.pdf,登录时间:2023 年 3 月 21 日。

79. White House, "Readout of President Donald J. Trump's Meetings with Saudi Arabia's Leaders," May 20, 2017, https://www.whitehouse.gov/briefings-statements/readout-president-donald-j-trumps-meetings-saudi-arabias-leaders/; White House, "Readout of Meeting Between President Donald J. Trump and Israeli President Reuven Rivlin," May 23, 2017。

80. Kenneth Katzman and Christopher M. Blanchard, "Qatar and Its Neighbors: Disputes and Possible Implications," CRS Insight, June 26, 2017, pp.1—2.

81. Kenneth Pollack and Bilal Y. Saab, "Countering Iran", The Washington Quarterly, Vol.40, No.3, 2017, pp.97—108.

82. "Remarks by President Trump at Lunch with Members of the United Nations Security Council", The White House, January 29, 2018, https://trumpwhitehouse.archives.gov/briefings-statements/remarks-president-trump-lunch-members-united-nations-security-council/,登录时间:2023 年 3 月 21 日。

83. "Secretary Pompeo's Calls with French Foreign Minister Le Drian, UK Foreign Secretary Johnson, and German Foreign Minister Maas", US Department of State, May 14, 2018, https://2017-2021.state.gov/secretary-pompeos-calls-with-french-foreign-minister-le-drian-uk-foreign-secretary-johnson-and-german-foreign-minister-maas/index.html,登录时间:2023 年 3 月 21 日。

84. https://trumpwhitehouse.archives.gov/briefings-statements/readout-presidents-call-prime-minister-netanyah u-israel/; https://trumpwhitehouse.archives.gov/briefings-statements/readout-presidents-call-king-salman-bin-abd-al-aziz-al-saud-saudi-arabia/,登录时间:2023 年 3 月 21 日。

85. Stephen McInerney and Cole Bockenfeld, "The Foreign Affairs Budget: Democracy, Governance, and Human Rights in the Middle East and North Africa", The Project on Middle East Democracy, July 2017, p.30.

86. https://trumpwhitehouse.archives.gov/briefings-statements/statement-president-donald-j-trump-signing-cou ntering-americas-adversaries-sanctions-act/,登录时间:2023 年 3 月 21 日。

87. SDN 名单:《特别指定国民和被封锁人员》(Specially Designated Nationals and Blocked Persons),又称《SDN 黑名单》,是美国针对其认定的恐怖分子、军阀、暴政官员或美国认为损害美国及其盟友利益的人,以及国际犯罪分子(如毒贩)执行制裁的名单。该制裁名单由美国财政部辖下外国资产控制办公室管理,名单长达 1 500 页,至今已有上万人或组织受到制裁。

88. https://home.treasury.gov/news/press-releases/sm541,登录时间:2023 年 3 月 21 日。

89. https://2017-2021.state.gov/u-s-state-department-issues-report-on-human-rights-sanctions-on-iran/inde x.html,登录时间:2023 年 3 月 21 日。

90. https://trumpwhitehouse.archives.gov/articles/unlike-obama-trump-will-not-

be-silent-on-iran/，登录时间：2023 年 3 月 21 日。

91. "Statement by the Press Secretary on Iran Protests", Trump White House, January 10, 2018, https：//trumpwhitehouse. archives. gov/briefings-statements/statement-press-secretary-iran-protests/，登录时间：2023 年 3 月 21 日。

92. https：//trumpwhitehouse. archives. gov/briefings-statements/remarks-ltg-h-r-mcmaster-munich-security-conference/，登录时间：2023 年 3 月 21 日。

93. https：//2017-2021.state.gov/protests-and-arrests-in-iran/index.html，登录时间：2023 年 3 月 21 日。

94. https：//2017-2021.state.gov/u-s-call-for-supporting-human-rights-in-iran/index.html，登录时间：2023 年 3 月 21 日。

第七章
尼克松时期的美伊关系认同分析

随着关系主义转入国际政治研究进程中,中国学者也不断投入关于"关系"的理论研究中来。基于中华优秀传统文化的传承发展和对西方建构主义的借鉴,"关系"视角为中国国际关系学者提供了思想启发。在这一背景下,以关系主义为核心的"中国学派"理论应运而生。作为关系主义研究的最新成果之一,关系认同结构理论在一定程度上澄清了关系结构建构的微观机制,但也面临着经验研究不足的问题。因此,本章提出了检验关系认同结构理论假设的研究任务。为检验关系认同结构理论的核心假设,即"关系认同结构决定关系行为",本章选取1969—1974年间的美伊关系作为研究案例,以回答本章提出的研究问题:国家间的关系认同结构是否决定了它们之间的相互行为。

第一节　1969—1974年美伊关系认同研究导论

近年来,关系主义逐渐被运用到国际政治研究中来,国内外学者纷纷对其进行研究和探讨。随着中国学者们的深入研究与探讨,关系主义研究进入了新阶段,取得了新成果。关系认同构成理论的核心假设,认为关系认同结构决定行为体的行为方式,能够阐明国际关系行为体在一定时期内的关系机制。具体而言,关系认同结构理论认为,所有的、处于关系世界中的行为体,无论是人或者国家,都处于与其他行为体之间、由关系认同确立并形成的关系认同结构中。行为体根据其对建立认同的关系领域的关注程度、能够建立的关系认同数量的多少和对建立起来的关系认同的认同强烈程度,决定其对其他行为体的行为。关系认同结构理论丰富和拓展了关系主义研究的内涵与进程。但在目前的关系主义研究中,仍然存在不足,缺少对关系认同结构理论内涵的进一步丰富和完善,需要对其进行进一步的案例检验。

与此同时,美伊关系作为中东研究的热点问题之一,也需要进行理论层面的深化。1978 年爆发的伊朗伊斯兰革命,推翻了巴列维王朝的王权统治,并建立起伊朗伊斯兰共和国,美伊关系也随之发生巨大改变,形成敌对关系。在巴列维王朝时期,伊朗是美国在中东地区的亲密的朋友和友好的合作伙伴。即使是在巴列维政府即将倒台之际,美国卡特政府仍然表示将伊朗国王看成其非常忠诚的朋友,并且希望伊朗不被暴力势力所破坏,不愿看到美国的亲密朋友——巴列维政府垮台。卡特政府认为巴列维国王在国内受到指责和批评,最主要的原因是他在努力使伊朗实现现代民主化。[1]伊斯兰革命运动后,美伊成为彼此仇恨的敌人,人质危机的发生也成了美国政府和人民刻骨铭心的痛苦记忆,美伊在政治、军事等领域中针锋相对。由此可见,在巴列维政府时期,美国和伊朗两个国家行为体关系友好,都将彼此视作亲密的朋友和合作伙伴。只是在伊斯兰革命后,美伊关系才转向敌对。

美伊关系特别是在尼克松政府(1969—1974 年)期间不断加强,日益紧密,形成了在当时乃至现在都被承认的所谓"蜜月期"关系,双方进行了大量的政治互访和军事合作。其中,在 1972 年,尼克松访问伊朗,向巴列维国王承诺无限制地提供武器销售,以及关于核计划的进展协商,这意味着美国向巴列维国王敞开了他梦寐以求的美国军事大门,标志着美伊关系达到了前所未有的程度。在此之后,尼克松与巴列维的亲密关系持续加强,形成了"密友"的关系。因此,根据关系认同结构理论推测,在这一时期,美伊之间高度的关系认同程度决定了美伊的行为,即:美国尼克松政府和伊朗巴列维政府根据双方在共同关注的关系领域中建立起来的不同亲密程度和强烈程度的关系认同来决定彼此在处理相关事务中的行为选择,双方都承认并且认可这样的亲密关系。在建立强烈的关系认同结构后,美伊关系呈现正向关系认同状态,美国和伊朗的合作力度加大,双方对彼此的支持力度也呈整体正向趋势,双方关系日益紧密。因此,为了验证关系认同结构理论核心的假设,本章选取 1969—1974 年间的美伊关系作为研究案例。

所以,本研究具有两个方面的意义。一是能够进一步丰富关系主义理论的经验研究,充实关系认同结构理论的内涵。二是可以增加美伊关系研究的理论厚度。在当前的美伊关系研究中,国内外多是从历史演变或者事实陈述的角度对美伊关系进行分析,运用理论进行分析的成果很少。本章从关系认同结构理论视角切入,对伊朗巴列维政府与美国尼克松政府的双边关系进行深入的理论探讨,可以从理论层面进一步理解伊朗伊斯兰革命前美伊关系的状况,厘清霍梅尼上台后美伊之间关系恶化的历史背景和渊源。

本章研究的基本设计思路。首先,将抽象化的概念如"关系认同""行为方式"等转换为可供经验观察的事实。将"关系认同"的实际表现界定为国家行为体之间在安全、政治、经贸等诸多相互关注的领域内所建立起来的共有认识。将"关系行为"具体化为国家行为体之间有关于军事合作、政治互访、经贸合作等具体的实际行为。在将抽象理论转换为经验层面可供观察的事实后,就可以对理论假设进行经验层面的检验了。其次,对本章的研究对象,即在尼克松政府时期美伊之间的关系认同,进行分析。通过对该时间段内美伊行为体之间的高层来往谈话、官方表述等,本章判定双方在安全、政治和经贸等相关领域中形成的关系认同结构,确认美伊之间的关系认同结构是正向的还是负向的抑或是零认同。第三,根据关系认同结构理论的核心假设即"关系认同结构决定关系行为",推导出 1969—1974 年间在美伊双方建立起的关系认同结构下两国可能采取的一系列行为。同时,梳理该时段尼克松与巴列维政府时期实际发生的关系行为,与推导出的关系行为进行对比,若关系行为对应一致,则证明关系认同结构理论的核心假设成立;若关系行为不一致,则深入分析不一致的原因。第四,进行全文总结与反思,主要对验证过程中存在的部分问题与不足进行反思。

第二节　关系认同结构理论的可操作化

"关系认同结构"与"关系行为"是两个抽象的概念。为了将理论及概念转变为经验事实上可供观察的现象,以便进行对比和验证,在进行理论验证前,本章将对关系认同结构理论的核心假设中的两个核心概念,即"关系认同"与"行为方式",进行可操作化处理,并确定符合研究要求的历史案例。

一、核心概念的可操作化

首先,关于"关系认同结构"。在明确关系认同结构即"关系结构是一个行为体与其他行为体之间的、通过它们之间的关系认同建立起来的、以该行为体为中心的关系认同结构"的抽象概念后,得到关系认同结构的标志性特征:关系认同——行为体之间相互存在、建立的关于具有某种关系的共有知识和认知。因此,在梳理国家行为体建立的关系认同结构中,可以根据不同的关系认同领域进行划分。例如,在安全领域内建立起安全关系认同、在政治领域内建立起政治关系认同、在经济领域建立起经济关系认同。那么,通过国家领导人、政府官员的官方发言、在某个领域的关系文件或者是领导人之间的谈话来判断双方是否在相互关注的关系领域中建立起了关系认同,即对于双方彼此在这一领域是好朋友或是敌人等关系的共有知识:一方知道并且承认,另一方也知道并且承认。同时,关系认同结构也分为友好型、敌对型与零认同型。在表示国家间的关系状态上,通过观察经验层面的现象,如果行为体之间多次使用诸如"盟友""朋友"等词汇,可以确定两个国家的关系处于良好的状态,在该领域形成了良好的关系认同。而行为体之间如果在讲话中多次使用"敌人""对手"等词汇,在国际场合中持对抗态度,则能够确定两个国家在该领域形成了负向关系认同。

而在"关系行为"上,可供经验观察的行为则较为具体。根据关系认同结构理论,关系行为是行为体之间在形成关系认同结构的关系认同领域内所导致的行为、动作,在于经验层面上的事实。而关系行为也包括友好的关系行为、敌对的关系行为与中立性的关系行为。关系行为多是表现在行为体之间在共同关注的关系领域中进行的交往,如在安全方面进行情报分享、军售协议、核问题、防御体系建设等领域表现的行为;在政治领域进行两国领导人高层互访、开展国际合作和合作效果等方面的表现;在经贸方面进行关税、自由贸易区、能源、双方来往经济量等表现;在文教方面进行学术交流、学者拜访、高校合作等进行双方关系状态的判定。如果行为体在安全方面进行情报分享、签署军售协议、在核问题上达成一致、共筑防御体系，在经贸方面降低关税、组建自由贸易区、能源输送、双方来往经济量大，在文教方面进行相互交流、专家拜访、签署高校或其他文教组织合作协议，则能够判定出当前双方关系处于良好状态，形成了友好的关系行为。反之，如果行为体在安全方面进行情报针对、解散自由贸易区、撕毁军售协议、在核问题上出现争端、瓦解防御体系，在经贸方面降低关税、解散自由贸易区、断绝能源输送、经济制裁，在文教方面杜绝交流，不允许专家拜访，撕毁高校或其他文教组织合作协议，那么就能够判定出当前行为体之间的关系行为处于敌对状态。

二、案例选择：1969—1974 年的美伊关系

为能够验证关系认同结构决定关系行为这一核心假设，本章对于研究案例的选取主要有以下考量：一是研究案例中所包含的干预变量不明显或者发挥的作用小，从而获得有效的分析数据；二是选择研究变量表现明显或突出的案例，能够对验证理论提供具有说服力的依据或说明；三是选取研究变量有极值的案例，如存在自变量极值有着极大值或极小值的变化。因此，在经过文献阅读和查证后，本章最终确定以1969—1974 年时期的美伊关系作为研究案例。

（一）美伊关系在中东的重要性

从萨法维王朝开始，伊朗由于其地理位置的特殊性一直被欧洲强权国家所觊觎。自恺伽王朝到礼萨·汗时期，伊朗一直为英苏两国所占据。二战以后，随着美苏开始填补中东"真空"地带，美伊双方建立了新的关系形式。一方面，美国基于现实需要，与苏联进行对抗；另一方面，伊朗由于历史缘由，与美国建立了新的"反苏"盟友关系认同，并以此形成了新的盟友关系认同结构。在这一新盟友关系认同结构中，美国处于中心位置。而伊朗作为苏联南下的必经之路和美国遏制苏联扩张的桥头堡，双方对于"反苏"盟友关系认同较为强烈。这样的盟友关系认同结构决定了美国会派出较大兵力保护伊朗的安全。[2]与此同时，美国和伊朗在如军事、经贸能源等多个关注领域内建立了多维度的综

合关系认同结构。随着双方签署军事协议的频率增多和军售力度的加大,美伊双方在它们的高关注领域如军事安全领域等建立起来的关系认同结构成为两者的主导性关系认同结构,形成了正向的关系认同状态。

二战期间,美国不断推动与伊朗的安全伙伴关系的建立。在1942年3月,罗斯福致函负责《战时租借法案》的斯退丁纽斯,通知他向伊朗提供援助。信中提到,罗斯福本人认为伊朗的防务对于美国的安全至关重要。[3]同时,在对于巴列维由于英苏入侵向美国提出的请求信中,罗斯福表示他一直在密切注视着伊朗的事态发展,并且强调让伊朗国王放心,美国一直密切注意局势进展。鉴于美伊两国之间由来已久的友谊,罗斯福政府愿意向巴列维国王保证其亲善的意愿。[4]

二战结束后,美国政府仍然不断推动美国与伊朗的关系。1953年,时任美国副总统尼克松专程为军事上援助伊朗而访问伊朗;1954年,美国决定扩大给伊朗的军事援助范围;1957年,艾森豪威尔总统在一次演讲中肯定了巴列维推翻摩萨台政府的行动。内容主要为在(巴列维)国王英勇无畏的领导下,并在美国的帮助下伊朗保持着自由,证明伊朗的自由对美国自由是极其重要的。[5]同时在约翰逊政府时期,美国对于伊朗的"白色革命"也给予支持,认为伊朗的变化体现了真正的进步,通过"白色革命",伊朗接受了新时期和新一代人的挑战。[6]而等到尼克松上台后,美国与伊朗的关系更为亲密,军售的力度加大,并且领导人的互访次数频繁,双方关系达到了美伊关系中的"蜜月"时期,并且关系持续加强。

因此,在巴列维国王在任期间,特别是尼克松政府时期,美伊在包括军事安全、政治、经贸等方面都建立了正向的关系认同,使双方都承认并且认可这样的亲密关系,形成了亲密的关系认同结构。

(二) 尼克松政府时期的美伊关系的突出性

1953年,时任艾森豪威尔政府时期的副总统尼克松,专程为军事上援助伊朗等问题而访问伊朗,当时美国支持了针对摩萨台政府的政变。尼克松在谈到他与巴列维国王的第一次会面时认为,巴列维国王未来会成为一个强有力的领导者，同时也会成为美国的好友。[7]就在当时，尼克松与巴列维国王成为好友，并给世界留下美伊是友好关系的形象。

等到尼克松上台后，美国与伊朗的关系变得更为亲密，美国出台的"双柱战略"不断扩大对伊朗的军事销售和援助。尼克松对巴列维认为伊朗相较于沙特承担着更多的美国使命和自我抱负的话语表示默许。[8]在1972年及之后的尼克松第二任期内，美伊的关系更是步入了飞速发展时期，被称为"蜜月"时期。在这一时期，尼克松不仅向巴列维许诺敞开美国武器的大门，给伊朗开了一张美国军事武器的"空白支票"。与此同时，双方就伊拉克库尔德问题、核计划发展进行合作，标志着双方的关系进展到了一个前所未有的阶段。尼克松和巴列维国王惺惺相惜，在尼克松伟大领袖的名单上，巴列维一直是第三到第四个中的一个。当巴列维国王流亡于墨西哥时，尼克松专程赶去安慰。而随后参加巴列维国王在埃及的葬礼时，他批评卡特在伊朗伊斯兰革命期间的政策为美国外交政策历史上最黑暗的一页，并称赞巴列维国王是一个真正的领导者。[9]在这一时期，美国尼克松政府与巴列维政府建立起了以军事领域为主导、政治领域、经贸领域等综合性的关系认同结构。

因此，以1969—1974年为时间节点，在尼克松政府与巴列维政府交往的情况下，干预变量发挥的作用并不明显。该时间段美伊亲密关系突出，并且在军事领域方面的研究变量明。特别是在1972年时，双方的关系进入了更加深层次的发展，即所谓"蜜月"时期，这表明在1972年，关系认同的研究变量出现了极值。极值的出现表明该时期美伊的关系认同状态并不是固定状态，而是在持续升温且加强，形成了更加紧密的关系认同。从而验证了本章假设，即尼克松政府与巴列维政府时期的美伊关系认同结构决定关系行为。

第三节　1969—1974年美伊关系认同结构的形成

基于以上表述，本章选择在尼克松政府时期的伊朗和美国作为研究案例。在尼克松政府时期，美伊关系整体呈现出正向认同的状态，并在第一任期到第二任期期间，特别是1972年尼克松访伊时，尼克松基于其本人与巴列维国王亲密的私人关系,向巴列维国王表示美伊一直是亲密的朋友,美伊关系不断升温,给世界留下了双方是"密友"关系的印象。因此,这一时期的美伊关系状态能够充分地、没有歪曲地体现关系认同结构与国家关系状态的关系的案例。在尼克松政府时期,美伊双方在如军事安全、政治与经济贸易等不同的关系认同领域建立了关系认同结构,处于友好的、正向的关系认同状态,在观念上认为彼此是亲密的朋友和友好的合作伙伴。通过高层互访、信件往来,美伊在"反苏反伊""国内政治""石油问题"等军事安全、政治和经贸等领域形成了正向关系认同,且该关系认同不断紧密、持续加强。

一、安全领域的关系认同

在二战以后,美苏开始填补中东"真空"地带。美国在其重点关注领域及细分领域转向防范所谓"共产主义威胁"。伊朗在经历了1941年英苏入侵伊朗后,经过紧密的沟通和磋商,与美国建立了新的"反苏反共"盟友关系认同,并以此形成了新的盟友关系认同结构。在这一新盟友关系认同结构中,美国处于中心位置,而伊朗则作为苏联南下的必经之路和美国遏制苏联扩张的桥头堡,双方对于"反苏"盟友关系认同较为强烈。这样的盟友关系认同结构,由于影响力巨大的超级大国美国的主导和重点关注,决定了美国会派出较大兵力保护伊朗的安全[10],形成了以军事安全领域占主导的关系认同结构。之后,美伊双方不断加强政府层面的互访并且领导人之间也形成了亲密的私人友谊关系,在尼克松政府时期,美伊双方的关系达到"蜜月"时期,不仅尼克松和巴列维两人的友谊逐渐加强,美伊政府也不断巩固并且加强关系。

(一)对苏联问题的关系认同

在尼克松政府期间,双方对于苏联问题进行了多次的交流,并达成了基本一致的意见。美伊认为目前两国面临着威胁,其中第一个就是苏联。巴列维国王表示他并不害怕苏联的直接侵略,因为他相信这样的侵略会引起两国的一致反应。他将寻求足够的力量来击退侵略者。[11]而美国也给予正向的、积极的表态。因此,美伊对于苏联的态度基本一致，双方达成了强烈的共识，形成了关系认同。

1969 年 4 月 11 日，基辛格在伊朗大使馆拜见伊朗巴列维国王。双方的表态十分明确，即双方都认为在应对苏联问题时，真正的危险并不在于苏联领导人会鲁莽行事，而在于陷入一种他们不知道如何摆脱的境地。同时巴列维国王也表现出对美国强烈的认同感与信任感，表示愿意做美国在中东地区的反苏堡垒，捍卫双方在中东的利益。这是尼克松上任之初，美伊就苏联问题形成了正向的关系认同，而在 1972 年尼克松访伊时，这样的关系认同更加强烈。

1972 年 5 月 31 日上午，伊朗国王巴列维会见美国总统尼克松和他的国家安全顾问基辛格。在此次访问中，美伊重申了对于苏联问题的一致态度，并达成协议，协议的主要内容是把美国在该地区的安全利益交给巴列维国王。同时，美国会向巴列维寻求指导，并听取伊朗需要从美国获得什么样的武器的判断。在会议中，尼克松特别强调：美国不会事后猜测伊朗的行为。值得一提的是，会议结束时，尼克松对巴列维国王提出保护他（尼克松）的请求。[12]而这也进一步说明，基于尼克松与巴列维私人的友谊，尼克松与巴列维就"反苏"形成了更加紧密的关系认同，并且这样的共有认知加强了双方的认同程度。

（二）对伊拉克库尔德问题的关系认同

20 世纪 70 年代，美苏两个超级大国试图在中东填补所谓"中空地带"。随着苏联和伊拉克的盟友关系越来越紧密，特别是伊拉克复兴党政权采取亲苏政策，这不仅让美国感到紧张，也让身为中东地区大国的伊朗深觉不安。由于伊拉克问题，美伊两国之间形成了强烈的认同态度。

尽管在 1970 年 1 月，苏联竭力向巴列维国王保证，苏联对伊拉克的支持不会对伊朗构成威胁[13]，并且尼克松和基辛格得到的建议是：尽管苏伊（伊朗）关系紧张，苏联对伊拉克的援助对伊朗或波斯湾都没有构成威胁[14]，美国的盟友英国也没有将伊拉克视为对海湾稳定的真正威胁。[15]也就是说，尼克松和基辛格从自己的官员和他们的盟友英国那里都得到了伊拉克没有给美国造成严峻挑战这一结论，但此时二人都相信有必要帮助伊朗遏制来自苏联支持的伊拉克的危险,因为他们相信作为尼克松主义下的区域伙伴巴列维国王,他们依靠巴列维国王对地方问题的判断。

1972 年 5 月,尼克松总统访问伊朗,向巴列维国王承诺,美国将和伊朗一道支持伊拉克境内的反政府库尔德人的反叛势力。[16] 由此在强烈的关系认同结构下,为巴列维国王成功将美国卷入了伊拉克库尔德问题奠定了前提条件。而 1972 年至 1975 年间美国对伊朗支持的伊拉克库尔德叛乱的秘密支持,也标志着尼克松第二任期内美伊伙伴关系的深化。[17]

二、政治领域的关系认同

当尼克松担任美国总统后,双方之间的关系不论是作为朋友还是盟友都得到了加强。巴列维国王和尼克松就曾在德黑兰讨论过许多关于地缘政治的问题,特别是对于中东地区。他们对许多问题的看法一致。例如双方都认为无论是哪个国家,都必须寻求同"天然盟友"联盟,这些盟友意味着是能够依靠共同和长远利益保持结盟的国家,必须防范那些靠不住的、潜伏着隐患的联盟。坚定可靠的盟友要比在关键时刻退让或者松懈的许多伙伴更有价值。尼克松与巴列维都认为彼此就是这种可靠的盟友。[18]基辛格曾经将巴列维国王称作最为罕见的领袖,一个对于美国来说坚定的同盟者,他对国际事务的了解有助于美国加深对包括中东地区在内的国际问题的认识。[19] 由此,美伊双方在政治领域中在关于国内政治、阿以问题等方面形成了紧密的、强烈的、高度的关系认同。

(一)对国内政治的关系认同

在美伊两国政治领域的关系认同中,有大段的文字记录表明美国对巴列维国王治下的伊朗、伊朗在中东地区的政治地位等都表达了高度的认同与认可。美伊双方对彼此的印象深刻,特别是尼克松本人与巴列维国王的亲密友谊,美国对伊朗作为美国在波斯湾的战略伙伴的潜力十分重视。尼克松同意伊朗国王的观点,即在伊拉克和南也门,不仅反对破坏更广泛的中东和西亚的稳定,而且两国不允许在波斯湾形成权力真空。

在美国方面,对于巴列维国王治下的伊朗,尼克松总统认为巴列维国王是果断、自信、坚强、善良、深思熟虑的,他称赞伊朗的君主制是成功的,虽然不是按照西方标准的代议制民主,但对伊朗人民起作用。[20] 1967年4月,与巴列维国王会晤结束的三个月后,在加州颇具影响力的波希米亚格鲁夫男子俱乐部,尼克松认为像伊朗国王这样的盟友应该得到美国无条件而不是有条件的支持。他表示(巴列维治下的)伊朗的制度适用于伊朗,为伊朗人民服务。尽管美国很喜欢自己的政治制度,但对于亚洲这类背景完全不同的国家来说,美国式的民主不一定是最好的政府形式。[21]这也使得尼克松坚定地认为美国应该为像伊朗国王这样的盟友提供武器装备。[22]

1971年4月,尼克松在椭圆形办公室的一次谈话揭示了尼克松对巴列维国王的坚定看法。尼克松直言道他本人十分喜欢他(巴列维国王)并且喜欢(伊朗)这个国家。在尼克松看来伊朗是美国的一个朋友,作为伊朗的朋友,尼克松本人完全同意让伊朗在中东拥有极为重要的地位。[23]在1973年,美国驻伊朗大使馆对巴列维国王的统治表示支持和赞扬,认为巴列维国王的铁腕统治是领导国家进入现代世界所必需的。在国王的领导下,伊朗取得了巨大的成功,把国家带入了一个经济发展的阶段,许多公民的基本需求得到了满足。[24]

此外,尽管基辛格与巴列维国王相识时间比不上尼克松,但他对伊朗君主的看法与尼克松完全一致。根据文字记载,他驳斥了关于国王是一个不负责任的领导人,其奢侈的武器购买需要被削减的观点。基辛格认为(巴列维)国王是一位政治家,在他对国际趋势和潮流的把握中是他见过的最令人印象深刻的领导人之一,巴列维非常清楚全球和地区力量平衡的重要性。[25]并表示,在巴列维国王的领导下,伊朗是亲美亲西方的,没有威胁性。在该地区的所有国家中(除了以色列)伊朗将与美国的友谊作为其外交政策的起点。更大程度上是由于巴列维国王对世界现实的看法与美国自己的看法一致,伊朗始终站在美国一边。[26]

对于美伊关系,基辛格坚定地认为,在尼克松政府时期,美伊关系蓬勃发展。用基辛格的话来说,巴列维国王是一个无条件支持美国的盟友。简而言之,在国王统治下的伊朗是美国最好、最重要和最忠诚的朋友之一。即使是在 20 世纪 70 年代中期对美国经济造成巨大损害的高油价这一敏感问题上,基辛格仍认为国王与尼克松和福特政府的能源安全目标相同。[27]

在伊朗方面,巴列维国王认为尼克松是一位非常了解伊朗、了解中东的天然盟友。巴列维曾表示他和尼克松总统的关系非常好,他非常钦佩尼克松总统。他比他的任何一位前任都更了解国际世界和这个地区,特别是伊朗。尼克松十分清楚中东地区的复杂性。尼克松总统无疑是伊朗真诚的朋友。[28]

特别是 1972 年美国驻伊朗大使馆在致美国国务院的电报中表示,伊朗是唯一一个(以色列除外)与美国友好的强大、稳定和进步的国家,并且有意愿和能力帮助美国对抗国际力量的国家。[29]这一公开电报无疑更加确定了巴列维国王与尼克松总统之间坚定的友谊。同时也表明随着 1969 年尼克松上台后,美伊关系逐渐升温。在 1972 年后,随着美伊之间双方认同的加强,美国和伊朗的关系越加紧密,伊朗愈加成为美国在中东地区的亲密朋友与坚定的合作伙伴。

(二)对阿以问题的关系认同

尼克松与巴列维认为美伊之间面临的共同挑战除了苏联之外则是应对阿以冲突。尼克松欣赏巴列维在阿以问题中的态度,而巴列维国王也对美国针对阿以问题的处理方法表示赞同。双方就阿以问题进行了探讨,达成了基本一致的态度,形成了对于阿以问题的关系认同。

巴列维国王表示同意美国对局势的处理方法,特别是在以色列和阿拉伯派系之间寻求平衡或更公平的维度。国王认为,阿拉伯人以一种毫无根据的方式挑起了一场极其严重的局势。[30]此时"双柱之一"的沙特阿拉伯国王费萨尔正激烈反对犹太人,并且不断指出美国锡安主义正在密谋在美国和阿拉伯之间挑拨离间,费萨尔国王认为美国的反战示威实际上是犹太复国主义—共产主义全球阴谋的一部分。[31]这与伊朗巴列维国王与以色列可追溯到 20 世纪 50 年代的安静的军事、情报和贸易关系形成鲜明对比,伊朗与美国在有关以色列的话题中形成了关系认同。[32]尼克松的观点是,尽管美国与以色列的联盟让阿拉伯世界的每个人都无法接受,但巴列维国王在这个问题上做得很好。[33]这进一步佐证了在有关以色列的问题上,美国和伊朗对于其态度是一致的,并且双方都承认和认可这样的关系认同状态。

在政治领域中,无论是对伊拉克库尔德问题的表态还是对阿以问题的看法,美伊都建立了政治方面的关系认同,形成了较为强烈的正向关系认同结构。

三、经贸领域的关系认同

尼克松认为在中东一些比较富裕的国家,已经承担起了协助经济发展和社会发展的责任,在 1972 年对德黑兰的访问中,他同巴列维国王共同声明波斯湾相邻各国的经济发展和福利对于该地区的稳定具有重要意义。伊朗和其他中东国家也正在陆续加入地区内的财政援助和技术援助的洪流,对巴列维认为伊朗相较于沙特承担着更多的美国使命和自我抱负的话语表示默许。

在石油问题方面,1970 年 5 月,尼克松在与伊朗外交部长扎赫迪的一次私人会面中讨论了伊朗的现金流问题,以及国王迫切需要创造更高的石油收入的需求。尼克松让扎赫迪告诉伊朗国王,(在油价问题上)想怎么逼(美国)都行。只要国王为伊朗人民的福祉和伊朗的进步赚钱,美国都会给予伊朗支持。[34]这就意味着,如果伊朗向美国石油公司施压,要求其增加产量,并向西方石油消费国收取更多的费用,尼克松不会反对。也就意味着巴列维国王可以支持其他中东产油国通过欧佩克提高油价的努力,因为他知道自己得到了尼克松的私人支持。

1971 年,尼克松对美伊在石油问题方面的紧密关系表达了积极的支持态度。他认为美伊在石油上的利益紧密地联系在一起。同时依靠两国关系一贯的密切合作精神共同应对石油问题,巴列维国王表示高度的赞同。[35]

尽管是在石油这个敏感问题上,基辛格也认为伊朗国王与尼克松政府有着共同的能源安全目标。伊朗国王帮助保持石油价格稳定,从不试图通过限制产量来操纵石油价格,并允许供需规律有利于稳定价格。[36]

因此,在该时期,尼克松政府与巴列维政府在有关石油能源等经贸领域方面形成了关系认同,特别是尼克松许诺巴列维国王在油价问题上的操作,这与同为"双柱之一"的中东的石油生产与出口大国沙特阿拉伯形成鲜明对比。

由此可见,自尼克松执政以来,美国与伊朗的关系越加紧密。尽管美伊政体不同,但尼克松仍然认为巴列维是美国亲密的朋友,对巴列维表示支持。在 1972 年的互访中,尼克松与巴列维的联系更为密切,并且不断许诺巴列维国王的要求,特别是话语中对于军售、库尔德问题的态度,都表明尼克松政府对于巴列维政府的认同加强。在尼克松执政期间,美伊在高度重视的军事安全领域、敏感的政治领域与经贸领域形成了关系认同,且认同程度不断加强,形成了紧密的、正向的关系认同结构,双方处于友好的关系认同状态。

第四节　1969—1974 年美伊关系中的行为表现

一、1969—1974 年美伊关系行为推导

本节根据关系认同结构理论的核心假定,即关系认同结构决定关系行为的观点,结合美伊两个行为体在上述领域中所形成的关系认同,推导美伊国家之间所应该对应的关系行为。若国家行为体之间形成了在安全、政治、经贸等诸多领域内的正向关系认同结构,根据理论推导可以表现为:在安全上,双方进行或加强军事合作、军事援助、情报分享等行为;在政治上,表现为双方进行高层互访、多边合作等较为积极的行动;在经贸上,行为体之间巩固、加强或者提高经济的往来、协议的签订等。反之,若形成了负向的关系认同结构,在行为上则可能表现为:在安全领域中,停滞或撕毁已有的军事合作协议,停滞军事合作或军事援助;在政治上,表现为暂停互访、多边合作停滞等行为;在经贸上,呈现合作停止、贸易壁垒等现象。根据上文对美伊之间在相互认同的领域内建立了或深或浅的关系认同,形成了以军事安全领域为主导的综合关系认同结构,结合关系认同结构理论的核心假设,推导出美伊在

1969—1974 年之间所应该对应的关系行为如下。

第一，在安全领域，美伊在"反苏"上达成共识，并且形成了"反苏"的天然盟友。一方面，面对苏联强大的军事能力，尼克松政府将会采取最大努力援助和支持伊朗的武器装备升级和军火购买；另一方面，美国将联合伊朗反抗苏联和苏联在中东地区的盟友，利用战争或者通过其他手段针对该类国家。巴列维国王在基于这样的安全认同共识中，会大力配合美国的地区战略和对苏政策：一是将积极配合美国的地区演练和军备建设，二是积极从美国购买军火来填充国家的武器库。此外，在对于伊拉克库尔德问题的关系认同领域中，美伊双方也会采取行动，针对伊拉克。同时，在伊朗追求核能力发展的过程中，尼克松政府在贯彻美国政府历来的核政策时，也会更加兼顾巴列维国王发展核能力的需求，对伊朗的核能力发展施以援手。

第二，在政治领域，基于尼克松总统与巴列维国王长久以来拥有的深厚友谊，美伊都会承认并且认可彼此政权的合法性。同时，在双方共同关心的政治话题中，比如对以色列问题的态度，美伊双方将会进行磋商和合作，不断寻找解决该问题的最佳方式。此外，在多边合作，尤其是联合国框架下，双方对彼此的行动多是表现支持的态度，并且更多给予的是合作的行为。

第三，在经贸领域，一方面，伊朗作为中东的最主要的石油生产国和出口国之一，而美国作为主要的石油进口国，双方对于石油能源具有共同的认知和认识，也会在这方面进行磋商和协商以达到双方都满意的合作。另一方面，双方在其他贸易领域也会进行合作，会有经济来往量增大、贸易通畅等具体表现。

二、1969—1974 年美伊经验层面上的关系行为

（一）安全领域层面上的行为

基于对"反苏反伊"的盟友关系的强烈认同，美伊一直进行着以军事安全领域为主的合作与活动。尼克松上任之初，基本上沿袭前任政府的对伊军售政策，但有意加大。特别是在 1972 年尼克松访问伊朗时，尼克松向巴列维承诺，美国将向伊朗不限量地出售其所需要的任何

常规武器,尼克松政府对伊朗的军售是无条件的,并且是大于以往的。面对伊朗的需求,美国除了核武器几乎是有求必应的。在以军事安全领域的关系认同占主导的关系认同结构中,美伊加强了"增强伊朗对抵抗苏联的军事能力""美国卷入库尔德问题""巴基斯坦问题"以及"军事合作与军售空前加大"等诸多领域的行为合作与支持力度。

1. 对"反苏"的关系行为

越南战争期间,为了抵御苏联对该地区的侵蚀,在美国的帮助下,巴列维国王增加了伊朗在该地区的军事力量。在"增强伊朗军事能力""承认伊朗占领海湾三个战略岛屿"等话题中体现美伊的合作行为。

1971年,伊朗国王的军队占领了海湾的三个战略岛屿即阿布穆萨岛和大小通布岛。根据国际法,伊朗对阿布穆萨、大通布和小通布这三个岛屿的吞并明显是非法的,但是尼克松政府没有做出任何抗议,几乎肯定鼓励了这次行动,美国对伊朗的行为表示支持。并驳斥了关于伊朗的负面观点与消息。[37]

同时,巴列维在美国的帮助下建立伊朗海军应对苏联与伊拉克的联盟。[38]基辛格认为美国必须尽其所能确保和伊朗的合作,基辛格建议尼克松总统,美国可以依靠伊朗的军事能力来保护自己。[39]因此,无论是军事演练还是美国增强对伊朗的军事援助,美伊对于反苏的合作行为更多体现在美国对伊朗的军事合作与援助中,包括军售、军事援助,抑或是关于核计划进展等方面,美伊通过加强伊朗军事能力增强对苏联的对抗。

2. 对伊拉克库德尔问题的关系行为

伊朗和伊拉克的矛盾由来已久,特别是双方都对阿拉伯河界限的争执不下,两伊之间随时都有可能爆发冲突,并且二者都曾公开宣称不惜用武力来保护自己的利益。1972年5月30日至31日,尼克松总统和在德黑兰会晤期间与伊朗国王讨论了伊拉克问题。伊朗国王直接呼吁美国帮助伊朗在北部煽动库尔德叛乱,而美国也直接卷入了伊拉克库尔德问题的冲突中。[40]

1972年初,尼克松和基辛格从国务院、中央情报局和国家安全委员会工作人员那里得到的建议始终与巴列维国王关于苏联在伊拉克的影响对伊朗或波斯湾构成威胁的说法相矛盾。[41]美国最终决定干涉伊拉克的因素不在于苏联对伊拉克的影响力，而是巴列维国王对尼克松的影响力。1972 年，在访问德黑兰几个月后，尼克松不顾几乎整个美国外交政策官僚机构的反对，授权中央情报局为伊朗在伊拉克库尔德斯坦的秘密战争提供武器和资金。尽管支持美国干预伊拉克的地缘战略论据很薄弱，但尼克松支持伊朗库尔德人的努力主要是为了对巴列维国王的支持。[42]

1972 年至 1975 年间，美国暗中支持伊朗在伊拉克库尔德斯坦的行动，这是美国在尼克松主义下对伊朗国王承诺的一部分。[43] 尼克松、基辛格和巴列维国王在库尔德斯坦的游击战中重创伊拉克军队，其目标是防止苏联支持的伊拉克对伊朗或波斯湾构成威胁。由于与库尔德人的战争，伊拉克人既无法挑战伊朗，也无法将他们的影响力投射到海湾地区。[44]

美国对伊朗支持的伊拉克库尔德叛乱的秘密支持，这是尼克松第二任期内美伊伙伴关系的重大标志。[45] 尽管美国长期以来一直拒绝卷入伊拉克内战，但尼克松和基辛格在 1972 年同意伊朗国王的要求，即美国秘密支持穆拉·穆斯塔法·巴尔扎尼的库尔德民主党（KDP），反对苏联支持的巴格达复兴党政权。这揭示了尼克松和基辛格在多大程度上认可巴列维国王对地区事务的判断。尼克松和基辛格不顾中央情报局、国家安全委员会和国务院的建议，并面临可能会扰乱与伊拉克的"赞助人"苏联缓和的情况下，依然同意加入巴列维在库尔德斯坦的秘密战争。这体现了尼克松对于巴列维国王的信任与坚定支持。在巴列维国王的要求下，尼克松和基辛格在 1973 年和 1974 年增加并维持了美国对伊拉克库尔德人的支持。[46]

3. 对巴基斯坦问题的关系行为

1971 年在伊朗占领海湾的三个岛屿后，美伊在对巴基斯坦问题中也进行了秘密的合作与行动。尽管是巴基斯坦挑起了冲突，但是尼克松和基辛格将他们的盟友视为抵御印度左翼势力在西亚影响和扩张的堡垒。由于法律的限制，尼克松和基辛格不能向冲突中的任何一方运送军事物资，他们的回应是要求伊朗国王迅速运送自己的军需物资并承诺在晚些时候对伊朗进行补偿和赔偿。[47] 尽管美伊双方阻止巴基斯坦崩溃和分裂的努力失败，但是这次为挽救巴基斯坦而进行的合作为未来的秘密行动树立了重要先例,也为1972年尼克松决定解除对伊朗武器销售的所有限制奠定了基础。并且,基辛格从未忘记伊朗国王帮助拯救巴基斯坦的意愿。多年后,当伊朗国王因拒绝降低油价而受到华盛顿的严厉批评时,基辛格提醒美国民众,他们的伊朗盟友一直是坚定的朋友。他认为每当美国需要伊朗国王的帮助时,巴列维都愿意积极帮助美国。[48]

在印巴战争期间,伊朗国王对美国战略目标的无条件支持也进一步证实了尼克松和基辛格对伊朗国王的友谊,以及伊朗在冷战中作为北约关键盟友的潜力。

4. 军售和军事援助

在1972年尼克松访问伊朗期间,尼克松向巴列维国王的承诺为巴列维打开了美国的武器大门,并且加大了双方在军事安全领域的合作。尼克松政府时期对伊朗的军事援助呈现出不同于以往历届政府的四大特点:军售数额大、武器先进、军事贷款多以及军赠向军售转变。一方面,美国通过军事援助、派遣顾问等方式支持和援助伊朗的武器装备和军队建设,为伊朗抵御来自苏联、伊拉克或其他威胁其地区大国的威胁而发挥作用;另一方面,伊朗使用石油美元进行武器军火的购买,一部分石油美元从美国来又回到美国市场里去,无疑是在进一步扩大美国的军火销售。这体现了双方进行互惠互益的行为。

(1) 军售

在尼克松任总统期间,美国对伊朗的军售年增长率将超过7倍,从1969年的949万美元到1974年的6.828亿美元,这种迅速增长的军费开支使伊朗在海湾地区拥有基本上无可争议的实力地位。[49]

一方面,在尼克松统治下,巴列维国王的野心被白宫视为资产而非负债。尼克松不同意他的前任政府或五角大楼反对者的观点,即需要削减伊朗国王的军费开支。相反,他认为他的老朋友巴列维国王是一位强大的、现代化的、反共的政治家,因此他愿意给国王任何他想要的武器,以使伊朗成为该地区的主要力量。他没有削减国王的军费开支,因为在尼克松看来这不仅是一个超级大国与一个崛起的地区大国之间的伙伴关系,也是他对国王的个人承诺。[50]1972年5月在尼克松访问伊朗期间,尼克松向伊朗作出以下承诺:一是只要巴列维国王对F-15

战机的作战效能满意，美国原则上愿意向伊朗出售这些战机。二是美国准备向伊朗提供激光制导炸弹。根据所谓"Blue Suit"方法，美国将从美国军队中派遣更多的军事技术人员到伊朗与伊朗军队合作。其中特别承诺，会无限制地将核武器以外的军事武器向伊朗销售。[51]这样的承诺向巴列维国王敞开了美国的武器大门。

随着伊朗在支付军事装备和服务方面取得了更大的能力，美国以相应的方式减少了向伊朗的赠款援助项目：从 1971 财政年度的 240 万美元，到 1972 财政年度的 94.2 万美元，在 1973 财政年度进一步减少到约 50 万美元。在 1972 财政年度的 94.2 万美元中，约有 28.7 万美元用于支持美国在伊朗的军事援助咨询小组，其余约 65.5 万美元用于培训的实际费用。[52]伊朗政府在 1972 财政年度购买了大约 500 万美元的美国国外军事销售（FMS）培训。并且伊朗每年捐助大约 160 万美元，支持美国驻伊朗军事任务（ARMISH-MAAG）活动。关于进出口银行对伊朗军售的融资，在 1972 财政年度，美国批准了一个 1.4 亿美元的项目。这项信贷涵盖的项目包括 F-4 飞机及其配套设备和服务。这一信贷包括由进出口银行担保的 7 000 万美元私人融资。在 1973 财政年度，美国提出一个 2 亿美元的计划，其中 1 亿美元由银行提供私人担保，估计所需经费包括 F-4 飞机和配套设备、C-130 飞机、M-47 坦克改装项目、直升机和备件。[53]

另一方面，尽管自 20 世纪 60 年代中期以来，伊朗的武器来源已经多样化，但美国仍占伊朗武器采购的一半。此外，伊朗继续增加，并依赖美国提供所有战斗机和大多数其他尖端武器系统。1964 年，伊朗与美国签署了一份谅解备忘录，允许购买价值 2 亿美元的设备，并开始定期以 FMS 信贷购买美国武器。该备忘录于 1966 年修订，允许在 1970 年之前购买多达 4.7 亿美元（4 亿美元赊购，7 000 万美元现金）的设备[54]。1971 年，进出口银行又增加了 4.2 亿美元的信贷用于购买武器，偿还期限为 7 年。此外，伊朗还直接向美国制造商现金购买了 2 700 万美元的设备。伊朗已经收到了大量的美国军事装备，包括当时先进的军事硬件，如 73 架 F-4 超声速喷气式战斗机和 30 架 C-130 运输机。1971 年购买的大部分装备在 1972—1974 年期间抵达伊朗。伊朗在 1972 年的采购超过 2 亿美元。因此，尽管美国在伊朗武器市场的份额从 1966

年之前的近 100％下降到 1971 年总交付量的 56％,但德黑兰继续增加从美国购买的武器,并依赖美国生产大部分先进的武器系统。[55]

同时,1973 年基辛格被任命为国务卿,进一步巩固了美国政府中亲伊朗势力的地位,也使得美国对伊朗的军售更加方便。尽管美国政府各部门对尼克松总统与巴列维国王的关系感到质疑,并且对于尼克松向巴列维国王的军售承诺颇有微词,但是总体上仍然迎合着白宫的意见。于是,对伊朗军售的繁荣局面在美国出现了。正如 1971—1972 年任 MAAG 团长的威廉姆森将军所说的,当时的德黑兰是所有武器推销员实现梦想的地方,MAAG 总部每周要接待大约 35 个团体来访者,这还不是来访者的全部,他们都积极地向伊朗推销各式武器。[56]

1970—1978 年,美国同意向伊朗出售价值 200 亿美元的军事武器。在伊朗伊斯兰革命前,其中价值 90 亿美元的武器已被交付给伊朗。在这一背景下,巴列维国王利用获得的武器大力扩充军队。同期伊朗的军队从 16.1 万人增长到 41.3 万人。[57]同时,在美国的扶持下,伊朗成为唯一具备所需的军事能力来维护这一地区的全面安全和保证国际航行畅通的国家。[58]

据统计,1972—1977 年,美国对伊朗军售额增加十倍之多,达到 160.2 亿美元,[59]这是国际政治史上此前没有过的。伊朗成为美国军事装备的最大买主。在 1973—1978 年期间,伊朗的军事订单平均每年达到 30.2 亿美元,占美国在全世界军事销售中的 28％。[60]伊朗的军费开支因此从 1972 年的 10.4 亿美元增加到了 1977 年的 90.4 亿美元。到 1977 年,伊朗军费开支已超过国家预算的 40％。[61]伊朗成为和平时期国防建设最快的国家。伊朗军队规模也从 1970 年的 16.1 万人增加到 1978 年的 41.3 万人,伊朗成为海湾地区首屈一指的军事大国。[62]

(2) 军事协议

1970 年春,当时美国驻伊朗大使麦克阿瑟建议美国外长约翰逊对外国军售(FMS)的年度承诺到未来两三年。这是对伊朗国王一再提出的要求的回应,即伊朗军队需要更多的美国武器来为英国从海湾撤军后所扮演的角色作准备。[63]经尼克松总统批准,授权副国务卿理查森于 1970 年 4 月在德黑兰通知巴列维国王,美国愿意延长 1968 年的

FMS 承诺。[64]理查森告诉巴列维国王，美国完全赞赏伊朗可以为捍卫世界在海湾地区的自由利益做出的独特贡献。[65]

1973 年美伊签署了《技术援助现场小组协定》(TAFT Agreement)，即"塔夫脱协定"，通过石油出口、资本货物进口和武器销售保障了美国的工业和金融利益、市场和利润。因此，"塔夫脱协定"必须被视为美国不仅在伊朗，而且在波斯湾—印度洋地区存在的升级。[66]

(3) 技术援助

一是继续并加强 ARMISH-MAAG 官方军事任务。1947 年 10 月 6 日，美国陆军任务或美国驻伊朗的军事任务（ARMISH-MAAG）成为伊朗军队的官方军事任务，其目的是通过与伊朗战争部和伊朗陆军司令部的合作来提高伊朗军队的效率。ARMISH 协议规定伊朗必须与美国协商雇佣任何外国政府的人员来执行与伊朗军队有关的任何性质的任务。即使在 1958 年至 1962 年与 MAAG（军事援助咨询组）合并后，前往伊朗陆军的陆军和空军特派团仍被称为 ARMISH；从 1962 年至 1978 年，两个咨询团被称为 ARMISH-MAAG，在 1979 年 2 月巴列维王朝和帝国卫队垮台之前，其基本上承担着最初规定的相同功能。[67]但与 ARMISH 相比，军事援助顾问团（MAAG）是迄今为止美国对伊朗最重要的军事任务。与以前的特派团不同，军事小组促进了广泛的军事和财政援助，建立了新的军事和准军事指挥结构，并参与商业和政府的武器销售。从 1953 年到 1979 年，MAAG 涉足伊朗军队和警察部队的各个分支，几乎影响了伊朗经济的各个方面。MAAG 的任务与一种新的军事援助形式捆绑在一起，即基于伊朗自然资源（主要是石油）的军事援助，而不是像以前的 MAP 安排那样仅仅是贷款。因此，专家组远不只是一个咨询支助特派团。MAAG 从一开始就是长期军售计划的一部分，包括训练和维护越来越复杂的设备。到 1973 年 1 月，美国最后的军事任务被伊朗政府接受。同时，"塔夫脱协议"要求美国派遣 552 名人员，费用为 1 660 万美元，向伊朗提供特定设备、技术、武器和支持系统的指导，规模超过了机动训练队。在伊朗要求美国增加武器销售以及 1972 年 5 月尼克松总统访问伊朗之后，TAFT 变得更加重要。这次访问和 1972 年国会限制 MAAG 人员的要求、与伊朗国王增加武器销售的兴趣相吻合。1973 年后，随着油价和收入的上涨，伊朗的十亿美元"愿望清单"突飞猛进。随着尖端武器项目的扩大,特别是美国 TAFT 的军事任务,以及 ARMISH-MAAG 在美国武器合同在销售和训练中的作用的增加。简而言之,ARMISH-MAAG 为伊朗提供内部安全,以维护其政治完整性,对抗内部或外部的威胁,TAFT 为波斯湾—印度洋地区利益提供外部安全支撑。[68]

二是贯彻"塔夫脱协定"条约。在麦克阿瑟大使的支持下,美国空军在伊朗的援助现场小组(TAFT)延续到 1974 年 7 月,以便伊朗帝国空军能够有效地激活它从美国购买的另外两个 F-4 飞机中队。美国副国务卿欧文认为通过 TAFT 提供的支持有助于维护美国在伊朗享有的良好关系和善意。[69]

三是增加对伊朗空军的顾问援助。1971 年,美国政府派遣小组向伊朗国王和伊朗空军简要介绍防空导弹防御能力研究,以便伊朗政府可以分析各种替代方案,并为伊朗空军获得反防空导弹能力找到最佳行动方案。成员分别对于战术和使用电子对抗以及必要的硬件、雷达导引和警报系统方面和伯劳鸟(SHRIKE)交付等方面具有专门知识的军官。同时,美国向伊朗表示,伊朗可以从美国商业来源采购波音 707 型改装成空中加油机。[70]1973 年底,为响应伊朗国王的援助请求,施莱辛格派了退役陆军上校哈洛克前往伊朗,签订顾问合同(ARPA)。哈洛克与伊朗巴列维国王、美国大使馆高级官员以及其他与军事项目有关的大使馆官员建立了密切的关系,伊朗政府对哈洛克的建议拥有高度的信心。[71]

5. 核能力发展

（1）尼克松第一任期的核计划发展

伊朗的核计划始于 20 世纪 50 年代,这要归因于美国在"原子用于和平"计划下的援助,该计划旨在将核技术的使用从核军备竞赛转向和平民用。[72]1964 年,伊朗、美国和国际原子能组织(IAEA)将伊朗的核设施和材料置于 IAEA 保障监督之下。[73]1968 年,伊朗签署了《核不扩散条约》(NPT),该条约于 1970 年被伊朗议会批准。在尼克松任期内,美伊加大了对于伊朗核计划的合作。

由于巴列维国王的支持和与美国的合作,伊朗原子能组织(AEOI)在三年内迅速成长为一个拥有 1 000 多名员工的官僚机构,年度预算超过 10 亿美元。巴列维国王梦想实现与大国在军事和经济上的平等，这意味着伊朗必须成为核俱乐部的一员，有能力生产核能，必要时还可以生产核武器。[74]

1972 年 5 月，在莫斯科结束削减核武器储备的峰会后，基辛格率领一个高级代表团访问伊朗。[75] 为了让伊朗国王放心，尼克松于 1972 年 5 月 30 日至 31 日对伊朗进行了 24 小时的紧张访问，并作出了全面的让步。尼克松作出了一系列全面的让步。他批准了激光炸弹和 F-14 和 F-15 战斗机的销售，并且还同意了向伊朗提供核电厂和反应堆燃料。[76] 在这一阶段，伊朗的核研究取得不断地进度和发展。

（2）尼克松第二任期的核计划发展

1974 年伊朗核计划急剧加速之后，在该年 3 月初，伊朗科学和高等教育部副部长再次与美国驻德黑兰大使馆接触，希望美国在伊朗核计划的组织和管理方面提供帮助。[77] 国务卿基辛格向伊朗的提议作出了热烈的回应并建立了相应任务。美国国务院的力量计划成立一个美伊联合委员会，将两国在包括原子能在内的多个领域的经济合作制度化。[78] 该联合委员会是在基辛格 11 月访问德黑兰期间成立的，在 1974 年，由基辛格和伊朗经济和财政部长胡尚安萨里共同担任主席。[79]

之后，为推进核计划的发展，美国派往一个与伊朗进行核协商的代表团，该代表团与伊朗原子能组织（AEOI）讨论了美国原子能委员会（AEC）如何帮助 AEOI 选择核项目并选择美国公司来建造它们。双方起草了一份双边协议，涵盖核反应堆和核燃料的供应，以取代最初的 1957 年协议。[80]

随着尼克松的下台，美伊关系出现转折后，1974 年至 1976 年间国王与福特政府就美国向伊朗出口核协议的谈判失败，这与水门事件和尼克松辞职后美伊伙伴关系下降的时期相对应。尽管基辛格尽了最大努力，在福特任期内继续担任国务卿和国家安全顾问，但在福特和基辛格准备卸任时，美国未能与巴列维国王达成核协议。1976 年 12 月，美伊核谈判失败了。基辛格认为这是因为福特政府将伊朗视为美国的客户，而不是合作伙伴。[81]

（二）政治领域层面上的行为

1. 高层互访与多边合作

在尼克松任期内，美伊进行了大量的高层互访，其中包含了多次尼克松与巴列维两国政府首脑的会晤。在尼克松刚上任之初，1969 年 10 月，巴列维国王对美国进行了正式访问，就苏联问题、美伊两国关系问题进行了商讨。[82] 1970 年 11 月，尼克松宣布了"两大支柱"政策，即今后美国在波斯湾的战略政策将建立在一个强大的伊朗的基础上，沙特阿拉伯支持伊朗，沙特是一个从属和次要的角色。1971 年，尼克松在一次私人会谈中赞扬了伊朗国王，并坚称巴列维国王十分伟大。[83]

1973 年 7 月，巴列维国王再次对美国进行了国事访问。尼克松认为巴列维国王是美国的一位老朋友，一位本国人民的进步领袖，也是一位世界一流的政治家。[84] 新任国防部长詹姆斯·施莱辛格将这次国事访问描述为尼克松、基辛格和伊朗国王之间的重申誓言，能比作婚姻誓言的重申。[85] 在伊朗国王的国事访问期间，美国和伊朗官员制定了在波斯湾地区发生危机时进行干预的应急计划。[86] 此外，出于对伊拉克将对科威特造成威胁的担忧，美伊修改了 1958 年的一项计划。根据该计划，美国和英国的飞机可以秘密使用伊朗的领空和机场，以便在伊拉克入侵科威特时将其驱逐出境。[87] 在修改后的计划中，美国保证，如果未来发生涉及伊拉克和科威特的危机，伊朗国王将会得到华盛顿的全力支持。同时，美国和伊朗官员还同意制定一项联合应急计划，如果激进的阿拉伯人试图推翻王室，他们将占领沙特阿拉伯。1973 年，美国和欧洲的新闻报道描述了美国海军陆战队在加州进行的沙漠战争演习。[88]

除了尼克松与巴列维的互访外，双方政府官员的调整也显示了美伊对于彼此的信任与合作加强的信心。

1972 年，尼克松将美国前中央情报局局长赫尔姆斯派驻伊朗，作为新任美国驻伊朗使馆大使。这不仅是因为赫尔姆斯与巴列维进行过多次合作并且已经是朋友关系，也是因为他是除了基辛格外最深知巴列维国王和尼克松总统的人。[89] 同时，赫尔姆斯的任命，也反映了伊朗巴列维国王对尼克松政府的信任，因为他是世界上少数几个能够容忍接待美国前最高情报官担任外交代表的政治领导。[90]同时,1973 年,尼克松将基辛格任命为国务卿,作为进一步加强与伊朗巴列维国王的联系、加深美伊在中东事务的合作提供了助力。[91]

尽管美伊两国的政治体制不同,但尼克松几乎消除了所有对伊朗侵犯人权的批评,抵制任何试图说服伊朗国王改革其政治和经济体制的努力,避免对白色革命和其他伊朗内部政策做出判断,基本上把伊朗的事务留给国王来管理。[92]

在多边合作中,伊朗与美国的合作记录一向呈良好状态。在国际禁毒行动中,伊朗也与美国进行充分的、彻底的合作。美伊采取共同行动打击国际麻醉品非法贩运。[93]并且美伊双方都投入时间和金钱,寻找治疗成瘾的方法,发现新的反成瘾拮抗剂。另外,两国积极参加处理麻醉品问题的国际论坛,经常就国际倡议密切合作。[94]

2. 在阿以问题层面上的行为

在有关阿以问题的行动话题中,最令人注目的无疑是 1967 年的第三次中东战争。美伊不断加强双方对阿以问题的协商与合作。在第三次中东战争爆发后,美伊双方一直致力于阿以冲突的和平解决。一方面,美国不断推动以色列接受安理会的 242 号决议;另一方面,巴列维国王也在促进阿拉伯国家接受该决议中持续努力。在 1971 年 5 月 26 日,基辛格向尼克松总统建议应向伊朗国王保证美国仍致力于寻求和平的方案。[95]1972 年尼克松总统访问伊朗,双方在该问题的表态和解决态度合作紧密。美伊双方领导人都对继续遵守停火表示满意,但对中东目前的严重局势表示关切,并重申支持按照安全理事会第 242 号决议和平解决问题。美伊一致认为波斯湾的安全与稳定对沿岸国家至关重要。巴列维国王重申伊朗决心承担这一责任。尼克松和巴列维还一致认为,波斯湾沿岸国家的经济发展和福利对该地区的稳定至关重要。[96]

由此可见,尽管尼克松与巴列维拥有亲密的私人关系,自尼克松上任以来,美伊关系呈现出整体向好的状态。但可以看出,在出台"双柱"战略后,由于尼克松与国王之间的长期友谊,理查德·尼克松的总统任期是伊朗与美国关系的最高点,从来没有伊朗领导人能够如此接近白宫,并在白宫享有如此大的影响力。在约翰逊担任总统期间,伊朗从客户演变为合作伙伴的迹象十分明显,因为伊朗不断增长的石油收入使巴列维国王从美国赞助人那里获得了越来越多的自主权。但正是在尼克松的领导下,美国承认并接受了伊朗在波斯湾的首要地位。尼克松本可以继续约翰逊的平衡伊朗和沙特阿拉伯作为海湾"双支柱"的政策。但他更倾向于伊朗作为该地区的主要力量。[97] 这些事实表明在基于政治领域内形成的高度的、紧密的关系认同中,双方在实际中对于两国国内政治、阿以问题等话题都给予彼此支持态度和进行了密切的合作行为。

(三) 经贸领域层面上的行为

1. 石油问题

石油问题一直是美伊在经贸能源领域重点关注的话题。1970 年,美国成为石油净进口国;3 年后,美国从海湾国家进口的石油占其进口量的 23%;到 1976 年,这一比率达到 38%,这一年美国消费的石油中 42% 是进口的。美国对外部石油的依赖在 1977 年冬超过 50%,作为世界第二大石油出口国和美国第三大供应国,伊朗在美国石油进口中的份额也日益增多。[98]

1969 年 3 月,巴列维表示希望尼克松同意购买更多伊朗石油,而伊朗将在未来十年里给予美国折扣,每天秘密向美国出售 100 万桶石油。巴列维国王向尼克松承诺将伊朗的石油利润回流到美国。[99] 1970 年 5 月,尼克松和伊朗外长扎赫迪讨论了伊朗的现金流问题和巴列维国王迫切需要创造更高的石油收入的需求。他让扎赫迪转告给巴列维国王,(在油价问题上)巴列维想怎么逼(美国)都行。只要巴列维为伊朗人民的福祉和伊朗的进步赚钱,尼克松都会支持他。[100]

1971 年,在国际石油公司与海湾石油生产国之间具有里程碑意义的《德黑兰协议》中,巴列维国王让这些公司增加生产商在石油利润中的份额并提高石油价格。[101] 在 1973 年 11 月的其中一次访问中,基辛格访问伊朗,与巴列维讨论地区冲突的影响,特别是阿拉伯利用石油抵制西方。国王承诺不加入阿拉伯石油禁运,并同意与埃及总统安瓦尔·萨达特和沙特阿拉伯国王费萨尔协商,结束能源危机。[102]

1973 年,巴列维国王宣布将伊朗石油资源收为国有。该年 12 月,巴列维国王在德黑兰主持召开欧佩克部长会议,决定把石油价格从每桶 5.032 美元提高到 11.651 美元。[103] 由此,石油利润不断向伊朗滚滚涌去,1964 年伊朗的石油收入仅为 4.82 亿美元,1973 年增至 44 亿美元,特别是在 1974 年,石油收入激增到 214 亿美元。[104] 面对油价骤升的局面,美国财政部建议白宫向巴列维国王施加压力,要求巴列维国王取消涨价决定,从而降低油价。但尼克松和基辛格也拒绝了财政部长等人以削减军售来压制伊朗石油政策的建议。他们认为,国王向美国购买武器,美国也可以从中获益。尽管如此,由于石油问题,华盛顿对伊朗的军售政策还是在美国国内遭到了一些批评。但巴列维国王极力以其武器购买计划为此做辩护,1973 年的阿以"十月战争"也为国王的辩护提供了现实佐证。[105] 基辛格认同巴列维国王的观点,他认为国王有充足的理由为自己担忧:伊朗与苏联有漫长的边界;莫斯科与叙利亚、伊拉克等伊朗的对头保持着亲密关系;伊拉克对科威特的主权威胁;苏印友好条约的签订;苏联海军在波斯湾和印度洋活动的不断增强;等等,这些都成为巴列维国王提高油价的原因,而这也能进一步保护美国的朋友——伊朗在中东地区的安全。[106]

第四次中东战争爆发后,阿拉伯国家为了抵制西方国家对以色列的支持发动了石油禁运运动。[107] 1973 年末,在石油危机的冲击之下,尼克松政府呼吁伊朗国王帮助其打破对沙特的禁运。这场危机也被视作体现伊朗作为美国的战略伙伴的时机。[108] 当白宫与费萨尔政府在 1974 年 3 月达成和解之时,也表明华盛顿严重依赖巴列维国王。基辛格明白巴列维国王得到了尼克松的允许,可以推动欧佩克提高石油价格,而这场危机的最大受益者是伊朗巴列维国王:他让自己的国家远离了战争,并拒绝加入禁运。但与此同时,尼克松政府比以往任何时候都更依赖伊朗国王来捍卫自己的利益。[109]

1974 年,美国国务院在一份备忘录中指出美国和伊朗对石油的看法存在分歧。[110] 在石油危机和巴列维国王的推动下,石油价格飙升。但巴列维国王清楚地知道,在伊朗为美国海军提供燃料并避开阿拉伯国家石油禁运之际,尼克松和基辛格急于安抚他,尼克松政府对外交经济政策的处理已经交到了国王的手中。[111] 与此同时,美国财政部长舒尔茨实际上支持将高油价作为经济低迷的药方。[112]但他完全低估了油价大幅上涨对美国经济造成的潜在损害。基辛格没有理会外交部长乔伯特的警告,后者认为美国低估了经济问题,高估了中东政治问题。[113]

1973年,巴列维国王宣布欧佩克的波斯湾成员国同意他的提议将石油价格从5.11美元增加到11.65美元[114]。尼克松敦促巴列维国王重新考虑涨价,认为巴列维国王主张对波斯湾原油价格的上涨将会给世界经济以及货币体系带来负面影响。[115]但伊朗国王声称西方盟友的抗议和呼吁深深冒犯了他。因为在此之前,尼克松建立了一个新的行政机构——联邦能源办公室(FEO)来应对阿拉伯石油禁运,由威廉·西蒙领导。西蒙谴责了国王在听证会上的言论[116],导致白宫和伊朗高层关系紧张,尼克松向伊朗国王发出道歉信。[117]尼克松私下告诉西蒙不要参与美伊高层关系,并仍然表示巴列维是美国最好的朋友。[118]对于沙特和伊朗关于石油方面的矛盾,基辛格坚称沙特并不想压低价格,而是想把涨价的责任推给(巴列维)国王。[119]

当福特接任尼克松就任总统时,再次任命基辛格担任国务卿和国家安全顾问,让西蒙留在财政部,并再次任命施莱辛格担任国防部长。这些连任也透露出美国能源安全和未来石油需求的关键点,即是通过伊朗还是通过沙特阿拉伯。从基辛格看来,美国财政部将美国的主要伙伴从伊朗转向沙特阿拉伯的努力不仅是幼稚的,而且是危险的。沙特人不可能复制伊朗在波斯湾扮演的"百夫长"的角色。[120]尽管基辛格意识到高油价阻碍了西方国家的经济增长,他也同样认同高油价支撑了巴列维国王孔雀王座的事实,这对于美国的好朋友——巴列维国王来说是一件好事。伊朗石油定价政策与伊朗政治稳定之间的联系使得国务院不愿向巴列维国王施压,迫使其改变路线。基辛格建议福特,认为巴列维国王是美国真正的朋友。他是唯一一个会反抗苏联的人,美国需要巴列维国王在中东扮演重要角色。[121]这也就导致了在福特政府中,财政部敦促对伊朗采取行动,而国务院则为伊朗国王辩护。

2. 经贸往来

1969年至1970年间,美国公司在伊朗除石油和天然气外的其他行业投资了1.5亿美元,使美国对伊朗的投资总额达到7亿美元。自1970年以来,美国投资大幅增加。其对伊朗的出口总额为3.26亿美元,而伊朗进口总额为 1.523 亿美元。在 1970 年到 1973 年间,它们稳步增长。根据《经济学人》1973 年的文章预测,"伊朗的进口预计在未来五年翻一番,超过 25 亿英镑"[122]。

1974 年,伊朗国王与美国的武器交易价值是过去 22 年合同中所有武器总价值的两倍。即使在伊朗石油收入下降的 1974 年之后,基辛格(1976 年 8 月)仍在德黑兰宣布,美国将在未来 6 年内向伊朗出售价值 100 亿美元的军事装备。这是这一时期 500 亿美元贸易总额中的一部分。[123]

第五节　行为推导与关系行为对比

根据关系认同结构理论推导出美伊双方所应具有的关系行为,再与实际发生的、可供观察的实际事实做对比,可以看到:一是在军事领域,由于尼克松总统与巴列维国王所形成的由安全领域占主导地位的综合的正向关系认同结构,双方在实际行为中的具体表现为:反苏力度加大;军售力度前所未有的加大;军事援助次数多、频率高且范围广;技术援助、顾问派遣频率高;核计划进展快且程度深;美国为支持巴列维国王参与伊拉克库尔德问题的力度大等,符合关系认同决定关系行为这一假设。二是在政治领域,双方在实际行为中的具体表现主要是:高层互访次数多;国际合作友好;公共场合发表有关于支持或者称赞对方的发言次数多;尼克松、基辛格与巴列维国王的友谊日渐加深等,表现出双方在政治领域所形成的正向关系认同结构决定了在实际中的友好与合作行为。三是在经贸领域中,关系行为体的行为主要体现在:石油能源合作领域加大且范围广;经贸往来频繁且程度深等,在经贸层面形成的正向关系认同使得美伊双方在很大程度上支持对方。

而在双方有过摩擦的石油贸易方面,体现为在第四次石油战争中,美伊为石油提价而争执。分析其内在原因,主要为以下两点:第一,巴列维国王的石油价格和产量是基于与尼克松总统的友谊,并且尼克松与基辛格已在私下向巴列维国王许诺,只要是有利于伊朗的事情,(国王)可以对油价进行调配。第二,对石油提价有意见的主要是来自美国财政部的官员,而这一官员的任命是尼克松总统迫于无奈的选择,并非出于个人的意愿。因此,尼克松与巴列维国王之间所建立的关系认同结构,决定了 1969—1974 年间美伊行为体的行为,即回答了国家间的关系认同结构决定了国家关系行为,验证了关系认同结构理论的核心假设。

第六节　结　论

为验证"关系认同结构决定关系行为"这一关系认同结构理论的核心假设,本章选取 1969—1974 年间的尼克松政府与巴列维政府所代表的美伊关系作为研究案例。在这一时期,美伊的案例研究选择考量因素主要体现在:一是在该时期,在军事安全、政治等领域中,军事力度加大、政治认同和支持加深,研究对象变化明显,变量可供观察明显。二是 1972 年,尼克松向巴列维国王承诺武器销售,敞开了美国军事武器的大门,相信并支持巴列维国王的论断,参与伊拉克库尔德问题。这些不同于以往的关系认同和行为都显示着巴列维国王与尼克松总统关系的密切,使得双方交往与合作更显得亲密,军售与库德尔问题都能体现出极值的出现。三是在 1969—1974 年间,尼克松与巴列维国王之间积累了深厚的友谊,并且随着日积月累,双方关系不断加强,进入"蜜月"时期,双方行为体之间的行为主要是由在多个领域内所形成的关系认同结构所构成,干预变量少。

通过可操作化处理,将"关系认同"和"关系行为"转化为经验事实上可供观察的现象,在国家行为体之间就表现在军事安全领域、政治领域、经贸领域等多领域所形成的综合关系认同结构。在 1969—1974 年尼克松政府和巴列维政府时期,双方在军事领域形成了关于"反苏"、国家安全、地区安全等方面的正向认同;在政治领域形成了关于国内政治体制、盟友观念等方面的正向认同;在经贸领域形成了关于石油能源、经贸来往等方面的正向认同。美伊在军事、政治等多领域中形成了由军事领域主导的、双边的、综合的正向关系认同结构。因而,根据关系认同结构理论的核心假设所推导出来的美伊关系行为,与 1969—1974 年美伊的关系行为表现所对比基本一致。在这一时期,美伊双方的正向关系认同结构决定了双方之间的亲密关系行为,在安全、政治等领域中合作力度加大，支持程度高。尤其是美伊军事合作程度之高、美国卷入库尔德问题的坚决都表现出美国与伊朗的亲密关系对应着两者所形成的关系认同结构，回答了国家间的关系认同结构决定着关系行为，验证了关系认同结构理论的核心假设，即关系认同结构决定关系行为。

在进行核心假设验证的过程中，本章还存在以下不足：一是文献以中文和英文居多，波斯语文献较少。在可操作化处理下，国家间的关系认同结构的构建、形成与认同加强在实践经验中主要表现为国家领导人、高层之间的对话、文件表述等文字、对话的方式。在美伊交往的过程中，本章包含了最主要的研究对象，即尼克松总统、基辛格和巴列维国王，涉及了研究对象的回忆录、自传等，并且一部分也来自他人的描述，比如时任伊朗驻美大使扎赫迪、中央情报局局长赫尔姆斯等人。由于时空与语言局限的原因，并未收录参与美伊关系建构中其他人物交流对话资料，提供更为准确、全面的关系认同结构形成过程，其中涉及的伊朗波斯语文献较少。特别是巴列维国王、国王妹妹阿什拉芙等人的自传均来源于中译本，缺乏一定的原始语言资料，使得第一视角叙述话语形象不够饱满。二是在运用关系认同结构理论进行的关系行为推导后，经过资料搜集发现与行为体之间形成的关系认同结构所对应的实际行为较少，比如经贸领域。一方面由于美伊双方自艾森豪威尔政府时期起便开始大量的经贸合作，在可供了解的文献中出现较少说明且经济数据覆盖范围广；另一方面是由于经贸合作在较长的时间跨度内呈现一定的连续性，而美伊关系认同结构主要是以军事安全认同结构占主导形成的，双方对于军事方面的贸易合作关注点明显大于其他方面的经济合作。

以上这些不足，都是本章乃至本书研究计划中有待改进的地方。尽管如此，本章乃至本书的设计和研究还是具有很大意义的，这种意义在前面已经做了大量陈述，此处不再重复。本章和本书存在的不足之处，有待以后的进一步研究给予补充和完善。

注释

1. 吴成：《巴列维王朝的最后四百天》，上海交通大学出版社 2018 年版，第 127—130 页。

2. 高尚涛:《关系认同:结构与行为》,《国际观察》2019 年第 4 期,第 100—105 页。

3. 吴艳:《美国与伊朗"蜜月"关系演变研究(1953—1979)》,兰州大学 2012 年硕士学位论文,第 7 页。

4. [法]热拉德·德·维利埃著,张许苹、潘庆舱译:《巴列维传》,北京:商务印书馆 1986 年版,第 105 页。

5. [伊朗]穆罕默德·礼萨·巴列维著,刘津坤、黄晓健译:《对历史的回答》,北京:中国对外翻译出版公司 1986 年版,第 89 页。

6. 吴艳:《美国与伊朗"蜜月"关系演变研究(1953—1979)》,兰州大学 2012 年硕士学位论文,第 33 页。

7. Steven P. Ambrose, *Nixon*:*The Triumph of a Politician*,*1962—1972*, New York:Simon & Schuster, 1989, p.10.

8. 吴艳:《美国与伊朗"蜜月"关系演变研究(1953—1979)》,兰州大学 2012 年硕士学位论文,2012 年 6 月,第 35 页。

9. 王明芳:《冷战后美国的伊朗政策研究》,社会科学文献出版社 2015 年版,第 41 页。

10. 高尚涛:《关系认同:结构与行为》,《国际观察》2019 年第 4 期,第 100—105 页。

11. Andrew scott cooper, Fateful consequences:US-Iran relations during the Nixon and Ford administrations, 1969—1977, *Victoria University of Welling*, *degree of Doctor of Philosophy*, 2012, pp.89—90.

12. Gary Sick, Iran:A View from the White House, *Sage Publications*,*Inc*, 1987, Vol.149, No.4(SPRING 1987), p.210.

13. Eliot Memorandum to Kissinger, April 13, 1972, FRUS 1969—1976, E-4, 305, FRUS:https://history.state.gov/historicaldocuments/about-frus,登录时间:2022 年 10 月 12 日。

14. Briefing for President Nixon, 18 May 1972, FRUS 1969—1976, E-4, 308, FRUS:https://history.state.gov/historicaldocuments/about-frus,登录时间:2022 年 10 月 12 日。

15. Dialogue Memorandum, Washington, 13 January 1971, FRUS 1969—1976, XXIV, 93, FRUS:https://history.state.gov/historicaldocuments/about-frus,登录时间:2022 年 10 月 25 日。

16. 范鸿达:《从亲密到敌视:美国伊朗关系的演变》,厦门大学 2007 年博士学位论文,第 55—56 页。

17. Roham Alvandi, *Nixon*,*Kissinger*,*and the Shah*:*The United States and Iran in the Cold War*, New York:Oxford University Press, 2014, pp.6—27.

18. [伊朗]穆罕默德·礼萨·巴列维著,刘津坤、黄晓健译:《对历史的回答》,北京:中国对外翻译出版公司 1986 年版,第 26—30 页。

19. 王明芳:《冷战后美国的伊朗政策研究》,社会科学文献出版社 2015 年版,第 41 页。

20. [伊朗]巴列维著,元文琪译:《我对祖国的职责》,商务印书馆 1977 年版,第 143 页。

21. Andrew Scott Cooper, Fateful consequences:US-Iran relations during the Nixon and Ford administrations, 1969—1977, *Victoria University of Welling*, *degree of Doctor of Philosophy*, 2012, pp.27—29.

22. Robert B. Semple Jr., "Nixon Plans Cut in Military Role for U. S. In Asia," *New York Times*, July 26, 1969, FRUS 1969—1976, E-4, 122, FRUS:https://

history.state.gov/historicaldocuments/about-frus,登录时间:2022 年 10 月 26 日。

23. Kenneth Pollack, *The Persian Puzzle*:*The Conflict Between Iran and America*, New York:Random House, 2005, p.126.

24. Bill, James A, *The Eagle and the Lion*:*The Tragedy of American-Iranian Relations*, Yale University Press:Yale and London, 1988, pp.121—125.

25. Henry A. Kissinger, White House Years, *Boston*:*Little*, *Brown & Company*, 1979, pp.1260—1261.

26. Henry A. Kissinger, White House Years, p.1263.

27. Henry A. Kissinger, White House Years, p.1262.

28. Dialogue Between President Nixon, MacArthur, and Haig, Washington, April 8, 1971, FRUS 1969—1976, E-4, 122, FRUS:https://history.state.gov/historical documents/about-frus,登录时间:2022 年 10 月 13 日。

29. Telegram 2488 from the Iranian Embassy to the State Department, 1 May 1972, FRUS 1969—1976, E-4, 182, FRUS:https://history.state.gov/historicaldocuments/about-frus,登录时间:2022 年 10 月 13 日。

30. Roham Alvandi, *Nixon*, *Kissinger*, *and the Shah*:*The United States and Iran in the Cold War*, New York:Oxford University Press, 2014, pp.13—15.

31. Dialogue Memorandum, Washington, May 27, 1971, FRUS 1969—1976, XXIV, 151, FRUS:https://history.state.gov/historicaldocuments/about-frus,登录时间:2022 年 10 月 16 日。

32. Kenneth Pollack, *The Persian Puzzle*:*The Conflict Between Iran and America*, New York:Random House, 2005, pp.69—72.

33. Dialogue Between President Nixon, MacArthur, and Haig, Washington, 8 April 1971, FRUS 1969—1976, E-4, 122, FRUS:https://history.state.gov/historicaldocuments/about-frus,登录时间:2022 年 10 月 16 日。

34. Kenneth Pollack, *The Persian Puzzle*:*The Conflict Between Iran and America*, New York:Random House, 2005, p.42.

35. Cable from the Embassy in Iran to the State Department, January 14, 1971, 1445Z1, 109, FRUS:https://history.state.gov/historicaldocuments/about-frus,登录时间:2022 年 10 月 13 日。

36. Henry A. Kissinger, *White House Years*, Boston:Little, Brown & Company, 1979, p.1262.

37. R. K. Ramazani, Who Lost America? The Case of Iran, *Middle East Institute*, 1982, Vol.36, No.1(Winter, 1982), pp.9—10.

38. James F. Goode, Assisting Our Brothers, Defending Ourselves:The Iranian Intervention in Oman, 1972—1975, *Taylor & Francis*, *Ltd. on behalf of International Society of Iranian Studies Stable UR*, Vol.47, No.3, Special Issue:Iran and the Cold War(MAY 2014), p.443.

39. James F. Goode, Assisting Our Brothers, Defending Ourselves:The Iranian Intervention in Oman, 1972—1975, p.445.

40. Patrick Tyler, *A World of Trouble*:*The White House and the Middle East—From the Cold War to the War on Terror*, New York:Farrar, Strauss, 2009, pp.243—246.

41. State Department Telegram 12737, Jan. 22, 1972, FRUS 1969—1976, E-4, 295. FRUS:https://history.state.gov/historicaldocuments/about-frus,登录时间:2022 年 10 月 23 日。

42. Patrick Tyler, *A World of Trouble：The White House and the Middle East——From the Cold War to the War on Terror*, New York：Farrar, Strauss, 2009, p.196.

43. ［美］亨利·基辛格著，方辉盛等译：《白宫岁月》，上海译文出版社 2016 年版，第 676 页。

44. Roham Alvandi, Nixon, Kissinger, and the Shah：The United States and Iran in the Cold War (*New York：Oxford University Press, 2014*), pp.55—60.

45. Patrick Tyler, *A World of Trouble：The White House and the Middle East——From the Cold War to the War on Terror*, New York：Farrar, Strauss, 2009, pp.198—201.

46. Roham Alvandi, *Nixon, Kissinger, and the Shah：The United States and Iran in the Cold War*, New York：Oxford University Press, 2014, pp.6—27.

47. Andrew Scott Cooper, Fateful consequences：US-Iran relations during the Nixon and Ford administrations, 1969—1977, *Victoria University of Welling*, degree of Doctor of Philosophy, 2012, pp.67—69.

48. Memorandum of Conversation, 8/7/76, "Kissinger, Helms, Atherton, Eilts, Pickering, Oakley：Guidance for Ambassadors Eilts and Pickering," 8：00 a.m.—10：00 a.m., August 7, 1976, NSA, Washington, DC, FRUS：https://history.state.gov/historicaldocuments/about-frus,登录时间：2022 年 11 月 4 日。

49. John P. Miglietta, *American Policy in the Middle East, 1945—1992：Iran, Israel and Saudi Arabia*, Maryland：Lexington Books, 2002, p.112.

50. Kenneth Pollack, *The Persian Puzzle：The Conflict Between Iran and America*, New York：Random House, 2005, pp.72—74.

51. ［伊朗］穆罕默德·礼萨·巴列维著，刘津坤、黄晓健译：《对历史的回答》，中国对外翻译出版公司 1986 年版，第 56—58 页。

52. 范鸿达：《巴列维国王时期美国对伊朗的军售》，《首都师范大学学报（社会科学版）》2007 年第 6 期，第 31—32 页。

53. Letter from the Assistant Secretary of State for Congressional Relations (Abshire) to the Chairman of the Senate Foreign Relations Committee (Fulbright), March 3, 1972, FRUS 1969—1976, E-4, 172, FRUS：https://history.state.gov/historicaldocuments/about-frus,登录时间：2022 年 10 月 23 日。

54. John P. Miglietta, *American Policy in the Middle East, 1945—1992：Iran, Israel and Saudi Arabia*, Maryland：Lexington Books, 2002. p.64.

55. Intelligence Memorandum ER IM 72—79, Washington, May 1972, FRUS 1969—1976, E-4, 181, FRUS：https://history.state.gov/historicaldocuments/about-frus,登录时间：2022 年 10 月 13 日。

56. 范鸿达：《巴列维国王时期美国对伊朗的军售》，《首都师范大学学报（社会科学版）》2007 年第 6 期，第 31 页。

57. John P. Miglietta, *American Policy in the Middle East, 1945—1992：Iran, Israel and Saudi Arabia*, Maryland：Lexington Books, 2002, pp.58—64.

58. Kenneth Pollack, *The Persian Puzzle：The Conflict Between Iran and America*, New York：Random House, 2005, p.93.

59. Andrew Scott Cooper, Fateful consequences：US-Iran relations during the Nixon and Ford administrations, 1969—1977, *Victoria University of Welling, degree of Doctor of Philosophy*, 2012, p.202.

60. John P. Miglietta, *American Policy in the Middle East, 1945—1992：Iran, Israel and Saudi Arabia*, Maryland：Lexington Books, 2002, p.72.

61. Kenneth Pollack, *The Persian Puzzle*：*The Conflict Between Iran and America*, New York：Random House, 2005, p.201.

62. 王明芳：《冷战后美国的伊朗政策研究》，社会科学文献出版社 2015 年版，第 36—40 页。

63. Telegram from Iranian Embassy to State Department, April 1, 1970, FRUS 1969—1976, E-4, 57, FRUS：https：//history. state. gov/historicaldocuments/about-frus,登录时间：2022 年 10 月 13 日。

64. Memorandum from Kissinger to President Nixon, April 16, 1970, FRUS 1969—1976, E-4, 62, FRUS 1969—1976, E-4, 55, FRUS：https：//history.state.gov/historicaldocuments/about-frus,登录时间：2022 年 10 月 25 日。

65. Telegram 1626, April 21, 1970, from the Embassy in Iran to the State Department, FRUS 1969—1976, E-4, 64, FRUS 1969—1976, E-4, 55, FRUS：https：//history.state.gov/historicaldocuments/about-frus,登录时间：2022 年 10 月 23 日。

66. Thomas M. Ricks, US Military Missions to Iran, 1943—1978：The Political Economy of Military Assistance, *Taylor & Francis, Ltd. on behalf of International Society of Iranian Studies Summer—Autumn*, 1979, Vol. 12, No. 3/4 (Summer—Autumn, 1979), pp.173—174. *Society of Iranian Studies Summer—Autumn*, 1979, Vol.12, No.3/4(Summer—Autumn, 1979), p.179.

67. Thomas M. Ricks, US Military Missions to Iran, 1943—1978：The Political Economy of Military Assistance, *Taylor & Francis, Ltd. on behalf of International Society of Iranian Studies Summer—Autumn*, 1979, Vol.12, No. 3/4(Summer—Autumn, 1979), pp.173—174.

68. Thomas M. Ricks, US Military Missions to Iran, 1943—1978：The Political Economy of Military Assistance, *Taylor & Francis, Ltd. on behalf of International Society of Iranian Studies Summer—Autumn*, 1979, Vol.12, No.3/4(Summer—Autumn, 1979), pp.177—178.

69. Letter from Under Secretary of State (Irving) to Under Secretary of Defense (Packard), Nov.11, 1971, 152, FRUS：https：//history.state.gov/historicaldocuments/about-frus,登录时间：2022 年 10 月 13 日。

70. Memorandum from the Assistant Secretary of Defense for International Security Affairs(Nutter) to the Chairman of the Joint Chiefs of Staff(Moore), Washington, DC, October 16, 1971, FRUS：https：//history.state.gov/historicaldocuments/about-frus,登录时间：2022 年 11 月 2 日。

71. US Arms Sales to Iran, Middle East Research and Information Project, Inc. (*MERIP*), 1976, No.51(Oct., 1976), p.17.

72. Richard G. Hewlett and Jack M. Holt, *Atoms for Peace and War, 1953—1961*：*Eisenhower and the Atomic Energy Commission*, Berkeley：University of California Press, 1989, pp.305—325.

73. Patrick Tyler, *A World of Trouble*：*The White House and the Middle East—From the Cold War to the War on Terror*, New York：Farrar, Strauss, 2009, pp.121—126.

74. Thomas M. Ricks, US Military Missions to Iran, 1943—1978：The Political Economy of Military Assistance, *Taylor & Francis, Ltd. on behalf of International Society of Iranian Studies Summer—Autumn*, 1979, Vol.12, No.3/4(Summer—Autumn, 1979), p.361.

75. See the President's daily schedule for a minute-by-minute breakdown of his overnight stay in Tehran: www. nixon. archives. gov/virtuallibrary/documents/dailydiary. php. See also Memorandum From the President's Assistant for National Security Affairs (Kissinger) to President Nixon, Washington, May 18, 1972, FRUS 1969—1977, Volume E-4, p.6.

76. Andrew scott cooper, Fateful consequences: US-Iran relations during the Nixon and Ford administrations, 1969—1977, *Victoria University of Welling*, *degree of Doctor of Philosophy*, 2012, pp.69—72.

77. Telegram 1783, March 6, 1974, from the Iranian Embassy in Iran to the State Department, AAD, FRUS: https://history. state. gov/historicaldocuments/about-frus, 登录时间:2022 年 10 月 26 日。

78. Memorandum for the Record Prepared by the Acting Director of the Near East/ Africa Division of the Central Intelligence Agency, "Preparation of a National Briefing for the Committee on Cooperation with Iran", September 13, 1974, CREST, FRUS: https://history.state.gov/historicaldocuments/about-frus,登录时间:2022 年 11 月 6 日。

79. Telegram 1546 from Embassy in Iran to State Department, February 26, 1974; Telegram 48689 from State Department to Embassy in Iran, March 12, 1974, AAD, FRUS: https://history. state. gov/historicaldocuments/about-frus,登录时间:2022 年 10 月 13 日。

80. Telegram 4169 from the Iranian Embassy in Iran to the U. S. Department of State, AAD; Memorandum from Friedman to Sobriety, June 17, 1974, EBB 268, NSA-GWU, FRUS: https://history. state. gov/historicaldocuments/about-frus, 登录时间: 2022 年 10 月 25 日。

81. Roham Alvandi, *Nixon*, *Kissinger*, *and the Shah*: *The United States and Iran in the Cold War*, New York: Oxford University Press, 2014, pp.27—29.

82. Roham Alvandi, Nixon, Kissinger, and the Shah: The United States and Iran in the Cold War, pp.40—44.

83. Conversation Among President Nixon, Ambassador Douglas MacArthur II, and General Alexander Haig, Washington, April 8, 1971, 3:56—4:21 p.m., FRUS 1969—1976, Volume E-4, FRUS: https://history. state. gov/historicaldocuments/about-frus, 登录时间:2022 年 10 月 15 日。

84. Richard Eder, "4 More Arab Governments Bar Oil Supplies, for U.S.," New York Times, October 22, 1973.

85. FISOHA interview with James Schlesinger, by William Burr, Foundation for Iranian Studies, Washington, DC, May 15 & June 27, 1986, pp.1—20.

86. All comments from this second session of talks are quoted directly from Memorandum of Conversation, Meeting with His Imperial Majesty Mohammad Reza Shah Pahlavi, Shah of Iran on Tuesday, the 24th of July, 5:00—6:40 p.m., the Shah's Reception Room at the Blair House, NSA, The National Security Archive.

87. Andrew scott cooper, Fateful consequences: US-Iran relations during the Nixon and Ford administrations, 1969—1977, *Victoria University of Welling*, *degree of Doctor of Philosophy*, 2012, p.103.

88. "Reservists Join Regulars In Marine Corps Exercise," Washington Post, August 20, 1973, FRUS: https://history. state. gov/historicaldocuments/about-frus,登录时间: 2022 年 10 月 26 日。

89. Memorandum of Conversation, 2/14/73, folder "Nixon, Ambassador Helms," Box 1, National Security Adviser, Gerald R. Ford Presidential Library(GFPL), Ann Arbor, MI, FRUS: https://history.state.gov/historicaldocuments/about-frus,登录时间：2022 年 10 月 13 日。

90. Helms opted for Tehran because, as he told his wife, Iran is in an area where the influences of both East and West come to bear. With the West's increasing need for oil and the Shah's plans for modernization, I think it would be challenging to be there at this extraordinary time. Cynthia Helms, An Ambassador's Wife in Iran, New York: Dodd, Mead & Company, 1981, p.3.

91. Anoushiravan Ehteshami, "The Military Balance in the Gulf and Its Chequered Career", in Charles Davies ed, After the War: Iraq and the Arab Gulf, Chichester: Carden Publishers, 1990, pp.358—359.

92. Memorandum of Conversation, 2/14/73, folder "Nixon, Ambassador Helms," Box 1, National Security Adviser, Gerald R. Ford Presidential Library(GFPL), Ann Arbor, MI, FRUS: https://history.state.gov/historicaldocuments/about-frus,登录时间：2022 年 10 月 13 日。

93. John P. Miglietta, *American Policy in the Middle East, 1945—1992: Iran, Israel and Saudi Arabia*, Maryland: Lexington Books, 2002, p.68.

94. Memorandum from the Assistant for National Security Affairs to President Nixon, Washington, May 6, 197212, 189, FRUS: https://history.state.gov/historicaldocuments/about-frus,登录时间：2022 年 10 月 13 日。

95. Andrew scott cooper, Fateful consequences: US-Iran relations during the Nixon and Ford administrations, 1969—1977, *Victoria University of Welling*, degree of Doctor of Philosophy, 2012, pp.131—134.

96. Andrew scott cooper, Fateful consequences: US-Iran relations during the Nixon and Ford administrations, p.102.

97. Michael A. Palmer, *Guardians of the Gulf: A History of America's Expanding Role in the Persian Gulf, 1833—1992*, New York: Free Press, 1992, p.88.

98. Barry Rubin, *Paved with Good intention: American Experience and Iran*, Oxford University Press, 1980. pp.139—140.

99. Kenneth Pollack, *The Persian Puzzle: The Conflict Between Iran and America*, New York: Random House, 2005, pp.857—859.

100. Andrew scott cooper, Fateful consequences: US-Iran relations during the Nixon and Ford administrations, 1969—1977, *Victoria University of Welling, degree of Doctor of Philosophy*, 2012, p. 64.

101. Ian Skeet, OPEC: Twenty-Five Years of Prices and Politics, Cambridge, *Cambridge University Press*, 1988, pp.66—68.

102. Scowcroft Memorandum to President Nixon, 9 November 1973, NPM, NSCF, National Archives—Middle East, Box 603, FRUS: https://history.state.gov/historicaldocuments/about-frus,登录时间：2022 年 10 月 26 日。

103. ［伊朗］穆罕默德·礼萨·巴列维著，刘津坤、黄晓健译：《对历史的回答》，中国对外翻译出版公司 1986 年版，第 94—95 页。

104. National Archives, President Nixon Files, National Security Council Files, Box 601, National Papers, Middle East, Iran, Volume 1, 1/20/69-5/31/70, the public papers of the presidents of the united states: https://quod.lib.umich.edu/p/ppotpus/

4731731.1969.001?view＝toc,登录时间:2022 年 11 月 6 日。

105. Andrew scott cooper, Fateful consequences: US-Iran relations during the Nixon and Ford administrations, 1969—1977, *Victoria University of Welling*, *degree of Doctor of Philosophy*, 2012, pp.109—112.

106. Barry Rubin, *Paved with Good intention: American Experience and Iran*, *Oxford University Press*, *1980*, pp.141—142.

107. For a complete transcript of their conversation see Kissinger-Schlesinger, 8:27 a.m., October 10, 1973, NSA, Washington, DC, FRUS 1969—1976, E-4, 57, FRUS: https://history. state. gov/historicaldocuments/about-frus,登 录 时 间:2022 年 10 月 13 日。

108. Memorandum of Conversation, 11/29/73, "Kissinger, Schlesinger, Colby, Moorer," Box 2, GFPL, Ann Arbor, MI, FRUS 1969—1976, E-4, 57, FRUS: https://history. state. gov/historicaldocuments/about-frus,登 录 时 间:2022 年 10 月 26 日。

109. Memo From the State Department to National Security Adviser, National Security Council(NSC) Files, VIP Visits, Visit of the Shah of Iran, July 24—26, 1973(1 of 2) Box 920, The National Archives (NA), College Park, MD, FRUS: https://history.state.gov/historicaldocuments/about-frus,登录时间:2022 年 10 月 25 日。

110. Memo From the State Department to National Security Adviser, National Security Council(NSC) Files, VIP Visits, Visit of the Shah of Iran, July 24—26, 1973(1 of 2) Box 920, The National Archives (NA), College Park, MD, FRUS: https://history.state.gov/historicaldocuments/about-frus,登录时间:2022 年 10 月 25 日。

111. How did this miscommunication happen? The Shah did not always express himself clearly on the subject of oil prices. Here is his reply to a journalist's enquiry when he was later asked to justify the $7 a barrel price increase: So we charged experts to study what prices we should put on oil., "A Talk With the Shah of Iran," Time, April 1, 1974.

112. Telcon, Kissinger-Anderson, 3:10 p.m., June 5, 1975, NSA, Washington, DC, FRUS: https://history. state. gov/historicaldocuments/about-frus,登录时间:2022 年 10 月 26 日。

113. Bill, James A, The Eagle and the Lion: The Tragedy of American-Iranian Relations, Yale University Press: Yale and London, 1988, pp.123—132.

114. Bernard Weinraub, "Oil Price Doubled By Big Producers On Persian Gulf," New York Times, December 24, 1973, FRUS: https://history.state.gov/historicaldocuments/about-frus,登录时间:2022 年 11 月 3 日。

115. Alam, The Shah and I, p.349. Alam kept a copy of Nixon's letter to the Shah in his diary, FRUS: https://history. state. gov/historicaldocuments/about-frus,登录时间:2022 年 10 月 13 日。

116. Andrew scott cooper, Fateful consequences: US-Iran relations during the Nixon and Ford administrations, 1969—1977, Victoria University of Welling, degree of Doctor of Philosophy, 2012, pp.120—122.

117. Andrew scott cooper, Fateful consequences: US-Iran relations during the Nixon and Ford administrations, 1969—1977, pp.122—124.

118. Memorandum of Conversation, 7/9/74, "Nixon, Simon and Scowcroft," Box 4, National Security Adviser, GFPL, Ann Arbor, MI, FRUS: https://history.

state.gov/historicaldocuments/about-frus,登录时间：2022 年 10 月 13 日。

119. Henry A. Kissinger, White House Years, Boston: Little, Brown & Company, 1979, p.672.

120. Kissinger gave voice to his fear of Saudi motives in a meeting with Simon and other colleagues in early August 1974. Memorandum of Conversation, 8/3/74, "Kissinger, Simon, Burns, Ingersoll, Enders," Box 4, GFPL, Ann Arbor, MI, FRUS: https://history. state. gov/historicaldocuments/about-frus, 登 录 时 间：2022 年 10 月 26 日。

121. Memorandum of Conversation, 8/17/74, "Ford, Kissinger," Box 5, National Security Adviser, GFPL, Ann Arbor, MI, FRUS: https://history.state.gov/historical-documents/about-frus,登录时间：2022 年 10 月 25 日。

122. Feroz Ahmed, Iran: Subimperialism in Action, Middle East Research and Information Project, Inc.(MERIP), Apr., 1973, Vol.3, No.6/7(Mar.—Apr., 1973), p.5.

123. R. K. Ramazani, Who Lost America? The Case of Iran, Middle East Institute, 1982, Vol.36, No.1(Winter, 1982), pp.9—10.

参考文献

中文著作

［伊朗］阿布杜尔礼萨·胡尚格·马赫德维：《伊朗外交四百五十年》，元文琪译，北京：商务印书馆1982年版。

［埃及］阿拉伯埃及联合共和国新闻部国家新闻总署：《埃及年鉴2001年》，北京：埃及驻华新闻处2001年版。

［埃及］阿拉伯埃及联合共和国新闻部国家新闻总署：《埃及年鉴2002年》，北京：埃及驻华使馆新闻处2002年版。

［埃及］阿拉伯埃及联合共和国新闻部国家新闻总署：《埃及年鉴2006年》，北京：埃及驻华使馆新闻处2006年版。

［加拿大］阿塔米·阿查亚：《重新思考世界政治中的权利、制度与观念》，白云真等译，上海：上海人民出版社2019年版。

［伊朗］阿什拉芙·巴列维：《伊朗公主回忆录》，许博译，北京：新华出版社1984年版。

［美国］保罗·肯尼迪：《大国的兴衰》，王保存等译，北京：求实出版社1988年版。

包亚明：《文化资本与社会炼金术——布尔迪厄访谈录》，上海人民出版社1997年版。

陈建民：《埃及与中东》，北京：北京大学出版社2005年版。

陈天社：《阿拉伯世界与巴勒斯坦问题》，北京：世界知识出版社2013年版。

陈天社：《当代埃及与大国关系》，北京：世界知识出版社2010年版。

陈天社：《穆巴拉克时代的埃及》，北京：社会科学文献出版社2019年版。

［伊朗］法拉赫·巴列维：《忠贞不渝的爱——我与伊朗国王巴列维的生活》，姜丽、彭修彬译，上海：东方出版社2006年版。

范鸿达：《美国与伊朗：曾经的亲密》，北京：社会科学文献出版社 2006 年版。

方连庆：《国际关系史（战后卷）》，北京：北京大学出版社 2006 年版。

费孝通：《乡土中国》，北京：北京出版社 2005 年版。

高祖贵：《全球大变局下的中东与美国》，北京：时事出版社 2017 年版。

哈里·杜鲁门：《杜鲁门回忆录（上下）》，李石译，上海：东方出版社 2007 年版。

亨利·基辛格：《白宫岁月》，方辉盛等译，上海：上海译文出版社 2016 年版。

亨利·基辛格：《大外交》，顾淑馨等译，海南出版社 2012 年版。

黄光国：《儒家关系主义》，北京大学出版社 2006 年版。

季国兴、陈和丰：《第二次世界大战后中东战争史》，中国社会科学出版社 1987 年版。

冀开运、陆瑾等（主编）：《伊朗发展报告 2017—2018》，北京：社会科学文献出版社 2018 年版。

［英国］理查德·克洛卡特：《五十年战争：世界政治中的美国与苏联（1941—1991）》，王振西译，北京：社会科学文献出版社 2015 年版。

［美国］理查德·尼克松：《尼克松回忆录》（中译本），北京：商务印书馆 1978 年版。

刘金质：《冷战史》，北京：世界知识出版社 2003 年版。

［美国］米克·法瑞克：《CIA 美国中央情报局大揭秘》，王纬译，北京：光明日报出版社 2005 年版。

［伊朗］穆罕默德·礼萨·巴列维：《对历史的回答》，刘津坤、黄晓健译，北京：中国对外翻译出版公司 1986 年版。

［伊朗］穆罕默德·礼萨·巴列维：《我对祖国的职责》，北京：商务印书馆 1977 年版。

彭树智（主编）：《二十世纪中东史》，北京：高等教育出版社 2001 年版。

秦亚青：《国际关系理论：反思与重构》，北京：北京大学出版社 2012 年版。

秦亚青：《世界政治的关系理论》，上海：上海人民出版社 2021 年版。

秦亚青：《关系与过程：中国国际关系理论的文化建构》，上海：上海人民出版社 2012 年版。

［法国］热拉德·德·维利埃等：《巴列维传》，张许苹、潘庆舱译，北京：商

务印书馆 1986 年版。

沈志华（主编）：《苏联共产党九十三年》，北京：当代中国出版社 1993 年版。

沈志华（主编）：《俄罗斯解密档案选编第一卷》，上海：东方出版社 2015 年版。

沈志华：《冷战的起源：战后苏联的对外政策及其转变》，北京：九州出版社 2013 年版。

沈志华：《冷战国际史二十四讲》，北京：世界知识出版社 2018 年版。

［苏联］斯大林：《斯大林选集》，北京：人民出版社 1979 年版。

［美国］斯塔夫里阿诺斯：《全球通史》，吴象婴等译，北京：北京大学出版社 2012 年版。

王明芳：《冷战后美国的伊朗政策研究》，北京：社会科学文献出版社 2015 年版。

王新刚：《叙利亚：政治经济对外关系嬗变》，西安：西北大学出版社 2003 年版。

王新刚：《中东国家通史：叙利亚和黎巴嫩卷》，北京：商务印书馆 2003 年版。

王新刚：《现代叙利亚国家与政治》，北京：人民出版社 2016 年版。

王新中、冀开运：《中东国家通史·伊朗卷》，北京：商务印书馆 2002 年版。

王彤：《当代中东政治制度》，北京：中国社会科学出版社 2005 年版。

［美国］威廉·匡特：《中东和平进程：1967 年以来的美国外交和阿以冲突》，饶淑莹译，上海：华东师范大学出版社 2009 年版。

吴成：《伊朗核问题与世界格局转型》，北京：时事出版社 2014 年版。

杨生茂（主编）：《美国外交政策史，1775—1989》，北京：人民出版社 1991 年版。

［伊朗］伊朗外交研究所（编）：《巴列维王朝的兴衰——伊朗前情报总管的揭秘》，李玉琦译，北京：新华出版社 2009 年版。

尹崇敬（主编）：《中东问题一百年》，北京：新华出版社 1998 年版。

［英国］尤金·罗根：《征服与革命中的阿拉伯人》，廉超群等译，杭州：浙江人民出版社 2019 年版。

［美国］约翰·刘易斯·加迪斯：《遏制战略》，时殷弘译，北京：商务印书馆 2019 年版。

［美国］约瑟夫·奈：《美国总统及其外交政策》，安刚译，北京：金城出版社有限公司 2022 年版。

张小明：《冷战及其遗产》，上海：上海人民出版社 1998 年版。

赵汀阳：《天下体系》，南京：江苏教育出版社 2005 年版。

赵汀阳：《天下体系》，北京：中国人民大学出版社 2011 年版。

张士智、赵慧杰：《美国中东关系史》，北京：中国社会科学出版社 1993 年版。

中共中央马克思恩格斯列宁斯大林著作编译局（主编）：《斯大林选集》（下卷），北京：人民出版社 1979 年版。

中文期刊

毕洪业：《叙利亚危机、新地区战争与俄罗斯的中东战略》，《外交评论》2016 年第 1 期。

毕洪业：《中东战略的支点：俄罗斯地缘外交中的叙利亚》，《俄罗斯东欧中亚研究》2016 年第 2 期。

边燕杰：《关系社会学及其学科地位》，《西安交通大学学报（社会科学版）》2010 年第 3 期。

曹德军：《关系性契约与中美信任维持》，《世界经济与政治》2015 年第 9 期。

曹德军：《国际政治"关系理论"——概念、路径与挑战》，《世界经济与政治》2017 年第 2 期。

曹德军、陈金丽：《国际政治的关系网络理论：一项新的分析框架》，《欧洲研究》2011 年第 4 期。

曹永胜：《俄罗斯在叙利亚的军事行动评析》，《中国军转民》2016 年第 4 期。

陈冲、刘丰：《国际关系的社会网络分析》，《国际政治科学》2009 年第 4 期。

陈定定：《合作、冲突与过程建构主义——以中美新型大国关系的建立为例》，《世界经济与政治》2016 年第 10 期。

陈晖：《美国中东政策与美伊关系》，《唯实》2020 年第 3 期。

陈纳慧：《国际关系学的"关系转向"：本体论的演进与方法论意义》，《国际政治研究》2022 年第 1 期。

陈天社:《合作与冲突:穆巴拉克时期的埃美关系》,《西亚非洲》2008年第5期。

陈天社:《全球化与穆巴拉克的治国方略》,《西亚非洲》2006年第2期。

迟永:《特朗普政府的伊朗政策及其影响》,《现代国际关系》2018年第9期。

储永正:《美国对以色列军援政策的变化及其成因》,《西亚非洲》2011年第9期。

崔丽洁:《关系理论视角下中国—东盟经贸合作与发展探析》,《时代经贸》2021年第10期。

崔小西:《俄罗斯应对叙利亚危机的政策分析》,《阿拉伯世界研究》2014年第2期。

戴超武:《斯大林、苏联外交与冷战的起源》,《俄罗斯研究》2013年第1期。

段君泽:《俄罗斯与中东国家军事关系的历史与现状》,载《国际研究参考》2020年第3期。

董贺:《关系与权力:网络视角下的东盟中心地位》,《世界经济与政治》2017年第8期。

[俄罗斯]俄罗斯国际事务委员会;粟瑞雪、李燕编译:《俄罗斯与大中东》,《俄罗斯学刊》2016年第1期。

范鸿达:《巴列维国王时期的美伊关系》,《西亚非洲》2006年第3期。

范鸿达:《巴列维国王时期美国对伊朗的军售》,《首都师范大学学报(社会科学版)》2007年第6期。

范鸿达:《美国特朗普政府极限施压伊朗:内涵、动因及影响》,《西亚非洲》2019年第5期。

高飞:《俄罗斯介入叙利亚会如何影响中东局势的变化?》,《当代世界(月刊)》2016年第2期。

高尚涛:《关系主义与中国学派》,《世界经济与政治》2010年第8期。

高尚涛:《关系认同:结构与行为》,《国际观察》2019年第4期。

顾志红:《中东动荡局势:俄罗斯的利益权衡与政策选择》,《西亚非洲》2015年第2期。

郭树勇:《中国国际关系理论建设中的中国意识成长及中国学派前途》,《国际观察》2017年第1期。

韩志立:《关系网络的竞争:"印太"战略对东盟中心地位的挑战——以关

系主义身份理论的视角》，《外交评论》2019年第2期。

韩志立：《关系主义理论视角下的东盟共同体建设》，《国际论坛》2021年第2期。

何奇松：《冷战格局下的美国与伊朗特殊关系（1945—1978）》，《江西师范大学学报（哲学社会科学版）》2006年第1期。

何伟：《"诺维科夫报告"与冷战初期的苏联外交政策》，《世界历史》2006年第2期。

贺来：《"关系理性"与真实的"共同体"》，《中国社会科学》2015年第6期。

季玲：《论"关系转向"的本体论自觉》，《世界经济与政治》2019年第1期。

金良祥：《美伊关系的症结及美国视野下的"伊朗问题"新发展》，《当代世界》2019年第2期。

李延长：《冷战后俄罗斯的中东政策及其特点浅析》，《当代世界与社会主义（双月刊）》2010年第3期。

刘乐：《关系的负面效应与身份间消极互动》，《世界经济与政治》2018年第3期。

刘胜湘：《国际关系研究的文化融合路径——关系理性主义探析》，《社会科学》2021年第7期。

刘毅：《关系取向、礼物交换与对外援助的类型学》，《世界经济与政治》2014年第12期。

马兰起：《国际关系中的关系型权力研究——一种儒家关系主义的视角》，《中国石油大学学报（社会科学版）》2010年第3期。

莫盛凯：《权力转移与预防性合作》，《世界经济与政治》2015年第2期。

［埃及］穆罕默德·努曼·贾拉勒：《埃及在中东和平进程中的作用》，《国际论坛》2000年第4期。

母仕洪：《20世纪70年代伊朗的波斯湾政策研究》，《大庆师范学院学报》2021年第2期。

庞大鹏：《俄罗斯外交战略中的中东》，《俄罗斯中亚东欧研究》2006年第1期。

彭玲：《俄罗斯在中东的国家利益解读》，《西安交通大学学报（社会科学版）》2015年第5期。

秦亚青：《关系本位与过程建构：将中国理念植入国际关系理论》，《中国社会科学》2009年第3期。

秦亚青:《国际政治关系理论的几个假定》,《世界经济与政治》2016年第10期。

秦亚青:《国际政治理论的新探索——国际政治的关系理论》,《世界经济与政治》2015年第2期。

秦亚青:《全球国际关系学与中国国际关系理论》,《国际观察》2020年第2期。

秦亚青:《世界政治的关系理论》,《世界政治研究》2018年第2期。

秦亚青:《行动的逻辑:西方国际关系理论"知识转向"的意义》,《中国社会科学》2013年第12期。

秦亚青:《中国国际关系理论研究的进步与问题》,《世界经济与政治》2008年第11期。

尚会鹏:《关于国际政治"关系理论"的几个问题——与秦亚青教授商榷》,《国际政治研究》2017年第2期。

邵丽英:《以内政为轴心的外交——普京时期俄罗斯对中东外交政策评析》,《西亚非洲》2007年第1期。

尚会鹏:《关于国际政治"关系理论"的几个问题》,《国际政治研究》(双月刊)2017年第2期。

申林:《俄罗斯中东政策的演变》,《西伯利亚研究》2012年第1期。

沈鹏、周琪:《美国对以色列和埃及的援助:动因、现状和比较》,《美国研究》2015年第2期。

沈志华、冯小桐:《美苏冷战起源的经济因素》,《当代中国与世界》2021年第1期。

沈志华:《"无条件援助":租借与战时美苏经济关系》,《清华大学学报(哲学社会科学版)》2021年第5期。

苏长和:《从关系到共生——中国大国外交理论的文化和制度阐释》,《世界经济与政治》2016年第1期。

苏长和:《关系理论的学术议程》,《世界经济与政治》2016年第10期。

孙超:《俄罗斯(苏联)与叙利亚联盟关系新论》,《阿拉伯世界研究》2017年第1期。

孙德刚:《国际关系中"准联盟"现象初探——以约翰逊时期美以关系为例》,《西亚非洲》2005年第4期。

孙德刚:《美国与以色列的安全合作关系探析》,《西亚非洲》,2017年第

2 期。

汪波、伍睿:《"以色列优先"与特朗普中东政策的内在逻辑》,《阿拉伯世界研究》2021 年第 3 期。

王雷:《透视特朗普政府对伊朗新战略》,《当代世界》2018 年第 9 期。

王锦:《奥巴马中东政策评析》,《现代国际关系》2016 年第 11 期。

王京烈:《埃及外交政策分析》,《西亚非洲》2006 年第 4 期。

王勇辉:《解读小布什时期美国大战略中的中东政策》,《阿拉伯世界研究》2006 年第 4 期。

王振琴:《穆巴拉克时期美国对埃及的援助、特点、影响》,《牡丹江大学学报》2013 年第 12 期。

魏玲:《关系平衡、东盟中心与地区秩序演进》,《世界经济与政治》2017 年第 7 期。

魏玲:《关系、网络与合作实践:清谈如何产生效力》,《世界经济与政治》2016 年第 10 期。

肖倩:《超越整体主义和个体主义:试论布迪厄的关系主义方法论》,《晋阳学刊》2005 年第 5 期。

谢立忱、田志馥:《民族主义视角下的埃及对外关系》,《世界民族》2009 年第 5 期。

邢文海:《穆巴拉克时期埃及的国家治理困境》,《阿拉伯世界研究》2020 年 5 期。

徐睿珂:《美国驻以色列大使馆迁馆的国内因素探析》,《美国研究》2018 年第 3 期。

张帆:《诉诸灰色区域——特朗普政府伊朗新战略透视》,《世界经济与政治》2018 年第 5 期。

赵汀阳:《共在存在论:人际与心际》,《哲学研究》2009 年第 8 期。

赵汀阳:《深化启蒙:从方法论的个人主义到方法论的关系主义》,《哲学研究》2011 年第 1 期。

赵汀阳:《"天下体系":帝国与世界制度》,《哲学研究》2003 年第 5 期。

郑作彧:《齐美尔的自由理论——以关系主义为主轴的诠释》,《社会学研究》2015 年第 3 期。

朱长生:《俄罗斯在叙利亚反恐军事行动评析》,《俄罗斯东欧中亚研究》2017 年第 5 期。

朱耿华:《美国对埃及的援助:过程、动因及影响》,《美国问题研究》2012 年第 2 期。

朱鹏:《冷战起源背后的文化冲突——兼评俄罗斯文明与西方文明的差异性》2009 年第 3 期。

朱晓姝:《对冷战起源的一点认识——兼论战后初期苏联的对外政策》,《国际政治研究》2001 年第 4 期。

英文著作

Adler-Nissen, Rebecca, *Bourdieu in International Relations: Rethinking Key Concepts in IR*, New York: Routledge, 2012.

Barry Rubin, *Paved with Good Intentions: The American Experience and Iran*, New York, Oxford University Press, 1980.

Bill, James A, *The Eagle and the Lion: The Tragedy of American-Iranian Relations*, Yale and London, Yale University Press, 1988.

Bronson, Rachel, Thicker Than Oil: *America's Uneasy Partnership with Saudi Arabia*, Oxford and New York, Oxford University Press, 2006.

Bundy, William, A Tangled Web: *The Making of Foreign Policy in the Nixon Presidency*, London and New York, I. B. Taurus, 1998.

Chih-Yu Shih and Chiung-Chiu Huang, *Harmonious Intervention China's Quest for Relational Security*, *Ashgate Publishing Limited*, Farnham: Ashgate Publishing Limited, 2014.

Colin Dueck, *The Republican Party and U. S. Foreign Policy since World War II*, Princeton, Princeton University Press, 2010.

Christopher Powell and Francois De Pelteau, "Introduction," in Conceptualizing Relational Sociology. New York: Palgrave Macmillan, 2013.

David M. Witty, *The U. S.-Egypt Military Relationship: Complexities, Contradictions, and Challenges*, Washington, the Washington Institute for Near Fast Policy, 2022.

Henry A. Kissinger, *White House Years*, Boston, Little, Brown & Company, 1979.

John J. Mearsheimer and Stephen M. Walt, *The Israel Lobby and*

U. S. Foreign Policy, New York, Farrar, Straus and Giroux, 2007.

Kenneth Pollack, The Persian Puzzle, *The Conflict Between Iran and America*, New York, Random House, 2005.

Patrick Tyler, *A World of Trouble: The White House and the Middle East—From the Cold War to the War on Terror*, New York, Farrar, Strauss, 2009.

Richard W. Cottam, Iran and the United States, *A Cold War Case Study*, Pittsburgh, University of Pittsburgh Press, 1988.

Robert Dallek, *Partners in Power: Nixon and Kissinger*, New York, Harper Collins, 2007.

Roham Alvandi, Nixon, Kissinger, and the Shah, *The United States and Iran in the Cold War*, New York, Oxford University Press, 2014.

英文期刊

Acharya. A, and B. Buzan, "Why is There No Non-Western International Relations Theory? An Introduction," *International Relations of the Asia-Pacific*, Vol.7, No.3, 2007.

Agata Włodkowska-Bagan, "Syria in Russia's Foreign Policy in the 21st Century," *TEKA of Political Science and International Relations*, Vol.16, No.2, 2021.

Andrej Kreutz, "Syria: Russia's Best Asset in the Middle East," *ifri Russia/NIS Center, November*, 2010.

Angela Stent, "Putin's Power Play in Syria, How to Respond to Russia's Intervention," *Foreign Affairs*, Vol.95, No.1, 2016.

Astrid H. M. Nordin and Graham M. Smith, "Reintroducing Friendship to International Relations: Relational Ontologies from China to the West," *International Relations of the Asia-Pacific*, Vol.18, No.3, 2018.

Bruce R. Kuniholm, "Retrospect and Prospects: Forty Years of US Middle East Policy," *Middle East Institute*, Vol.41, No.1, 1987.

Chen, C. C., Chen, X-P. and Huang S., "Chinese Guanxi: An Integrative Review and New Directions for Future Research," *Management and Organi-*

zation Review, Vol.9, No.1, 2013.

Chengxin Pan, "Enfolding Wholes in Parts: Quantum Holography and International Relations," *European Journal of International Relations*, Vol.26, No.1, 2020.

Chih-Yu Shih, "Affirmative Balance of the Singapore-Taiwan Relationship: A Bilateral Perspective on the Relational Turn in International," *International Studies Review*, Vol.18, No.4, 2016.

Chih-yu Shih, "Relations and Balances: Self-Restraint and Democratic Governability Under Confucianism," *Pacific Focus*, Vol.29, No.3, 2014.

Clarke Duncan L, "US Security Assistance to Egypt and Israel: Politically Untouchable?" *Middle East Journal*, Vol.51, No.2, 1997.

David M. McCourt, "Practice Theory and Relationalism as the New Constructivism," *International Studies Quarterly*, Vol.60, No.3, 2016.

Emanuel Adler, "The Spread of Security Communities: Communities of Practice, Self-Restraint, and NATO's Post-Cold War Transformation," *European Journal of International Relations*, Vol.14, No.2, 2008.

Emil Aslan Souleimanov and Valery Dzutsati, "Russia's Syria War: A Strategic Trap?" *Middle East Policy*, Vol.25, No.2, 2018.

Emilian Kavalski, "Guanxi or What is the Chinese for Relational Theory of World Politics," *International Relations of the Asia-Pacific*, Vol. 18, No.3, 2018.

Emilie Hafner-Burton, Miles Kahler and Alexander H. Montgomery, "Network Analysis for International Relations," *International Organization*, Vol.63, No.3, 2009.

Eran Oded, "Egypt-Israel-United States: Problems on the Horizon?" *Institute for National Security Studies*, 2011.

F. Berenskotter, "Friends, There Are No Friends? An Intimate Reframing of the International," *Millenium*, Vol.35, No.3, 2007.

Feroz Ahmed, "Iran: Subimperialism in Action," *Middle East Research and Information Project*, *Inc.*, Vol.3, No.6/7, 1973.

Forsythe, David P, "The US and Trans-Atlantic Relations: on the difference between dominance and hegemony," *Danish Institute for International*

Studies, 2005.

Galen Jackson, "The Showdown That Wasn't: U. S.-Israeli Relations and American Domestic Politics, 1973—1975," *International Security*, Vol.39, No.4, 2015.

Gary Sick, "Iran: A View from the White House," *Sage Publications, Inc*, Vol.149, No.4, 1987(SPRING 1987).

Guzzini Stefano, "International Political Sociology, or: The Social Ontology and Power Politics of Process," *Danish Institute for International Studies*, 2016.

Hafez Javed, Muhammad Ismail, "Iran's Nuclear Deal(JCPOA): Threats and Opportunities for the Regional Peace and Security", *Chinese Political Science Review*, 2021.

Ilai Z. Saltzman, "Not So 'Special Relationship'? US-Israel Relations During Barack Obama's Presidency," *Israel Studies*, Vol.22, No.1, 2017.

B. Neumann, "Entry into International Society Reconceptualized: The Case of Russia," *Review of International Studies*, Vol.37, Iss.2, 2011.

Jablonsky David, "National Security: Beyond the Cold War," *Strategic Studies Institute*, *US Army War College*, 1997.

Jackson, Patrick Thaddeus and Daniel H. Nexon, "Reclaiming the Social: Relationalism in Anglophone International Studies," *Cambridge Review of International Affairs*, Vol.32, No.5, 2019.

Jadallah Dina, "Economic Aid to Egypt: Promoting Progress or Subordination," *Class*, *Race and Corporate Power*, Vol.3, No.2, 2015.

Jahangir Amuzegar, "Iran's Economy and the US Sanctions," *Middle East Journal*, Vol.51, No.2, 1997.

James F. Goode, "Assisting Our Brothers, Defending Ourselves: The Iranian Intervention in Oman, 1972—1975," *Iranian Studies*, Vol.47, No.3, 2014.

Jentleson Bruce, "Strategic Adaptation: Towad a New U. S. Strategy in the Middle East," *Center for a New American Security*, 2012.

Jiri Valenta, "Why Putin Wants Syria?" *Middle East Quarterly*, Spring 2016.

Kristensen, Peter M. and Ras T. Nielsen, "Constructing a Chinese International Relations Theory: A Sociological Approach to Intellectual Innovation," *International Political Sociology*, Vol.7, No.1, 2013.

Ling, L. H. M. and Astrid HM Nordin, "On Relations and Relationality: a Conversation with Friends," *Cambridge Review of International Affairs*, Vol.32, No.5, 2019.

Majid Behestani and Mehdi Hedayati Shahidani, "Twin Pillars Policy: Engagement of US-Iran Foreign Affairs during the Last Two Decades of Pahlavi Dynasty," *Canadian Center of Science and Education*, Vol.11, No.2, 2015.

Malcolm H. Kerr and Nixon's Second Term, "Policy Prospects in the Middle East," *University of California Press on behalf of the Institute for Palestine Studies*, Vol.2, No.3, 1973.

Matthew Kroening, "The Return to the Pressure Track: the Trump Administration and the Iran Nuclear Deal," *Diplomacy & Statecraft*, Vol.29, No.1, 2018.

Michael Kofman and Matthew Rojansky, "What Kind of Victory for Russia in Syria?" *Military Review*, January, 2018.

Murad Ali, "Aid and Human Rights: The Case of US Aid to Israel," *Policy Perspectives*, Vol.15, No.3, 2018.

Neumann and Iver B, "Entry into International Society Reconceptualised: the Case of Russia," *Review of International Studies*, Vol.37, No.2, 2011.

Middle East Research and Information Project, Inc. (MERIP), "Nixon's Strategy in the Middle East," *MERIP Reports*, No.13, 1972.

Nordin, Astrid HM, et al., "Towards Global Relational Theorizing: a Dialogue between Sinophone and Anglophone Scholarship on Relationalism," *Cambridge Review of International Affairs*, Vol.32, No.5, 2019.

Patrick Thaddeus Jackson and Daniel H. Nexon, "Relations Before States: Substance, Process and the Study of World Politics," *European Journal of International Relations*, Vol.5, No.3, 1999.

P. E. Digeser, "Public Reason and International Friendship," *Journal of International Political Theory*, Vol.5, No.1, 2009.

Pratt, Simon Frankel, "A Relational View of Ontological Security in International Relations," *International Studies Quarterly*, Vol.61, No.1, 2017.

Preston King, "Friendship in Politics," *Critical Review of International*, *Social and Political Philosophy*, Vol.10, No.1, 2007.

Raj, Christopher S., "US Military Aid to Egypt," *Strategic Analysis 4*, 1980.

Riccardo Alcaro, "Europe's Defence of the Iran Nuclear Deal: Less than a Success, more than a Failure," *The International Spectator*, Vol.56, No.1, 2021.

Ritzer, George and Pamela Gindoff, "Methodological Relationism: Lessons for and from Social Psychology," *Social Psychology Quarterly*, Vol.55, No.2, 1992.

R. K. Ramazani, "Who Lost America? The Case of Iran," *Middle East Institute*, Vol.36, No.1, 1982.

Roy Allison, Russia and Syria, "Explaining Alignment with a Regime in Crisis," *International Affairs*, Vol.89, No.4, 2013.

Sajjad Faraji Dizaji and Peter A Gvan Bergeijk, "Potential Early Phase Success and Ultimate Failure of Economic Sanctions: AVAR Approach with an Application to Iran," *Journal of Peace Research*, Vol.50, No.6, 2013.

Saman ZULFQA, "Competing Interests of Major Powers in the Middle East: The Case Study of Syria and Its Implications for Regional Stability," *Journal of International Affairs*, Vol.23, No.1, 2018.

Samuel Charap, Elina Treyger and Edward Geist, "Understanding Russia's Intervention in Syria," *The RAND Corporation*, 2019.

Sima Shine, "Iran Attempts to Stand Firm in the Face of U. S. Pressures," *Institute for National Security Studies*, 2019.

Simon Frankel Pratt, "A Relational View of Ontological Security in International Relations," *International Studies Quarterly*, Vol.61, Iss.1, 2017.

Simon Koschut and Andrea Oelsner, "Friendship and International Relations, Basingstoke," *Palgrave Macmillan*, 2014.

Soheir A. Morsy, "An Illustration and Account of U. S. Foreign Assistance Policy," *Pluto Journal*, 1986.

Tally Helfont, "Slashed US Aid to Egypt and the Future of the Bilateral

Relations," *Institute for National Security Studies*, 2013.

Thomas M. Ricks, "US Military Missions to Iran, 1943—1978: The Political Economy of Military Assistance," *Iranian Studies*, Vol. 12, No. 3/4, 1979.

Udi Blanga, "Syria-Russia and the 'Arab Spring': A Reassessment", *Middle East Policy*, Vol.27, No.4, 2020.

"US Arms Sales to Iran," *Middle East Research and Information Project, Inc.* (*MERIP*) No.51, 1976.

William D. Hartung, "Nixon's Children: Bill Clinton and the Permanent Arms Bazaar," *World Policy Journal*, Vol.12, No.2, 1995.

Yaqing Qin, "A Relational Theory of World Politics," *International Studies Review*, Vol.18, No.1, 2016.

Yaqing Qin, "Development of International Relations Theory in China," *International Relations of the Asia-Pacific*, Vol.11, No.2, 2011.

Yaqing Qin, "Relationality and Processual Construction: Bringing Chinese Ideas into International Relations Theory," *Social Sciences in China*, Vol.30, No.4, 2009.

Yaqing Qin and Astrid HM Nordin, "Relationality and Rationality in Confucian and Western Traditions of Thought," *Cambridge Review of International Affairs*, Vol.32, No.5, 2019.

Zuhur Sherifa, "The 'New Middle East' and Anti Americanism—Egypt: Security, Political, and Islamist challenges," *Stratrgic Studies Institute*, US Army War College, 2007.

图书在版编目(CIP)数据

关系认同结构：理论与实证 / 高尚涛等著.
上海：上海人民出版社，2025. -- ISBN 978-7-208
-19367-3

Ⅰ. D81

中国国家版本馆 CIP 数据核字第 20254D3M63 号

责任编辑　王　冲
封面设计　陈绿竞

关系认同结构：理论与实证

高尚涛 等著

出　　版　上海人民出版社
　　　　　（201101　上海市闵行区号景路 159 弄 C 座）
发　　行　上海人民出版社发行中心
印　　刷　上海新华印刷有限公司
开　　本　635×965　1/16
印　　张　21.75
插　　页　2
字　　数　319,000
版　　次　2025 年 2 月第 1 版
印　　次　2025 年 2 月第 1 次印刷
ISBN 978 - 7 - 208 - 19367 - 3/D・4463
定　　价　98.00 元